SŁUŻĄCE

DO WSZYSTKIEGO

SŁUŻĄCE
DO WSZYSTKIEGO

JOANNA KUCIEL-FRYDRYSZAK

MARGINESY

PAMIĘCI
ZAPOMNIANYCH KOBIET

Służące Wyższej Szkoły Żeńskiej Panien Danysz.

Od drzwi kuchennych do frontowych,
Tam i z powrotem wiodły drogi
Mieszczańskiej naszej socjologii
I tak się węch klasowy budził –
Zdecydowany podział ludzi:
Od frontu „pan" przychodził, „pani",
Od kuchni – „człowiek" lub „kobieta",
Tutaj – „znajomi", tam – „nieznani".
Tu – my, tam – oni, jacyś, skądsiś,
Którym zakazał ktoś przez front iść.

JULIAN TUWIM, *KWIATY POLSKIE*

Poszukuję służącej do wszystkiego, z dobrem gotowaniem i praniem na wieś. Zgłaszać się tylko ze świadectwami i rekomendacjami na Wspólną 18 m. 27, w dniach 15 i 16, od godz. 2—4 po poł. 3424

Potrzebna służąca do wszystkiego: czysta, uczciwa, umiejętna, do małej rodziny. Bagatela 13 mieszk. 18. 1421

144709

Służąca poszukuje pracy do wszystkiego, mogę być do pomocy pani lub samodzielną. Mam długoletnie świadectwa i bardzo dobre rekomendacje. Co do wychodni to mnie na tem nie zależy, bo niemam nikogo znajomego, ani rodziny w Warszawie, tylko do domów, chrześcijańskich, mogę pójść. Piękna № 47—23. 55943

Służąca poszukuje pracy w domu chrześcijańskim do wszystkiego; czysta, dobre gotowanie, świadectwa i rekomendacje. Telefon 8.90-68 139764

1

DO WSZYSTKIEGO Z DOBRYM GOTOWANIEM POSZUKUJE SIĘ

Ze względu na bezpośredniość współżycia służącej z domownikami mamy prawo wymagać, aby służąca nie miała żadnych wad organicznych, jak np. niemiłego odoru ciała, plam i wyrzutów, zeza, głuchoty, krótkiego wzroku, lub nie była obciążona dziedzicznie udzielającymi się dolegliwościami.

MARIA ANKIEWICZOWA, *SŁUŻBA DOMOWA*

Mieszkająca w Ameryce Alice Coleman Schelling, pochodząca z łódzkiej kupieckiej rodziny Hechtkopfów, zapamiętała opowieść o tym, jak jej babcia Regina zatrudniała w Łodzi służącą.

– Czy masz kawalera?

– Ta, proszę pani.

– To bardzo dobrze. Cieszę się. Jak ma na imię?

Służąca w zakłopotaniu, wiercąc się, podaje imię.

– To ładne imię. Możesz mieć wychodne ze swym chłopcem w niedzielę.

– Dziękuję pani.

– A ty jak masz na imię?

– Zosia, proszę pani.

– To też ładne imię. Ale jeśli zawołam na ciebie Basiu, Kasiu czy Jasiu, chcę, byś wiedziała, że to chodzi o ciebie, i przyszła, kiedy proszę.

Poznańskie służące
wśród kadry i uczennic
Wyższej Szkoły Żeńskiej
Panien Danysz, która
działała w Poznaniu
w latach 1871–1909.

Kiedy po latach Alice Coleman Schelling opisuje tę scenę, komentuje ją w ten sposób: „Kłopotliwa opowieść. Niemiło się ją teraz wspomina. Ale moja babcia była dobrą kobietą. Zagadkowa historia".

Prawdę mówiąc, nie jest bardzo zagadkowa: wiele dziewcząt – także w innych krajach europejskich – „traciło" swoje imię wraz z rozpoczęciem służby w nowym domu. Powody przedstawiano różne: bo mecenasowa na górze ma już Marysię, więc będziesz Zosią; bo córka ma na imię Anna, dlatego nazywać cię będziemy Rózia. A najczęściej nie podawano żadnych. Francuska historyczka Anne Marie Fugier, opisująca losy francuskich służących w XIX wieku, przypomina formułę, którą dziewczyny słyszały na początku swojej służby: „Moja droga, będziesz się nazywać Marie". Służąca nie ma swojego imienia i nazwiska, nie ma też głosu. Jest niema, jak naiwna bretońska służąca Bécassine z francuskiego komiksu z 1905 roku, która stała się bohaterką popkultury, a namalowana została bez ust.

W polskiej prasie służące występują często pod hasłem: „Marysie, Kasie". To wyraz na wpół familiarnego, na wpół protekcjonalnego, czasem życzliwego, a nawet czułego, ale zawsze zabarwionego wyższością stosunku. Z kolei służące wdowy lub mężatki, które spotyka się sporadycznie, nazywane są od imienia męża: Stasiowa, Jędrzejowa. Albo Bazylowa, jak wołano na służącą w rodzinnym domu varsavianisty Stanisława Gieysztora.

„Poczciwa, dobra Bazylowa. Zawsze cicha, prawie nic niemówiąca, mała, drobna, sucha, o ustach zaciśniętych i zapadłych policzkach, zawsze w białym fartuchu i białym czepku z rurkowaną kryzką nad czołem, wyniańczyła nas wszystkich i szczerze się do nas przywiązała. Przyjechała z nami z Brześcia, gdzie pozostawiła swoich, i pozostała u nas przez długie lata do śmierci. Kochała nas prawdziwie, chociaż nigdy tego nie okazywała. A ileż to razy skrzyczani przez mamę byliśmy przez nią obdarowywani to pomarszczonym jabłkiem, to zeschłym ciastkiem, to kawałkiem skruszałej ze starości czekolady. Wyjmowała te łakocie ze swojego drewnianego kuferka i nam wtykała. Pachniały one trochę naftaliną i trochę stęchlizną, dla nas był to jednak zarazem zapach dobrego serca Bazylowej".

Kiedy zachorowała, rodzina oddała ją do szpitala, ponieważ siedziała u niej „na darmowym chlebie", a mama i babcia nie chciały trzymać w domu śmiertelnie chorej obcej kobiety.

> Pamiętam ją siedzącą w kuchni babcinej na kuferku przed pójściem do szpitala. Patrzyła na nas z wyrzutem. Przyznać się muszę, że ja, jak i cała rodzina nie odpłaciliśmy za jej przywiązanie równie serdeczną wzajemnością. Wyraziło się to choćby w tym, że gdy odprowadziliśmy trumnę na Wolę, bodaj nikt nie odwiedził jej grobu. A ja w pięćdziesiąt kilka lat po jej śmierci nie wiem nawet, jak ona się właściwie nazywała i jakie miała imię.

O wielu jednak wciąż pamiętają następne pokolenia. Ich powiedzonka są powtarzane wraz z informacją: „Jak mówiła nasza Andzia", ich przepisy na zupę cytrynową wciąż krążą po rodzinie, a nieliczne listy pisane „do wielmożnej pani" przechowywane są razem z rodzinnymi skarbami. Służące stanowiły ważną część dzieciństwa ich podopiecznych, a baśnie, które opowiadały przed snem, i ciepłe ręce dawały często więcej bezpieczeństwa niż zaprzątnięci własnymi sprawami rodzice, stworzeni do mniej trywialnych czynności. Nie miały własnych spraw, dom państwa był centrum ich świata, a rodzina, której służyły, stawała się ważniejsza od ich własnej. Mimo to, gdy poszukuję w rozmaitych szufla-

Romana Rzepecka z córkami i służącą, około 1907 roku.

dach z rodzinnymi pamiątkami fotografii służących, prawie ich nie znajduję. Wertując stare albumy z początków XX wieku, czasem natrafiam na służącą na ganku przed domem lub na leśnym pikniku, gdy w oddali trzyma na ręku dziecko. W fotograficznym atelier niemal nigdy. Dziwny byłby pomysł zabrania ze sobą służącej do fotografa. Do tego trzeba fantazji Romany Rzepeckiej.

Jest rok 1907. W poznańskim atelier fotograficznym na tle tapety w brzózki widzimy starszą panią w bieli, z wachlarzem w ręku. Otaczają ją córki: pięć wytwornych dziewcząt oraz służąca. Tej ostatniej nie da się pomylić z pannami Rzepeckimi. One w długich eleganckich sukniach z żabotami i falbaniastymi rękawami, z upiętymi wysoko włosami. Ona lekko przygarbiona, onieśmielona, w ciemnym kabatku i białym fartuchu na prostej sukni z haftowanym kołnierzykiem, w koralach i z gładkimi, zaczesanymi do tyłu włosami, z przedziałkiem na środku. „Matka i córki tworzą zamknięty krąg. Nieco z boku stoi gosposia. To dość niezwykłe, że zaproszono ją do oficjalnej fotografii" – pisze Katarzyna Męczyńska, konserwatorka sztuki, autorka monograficznego tekstu o Romanie Rzepeckiej i jej córkach. Rzeczywiście to niezwykłe, ale i te kobiety są nietuzinkowe. Romana Rzepecka, z domu Gex, to z pochodzenia Szwajcarka, nauczycielka francuskiego. Jej córka Helena, założycielka pensji dla dziewcząt, nazywana była najmądrzejszą kobietą w Poznaniu. O służącej nie wiemy niczego, nie znamy jej imienia. Może to Pelasia?

Katarzyna Męczyńska: „Tak nazywano w Poznaniu służące bez względu na ich prawdziwe imię. Stało się to właściwie ich synonimem. Nie da się ustalić, jak miała na imię służąca Rzepeckich, ale można podejrzewać, że skoro zaproszono ją do wspólnej fotografii, była dobrą służącą. Czyli pracowitą, pojętną, zgodną i lojalną".

Gdy dziewczyna decyduje się na posadę służącej, przyjeżdża do miasta z kuferkiem. Albo tobołkiem – chustką, w której ma cały swój dobytek. Jeśli wybiera się do Krakowa, dobrze wie, dokąd ma pójść: pod pomnik Mickiewicza, gdzie w czwartki zbierają się inne dziewczęta i panie, które potrzebują służby.

„Gromadziły się pod pomnikiem na Rynku – wspominał Władysław Krygowski, społecznik i publicysta – tłumy dziewcząt i kobiet gotowych przyjąć pracę służącej lub dochodzącej obsługaczki. Przypatrywały się im panie domów, krytycznym okiem oceniały ich walory jako pracownic, a zarazem ich ewentualną niebezpieczną atrakcyjność dla pana i panicza. Dziewczęta chodziły lub stały, skromne, zawstydzone, w chustkach lub bez, w co która mogła ubrane, wyczekujące, by podeszła do nich pani «kapeluszowa»".

Widokówka ze Lwowa, służąca podpisana jako Ksenia, 1904.

Targ pod Mickiewiczem działa do lat dwudziestych XX wieku właściwie na dziko, bez pośredników. Ale czy bezpieczniej jest u tych cwanych rajfurów, czyli stręczycieli służby domowej? Pośrednictwo pracy dla służby domowej kwitnie. Kantory stręczeń to bardzo dobry biznes, kręci się od rana do wieczora. Nad małym stolikiem pełnym papierów pochyla się ajentka. Przegląda książeczki służbowe służących, ich metryki, świadectwa i rekomendacje. Niedaleko na krzesłach siedzą panie z zamożnej klasy. Przyszły tu po swoją „dziewczynę do wszystkiego". To służąca, która mieszka z państwem, gotuje, pali w piecu, froteruje podłogi, czyści srebra, robi zakupy, podaje kawę, herbatę, palto, otwiera drzwi, ceruje sfatygowaną garderobę pana, pani oraz panicza. Do wszystkiego.

Dziewczyny siedzą na ławkach pod oknem, wezwane przez ajentkę „do łaskawego wyboru". W chustkach, kierpcach, zawstydzone, bo często mówią tak, że pani zrozumieć ich nie może. Czekają. Może zostaną wybrane przez jakąś dobrą panią?

Krakowski jezuita Jan Badeni, gdy przyglądał się kantorom stręczeń służby domowej pod koniec XIX wieku, skojarzenie miał jedno: z afrykańskimi targami niewolników.

To ta, to tamta pani, to ku tej, to ku innej kandydatce się zwraca, wypytuje głośno a szczegółowo o umiejętności jej i zdolności; zadaje – zawsze publicznie – tak niedyskretne „prosto z mostu" stawiane pytania, że najmniej nawet wrażliwa dziewczyna pąsem się oblewa; ogląda, opatruje, czy ręce silne i zdrowe, czy w nogach nie ma defektu; przepisuje i reguluje przyszły strój, wychody na miasto, zatrudnienie; wreszcie zatyka sobie uszy na postawione nieśmiałym głosem śmieszne, niemożliwe, wygórowane pretensje.

Ajentka nie wtrąca się do tych rozmów, bo wie, że to pani jest górą, a dziewczyna bez szans. „Zarumieniona, spłakana dziewczyna musi na służbę się zgodzić. Nie zgodzi się dziś na tę, zgodzi się jutro na inną, może jeszcze w gorszych warunkach; zgodzi się, bo głód to despotyczny pan" – pisze Badeni.

Stręczyciele i rajfurki mają złą sławę. Panie narzekają, że to naciągacze, przysyłają nieudolną służbę, aby wymieniać ją jak najczęściej. Dziewczyny zaś mają za złe, że kantory wprowadzają je do „niemoralnych domów i do Żydów". Warszawa, 1918 rok. Etla Bomsztyk, żydowska dziewczyna, zostaje bez pracy. Rajfurka jest jej jedyną nadzieją.

> W piwnicznej brudnej izbie przy ul. Miłej pełno było dziewcząt. Polki i Żydówki, ze wsi, miasteczek i miast, głodne i niewyspane siedziały tu w zaduchu po kilka miesięcy nieraz, chociaż w jedynie dostępnym dla nich zawodzie robotnic domowych nie było niby takiego bezrobocia jak w innych zawodach. Za każdą przesiedzianą noc trzeba było płacić lub dać zastaw. Bywało tak, że panie przychodziły i wybierały sobie pracownice. Podobne to było do kupna konia, np. dziewczyna musiała być tęga, o zdrowym wyglądzie. Następnie odpowiadała na pytania, czy ma narzeczonego, czy lubi chodzić na spacer lub przyjmować gości. Jeśli tak, to jest nieodpowiednia.

Bomsztyk szybko orientuje się, że rajfurka mnoży swoje dochody, oszukując. Gdy już naraja dziewczynę, po jakimś czasie ostrzega panią, że dowiedziała się o niej czegoś złego. Przestraszona pani zwalnia służącą, którą rajfurka „sprzedaje" komuś innemu, a dla pani szuka kolejnej.

Pisarz Józef Hen wspomina:

Kiedy odchodziła służąca, nie dawało się ogłoszenia do gazety „pomoc domowa do wszystkiego potrzebna od zaraz", tylko szło się do rajfurki. (W Warszawie słowo to oznaczało pośredniczkę, a nie, jak w niektórych innych miastach, stręczycielkę). Rajfurka mieszkała w obszernej izbie w suterenie pod czterdziestym dziewiątym. Podłogi były tam niepastowane, szare od starości, w ogóle niewiele pamiętam z tamtej izby, do której zszedłem z mamą po schodkach, tylko właśnie tę szarość, może spowodowaną skąpym światłem przesączającym się przez okienka umieszczone na poziomie chodnika ulicznego. Pamiętam szarą chustkę na głowie rajfurki i szare dziewczyny siedzące z opuszczonymi głowami na żelaznych łóżkach, z węzełkami u nóg, czasem z odrapanymi walizkami.

Potem rajfurka zjawia się w domu razem z kandydatką i matka przepytuje dziewczynę: „Czy umie gotować? Czy czysta? Czy uczciwa? Czy samodzielna? Dlaczego od tamtych państwa odeszła? Czy nie latawica? Żadnych odwiedzin sobie nie życzę".

Rajfurka nie była gadatliwa. Zapewniała tylko, że kandydatka to chodzące złoto. „Będzie paniusia zadowolona. Niech nie doczekam jutrzejszego dnia... Czy ja nie wiem, kogo pani trza przysłać?" I jeszcze do tamtej: „Będziesz miała taką panią, jakiej w życiu nie miałaś. Błogosławić będziesz ten dzień, w którym weszłaś do tego mieszkania. Łyżka cukru więcej nie ma tu znaczenia". (Była to prawda. Przed służącą wszystko stało otworem i mamie przez myśl by nie przeszło żałować jej jedzenia albo coś odliczać czy trzymać pod kluczem). Teraz referencje. Kandydatka otwierała torebkę, wyjmowała płócienne zawiniątko, a z niego pożółkłe, posklejane „rekomendacje", zawsze takie same: że samodzielna, że uczciwa i tak dalej. Ja się tylko dziwiłem, że skoro one wszystkie są takie nadzwyczajne, to czemu tak często zmieniają miejsce.

Na początku XX wieku w samym Krakowie działało trzydzieści sześć kantorów stręczenia służących. Gazety przestrzegały, że są pozbawione nadzoru, choć w większości miast istniały policyjne wydziały do spraw kontroli kantorów służby domowej i policjanci regularnie wizytowali te miejsca. Problem dotyczył miast mniejszych. „Goniec Częstochowski" w 1907 roku alarmował, że w mieście brakuje biura kontroli, a dwa działające w Częstochowie kantory nie dają rękojmi, że służąca będzie się prowadzić moralnie, wypełniać swoje obowiązki i że nie okradnie państwa.

Niepotrzebnie się dziennikarze „Gońca" martwili, służące stanowiły najbardziej kontrolowaną grupę społeczną, zaraz po prostytutkach. Często zresztą wpadały w sidła stręczycieli prostytutek. Jeśli nie znały nikogo w mieście, były naprawdę w kłopocie.

Dlatego od 1906 roku na krakowskim dworcu dyżurują zytki. Prężnie działające Stowarzyszenie Sług Katolickich pod wezwaniem Świętej Zyty wynajęło pokoik, w którym zawsze jedna z dziewcząt oczekuje na przyjazd pociągu z prowincji. Gdy ten nadjeżdża, zytka, w długiej sukni z medalem stowarzyszenia na szyi lub opaską na ramieniu, idzie na peron i przygląda się wysiadającym, a kiedy dostrzega dziewczynę o wiejskim wyglądzie, podchodzi do niej z pytaniem: „Czy panienka na służbę? Do obowiązku?". Jeśli tak, ma propozycję: zytki w domu stowarzyszenia przy Radziwiłłowskiej mają sześcioosobowy pokoik, w którym

Medal
Stowarzyszenia Sług Katolickich
pod wezwaniem Świętej Zyty.

dziewczyny mogą się zatrzymać na czas poszukiwania posady. Tam ich złe moce nie sięgną. Dzięki misji kolejowej zytek w 1907 roku w domu stowarzyszenia znalazło schronienie sto dwadzieścia siedem dziewcząt z prowincji.

Do czternastoletniej Józefy Witowskiej spod Kalisza przychodzi sąsiadka Żydówka, trochę handlarka, a trochę stręczycielka służących. „Wiesz, Mania, mam dla ciebie służbę, że buzi dać. Mówię ci, dziecko: cymes nie służba, państwo z Warszawy" – reklamuje się. Józefa, jako służąca nazywana Marysią, nie wierzy już, że mogłaby być zadowolona ze swojej posady.

Ma osiem lat, gdy trafia na pierwszą służbę. Jest 1907 rok. Matka i brutalny ojczym nie zamierzają jej utrzymywać. W rodzinie ubogich Żydów musi między innymi myć naczynia pod studnią na ulicy. Pracodawcy są dla niej dobrzy, ale nie może znieść karaluchów i brudu, w którym mieszkają. Tęskni za matką i któregoś dnia ucieka po prostu ze służby. Matka oddaje ją tym razem do bogatego Niemca, tkacza. Do dziesiątej wieczorem sprząta, zamiata i myje białą podłogę w sześciu pomieszczeniach. Drze pierze. Marznie okropnie – podłogę myje zimną wodą, rąbie lód i wymiata śnieg, wciąż ma mokre ręce. Któregoś dnia traci czucie w dłoniach i trafia do szpitala.

Tuła się po rozmaitych domach przez siedem lat, zawsze z poczuciem krzywdy. Kiedy więc przychodzi sąsiadka z propozycją nowej posady, jest zupełnie zniechęcona. Ale idzie. Trafia do domu profesora męskiego gimnazjum i jego sympatycznej żony. „Miałam dopiero pierwszy raz w życiu taką dobrą służbę. Polubiłyśmy się z trzyletnią córeczką, Czesią, robiliśmy wspólne wycieczki poza miasto, do lasu, gdzie pan malował z natury" – wspominała z rozrzewnieniem Witowska. Dopiero w tej inteligenckiej rodzinie nie głoduje i ze zdumieniem przygląda się miłości gospodarza do zwierząt. Gdy kupuje gołębie na rosół, pan zabrania je zabijać i zakłada hodowlę ptaków. A gdy choruje na anemię i lekarz zaleca, aby nie obciążać jej pracą, nacierać rano zimną wodą i dobrze odżywiać, pani przejmuje część jej obowiązków i zgodnie z zaleceniami codziennie rano naciera Józefę. Wkrótce nadchodzi I wojna światowa i profesor dostaje powołanie do wojska. Rodzina się pakuje i jedzie razem z nim, a Józefa znów zostaje bez pracy.

Matka Stefanii Kaszowskiej hoduje na żywieckiej wsi dwie krowy – z tego żyje cała rodzina. Gdy Stefania kończy sześć lat, zostaje oddana do kuzynki, zajmuje się jej dzieckiem. Po siedmiu latach trafia do innego krewnego, znów jako niania. A potem zostaje służącą Żydówki w Cieszynie i tę służbę wspomina najgorzej. „Była przefrancą Żydówka, tak mnie wykorzystywała" – opowiadała po latach. Chlebodawczyni głodzi ją. Gdy pewnego dnia szwagier gospodyni zauważa porcję jedzenia dla młodziutkiej służącej, jest wstrząśnięty: „Sala, ty jej tak mało dajesz jeść, a ona rośnie" – mówi.

Sąsiadka namawia Stefanię do ucieczki, przekonując, że w Cieszynie zarabia piętnaście złotych miesięcznie, a w Warszawie będzie mogła dostać aż sześćdziesiąt. I daje jej adres swojego kuzyna. W ten sposób Stefania Kaszowska trafia do domu znanego działacza społecznego i bogatego przemysłowca Alfreda Jurzykowskiego przy Senatorskiej 38. Jest zszokowana odmianą losu. To rok 1937. „W domu byli kucharka, chłop, co nosił węgiel, a ja miałam odkurzacz. Chyba mi Pan Bóg wynagrodził za tę pokorę. Jak mi tam dobrze było!" – wspominała.

Szczęście Stefy nie trwa długo. Jurzykowski w 1939 roku jako oficer rezerwy walczy w kampanii wrześniowej, potem przez Rumunię dostaje się do Stanów Zjednoczonych, a później do Brazylii, gdzie otwiera pierwszą fabrykę samochodów, a jego fundacja przez lata będzie wspierać polską kulturę. Stefania znów musi szukać dla siebie zajęcia.

Dla Bronisławy Fijał wyjazd do Warszawy jest skokiem na naprawdę głęboką wodę. Przyjeżdża z Zastawia na Lubelszczyźnie, mając w kieszeni tylko jeden adres: dziewczyny z jej wsi, Julii, której nie zna, ale mówili o niej, że ma szczęście, bo się w mieście zahaczyła. Jest rok 1925.

> Nie miałam gdzie spać i chciałam, żeby mnie przenocowała – opowie po latach swojej wnuczce, a ona zarejestruje tę opowieść na taśmie magnetofonowej. – Nie wiedziałam, że jest tylko służącą. Ona nie chciała, bo bała się swojej pani, ale ta słyszała wszystko przez drzwi i nie pozwoliła mi odejść. Kazała przespać mi się razem z Julią na jednym łóżku. Rano pani napisała mi kartkę, którędy mam iść i jak dojechać do Skwarka, człowieka zatrudniającego dziewczyny

> do pomocy w domach. Prowadził też budkę z papierosami na rogu Nowego Światu. W budce była żona Skwarka i zaprowadziła mnie do domu. Jego nie było, a jak później przyszedł, to był pijany. Nie miał akurat żadnej pracy, ale wysłał mnie do Urzędu Pracy na ulicy Jasnej. Były tam dwie paniusie. Jedna się spytała, czy kocham dzieci. Powiedziałam, że bardzo, chociaż wcale nie wiedziałam, czy kocham. Przyjęła mnie do pracy.

Bronisława Fijał skorzystała z jednego z biur urzędu, które powstawały po roku 1918, były nadzorowane i dawały większą gwarancję bezpieczeństwa niż biura prywatne. W listopadzie 1927 roku reporter „Expressu Niedzielnego" odwiedza biuro dla służących przy Piotrkowskiej 92 w Łodzi. Kłębi się tłum. Służące za pośrednictwo nie płacą. Panie, za dwa złote, przebierać mogą w dziewczynach przez czternaście dni.

> Przeważnie poszukiwane są służące do wszystkiego. Z pokojówkami i kucharkami jest gorzej. Wiem z rozmów, jakie tu prowadzę, że w domach, w których dawniej były trzy służące (kucharka, pokojówka i bona), dziś jest jedna, „do wszystkiego". Ludzie nie mogą sobie pozwolić na liczną służbę. Pokojówki i kucharki rezygnują więc ze swojego fachu i chętnie godzą się do wszystkiego, byleby tylko znaleźć pracę

– opowiada reporterowi kierowniczka biura i dodaje, że coraz więcej zgłasza się robotnic fabrycznych. Zdradza też, że służące niechętnie godzą się na pranie, jedynie, gdy mieszkanie składa się z dwóch pokoi i kuchni, czyli jest niewielu domowników, więc i prania niedużo. Przy większej liczbie domowników trzeba wynająć praczkę.

Do łódzkiego biura w październiku do pracy zgłosiło się sto siedemdziesiąt służących do wszystkiego, osiem kucharek, osiemdziesiąt pokojówek, dwanaście nianiek. Codziennie po służącą zgłasza się dwadzieścia pań. Kiedy pracownica biura rozmawia z reporterem, do pokoju wchodzi kobieta w chustce.

– Czy jest coś dla mnie?

– Może będzie... W Strykowie, u samotnego...

– A ile płaci?

– Pięćdziesiąt złotych. Ale już trzeba robić wszystko...

Kobieta myśli przez chwilę i w końcu mówi:

– Ja bym tam pojechała.

Jeśli miały za sobą zawodowe doświadczenia i bardzo dobrą opinię, nie musiały się martwić. Helena jako piętnastolatka zaczęła służbę u rodziny Hoesicków i pracowała tam do śmierci swoich pracodawców. A ponieważ gotowała doskonale, między innymi rosół z francuskimi kluskami, zupę rakową i sos kartoflany, została przyjęta na służbę przez następne pokolenie – syna swoich gospodarzy. Nie zawsze było z nią łatwo, bo lubiła się napić i słynny wydawca Ferdynand Hoesick wspominał, że „powróciwszy z miasta zza Żelaznej Bramy, była nietrzeźwą, co oczywiście nie pozostawało bez ujemnego wpływu na obiad, nie mówiąc już o tym, że stawało się powodem irytacji mojej matki". Za to wspaniale opowiadała bajki, najpierw Ferdynandowi – ojcu, a po latach te same jego synowi. „Toteż nie miałem większej przyjemności, jak wieczorem przed pójściem spać, gdy rodzice byli w teatrze, na koncercie lub gdzie z wizytą, słuchać tych bajek

18 KURJER WARSZAWSKI. — Dnia 27 października 1932 r. № 297

Służba domowa.

Kupno i sprzedaż.

A.A.A.A.A.A.A.A.A.A.A) TAPCZANY

AAAAAAAAA) TAPCZANY

AAAAAA) TAPCZANY

A.A.A.A.A. DYWANY

MEBLE

MEBLE

AAA) MEBLE.

AA) MEBLE

AA) MEBLE.

AA) MEBLE

AA) MEBLE

AA) MEBLE

A). WIELKA WYPRZEDAŻ MEBLI ARTYSTYCZNYCH

A) MEBLE POZNAŃSKIE

A) MEBLE KTO

A) OKAZJA.

A) MEBLE

ANTYCZNE MEBLE:

Strony „Kuriera Warszawskiego” z ogłoszeniami z 27 października 1932...

16 KURJER WARSZAWSKI — Dnia 14 stycznia 1928 r. Nr. 14

HANDLOWIEC

MECHANIK - MONTER

PLANY

b) Zeofiarowane.

BANK

KOSM

Służba domowa.

Kupno i sprzedaż.

MEBLE SOLIDNE! OTOMANY

MEBLE STOŁOWE

KTO SIĘ ŻENI

MEBLE NA RATY

ANTYKI, MAHONIE

MEBLE NA RATY

MEBLE

MEBLE

...i z 14 stycznia 1928.

Heleny. Te jej bajki to poezja mojego dzieciństwa, to pierwsze rozbudzenie mej wyobraźni literackiej" – wspominał po latach Hoesick w *Powieści mojego życia*.

Według ankiety Ministerstwa Pracy i Opieki Społecznej na początku lat dwudziestych zaledwie połowa służących korzystała z pośredników. Te, które nie mają znajomości ani poleceń, a potrafią czytać, zdają się na anonse w prasie. Gazety codzienne publikują ogłoszenia drobne pracodawców i służących, a niektóre mają osobne rubryki „Służba domowa", w których ukazuje się co najmniej kilka ogłoszeń każdego dnia.

> Do wszystkiego potrzebna służąca z dobrem gotowaniem, uczciwa, lat średnich z dobremi świadectwami, pensja pięćdziesiąt złotych i dochody – Targowa 63/5.

To w „Kurierze Warszawskim" 14 stycznia 1928 roku. Na Flory mają trochę większe wymagania:

> Poszukuje się wykwintnie gotującej, wykwalifikowanej służącej do wszystkiego. Flory 5 m. 4.

Jeszcze innej poszukują na Żoliborzu:

> Potrzebna młoda, skromnych wymagań. Zgłaszać się w sobotę, Żolibórz, Krasińskiego 20.

W „Kurierze Bydgoskim" szukają:

> Służącej z gotowaniem, religijnej i uczciwej, od zaraz. Chłopickiego 12.

A w Łodzi:

> Służąca skromnych wymagań potrzebna do chrześcijańskiego domu. Piotrkowska 109 m. 5.

Kandydatka czasem musi dojechać na rozmowę o pracę gdzieś daleko. Potencjalni chlebodawcy myślą i o tym, przynajmniej ci z Ursusa:

> Potrzebna służąca, wiek średni, dobre gotowanie i pranie, samodzielna, spokojna, do dwóch osób, 3 pokoje, pensja dobra, do umowy. Zgłaszać się tylko ze świadectwami i rekomendacjami. Skierniewicka 27/29. Ursus. Portier wskaże. Tramwaj opłacamy.

Służąca – jeśli umie pisać – też się reklamuje:

> Dziewczyna młoda poszukuje pracy od 15 stycznia lub od zaraz: dobrze gotuje, ładnie pierze, łagodnego usposobienia, lubi dzieci, do domu chrześcijańskiego, tel. 80530.

Dziewczyny dobrze wiedzą, że dla państwa najważniejsze są wiek i rekomendacje. Dlatego ogłoszenia często wyglądają tak:

> Służąca w średnim wieku, ładnie pierze, ładnie sprząta. Referencje dobre, poszukuje jakiejkolwiek pracy. Waliców 5/23.

Mają też czasem bardzo konkretne wymagania, na przykład w Bydgoszczy:

> Służąca poszukuje posady od zaraz lub od 1 października, tylko do rodziny wojskowej.

Czasem służącą można obejrzeć przy warsztacie.

> Służąca poszukuje miejsca od pierwszego do wszystkiego. Wejście od kuchni. Marszałkowska 94 mieszkanie 7.

Autorka wydanego w 1909 roku podręcznika *Dobra służąca,* Elżbieta Bederska, radzi dziewczynom udającym się na rozmowę o pracę ubrać się skromnie, odpowiadać grzecznie i nie zadawać zbyt wielu pytań, aby „pani nie myślała, że jest nygusem albo pracy się boi".

Dwadzieścia lat później, gdy świat się demokratyzuje, Michalina Ulanicka, inteligentka o ziemiańskim rodowodzie w *Poradniku służby domowej* instruować będzie kandydatki na służące, aby podczas rozmowy z panią zapytały: jak wysokie będzie pobierała wynagrodzenie i kiedy będzie je otrzymywała? czy wolno jej wychodzić w niedzielę? czy wolno ją odwiedzać? ile jest osób w domu? czy są małe dzieci i jakie będzie miała względem nich obowiązki? ile jest pokoi do sprzątania? czy obiad jadają wszyscy domownicy razem, czy też podaje się go kilka razy? czy kolacja bywa gotowana? czy służąca ma robić duże pranie czy też od czasu do czasu przepierkę? czy węgiel sama przynosi, czy też jej przynoszą z piwnicy?

Ulanicka przestrzega dziewczyny, aby za wiele nie oczekiwały: „Z początku trudno tak wykonać pracę, by zapewnić sobie codziennie godzinę lub dwie dla siebie na odpoczynek, szycie, napisanie listu itd. Każda pani pragnęłaby zapewnić swej pomocnicy ten odpoczynek, ale nie znając służącej, nie może się do tego zobowiązać przy umowie, bo to zależy od tego, jak służąca pracuje".

Również panie były instruowane, jak przeprowadzić rozmowę z kandydatką na służącą, żeby się nie naciąć. Koło Studiów Gospodarstwa Domowego, stworzone przez środowisko kobiet wywodzących się z ziemiaństwa, chcąc unormować stosunki między służbą a pracodawcami, w 1930 roku opracowało rodzaj umowy ramowej. I zalecało, aby na początku rozmowy panie domu uważnie czytały świadectwa pracy dostarczone przez służące, badając wnikliwie przyczyny ewentualnych przerw w służbie, a następnie, po wyznaczeniu obowiązków służbowych, omówiły:

> – zdolności kandydatki w gotowaniu,
> – sprawę pomieszczenia dla służącej: czy pokoik oddzielny? czy spać będzie w kuchni? czy jest szafa dla służącej?
> – godziny posiłków,
> – umiejętność prania, informując, czy będzie robiła tylko drobne przepierki, a do dużego prania najmiemy praczkę, czy też całe pranie robi sama?
> – sprzęty do sprzątania: froterki, odkurzacze, szczotki do mycia okien,
> – w przybliżeniu godziny pracy,
> – wymagania co do ubrania: fartuchy do sprzątania, czepki i fartuchy do gotowania,
> – sprawę wychodzenia służącej w niedziele lub święta,
> – kwestię codziennych posiłków służącej, zapewniając jej pożywienie obfite, ale proste, w żadnym wypadku nie lepsze niż domowników.
> I oświadczamy, że grymasy w jedzeniu uwzględniane nie będą.

Służących na rynku pracy jest mnóstwo, panie są jednak niepocieszone: mało która spełnia ich oczekiwania. Szukają „perły", która łączyć będzie w sobie upragnione przez nie zalety. Ma to być dziewczyna silna, czysta, lubiąca dzieci, skromna i moralnie prowadząca się. Jedne wolą doświadczoną, „z dobrem gotowaniem", inne surową, którą można wszystkiego nauczyć i wychować po swojemu. Niektóre zaznaczają w biurze, że szukają poważnej, inne, że wesołej, a część, że ich służąca nie powinna być ładna ani zgrabna. Nie może mieć jednak żadnych skaz – zeza ani brzydko pachnieć. Przecież będzie mieszkać w naszym domu, jeść z naszych talerzy.

W 1935 roku miesięcznik „Pani Domu" relacjonował casting na służące jako gehennę, przez którą pani musi przejść. Najpierw zawiadamia biura pośrednictwa pracy, że poszukuje służącej od pierwszego lub piętnastego dnia miesiąca, i czeka w domu, aby przesłuchać kandydatki. Jest zdenerwowana. „Nic dziwnego. Bo też nie wiadomo, co sobie człek do domu wprowadzi!" – komentuje czasopismo.

Przychodzą dziewczyny. Rosła, przystojna, ubrana „z dozą swoistej elegancji". Golone brwi, malowane usta. To zraża panią. „Mało wyrafinowana dziewczyna nie wie, że bezpieczniej do zgody przedstawić się «na naturalnie» , a dopiero w niedzielę wychodząc, sprawić pani niespodziankę, że nie jest się niczym gorszą od niej".

„Reflektuję na skromniejszą dziewczynę" – oznajmia pani i przyjmuje następną, która jest przeciwieństwem pierwszej. Starsza, poczciwa, w czarnej kaszmirowej chuście. „Wymierający typ służącej, która przez lata gromadziła przyodziewek w wysokich kufrach, której ukochaniem był kościół, a skrupulatne spełnianie praktyk religijnych zastępowało wszystkie emocje dzisiejszych dziewczyn". Pani jednak uznaje, że ta starsza kobiecina nie podoła ciężkiej pracy, i postanawia szukać silniejszej.

Oto zjawia się masywna dziewoja o krwistoczerwonych policzkach i grubych szorstkich dłoniach, których czystość nie pozostawia złudzeń: „Jej ząbkowane paznogcie z nader widoczną żałobą nasuwają pani myśl o zarabianiu nimi ciasta na makaron czy pierogi i zniechęcają z miejsca". Pani postanawia odprawić dziewczynę, używając fortelu: „A czy panienka potrafi robić budynie, suflety, w ogóle wyrafinowane leguminy?". „Ej, takie całkiem grymaśne rzeczy nie umiem" – odpowiada, a w duchu dodaje: „Jeszcze mi takie fanaberie pańskie potrzebne".

Wychodzi, a jej „całuję rączki" brzmi hardziej niż przy wejściu. Kiedy niedługo potem przychodzi subtelna blondynka, słyszy: „Panienka za delikatna, potrzebuję z dużym praniem, to byłoby dla panienki zbyt uciążliwe". Z kolei jędzowata brunetka, gdy wysłuchuje, co miałaby do zrobienia w ciągu dnia, oznajmia twardo: „Tyle by pani chciała i tylko za trzydzieści złotych. Wolę pojechać do domu niż tracić zdrowie za byle jakie pieniądze".

Następna to „niewyraźna pannica", która przyznaje, że ma narzeczonego, więc pani od razu jej oświadcza: „U mnie mężczyzn do kuchni wprowadzać nie wolno, ani w bramie wystawać". I dodaje, że u niej musi być czysto w każdym kącie i codziennie się froteruje.

Mordęga zatrudniania nie ma końca, pani piętrzy roszczenia, dziewczyny nie spełniają oczekiwań. „Po długich, a jakże często niemiłych korowodach, z kantoru, za rekomendacją odchodzącej służącej lub znajomej pani, własnym sprytem lub przemysłem dostaje się wreszcie Kaśka lub Magda do upragnionego portu, do «obowiązku». Dokąd się dostała, co jej służba przyniesie, jaki wyciągnęła los?" – zastanawia się Badeni.

Ponieważ dobry los czy fart to jest to, czego potrzeba służącym jeszcze bardziej niż innym.

ZACHOWANIE WOBEC PAŃSTWA

Uprzejmość nie pozwala przerywać państwu posiłków ani snu i ubierania interesami. Interesantom odpowiada się wtedy: „Proszę zaczekać, aż pani się ubierze" lub „aż pan zje obiad". Wyjątek stanowią wypadki, gdzie parę minut może robić różnicę, jak depesza, nagłe zasłabnięcie czyjeś, pożar lub jakie nieszczęście.

Jeżeli są goście u pani, a służąca ma jakiś interes, nie przerywa rozmowy, tylko wchodzi cichutko i staje w pokoju lub w drzwiach, a pani, widząc ją, sama do niej podejdzie lub zapyta, o co idzie.

Robót hałaśliwych, jak łupanie drzewa lub węgla nie wykonywajmy ani w nocy (gdy zresztą same spać powinnyśmy), ani rano, gdy domownicy jeszcze nie powstawali.

MICHALINA ULANICKA

PORADNIK SŁUŻBY DOMOWEJ

2

SŁUŻYŁA KU MEMU ZADOWOLENIU

Pani dobra, to i służba dobra.

ANONIMOWA SŁUŻĄCA
W ANKIECIE MINISTERSTWA PRACY, 1919

Wiktoria Boguszówna boi się drewnianych parkietów. U niej w domu chodzi się po ubitej ziemi. Opuszcza dom w Baryczy na Podkarpaciu, bo jej koleżanka Maryśka szuka służącej do domu państwa Udzielów w Krakowie. Seweryn Udziela, wybitny etnograf, założyciel krakowskiego Muzeum Etnograficznego, mieszka z rodziną w pięciopokojowym mieszkaniu zajmującym całe piętro kamienicy przy ulicy Lwowskiej 52 i potrzebuje właśnie dziewczyny do wszystkiego. Jest rok 1924, gdy zjawia się Wiktoria. Zdejmuje buty i powoli wchodzi na parkiet. „Chodziła boso, ku oburzeniu mojego ojca, aby się nie przewrócić. Bo to było coś strasznego podobno dla niej: wejść na podłogę parkietową, to było przeżycie" – zapamiętała wnuczka Seweryna Udzieli, Zofia Sulikowska-Zegan.

Wiktoria nie umie pisać ani czytać. W czteroklasowej szkole powszechnej w rodzinnej wsi skończyła dwie klasy, ale potem poszła do roboty w polu i wszystkiego zapomniała. Teraz ma dwadzieścia trzy lata, jest nie tylko analfabetką, ale też nie potrafi sprzątać ani gotować. To znaczy gotuje, ale tak, jak się gotuje w wiejskich rodzinach, przede wszystkim grule – tak się nazywa ziemniaki na Podkarpaciu, zwykle podawane z kwaśnym mlekiem.

Bronisława Fijał podczas służby w Warszawie.

Śmieje się radosnym, zaraźliwym śmiechem na cały dom. Zachwyca Udzielów od pierwszego wejrzenia. Zofia Sulikowska-Zegan: „Miała okrągłe kształty, oczy jak bławatki, rumieńce na buzi. Sama krew z mlekiem – tak babcia Udzielowa zawsze o niej mówiła".

Babcia Helena uczy Wiktę gotować, a reszta rodziny – sami pedagodzy – biorą ją w obroty i zaganiają do nauki pisania i czytania. Wikta od elementarza woli książeczkę do nabożeństwa, ale uczy się krok po kroku. Oraz gotuje, choć początki są trudne. Aż nadchodzi dzień, gdy Helena Udzielowa nakazuje Wikcie, aby wreszcie samodzielnie ugotowała zupę pomidorową. Pomaga jej przygotować składniki. W osobnych garnkach: wywar z mięsa, pastę pomidorową, ryż. „A teraz, Wiktusiu, połączysz te wszystkie składniki, dodasz śmietany, zalejesz ryż i podgrzejesz" – mówi służącej i wychodzi z domu. Kiedy wraca, każdy składnik jest ugotowany. Osobno. „Z przeproszeniem starszej pani, nie miałam sumienia zrobić takiej papy z tych dobrych rzeczy" – oświadcza Wikta.

„Starsza pani" i „starszy pan" oznaczają głównych gospodarzy, „młodszą panią" dla Wikty jest ich córka. W najmłodszym pokoleniu są jeszcze „mała Zosia" oraz Tadzio, o którym Wikta mówi wyłącznie „dziecko Tadziu". Ma swoich faworytów, a na ich czele stawia gospodarza Seweryna Udzielę. „Stosunek Wikty do dziadzia był bardzo ciekawy, mianowicie bałwochwalczy. Wikta była zapatrzona w dziadzia. Mówiło się, że dla Wikty na pierwszym miejscu stoi Pan Bóg, na drugim «pan starszy». Wszystko, co polecił, obowiązywało bezdyskusyjnie" – opowiadała wnuczka Udzieli.

Któregoś dnia służąca rodziny Bornsteinów z tej samej kamienicy opowiada Wikcie, że jej gospodyni wyraziła się tak: „Inspektor Udziela to nie jest zwykły człowiek. To jest kryształ". Wikta słucha zachwycona, a potem wszystkim wkoło o tym opowiada. Że nawet Bornsteinowie, którzy mają swoją pozycję w kamienicy, uważają za zaszczyt mieszkać w sąsiedztwie jej pana starszego.

Jednak nie rozumie, dlaczego Seweryn Udziela dla swojego muzeum wydaje pieniądze na takie rupiecie, których u niej na wsi jest pełno. „My takie łyżki używamy na co dzień! My taki ser robimy na tej prasie, a pan zabiera tą starą prasę, której chcą się pozbyć, i jeszcze płaci pieniądze" – dziwi się. Pewnego dnia dyrektor Udziela zabiera Wiktę do Muzeum Etnograficznego. Pokazuje swojej służącej te drewniane przybory i opowiada jak o muzealnych eksponatach. A potem stroje: kaftany, gorsety, hafty. I wtedy Wikta, patrząc na te kobiece ubrania, które uważa za piękne, wszystko rozumie.

Od tego momentu inaczej patrzy na otoczenie. Kiedy idzie na rynek do Podgórza, spotyka tam chłopów na furmankach,

Wiktora Boguszówna, służąca Udzielów, z mężem.

z których sprzedają nabiał, kobiety ubrane w kaftany i haftowane chustki. Któregoś dnia wpada na świetny pomysł. Boi się o nim powiedzieć Udzieli, więc idzie do jego córki i zdradza, że spotkała na rynku kobietę w najpiękniejszym gorsecie, jaki kiedykolwiek widziała, i namówiła ją, żeby przyszła do pana Udzieli, to on od niej ten gorset kupi. Rodzina Udzielów jest wniebowzięta, że i Wikta stała się w tym domu etnografem.

Seweryn Udziela, poważny i zdystansowany, docenia ogromną rolę służącej w domu, zwłaszcza że po trudnych początkach stała się doskonałą kucharką. Nazywa ją Wiktusią. Codziennie rano przed wyjściem stoi przed drzwiami nieruchomo, czekając, aż Wiktusia wyszczotkuje na nim dokładnie jego ubranie, obejrzy z góry na dół, czy nie wisi jakaś nitka, i dopiero pozwoli wyjść do pracy.

Gdy umiera pani Udzielowa, a młodsze pokolenie wyprowadza się na swoje, Seweryn Udziela wynajmuje mniejsze mieszkanie, dokąd przenosi się z niezamężną córką Dusią i z Wiktą.

Wiktoria i Józef Grzymkowiczowie
– zdjęcie ślubne z 1938 roku.

Od śmierci „pani starszej" to ona trzyma cały dom, szczególnie dbając o coraz słabszego gospodarza. Aż pojawia się kandydat na męża. Dobry i poważny. Dusia Udziela, żyjąca samotnie, namawia Wiktę na ślub. „Pana starszego chorego nigdy nie zostawię, aż go włożę do trumny" – mówi Wikta.

Wnuczka Seweryna Udzieli: „Pamiętam zapłakaną Wiktę nad otwartą trumną". Seweryn Udziela umiera 26 września 1937 roku. Rok później Wikta wychodzi za mąż za cierpliwego adoratora. Wyprowadzają się do Bronowic, pracują jako dozorcy. Wikta ma trzydzieści osiem lat, nie urodzi już dziecka. Najlepsze lata życia spędziła na służbie u Udzielów.

Z zaświadczenia policyjnego służącej Agnieszki Kokoszanki dowiadujemy się, że urodziła się na Kielecczyźnie w 1875 roku, była niskiego wzrostu, miała włosy ciemnoblond i siwe oczy. Usta i nos proporcjonalne. Bliznę z prawej strony nosa. I że była panną. Na pierwszą służbę idzie, gdy kończy piętnaście lat, i odtąd tuła się po rozmaitych domach w Małopolsce, nigdzie nie znajdując miejsca na dłużej. Dlaczego, skoro świadectwa, które wystawiały jej panie na koniec służby, świadczą o tym, że była dobrą służącą?

Halina Grabowska z Krakowa tak pisze w świadectwie o Kokoszance: „Pełniła obowiązki do wszystkiego, od dnia 2 kwietnia 1909 do dnia 15 stycznia 1910 roku ku zupełnemu memu zadowoleniu. Odeszła na własne żądanie bez przyczyny". Kilka lat później Jadwiga Zarembina z Zakopanego Chramcówek oświadcza: „Agnieszka Kokoszanka służyła u mnie do wszystkiego – od 1 sierpnia 1913 do 3 grudnia 1914 roku. Odeszła na własne żądanie, pełniła swoje obowiązki ku mojemu zadowoleniu i jako zdolną służącą mogę ją polecić następnym chlebodawcom".

Dlaczego po roku i trzech miesiącach odeszła na własne żądanie? Jak czytać te rekomendacje? Stefania Chulcowa o Kokoszance zaświadcza, że „jest osobą bardzo pracowitą, rzetelną, przychylną, nadzwyczaj moralną, jako taką każdemu mogę polecić". Skoro tak, to dlaczego wciąż Kokoszankę gna: z Chrzanowa do Krakowa i dalej, do Zakopanego, do Podgórza? Od 1890 aż do 1916 roku. Czy zwalniano ją, a dobry wpis dostawała na otarcie łez, jak się często zdarzało, gdy pani na przykład była zazdrosna albo zwyczajnie służącej nie lubiła? A może odchodziła sama, bo praca przerastała jej siły? Albo źle ją traktowano? Wszystkie wersje są bardzo prawdopodobne.

W końcu się zatrzymuje. Na czterdzieści lat. Trafia do krakowskiego domu radcy województwa małopolskiego i jego żony, Wandy Tańskiej, która po dziesięciu latach służby Kokoszanki napisze o niej tak: „Wyjątkowej pracowitości i uczciwości, zachowywała się przez cały okres lat dziesięciu pod każdym względem wzorowo pomimo nieraz trudnych warunków spowodowanych wojną, w których mi była więcej przyjaciółką jak służącą".

Wszystko idzie bardzo dobrze, ale nadchodzi dzień, gdy radca Tański umiera, a pani zostaje wdową z dwójką dzieci. Oświadcza Kokoszance, że nie będzie już jej stać na utrzymanie służącej. Wnuczka Anna Tańska opowiada: „Chciała się rzucić z drugiego piętra z ganku, więc ją moja matka zostawiła u nas, widząc jej nerwowość".

Kokoszanka służy u Tańskich przez kolejne trzydzieści lat, stając się częścią rodziny. Swojej, jak wiele dziewcząt służących, nie zakłada. Jest wtórną analfabetką. Twierdzi, że kiedyś umiała czytać i pisać, ale zapomniała po operacji głowy. Matka Anny Tańskiej, gdy uczyła swoje córki pisać, próbowała nauczyć i Kokoszankę. „Ale nasza niania nie umiała się skupić, znała poszczególne litery i cyfry, ale nie umiała ich złożyć w całość, nauczyła się tylko podpisywać" – wspominała córka chlebodawczyni.

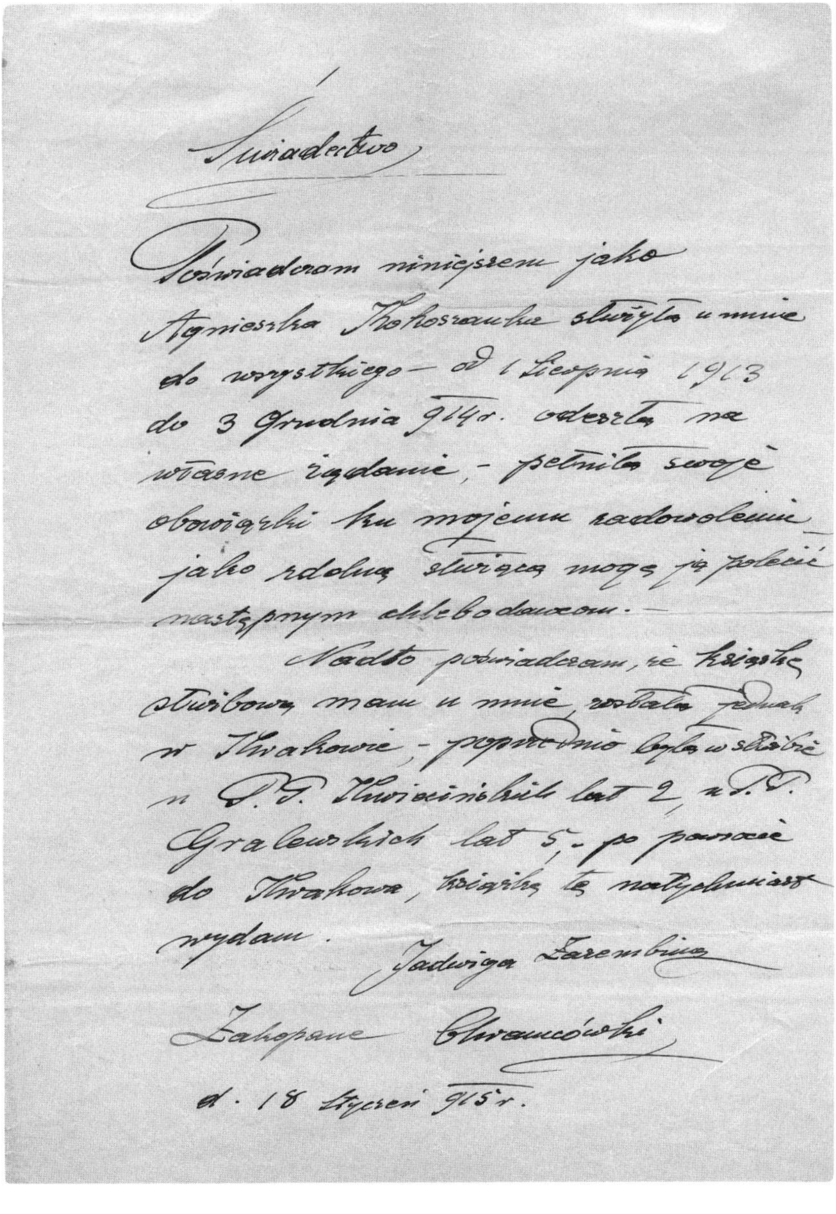

Świadectwo

Poświadczam niniejszem jako Agnieszka Kokoszanka służyła u mnie do wszystkiego od 1 Sierpnia 1913 do 3 Grudnia 914 r. odeszła na własne żądanie, – pełniła swoje obowiązki ku mojemu zadowoleniu jako zdolną służącą mogę ją polecić następnym chlebodawcom. –

Nadto poświadczam, że książkę służbową mam u mnie, została jednak w Krakowie, – poprzednio była w służbie u P.P. Kwiecińskich lat 2, u P.P. Gralewskich lat 5, – po powrocie do Krakowa, książkę tę natychmiast wydam.

Jadwiga Zarembina

Zakopane Chramcówki

d. 18 Styczeń 915 r.

Świadectwo Agnieszki Kokoszy.

Od 1900 roku należy do niezwykle popularnego Stowarzyszenia Sług Katolickich pod wezwaniem Świętej Zyty, płacąc niemałe datki. Gdy kończy osiemdziesiątkę, postanawia się przeprowadzić do przytułku prowadzonego w Krakowie przez zytki.

„Przez pozostałe trzynaście lat swego życia – relacjonowała Anna Tańska – pozostawała pod stałą naszą opieką. Mając lat dziewięćdziesiąt trzy, przeszła zawał, z którego wyszła, potem zaziębiła się jesienią i serce już gorączki nie wytrzymało. Była bardzo drobna, miała około stu czterdziestu centymetrów wzrostu i mimo że pracowała od siódmego roku swego życia, okazało się, że organizm miała silny".

To wtedy, podczas ostatniej choroby Agnieszki Kokoszanki, Tańska powiedziała jej, że rodzina pochowa ją w swoim rodzinnym grobowcu. „Co ją ogromnie wówczas uszczęśliwiło, że będzie nadal z nami" – zapamiętała Tańska.

„Żyliśmy w skrajnej nędzy. Rodzina nasza liczyła jedenaście osób. Gdy głód i choroby dokuczały nam coraz mocniej, czuliśmy żal do matki, że nas tyle miała, a nie mogła dać nawet chleba. Wówczas odpowiadała nam, iż Pan Bóg daje dzieci, więc nas nakarmi. Trzeba go tylko o to prosić i czekać cierpliwie, aż prośbę usłyszy. Tak pocieszała nasze zgłodniałe żołądki" – wspominała Etla Bomsztyk, której rodzina mieszkała we wsi Lipsko nad Wisłą, sto pięćdziesiąt kilometrów od Warszawy.

Ojciec Etli tylko czasem ma pracę, nie jest w stanie wyżywić rodziny. Dwoje jego dzieci umiera z głodu. „Z wycieńczenia zachorowaliśmy na oczy, z braku mydła i strasznego brudu toczył nas świerzb. Zaczęłam myśleć o wyjeździe do dużego miasta, by znaleźć pracę, najeść się do syta i pomóc rodzinie. Ale jak jechać, gdy nie ma pieniędzy na podróż, na ubranie?" – opowiadała po latach Bomsztyk. Jej starszy zdolny brat, jedyny, który chodził do szkoły, wyjeżdża do Warszawy i zarabia, ucząc dzieci. Wynajmuje pokój, na co wydaje większość zarobionych pieniędzy. Kiedy przyjeżdża do Lipska, wszyscy zapominają o nędzy. Opowiada im o Warszawie, o kinie, w którym był zaledwie raz, śpiewa piosenki zasłyszane na warszawskich podwórkach. Przywozi gazety i czyta na głos. „Wiele ludzi przychodziło posłuchać. Tłumaczył, opowiadał, lecz ja nic z tego nie zrozumiałam. W miasteczku mówiono, że jest filozofem i bezbożnikiem. Rodzice, chociaż byli bardzo pobożni, jakoś nie przejęli się tym. Przeciwnie, stał się chlubą naszej rodziny" – wspominała Etla.

Gdy brat postanawia zabrać ją do Warszawy, płyną statkiem, tak jest taniej. Etla ma czternaście lat i trzyma się kurczowo marynarki brata. Jak zawsze wstydliwa i smutna, z opuszczoną głową.

„Warszawa zrobiła na mnie oszołamiające wrażenie. Weszliśmy do dwupokojowego mieszkania parterowego przy ul. Muranowskiej 24. Niska młoda blondynka pokazała mi mieszkanie i w obecności brata powiedziała, że będzie mnie traktowała jak własne dziecko. Zaraz przystąpiła do wyliczenia moich obowiązków, a więc rano iść po mleko i pieczywo, oczyścić panu buty, froterować podłogi i prać całą bieliznę. A jak to wszystko zrobić – pokaże, bo jest przecież w domu, a gotować mnie nauczy. O pensji nawet mowy nie było. Czyż nocleg i jedzenie nie wystarczy? Tak zaczęłam nowe życie".

Dla Etli, wciąż jeszcze dziecka, słabego i mizernego, rozłąka z matką i rodzeństwem staje się nie do zniesienia, a praca okazuje się ponad jej siły. Szczególnie męczy ją pranie ręczne. Skarży się bratu. Ten mówi jej, że może wrócić do domu. „Wolę umrzeć, a do poprzedniej nędzy nie wrócę"– odpowiada.

Gdy wybucha pierwsza wojna światowa, brat Etli zostaje zmobilizowany, a miasteczko rodziców spalone. Etla nie zobaczy już brata. Wstąpi on do partii bolszewickiej i zginie w 1918 roku. Jej chlebodawcy popadają w biedę i oszczędzają na niej. Mają jednak na tyle litości, że przekazują Etlę rodzinie, która prowadzi sklep galanteryjny. Jej rodzice wracają do Lipska i na gruzach budują nowe życie. Etla wspomni po latach: „Żyli z tego, co posyłałam ja lub siostra z Radomia. Było to za dużo, by umrzeć, i za mało, by żyć".

Osiemnastoletnia córka pracodawców zapada na tyfus. Zamykają ją w pokoju, unikają kontaktu, żeby się nie zarazić. Opiekuje się nią Etla. Niedługo potem dostaje wysokiej gorączki. Ale to nie tyfus, to hiszpanka o ciężkim przebiegu. Leży przez kilka tygodni w malignie. „Gdy wstałam słaba, niezdolna do pracy, przestali mnie nawet żywić, mimo że pracowałam u nich trzy lata". Traci wiarę swoich rodziców.

> Wielkie było moje rozczarowanie w to, co czytałam w modlitewniku, i w to, co opowiadała mama. Zaczęłam filozofować, rozmyślać, szukać odpowiedzi na dręczące mnie kwestie. Poczęłam czytać książki. Potem zapisałam się do czytelni przy ul. Mariańskiej. Gdy szłam po zakupy, wkradałam się do czytelni po książki, które czytałam po kryjomu w nocy, bo co to za służąca, co czyta książki?

Jej rozgoryczenie rośnie.

„Poniżanie i upokarzanie, kaprysy «madame», które trzeba było znosić, synalkowie i «kształcone» córeczki, lekceważący stosunek *szejne Jidn* (pięknych Żydów, w znaczeniu – «elity») do panien służących wpływały na wiele z nas przygnębiająco, powodowały niewiarę w to, że własnymi siłami możemy poprawić nasze położenie".

Hela Odzimkowska z siostrą Marianną Filipow,
która trzyma córkę Krysię, obok są Jan Filipow
i nieznany mężczyzna, Radom, 1926.

Niedługo potem Etla zetknie się z ruchem robotniczym. A on ją porwie i zaprowadzi do więzienia.

Marianna Odzimkowska ze wsi Romanów pod Radomiem zostaje wdową z dwójką dzieci: roczną Helą i trzyletnim Wickiem. Wkrótce wychodzi za mąż i rodzi kolejne dzieci. Radzi sobie bardzo dobrze. Tka na krosnach i wyrabia świetne sery, które sprze-

Niania, zdjęcie służącej z lat 1903–1904.

daje na radomskim targu nazywanym Rajszulą. Trudno jej znieść jedynie to, że jej dzieci harują w polu tylko za jedzenie i ubiór.

Wyrabia sobie markę dobrej gospodyni, bo jest czysta i skrupulatna. Panie, które przychodzą po zakupy na targ ze swoimi dźwigającymi kosze służącymi, kupują u niej nabiał. To tu, przypatrując się służącym, Marianna pomyślała, że mogłaby odmienić los Heli.

„Czy nie potrzebuje pani dziewczyny do pomocy?" – pyta jedną ze swoich klientek i wymienia zalety córki. „Tak, potrzebuję pomocy do domu. Co prawda córki pani nie znam, ale znając pani przetwory, mam nadzieję, że i z pracy córki będę zadowolona". Niedługo potem Hela zaczyna pracę w Radomiu.

„Pani, do której trafiła Hela, nie miała złudzeń, wiedziała, że młodą dziewczynę trzeba nauczyć prowadzenia domu od podstaw. Tym zajęła się matka pani. Hela codziennie musiała wstać o świcie przed domownikami, napalić w piecach, przygotować śniadanie, ubrać dzieci państwa. W wyznaczone dni szła po zakupy, z początku z matką pani, a potem, gdy się sprawdziła, mogła już chodzić sama. Przede wszystkim Hela poznała przepisy na gotowanie z produktów, o których do tej pory nie miała nawet pojęcia, bo w jej domu takich się nie jadło" – opowiada Małgorzata Stelmaszczyk. Hela była przyrodnią siostrą jej babci.

W domu jest troje dzieci, w tym dziewczynka niejadek, która prosi Helę: „Zjedz za mnie, a mamie powiemy, że to ja zjadłam, bo inaczej będzie na mnie krzyczeć". Małgorzata Stelmaszczyk: „Heli, której dotąd głównym pożywieniem były kartofle z barszczem albo ze zsiadłym mlekiem, nigdy nie trzeba było takiej prośby dwa razy powtarzać. Z córką państwa bardzo się polubiły, może nawet dzięki wspólnej tajemnicy: dziewczynka nie wmuszała już w siebie jedzenia, a Hela nigdy nie była głodna".

Hela rzadko odwiedza dom. Jest jej w Radomiu bardzo dobrze, nie ma też kiedy. Matkę spotyka na targu. „Wtedy rozmawiały dłuższą chwilę. Marianna z radością patrzyła na ładne ubrania córki, nowe buty na nogach, staranną fryzurę, uśmiech na twarzy. Podziwiała jasne lico dziewczyny, niezniszczone białe dłonie, bo wszystkie kobiety na wsi miały opalone od słońca twarze i ręce poczerniałe od pracy w polu" – opowiada Stelmaszczyk.

Gdy Hela żegna się z mamą i odchodzi, Marianna jeszcze długo patrzy na jej wyprostowaną postać.

3

SZTUKA GOTOWANIA NA GAZIE

Babki nigdy nie drżały przed brakiem służby, ponieważ w każdej kuchni urzędowały małe „popychadełka" jako pomoc w zajęciach kucharki, czy pokojowej.

MARIA ANKIEWICZOWA, *SŁUŻBA DOMOWA*

Kiedy Teresa Potworowska i jej nowo poślubiony mąż, filozof Władysław Tatarkiewicz, klęczą przed ołtarzem, kuzynka panny młodej przerzuca welon przez nogi pana młodego. Na Ukrainie, skąd pochodzi, wierzą, że to zapewni młodej parze dobrą służbę. Bez odpowiedniej służącej dom przecież nigdy nie będzie dobrze funkcjonował. Jest rok 1919.

Po latach Teresa Tatarkiewiczowa twierdziła, że gdyby była przesądna, musiałaby przyznać, że zabieg kuzynki podziałał. Dwa lata po ślubie dorobili się z mężem własnego mieszkania w Poznaniu, gdzie mąż dostał posadę uniwersytecką, i Teresa przez prywatne biura pośrednictwa pracy rozpoczęła poszukiwania służącej. Zjawiła się młoda, przystojna, „śledzikująca" po podlasku Stefania, a ponieważ Tatarkiewiczowa pochodziła z tego regionu i ceniła Podlasiaków, przyjęła dziewczynę chętnie. Początki okazały się trudne. Obie nie miały pojęcia o kuchni, a zgodnie ze zwyczajem inteligenckich rodzin należało przyjmować na proszone obiady. Pierwsi goście trafili im się znakomici: wybitny socjolog Florian Znaniecki z amerykańską żoną, prawniczką Eileen Markley. Pani domu zarządziła, aby Stefa na deser przygotowała dosyć prostą leguminę z przepisu babki

Okładka poradnika dla pań Marii Ankiewiczowej
Służba domowa, 1930.

Teresy. Był to rodzaj sufletu, tak zwany pewniak, który od pokoleń zawsze wszystkim wychodził. Leguminę należało zapiekać tylko pięć minut i natychmiast podawać. Przetrzymana zamieniała się w smętny wysuszony placek. „Stefania wiedziała, że gdy poda drugie danie, ma wstawić leguminę do pieca i po sprzątnięciu talerzy po mięsie zaraz ją podać. Tymczasem nie liczyłyśmy się z powolnym tempem jedzenia Eileeny Znanieckiej, która rozmawiając, odkładała widelec i nóż. Siedziałam naprzeciw niej i co chwilę widziałam głowę Stefanii wsuwającą się z coraz bardziej przerażonym wyrazem twarzy. Śmieszyło mnie to, ale zarazem niepokoiło. Jakoż legumina przyszła na stół w stanie godnym pożałowania" – wspominała Teresa Tatarkiewiczowa.

Stefa okazała się dobrą służącą, przeprowadziła się z Tatarkiewiczami do Warszawy i pracowała dla nich pięć lat, a potem wyszła za mąż za właściciela magla, więc nie mogła dłużej służyć. Teresa Tatarkiewiczowa jeszcze kilka razy zatrudniała służące z Podlasia, ponieważ jej zdaniem miały szczególne zdolności kulinarne.

Dobra służąca jest prawdziwym skarbem, a jej utrata katastrofą. Pani domu często nie potrafi ani gotować, ani sprzątać. Od pokoleń robiły to służące. Narcyza Żmichowska, pisarka, uznana potem za prekursorkę polskiego feminizmu, w 1867 roku pisała w „Bluszczu", że rosnące pokolenie paniczów i panienek powinno powoli przyzwyczajać się do obchodzenia bez służby.

> Nie żądam niczego, żadnej zmiany zwyczajowej od pań dzisiejszych, ale od przyszłych wymagam, aby to dobrze zrozumiały, że służącą jedynie do pomocy się przyjmuje, służąca jedynie to powinna robić, na co pani nie ma czasu lub czego zupełnie sama zrobić

> nie może i nie umie. Wszelka drobna obsługa osobista jest resztką dawnej *à la chatelaine* (kasztelańskiej) epoki kobiecego życia.

Kiedy Żmichowska to pisze, kobiety wciąż sznurują gorsety, których bez służby włożyć się nie da. Ubiór i wygląd angażują kobiety z wyższych sfer każdego dnia na długie godziny, a służąca musi asystować przy tej trwającej godzinami „toalecie".

Alice Coleman zapamiętała swoje zdumienie, gdy jako mała dziewczynka weszła do pokoju swojej babci w Łodzi.

> Przed lustrem w skromnej bieliźnie stoi moja królewska babcia, wielkie grzebienie chwytają jej grube, spadające kaskadami włosy, a po dwóch stronach stoją dwie służące. W mojej pamięci postacie te są uwiecznione w serii choreograficznych póz, zaskakujących, ekstrawaganckich i śmiesznych. Na twarzach maluje się całkowite skupienie. Sześć par ramion i dłoni, pomnożone w lustrzanym odbiciu i wprawione w ruch, rozciągnięte we wszystkich kierunkach, zupełnie jak ręce bogini Kali, tyle tylko, że te skupione są wszystkie na jednym zadaniu: moja babcia zakłada swój gorset.

Żmichowska wieszczyła, że przyjdzie kiedyś kres takiego stylu życia, choć gdy to pisała, jej wizja mogła wydawać się herezją:

> W epoce przyszłej kobieta hartowniej się wykształci, czas dzisiaj zajęty pielęgnowaniem mnóstwa cacek i niekończącą się do obiadu, a zaczynającą znów przed wieczorem toaletą, potrzebny jej będzie na

Rysunek *Babcia* Elizabeth Wittlin-Lipton do książki
Alice Coleman Schelling *Alicja po drugiej stronie drzwi.*

zarobkową pracę lub szlachetniejsze przyjemności. Wymyśli modę łatwiejszą do włożenia i złożenia odzieży. [...] Nauczy się w domu żyć, tak jak czasem w podróży bez służącej żyje, byle tylko od wschodnich zwyczajów odwykła – byle na moralne przekonanie to wzięła, że istotnie złem jest nie zrobić dla siebie i koło siebie wszystkiego, co zrobić można, i że grzechem narzucać służącej to, czego ona może nie zrobić.

Mając poczucie, że jej wizja jest utopijna, Żmichowska kończy retorycznym pytaniem: „Alboż nie ideał?!". Ideał, który w końcu się ziści, ale zajmie to niemal osiemdziesiąt lat. Zmiany będą zachodzić bardzo powoli i choć gorsety w latach dwudziestych XX wieku staną się *passé*, życie bez służby wciąż pozostanie niewyobrażalne.

Zofia Gostkowska, córka lwowskiego profesora i socjalistka, gdy tylko wychodzi za mąż za przyszłego premiera Jędrzeja Moraczewskiego, szybko się przekonuje, że bez służącej sobie nie poradzi. „Zrobiłam kluski za twarde, ryż zanadto przypieczony, już z mięsem w żaden sposób nie mogłam sobie dać rady. Bo to ani czym mięsa ubić, ani czym wygodnie smażyć, ani nie wiadomo, jak się do tego zabrać" – zwierza się w liście starszej siostrze. I prosi ją o przesłanie słynnej książki kucharskiej Lucyny Ćwierczakiewiczowej. Była bardzo szczęśliwa, gdy niedługo potem przez stręczycielkę udało jej się zatrudnić służącą i wynegocjować dobre zasady zatrudnienia. Była też dumna, że tę sprawę załatwiła całkiem sama. „Wyobraź sobie!" – pisała do siostry w 1896 roku. Wkrótce nadzorowanie służby stanie się dla niej udręką.

Bohaterka artykułu z czasopisma „Pani Domu", pani Ludwika, straciła dwie służące. Jest załamana, ale natychmiast znajduje kolejne. Kiedy podają na obiad mętną zupę, mąż ma dosyć. Proponuje żonie całkiem serio, żeby zapisała się do szkoły kucharskiej i sama gotowała. Pani Ludwika jest w szoku. Po pierwsze: wszyscy by się z niej śmiali. A po drugie: „Nie wiem, czy przez ten miesiąc nauczyłabym się dobrze gotować, wszakże nie umiem sporządzić najprostszej potrawy, a przy tem w zupełności sług zastąpić nie mogę. Nie umiem sprzątać, nie mogę szorować, bo jestem zbyt wątła" – tłumaczy.

Pomysł męża pani Ludwiki jest tyleż bezczelny, co awangardowy. Na razie jednak wszystkie zamożne domy mają przynajmniej jedną służącą. W Warszawie na początku XX wieku to najpopularniejszy zawód dla kobiet. Służba domowa w Królestwie Polskim stanowi trzydzieści procent wszystkich zatrudnionych, z czego kobiety stanowią osiemdziesiąt procent.

Rolą pani domu z klasy średniej nie jest ani sprzątanie, ani gotowanie, a nadzór nad służbą. Czasem komponowanie menu, z rzadka zakupy, a jeśli już, to odzieży i wyposażenia domu. Żywność kupuje służąca. Pani ma i tak mnóstwo roboty z zarządzaniem służbą, po co miałaby się uczyć gotować?

A jednak pisma dla pań przekonują, że ma to sens. „Dobrze zrobiłyby nasze młode mężatki, aby uczęszczać zaczęły po prostu jako uczennice do zakładu, nauczyły się same gotowania, sprzątania i prania, aby później dostawszy dobrą służącą, wiedziały, czego mogą od niej wymagać i jak ją nieumiejętną nauczyć" – pisze „Dobra Gospodyni", gdy w 1904 roku otwierana jest przy Nowogrodzkiej w Warszawie szkoła dla służących.

Z kolei „Nowy Kurier" radzi młodym paniom domu co najmniej zachowywać pozory: „Znajomość kuchni, jak i w ogóle spraw gospodarskich, nie zawsze jest udziałem pani domu dzisiejszego młodego pokolenia, pozostaje więc nie dać się i przynajmniej udawać, że się wie o wszystkim". Czasopismo ostrzega, że kiedy pani jest niekompetentna, służąca dobrze to wyczuwa i wkrótce terroryzuje cały dom. „Wszystko się dzieje wówczas tak, jak chce służąca. Ona ugotuje na obiad to, co jej najwięcej smakuje, spóźnia się, jeżeli humor nie dopisze, a już biada pani domu, jeżeli chce się wtrącić w to wszystko. Młoda pani, która przy zakładaniu domowego ogniska po raź pierwszy zatrudnia służącą, musi uważać, żeby nie dopuścić do zaniedbania swego autorytetu".

Po I wojnie światowej w miejsce kilku służących coraz częściej zatrudnia się jedną. Społecznik i lekarz Walenty Miklaszewski ma nadzieję, że doświadczenia wojny nie poszły na marne i Polacy weszli na drogę samowystarczalności, która „uleczy nas może z dawnych nawyków pańskich, kiedy to nie chciało się samemu nic robić koło siebie, uważając, że do tego jest służba. Słynęliśmy z tego tak dalece, że przed czterdziestu laty nasi studenci za granicą płacili za mieszkanie dwa razy drożej od tuziemców, bo wymagali znacznie większej obsługi, a nawet zdarzało się i tak, że syn właścicielki pensjonatu obsługiwał swą koleżankę z uniwersytetu, zamieszkałą u jego matki".

Panie jednak wciąż tęsknią za złotymi czasami, gdy zatrudniało się kilka służących, a dom lśnił. Autorka popularnego podręcznika dla pań o służbie domowej, Maria Ankiewiczowa, wspominała w 1930 roku:

> [...] domy rodzinne z przed lat 50-ciu były prowadzone wzorowo, lecz to bynajmniej nie było zasługą naszych bardzo mądrych i gospodarnych prababek i babek, tylko służby dobrej i umiejętnej!
>
> Naszym babkom przychodziło bez trudu utrzymywanie trojga, czworga służby przy siedmiu lub

> ośmiu osobach w domu. Dziwnemby było, gdyby w podobnych warunkach dom nie był postawiony na wysokim poziomie. Babki nigdy nie drżały przed brakiem służby, ponieważ w każdej kuchni urzędowały małe „popychadełka", jako pomoc w zajęciach kucharki, czy pokojowej. Z tych popychadełek wyrastały potem siły wykwalifikowane, które doskonałą szkołę przeszły pod kierunkiem swoich mimowolnych instruktorek.

Teraz jest fatalnie. Pani nie umie niczego, służąca tym bardziej. Szkół dla służących w Polsce właściwie nie ma. Dlatego Polki z klasy średniej zazdroszczą Niemkom. Ich służące są naprawdę kompetentne i mają świetną markę za granicą, szczególnie w Wielkiej Brytanii. Profesjonalne, bo uczą się fachu w szkołach dla służby, między innymi w Breslau.

W Polsce podobne przedsięwzięcia podejmowane przez towarzystwa dobroczynne nie kończyły się powodzeniem. Kto miałby płacić za naukę służącej?

Warszawska Szkoła dla Służących Świętej Zyty (potem Świętej Kingi) przy Nowogrodzkiej 21 należała do rzadkości. Założona w 1904 roku, dziewczynom chcącym nauczyć się fachu oferowała także zakwaterowanie. Gdy była z pompą otwierana, „Dobra Gospodyni" donosiła:

> Grono inteligentnych, pracowitych kobiet krzątało się czas dłuższy koło urzeczywistnienia tej myśli, aby dostarczyć miastu porządnych „służących do wszystkiego", kucharek, praczek, pokojówek, wskazując piękny cel, do którego dążyć nam trzeba wspólnymi siłami: kulturę domu polskiego.

Szkoła – w suterenie i na parterze budynku przy Nowogrodzkiej 21 – przyjmowała dziewczęta ubogie w wieku od piętnastu do trzydziestu lat. Najbiedniejsze zwalniała z opłat, a te, które były wypłacalne, musiały płacić dwanaście rubli miesięcznie, ale do tego dochodziły koszty zakwaterowania i utrzymania. To dla tych dziewcząt rzadko jest do udźwignięcia. Rocznie jako służące zarabiają czterdzieści osiem rubli, czyli cztery miesięcznie.

W 1906 roku uczyło się w szkole czterdzieści pięć dziewcząt, ale miejsc starczyłoby jeszcze dla pięciu następnych. Szkoła uczyła podstaw. W kuchni dziewczyny „zmywały statki". W wielkiej pralni uczyły się sposobów prania ręcznego, ale i prania w sprowadzonej z zagranicy pralce. Każda najpierw musiała nabyć umiejętności potrzebne służącej do wszystkiego, a potem specjalizowała się – jeśli chciała zostać kucharką lub pokojówką.

Zupełnym ewenementem była szkoła dla służących elewek prowadzona na przełomie XIX i XX wieku przez Barbarę Kwilecką w jej majątku Dobrojewo w Wielkopolsce. Wywodząca się z ziemiańskiej rodziny Mańkowskich działaczka społeczna postanowiła kształcić wiejskie dziewczyny na wykwalifikowane służące i stworzyła coś w rodzaju kuźni kadr dla okolicznych gospodarstw.

Od zawsze wrażliwa na krzywdę i nierówności społeczne – jak wspominała – z tego właśnie powodu była dzieckiem smutnym i ponurym, a tę wrażliwość odziedziczyła po rodzicach. „Moja matka była bardzo litościwą dla swych podwładnych. Wypiastowały mnie osoby, które innej służby jak w naszym domu nie znały. A mój ojciec, znany z filantropii, znaczną część majątku poświęcił na założenie w Londynie domu komisowego w myśl kształcenia synów emigrantów" – pisała we wspomnieniach.

Sama opracowuje program edukacyjny i realizuje go przez dwadzieścia lat, a potem jej dzieło kontynuuje synowa. Szkoła

Służące z warszawskiej szkoły dla sług pod wezwaniem Świętej Kingi, 1907.

hrabiny Kwileckiej rzeczywiście jest nowoczesna i prowadzona, jak na te czasy, dosyć demokratycznie. Dziewczyny w Dobrojewie – około szesnastu – mieszkają w pałacu, w budynku głównym, rzadziej w oficynie. Nauka trwa aż trzy lata, ale uczennice równocześnie pracują pod okiem bardziej doświadczonych kobiet.

Aby dostać się do tej szkoły, muszą ukończyć co najmniej szesnaście lat i dostarczyć: świadectwo dobrego prowadzenia się od proboszcza, świadectwo dobrego zdrowia od lekarza, zgodę rodziców na pobyt i naukę w Dobrojewie.

Noszą białe fartuchy i czepki, które są na wyposażeniu pałacu, i wykonują drobne prace za drobne wynagrodzenie. Czepek jest najważniejszy – oznacza przynależność do grupy elewek – i bez pytania zdejmować go nie wolno. Jedną z kar wobec niesubordynowanych dziewcząt jest odebranie im czepka na przynajmniej kilka dni. Dziewczyna jest na ten czas wykluczana.

„Pierwsze tygodnie – wspominała Barbara Kwilecka – służyły za czas próby. Jeżeli dziewczę okazało się popsute, kłamliwe lub całkiem niedołężne, odsyłało się je rodzicom". W przeciwnym razie dziewczyna przechodziła swego rodzaju zaprzysiężenie – hrabina Kwilecka prowadziła ją do pałacowej kaplicy, a tam przed ołtarzem Matki Boskiej odmawiała akt ofiarowania, po czym zakładała uczennicy na szyję medal Matki Boskiej na białej wstążce, a na głowę biały czepek. „Dzień ten starałam się uprzyjemnić, urządzając dla nich podwieczorek z czekoladą i ciastkami" – pisała hrabina we *Fragmencie z pamiętnika*.

Potem zaczyna się praca. Program hrabiny Kwileckiej zakłada naukę:

– kuchni pańskiej przy dobrym kucharzu,
– prania,
– kroju i szycia,
– kredensu, czyli usługiwania przy stole,
– uprzątania pokoi,
– mleczarni z centryfugą (wirówką do uzyskania śmietany),
– gotowania na drugi stół i dla czeladzi,
– chowu drobiu.

A także: czerpią wodę ze studni, przynoszą drewno, węgiel, kartofle ze sklepu. Mają też korzyści nigdzie niespotykane: prawo do urlopu. Wyjeżdżają więc na wakacje, mogą także przyjmować wizyty rodziców.

Jedzenie dziewczęta mają „bardzo skromne, ale świeże i pożywne": na śniadanie kawa z palonym jęczmieniem, bardzo mleczna, i chleb z masłem do sytości. Na drugie śniadanie chleb – do woli. Obiad składa się z zupy i drugiego –

kaszy lub warzyw albo jaj. Do tego dużo suszonych owoców. Dwa razy w tygodniu mięso – w czwartek i w niedzielę. Na podwieczorek chleb z powidłami lub smalec i syrop. Na kolację – kartofle z polewką. Trzy razy dziennie, przed głównymi posiłkami, gdy dzwoni się na Anioł Pański, wszystkie elewki zbierają się w pałacu.

„Był to jakby apel w wojsku – opisywała Barbara Kwilecka – stawienie sobie na pamięć przed obrazem Matki Boskiej w kaplicy, że Jej służą, a nie mnie, i że jej wszelkie swoje usiłowania ofiarować winny. W niedzielę były wspólne czytania, przechadzki po parku, czasami majówki do lasu. Życie towarzyskie Państwa nie było z powodu elewek krępowane, owszem, dom nasz zawsze był dla gości otwartym, bywały liczne zjazdy gości na święta, polowania, uroczystości rodzinne; elewki miały wtedy jeszcze większą sposobność, aby się czegoś nowego nauczyć i we wszystkim lepiej wyćwiczyć".

Rodzina hrabiny pomaga uczyć elewki czytania, przede wszystkim katechizmu, ale też pisania i rachowania, codziennie jedna z uczennic przeznacza na to godzinę. Uczą się też śpiewać, ponieważ hrabina uważa śpiew za „czynnik cywilizacyjny".

Po roku uczennica wybiera specjalizację i nadal się doskonali, aby na koniec zdać egzamin. Jeśli uczy się pod nadzorem kucharza, musi samodzielnie ugotować pański obiad. Jeżeli kształci się na praczkę, musi zademonstrować, jak potrafi prać i prasować. „Młode dziewczęta – pisała hrabina – w pierwszym roku są zupełnie nieudolne i trzeba mieć z nimi dużo wyrozumiałości, za to w trzecim roku zupełnie się już przeobrażają". A potem idą w świat: jako kucharki, gospodynie, praczki, mleczarki i służące do wszystkiego. Świadectwo otrzymane w Dobrojewie zwykle zapewnia im dobrą pensję.

Barbara Kwilecka uważała swoją szkołę za bardzo udany eksperyment i namawiała inne panie, aby zamiast utyskiwać na służbę, same ją kształciły i wychowywały. Poza kształceniem elewek angażowała się także w działalność Czytelni Ludowych, wspomagała finansowo Zakład Świętego Kazimierza zapewniający utrzymanie starszym kobietom. Zmarła w 1910 roku w Poznaniu, a pochowana została w Kwilczu, rodzinnej posiadłości męża.

Szkoły typu gospodarczego przeznaczone były dla dziewcząt z domów bogatszych chłopów. Nasze służące do wszystkiego, te popychadła z samego dołu domowej hierarchii, nie mogły sobie na nie pozwolić. Uczyły się na własnych błędach, a panie zgrzytały zębami.

Kiedy w 1930 roku powstaje Związek Pań Domu, jego działaczki powołują sekcję służby domowej. Inteligentki ze średnim i wyższym wykształceniem, zgodnie ze światowym trendem, organizują się, aby usprawnić życie domowe. Śledzą nowinki dotyczące sprzętów domowych, wystroju wnętrz, kolekcjonują jadłospisy, po to, aby prowadzenie domu było łatwiejsze i aby zaoszczędzony czas przeznaczyć na poszerzanie horyzontów. A przede wszystkim, by zyskać spokój i zamiast kobiety zatroskanej i zmęczonej „stworzyć spokojną, pewną swej godności i swego stanowiska, interesującą się wszystkimi prądami idącymi ze świata panią". Obie autorki popularnych podręczników o służbie domowej – Michalina Ulanicka i Maria Ankiewiczowa – bardzo aktywnie działały w ZPD.

Podobne związki działały w Niemczech, Francji, Szwajcarii, Austrii i w krajach skandynawskich.

Co do służby – panie są już zniecierpliwione „mętnymi zupami" i „przydymionymi kotletami". Dlatego sekcja służby domowej organizuje rozmaite pokazy i szkolenia dla służących. W 1935 roku co czwartek organizowane są kursy:

– zaprawiania zup, sosów, gotowania szparagów,
– legumin,
– pokazy rolady z mięsa wołowego i cielęcego,
– przekładanie i lukrowanie tortów,
– stół świąteczny i pisanki.

Ale zanim dziewczyna nauczy się legumin, nie potrafi niczego. Przyjechała dopiero ze wsi. Pierwszy raz widzi kuchenkę gazową. Pani też nie odkręci kurka, bo się boi. Z tego nie może wyniknąć nic dobrego.

„Głos Poranny" z 27 sierpnia 1934 roku donosi:

> Śmierć w oparach gazu poniosła przez własne niedbalstwo służąca Braunsztajna. Zatruty został również pies i kanarek.
>
> Mecenasa Braunsztajna mieszkającego w Łodzi przy ulicy 1 Listopada pod numerem dziewięć w niedzielę nad ranem obudził ból głowy, poszedł więc do kuchni napić się wody. Po drodze poczuł woń gazu. Gdy doszedł do kuchenki gazowej, słaniał się już na nogach. Otworzył okno i poszedł do przylegającego do kuchni pokoju służbowego służącej. Tam, na podłodze przy łóżku odnalazł jej ciało, zwinięte w kłębek. Nieopodal leżał pies państwa Braunsztajn, a na dnie klatki martwy kanarek.

Braunsztajnowi ledwo udało się dobudzić zaczadzoną żonę. Nie podejrzewano samobójstwa służącej, gdyż, jak ustalono, dwudziestodwuletnia Władysława Jaśkiewicz, córka woźnego sądowego, była wesoła, a wieczorem przed pójściem spać umyła się oraz wyprała sobie bluzkę, bo planowała następnego dnia wychodne. Rano miała pójść do kościoła, a po obiedzie odwiedzić koleżankę. Kto by się zabijał, mając takie plany?

Okazało się, że służąca nie zakręciła głównego zaworu gazu i ciśnienie wypchnęło gumową rurkę biegnącą do kuchenki, a wtedy śmiercionośny czad wypełnił kuchnię.

Takich wypadków w całym kraju są dziesiątki.

Kuchenki gazowe upowszechniły się w Polsce na początku lat trzydziestych. Niebezpieczne, wymagają ostrożności i wciąż powodują katastrofy, dlatego z pomocą paniom domu i służącym przychodzą gazownie. Organizują bezpłatne kursy „racjonalnego stosowania gazu". Ponieważ panie mają dużo czasu, dla nich szkolenie organizuje się rano. Służące przychodzą ćwiczyć gotowanie na gazie już po pracy, po południu.

W 1931 roku warszawska gazownia przy Kredytowej 3 rozszerza swoją ofertę: w każdą środę w sali pokazów odbywają się bezpłatne „pokazy oszczędnego gotowania i pieczenia na gazie oraz sposobu używania pieców kąpielowych i żelazek do prasowania".

Aby jeszcze bardziej zmotywować dziewczyny do nauki, gazownie organizują konkursy sprawności gotowania na dwupalnikowych kuchenkach. Do wygrania nie byle jakie nagrody: gazowy piecyk i wieżowy rondel. 3 czerwca 1935 roku w Miejskiej Szkole Rękodzielniczej zjawia się sześć uczestniczek. Wszystkie ukończyły kurs w gazowni. Ich zadaniem jest ugotować na dwupalnikowej kuchence obiad dla dwóch osób złożony z: barszczu, boćwinki z jajami, sznycli cielęcych z ziemniakami i marchwią, surówki, kompotu. Czas gotowania obiadu nie może przekraczać godziny i piętnastu minut, a za każde uchybienie, między innymi za nieodpowiedni smak i wygląd potraw, odejmuje się punkty karne. Liczy się nie tylko czas, ale również jak najmniejsze zużycie gazu.

Zwycięża Jadwiga Pietrzykówna. Jej czas to absolutny rekord: trzydzieści dziewięć minut. Na ostatnim miejscu znajduje się kucharka, która gotowała przez godzinę i trzy minuty. Najoszczędniejsza z pań zużyła gaz za 4,5 grosza, a najmniej oszczędna aż za 8,3 grosza.

W Polsce akcja informacyjna o gotowaniu na gazie jest akurat w rozkwicie, gdy Halina Dochówna, kierowniczka Szkoły Hodowli Drobiu w Julinie, jedzie do Ameryki. Jest rok 1935. Zachwyca się powszechną elektrycznością, wodociągami i centralnym ogrzewaniem. Ale największe wrażenie robi na niej nowoczesna kuchnia, o której Polki nie mogą nawet marzyć. Dochówna pisze o tym w korespondencji do czasopisma „Pani Domu":

> Niedarmo mówią, że Amerykanie nie gotują, a tylko naciskają kontakty. I tak jest rzeczywiście.
>
> Na ślicznej białej emaljowanej płycie kuchni elektrycznej są 4 fajerki: jedna, do prędkiego gotowania, szybko ostyga po wyłączeniu prądu; dwie rozgrzewają się powoli, ale długo zachowują ciepło, czwarta – to kociołek z dziurkowanem podwójnem dnem do gotowania jarzyn na parze lub we własnym sosie.

Polska prasa uwielbia takie relacje. Wszystko, co amerykańskie, jest piękne, nowoczesne i najlepsze.

„Gdybyśmy tylko my miały te ich wygodne małe kuchnie z funkcjonalnymi meblami" – wzdychają panie, które naczytały się „Ziemianki Polskiej": o kredensie, który jest kombinacją spiżarki, stolika do pracy i półek na garnki, w którym są przegródki o ruchomym dnie, i przez kręcenie wypuścić można tyle mąki, ile chwilowo potrzeba. Albo o stole, mającym pośrodku otwór, przez który wypadają łupiny i odpadki do podstawionego kubła. Lub o ruchomym stoliku do przewożenia potraw i naczyń do jadalni i z powrotem.

Na fali zachwytu amerykańskim postępem technicznym Liga Kobiet Polskich zaprasza w 1930 roku na prelekcję panią Kosicką z Ameryki, malarkę, która od wielu lat mieszka za oceanem. Niech opowie, jak tam jest naprawdę. Gdy Kosicka opowiada, panie robią coraz większe oczy.

Okazuje się, że amerykańskich inteligentek nie stać na zatrudnianie służby. Tygodniowo trzeba zapłacić służącej od dwunastu do piętnastu dolarów plus utrzymanie, a tego budżety mniej zamożnej klasy średniej nie wytrzymują. I dlatego pani Kosicka, mająca sześcioro dzieci (najstarsze w trzeciej klasie, najmłodsze ma rok i dziewięć miesięcy), sama prowadzi dom: codziennie gotuje, sprząta, a czasem tylko ma do pomocy praczkę, która pierze w pralce. „Coś takiego?" – panie nie mogą uwierzyć. „Tak, tak" – potwierdza Amerykanka. I wyjaśnia, że w Ameryce posiłki są mniej skomplikowane niż w Polsce: dzieci i dorośli jedzą trzy razy dziennie, a między posiłkami spożywają owoce, niewymagające specjalnego przygotowania i nakrywania do stołu, do czego zobowiązana była służba polska. Dzieci także nie są dozorowane przez służącą, bo starsze zajmują się młodszym rodzeństwem. A panie same gotują i sprzątają.

Panie są wstrząśnięte i nieprzekonane. Publicystka „Bluszcza", podpisująca się „pani Elżbieta", wyjaśnia, dlaczego Polki nie mogą obywać się bez służby domowej, tak jak to robią kobiety inteligentne ze sfery średnio zamożnej w Ameryce czy we Francji:

> Może i u nas za jakie lat sto, może prędzej, wszystkie mieszkania będą tak urządzone, aby można było

sprzątnąć je w godzinę, wszystkie kuchnie tak zbudowane, aby równie szybko można było ugotować posiłki, usunąć wszystkie śmiecie i resztki, nie biegając z kubełkiem po schodach. Może będziemy mieli, jeśli nie my, to nasze wnuki, wszędzie centralny opał, wszędzie światło elektryczne, wszędzie podłogi pokryte łatwo czyszczącem się linoleum, dostawę produktów prosto do domu itp. A tymczasem proszę sobie wyobrazić panią domu, żonę pracującego poza domem męża, matkę kilkorga dzieci w różnym wieku, mieszkającą na czwartym lub piątym piętrze, która by mogła wykonać sama następujące roboty: skoro świt przynieść mleko i pieczywo, nakarmić każdego niemal oddzielnie – męża, synów, córki, dać im porządnie opakowane śniadanie, umyć naczynia, sprzątnąć cztery czy pięć pokoi, łazienkę (przy czem w pokojach są posadzki, które trzeba przetrzeć suknem, a w kuchni i korytarzach heblowane deski, które należy wyszorować z bielidłem), pójść do miasta po sprawunki, przynieść nie tylko mięso, jarzyny i owoce, lecz i ciężkie kartofle, kapustę itp. Jeśli są zapasy tych produktów, to je przydźwigać na swoje wysokie piętro, wraz z węglem i drzewem na dzień cały. Ponapalać w piecach, ugotować obiad itd. do późnego wieczora. [...] Francuzka czy Amerykanka znajdzie mleko czy pieczywo pod drzwiami, ugotuje śniadanie na kuchence elektrycznej, sprzątnie swoje pięć czy sześć pokoi prędziutko, bo to wszystko budowane i meblowane tak, aby jak najmniej robiło kłopotu.

Pani Elżbieta nie wyjawia całej prawdy: że wszystkie czynności, które wymieniła, robi teraz Marysia. Domownicy nie tykają nawet pasty do butów. Od czyszczenia butów też jest służąca. Zakupy również należą do jej obowiązków. Za to inna dzienni-

Antonina Jakubowska, gosposia na Łazarzu, w stroju do gości.

karka „Bluszcza” nasze gospodynie gani, wskazując im za wzór kobiety oczywiście z Zachodu:

> Nie tylko w Niemczech, gdzież każda *Hausfrau*, chociażby najlepiej sytuowana, nieraz własnym powozem lub w towarzystwie eleganckiej służącej uzbrojonej w olbrzymi kosz, uważa za swój święty obowiązek wszystkie zakupy robić sama, ale nawet w eleganckim Paryżu, który we wszystkim imitować uważamy za swój obowiązek – rano całe setki i tysiące eleganckich kobiet z różnorodniejszych sfer towarzyskich wyruszają uzbrojone w spore koszyki *pour faire le Marche*. Mięso i drób, rybę, delikatniejszą jarzynę, owoce, można doskonale kupić sobie samej; dwa, trzy kilo potrzebne dla niedużej rodziny można bez zmęczenia przynieść w ładnym koszyku lub co ładniejsze, w zgrabnej torebce. Cięższe rzeczy, jak ziemniaki, buraki, kapusta itp., może kupić służąca.

W przyszłości służąca mogłaby więc zostać skierowana na odcinek brudnej roboty. Ale na razie robi wszystko. Dzieci w domach pańskich – panienki i panicze – nie mają żadnych obowiązków. Tym bardziej mąż. Mężczyzna w kuchni – to by dopiero było zabawne. „Pan domu powinien się wystrzegać śmieszności w okazywanych przez siebie zainteresowaniach gospodarskich” – zaleca Ankiewiczowa.

Magdalena Samozwaniec, córka malarza Wojciecha Kossaka i siostra poetki Marii Pawlikowskiej-Jasnorzewskiej, wspominała, że obie nie robiły w domu niczego, życie organizowała matka, zarządzając liczną służbą. „Mama w dużym słomianym kapeluszu *á la* Wojski stała za plewiącą grządki dziewczyną i wydawała jej gromkie rozkazy. Czasem zdenerwowała się i zaczynała pracować za nią". W tym czasie Magdalena z siostrą bujały się w hamakach, czytały książki, latem zażerały się bobem, a na wiosnę sałatką z rzeżuchy. „Pawlikowska leżała w hamaku, przewracając się w nim z rozkoszą, a Duch domostwa w kapeluszu Wojskiego przychodził i pytał się, co chcemy jeść na obiad" – pisała Samozwaniec.

Pismo „Organizacja Gospodarstwa Domowego" zachęca, aby matki jednak wdrażały dziecko do prac już w wieku ośmiu–dziewięciu lat, bez względu na płeć. Dzieci mogłyby zacząć ścielić łóżko, pomagać w nakrywaniu stołu, a dziewczynki pomagać służącej przy zmywaniu, zwłaszcza w sobotę, gdy ta ma najwięcej pracy.

„Niech chwilowo służącej w domu zabraknie z tej lub innej przyczyny: czy cały ciężar prac domowych musi wtedy spaść na matkę?" – pyta retorycznie autorka, Wanda Pogonowska. Podejrzewa ona, że zupełne lub prawie zupełne obchodzenie się bez służby, tak jak w Ameryce, może być sprawą najbliższej przyszłości. „Umiejętność wykonywania wszelkich zajęć jest więc wprost konieczna dla wszystkich przyszłych gospodyń i kierowniczek domu, które dziś przeżywają dopiero okres dzieciństwa" – stwierdza.

To słowa prorocze: ówczesne małe dziewczynki wejdą w dorosłość w PRL-u, gdy świat służących przeminie.

JAK CZYŚCIĆ DYWAN

Jeśli w pokoju jest dywan, czyścimy go szczotką lub miotełką na kiju, posypawszy go przedtem wilgotnemi listkami herbaty (zbieranemi w tym celu w garnuszek po użyciu esencji) lub kiszonej kapusty. Z dużego dywanu zdejmujemy lżejsze meble i staramy się posypać cały listkami i sczyścić miejsca tak, by żadnego nie ominąć. Potem zwijamy cały dywan lub przynajmniej do miejsca, na którem stoją ciężkie meble. Małe dywaniki po sczyszczeniu zwijamy w rulon i usuwamy z pokoju. Nie wolno dywanów składać, gdyż się załamują i niszczą.

MICHALINA ULANICKA

PORADNIK SŁUŻBY DOMOWEJ

GENIA

Najpiękniejsza była ta pierwsza: Genia. To znaczy pierwsza, którą pamiętam. Ciemnowłosa, miała kształtny, trochę zadarty i spiczasty nos, czystą cerę, pięknie wykrojone niebieskie oczy pod ciemnymi brwiami, owalny podbródek, widzę ją w granatowej sukience z białym fartuszkiem, widzę wyraziście zarysowane biodra i mocne ramiona. Przypominała gwiazdę filmową. Doprawdy, trudno zrozumieć – dzisiaj, kiedy ładne dziewczyny mają tyle szans – co ją pchnęło do tego, by zostać służącą. Widać, inaczej być nie mogło. Bo ponadto Genia miała zdolności, co najmniej zdolności – malarskie. Pamiętam, jak wspaniale rysowała portrety Piłsudskiego – mogłaby je sprzedawać – w mundurze, z orderami, w maciejówce albo bez, z włosami na jeża, pełen był zadumy i dostojeństwa – i takim go właśnie najsilniej zapamiętałem: nie z fotografii, nie siódmego oficjalnego portretu Kossaka, ale z rysunku naszej Geni. Rysowała też piękne twarze kobiece, trochę podobne do niej samej, noski miały lekko zadarte, oczy melancholijnie zamyślone, zamalowane na niebiesko. Odrabiała za moje siostry prace domowe z rysunków, wszystkie ich piątki za kwiaty, dzbany, drzewa to były jej piątki, tak, trzeba to wreszcie powiedzieć. Więc ją podziwialiśmy, dumni byliśmy z takiej służącej, wszyscy Hamplowie nam jej zazdrościli, a ona wieczorem siadywała z nami przy stole w jadalnym, malując lub haftując kolorowe kwiaty na granatowym aksamicie jaśków i gawędząc z mamą. W tamtych czasach w jadalni obok żyrandola wisiał przycisk do dzwonka, który rozlegał się w kuchni, na służącą się dzwoniło, kiedy miała coś podać czy zrobić, ale nie dotyczyło to Geni, na Genię nie dzwoniono, to był zupełnie inny rodzaj stosunków.

Ojciec na pewno znajdował się pod jej urokiem, tak teraz myślę, nigdy nie okazywał przy niej złego humoru, ale mama chyba nie miała mu tego za złe, bo sama Genią się zachwycała. Do tego Genia była wątłej konstrukcji psychicznej. Czasem miewała łzy w oczach, kilka razy zemdlała. Mama pośpiesznie rozpinała jej wtedy bluzkę, kropiła wodą piersi i dawała jej amoniak do wąchania. Wszyscy byliśmy wówczas bardzo przejęci. (Były to czasy, kiedy kobiety jeszcze mdlały. Moja starsza siostra o byle co „ach, ach, słabo mi" – zupełnie jak w kinie – i osuwała się na krzesło. Ja i mój brat uważaliśmy to za bujdę, bo dlaczego my nigdy nie mdleliśmy, co? I dlaczego Stella nigdy nie osunęła się na podłogę, tylko zawsze na jakieś krzesło?) Potem pojawił się w życiu Geni mężczyzna: przystojny blondyn, elektryk, ojciec szepnął mi w zaufaniu, że to komunista. Ta szalona Genia nie miała już kogo sobie znaleźć! Genia opuściła nasz dom, czule żegnana, później czasem wpadała na chwilę, kiedyś przyszła blada jak po chorobie, ale wciąż piękna: mąż w więzieniu. Może chciała do nas wrócić, ale nic nie powiedziała, bo spostrzegła, że jej miejsce jest zajęte. Nie wiem. Nigdy więcej jej nie widziałem. Mama, która czasem ją spotykała na bazarze, mówiła, że Genia boryka się z życiem. Chyba w końcu wróciła na wieś...

Dla mamy najtrudniejsza rzecz to było przyzwyczaić się do nowego imienia, długo jeszcze po Geni nazywała jej następczynię „Genią", a kiedy wreszcie przyzwyczaiła się do „Emilki", nastawała jakaś następna i mówiła, że jest „Weronką" albo jeszcze inaczej. Opowiadano sobie o pani, która nie chciała uznać imienia służącej i przy każdej nowej zastrzegała się: „U mnie będzie Marysia!".

Dla nas, dla mnie i dla Hipka, rekomendacje się nie liczyły, najważniejsze, żeby była ładna. Zresztą i dla moich sióstr to też było nie bez znaczenia: służąca musiała przyjemnie wyglądać. Kiedyś mama przyjęła doświadczoną ponoć kucharkę, przysadzistą, z płaską twarzą, całą w dziobach po ospie. Nie przetrwała ani tygodnia. Kiedy wchodziła do stołowego z wazą, my odwracaliśmy głowy, żeby na nią nie patrzeć. Mówiliśmy mamie, że nie mamy przez nią apetytu. Nie było rady: mama musiała ją zwolnić, ale była bardzo zdenerwowana i długo nam to pamiętała. Ale i ja zapamiętałem tę upokorzoną przez nas kobietę, zapamiętałem do dziś, i dlatego o niej piszę.

Kiedyś przyszły do nas od rajfurki dwie naraz kobiety, starsza i młodziutka, matka z córką: były to Rosjanki, uciekinierki z bolszewickiego piekła, jak mówiła ta starsza. Służącą miała być córka, dziewiętnastoletnia, wysoka, szczupła, czarnowłosa Natasza. Jej energiczna i wygadana matka miała tylko uzgodnić warunki. Natasza była uśmiechnięta, beztroska, pełna dla mnie czułości, kiedy zachorowałem na szkarlatynę, znała różne rosyjskie wierszyki, które utrwaliła mi w pamięci, wszyscyśmy ją lubili, ale z jej matką było nie do wytrzymania. Przybiegała codziennie, zadyszana, by sprawdzić, czy jej dziecku (które pamiętało lepsze czasy, o tak, szanowna pani, mieliśmy własny osobniak i pięcioro służby) nie dzieje się krzywda. Można zrozumieć serce matki tygrysicy, ale ten stały nadzór stawał się nieznośny. „Moje dziecko pierze!", „Moje dziecko wynosi śmieci!" Dochodziło do awantur między nią a naszą mamą. Natasza zawstydzona płakała, powtarzała, szlochając: „Idi, idi, ja tiegawariu...". Ale nic nie pomagało. Jej matka wypominała moim rodzicom niski stan i to, że jej córka, ziemiańskie dziecko, musi komuś takiemu usługiwać, co wpuszczany był do domu tylko „czornym wchodom", ręce niszczy i że kiedyś jeszcze moi rodzice pożałują, zostaną ukarani, moja mama zaś (ku mojemu z kolei wstydowi) krzyczała: „Wynosić się! Tu nie Bolszewia!". Nie było to zbyt logiczne, skoro tamte uciekły właśnie od bolszewików, ale takie wrzaski rządzą się własną logiką. Zresztą kto wie, czy w powiedzeniu mamy nie zawierała się jakaś racja. Czy ta starsza Rosjanka, grożąca w końcu swoim pracodawcom jakimś mglistym „dniem zapłaty", nie zdążyła się już zarazić bolszewizmem?

Dziewczyna, ku mojemu żalowi, musiała odejść, we łzach i po straszliwej awanturze swojej matki piekielnicy, ale jeśli w ogóle Nataszę pamiętam, to przecież właśnie dzięki tej matce, dzięki temu niecodziennemu układowi: córka, ładna, wypieszczona, idzie do „służby", bo trzeba z czegoś żyć, a matka, która ją do tej służby wprowadza, nie może zarazem się z tym pogodzić. Powód do histerycznych zachowań bardzo prosty.

Nie pamiętam, żeby ojciec brał udział w takich awanturach. Żeby wtrącił choć słowo. Chyba uważał to za niegodne mężczyzny. Czasem tylko mógł zjawić się na progu kuchni i polecić nieśmiało (stawał się wtedy nieśmiały): „Emilka! Niech Emilka zrobi mi szklankę mocnej inteligentnej herbaty".

Emilka! To imię nagle wystrzeliło mi z otchłani pamięci. Dwa lata u nas była, niby ktoś z rodziny, każda, co była dłużej, stawała się częścią rodziny, dlatego tyle o nich piszę.

Józef Hen, *Nowolipie*, fragment rozdziału *Do wszystkiego*

4

SŁUŻĄCA ROZMAWIA Z PAŃSTWEM, STOJĄC

Starajmy się spełniać polecenia ściśle tak, jak pani kazała, i wtedy, kiedy kazała, czyli bądźmy naszym paniom posłuszne. Pani nie jest obowiązana tłumaczyć się nam, dlaczego chce tak, a nie inaczej, zresztą pracownica mogłaby tego czasem nie zrozumieć. Jeśli więc rozkaz jaki został wydany, należy go spełnić, choćby nam się wydawał dziwny.

MICHALINA ULANICKA,
PORADNIK SŁUŻBY DOMOWEJ

Poranek polskiej klasy średniej według czasopisma „Kobieta w Świecie i w Domu" z 1928 roku:

> Pani zaspała. Marysia zaspała.
> – Marysiu! Leć prędzej po mleko i bułki.
> – Marysiu, posmaruj chłopcom chleb do szkoły.
> – Marysiu, oczyść panu palto.
> Marysia traci głowę, mleko wykipiało, stołek się wywrócił. Biega zadyszana, spocona, rozczochrana. Pani domu również. Biedny ojciec rodziny, który się spieszy do biura. Nareszcie wychodzi i oddycha spokojniej.
> Pani domu zmęczona (już!). Siada i czyta. Marysia przed wyjściem do miasta prosi o zadysponowanie obiadu.
> – Kotlety – proponuje pani.

– Były niedawno – przypomina Marysia.

– To nic – mówi pani – nie ma już czasu na długie namysły.

Marysia wychodzi; wraca trochę za późno.

– Marysiu, spiesz się!

Marysia sprząta, zamiata, wyciera kurze. Biega znów bezradnie, zbiera rozrzucone książki, sukienki, fartuszki, pończoszki. Bierze się nareszcie do gotowania obiadu. Pani idzie załatwiać sprawunki. Wraca – obiad jeszcze nie gotów! Znowu wina Marysi. Marysiu, spiesz się!

Dzieci i pan wracają. Mordęga Marysi się nie kończy: przy obiedzie jest strofowana, bo podała ćwikłę zamiast na szklanym talerzyku, to w kamiennym garnku.

I tak do końca dnia.

Kim jest niezadowolona pani Marysi?

Z pewnością nie należy do bogatej burżuazji, nie jest żoną przemysłowca czy ziemianina, bo w takich domach jest więcej niż jedna służąca. Liczba zatrudnionej służby domowej zależy od stopnia zamożności i znaczenia. Struktura służby domowej była rozbudowana: służące, pokojówki, kucharki, praczki, prasowaczki, bony, pielęgniarki, niańki i mamki, a także kamerdynerzy, lokaje, portierzy, woźnice, stangreci i szoferzy. W Krakowie pod koniec XIX wieku jedna trzecia rodzin miała więcej niż jedną służącą, ale po I wojnie światowej, gdy społeczeństwo zubożało, coraz więcej rodzin stać było tylko na jedną. Stąd określenie „do wszystkiego": gotowania, sprzątania, prania, opieki nad dzieckiem.

Służba domowa w pierwszej połowie XX wieku silnie się feminizuje, w 1935 roku aż dziewięćdziesiąt sześć procent służących to kobiety. Mężczyźni – lokaje, kamerdynerzy, stangreci, szoferzy – zatrudniani są w domach arystokracji i ziemiaństwa, a także bogatej burżuazji. W artystycznym, z tradycjami ziemiańskimi, domu rodziny Kossaków oprócz kucharki, pokojówki i ogrodnika zatrudniony był jeszcze despotyczny szofer, którego Maria i Magdalena bardzo się bały. Rodzina słynnych browarników Schiele, mieszkająca w warszawskiej willi przy Grzybowskiej 60, oprócz służącej zatrudniała: niańkę, mamkę, kucharkę, krawcową, praczkę, kamerdynera i szofera. „Dochodził froter – przystojny, wygimnastykowany, jednym susem przejeżdżał na suknie całą jadalnię. Oczarowywał służące. Pan domu zwracał się do kucharki lub praczki wyłącznie za pośrednictwem kamerdynera lub przez żonę" – opisuje Jerzy S. Majewski, varsavianista.

Kamerdyner należał do elity służby domowej. „Tygodnik Ilustrowany" z 1867 roku pisał, że „to wzór dobrego tonu i konwenansów towarzyskich. Panu wolno zaniedbywać się w ubiorze, zachowaniu się, w sposobie mowy, jemu – nie. Rzadko kiedy pokazuje się bez fraka i białych rękawiczek. Nigdy nie założy liberii, na tę zgadzają się tylko lokaje, kamerdyner sobie na to nie pozwoli". Między kamerdynerem a lokajem jest duża przepaść kulturowa (i wykształcenia), dlatego rzadko kiedy lokaj awansuje na kamerdynera. Ten drugi zwykle zna języki obce, umie doskonale liczyć, bywa, że czyta gazety „pańskie", nawet książki, choć najczęściej „bardzo romansowe" lub „bardzo zbójeckie powieści". A co najważniejsze – kamerdynerzy „są godni zaufania", „można przy nich śmiało zostawić klucze nie tylko od przedmiotów pewnej wartości, ale nawet od cygar i tytuniu". Żenią się często z gospodyniami, szwaczkami, bonami, a bywa, że „ich wzrok i guwernantek sięga". I mają arystokratyczny instynkt: „Hrabia zawsze dla niego pozostanie hrabią, nawet w wytartym fraku".

Co innego lokaje. „W domu niczego nie ustrzeżesz przed nimi. Wszystko muszą zbadać, obejrzeć, poruszyć; cygara, tytuń, cukier, herbatę". Ponadto lokaj „lubuje się czasem nawet w niszczeniu, jakby tłuczenie półmisków, talerzy, szklanek i kieliszków przyjemność mu sprawiało". Według „Tygodnika" „lokaj kawalerski jest najgorszym okazem całego plemienia lokajskiego. Uważa on pana swojego za ofiarę, dającą się na wszelki sposób obdzierać. Bywa on wrodzonym wrogiem swojego pana, zawsze się za skrzywdzonego uważając, a jedyną krzywdą jest to, że go los w przedpokojowem stanowisku umieścił, że musi płaszcze podawać, froterować posadzki i pełnić obowiązki służby".

Jednak najliczniejsza jest grupa służących niewykwalifikowanych, „do wszystkiego" – na które stać nawet mniej zamożną mieszczańską rodzinę. Stopień wyżej mamy pokojówkę, kucharkę i nianię, jednak zapotrzebowanie na te posady jest coraz mniejsze.

W domach mniej zamożnego mieszczaństwa wszystko robi Marysia. Może jej niezadowolona pani to doktorowa? Lub żona aptekarza? Sklepikarza handlującego dywanami? Albo nauczyciela? Może to być dom literata lub urzędnika niższego szczebla. W każdym razie to niższa klasa średnia, dla której zarobek służącej do wszystkiego stanowi nieduży wydatek, czasami zaledwie trzy procent domowego budżetu, czyli mniej więcej tyle, ile miesięcznie trzeba wydać na prąd i opał. Dlatego na służącą stać niemal wszystkich, którzy mają stałe dochody, a nawet bogatszych robotników, choć ci najczęściej wynajmują „przychodnią", czyli służącą dochodzącą.

Autor świetnego przekładu *Dobrych przygód wojaka Szwejka*, Paweł Hulka-Laskowski z rodziny żyrardowskich ubogich tkaczy, wspominał, że kiedy na przełomie XIX i XX wieku jego rodzice pracowali w fabryce, do ich domu przychodziła służąca, aby zająć się dziećmi, posprzątać mieszkanie i ugotować obiad. Dostawała bardzo mało – jednego lub półtora rubla plus utrzymanie. „Ponieważ była to zawsze kobieta stara i słaba, do obowiązków jej nigdy nie należało noszenie wody z dalekiej pompy, drzewa i węgla z drewutni. Zaopatrywanie domów w wodę, rąbanie drzewa i noszenie go do domu było na ogół obowiązkiem młodzieży, a raczej dzieci robotniczych, poczynając od siódmego–ósmego roku życia" – pisał Hulka-Laskowski we wspomnieniach *Mój Żyrardów*.

Według wyliczeń kasy chorych na początku lat trzydziestych w samej Warszawie zatrudnionych jest dziewięćdziesiąt tysięcy służących, na jedenaście osób przypada więc jedna.

„Każdego, kto jakiś czas mieszkał za granicą i wraca do Polski, uderza zastraszająco wielka ilość służby domowej. Każda bodaj średnio zamożna rodzina ledwo wiążąca koniec z końcem musi mieć służącą, a niejedna i dwie lub przynajmniej «kobietę przychodnią»" – pisze w 1931 roku gazeta „Echo".

O służącą jest łatwo: dziewczyny marzą o wyrwaniu się ze wsi. „Każda z nas marzyła, aby w mieście zostać. Nie chciałam za nic w świecie wracać. Po co? Z niewoli u ojca do niewoli u męża i bydła?" – wspominała służąca z Podlasia. Babcia Bronisławy Fijał często opowiadała o ciotce Franci: że teraz ma dobrze, bo wyjechała w świat, czyli do Rosji, i pracuje u popa. Bronisława postanowiła pójść w ślady ciotki:

> Brat odwiózł mnie do Łukowa na pociąg. Nigdy nie byłam na stacji. Wysiadłam i stoję. Idzie jakiś mężczyzna, a ja się go pytam, gdzie jest stacja. A on na to: „O, tu jest stacja". Stałam pod nią i nawet nie wiedziałam, że tak stacja wygląda. Kupiłam bilet do Warszawy i wsiadłam do pociągu. Obok mnie siedział ksiądz. Spytał się, gdzie jadę. „Do Warszawy" odpo-

wiedziałam. A on na to: „Jak do Warszawy? Gdzie do Warszawy? Masz tam rodzinę?". Powiedziałam mu, że nie. A on mi odpowiedział, że nie można tak po prostu jechać do Warszawy. Trochę się wystraszyłam, ale pomyślałam, że jakoś to będzie.

Bronisławę wychowała samotna wdowa z czwórką dzieci, której mąż zginął na froncie I wojny światowej, więc gdy Bronia miała osiem lat, została oddana do pracy w gospodarstwie. Najpierw opiekowała się młodszymi dziećmi, potem pasła krowy. To najczęstszy los wiejskich dzieciaków z ubogich rodzin. Matka pięciorga dzieci z Małopolski wspominała: „Było mi bardzo przykro, kiedy swoje dzieci oddałam na służbę do bogatych ludzi do pasienia krów. Taką szkołę służby u bogatych przeszło każde moje dziecko. Była to tułaczka u wyzyskiwaczy za kawałek chleba i liche ubranie".

Bronia pracowała u gospodarza od wiosny do zimy, po czym wracała do domu. Gdy opuszcza Łuków na Lubelszczyźnie, z jego biednymi chatami krytymi strzechą, ma siedemnaście lat. Jeszcze tu wróci, ale będzie już całkiem inna. Maria Kuncewiczowa:

> Warszawskie służące przeważnie pochodzą ze wsi; to są dziewczyny i kobiety, które od małego wśród obór i pól marzyły o mieście. O własnych pieniądzach, o własnym łóżku i o własnym, odmiennym losie. O tym, żeby kpić sobie z deszczu i suszy, zapomnieć o grymasach bydląt, o potędze ojca, o cuchnących szmatach małego rodzeństwa. Marzyły, żeby być tam, gdzie maszyny pracują na człowieka i wyrabiają najważniejsze towary. Skoro więc cel został osiągnięty, skoro odstąpiła je zmora darmowych rodzinnych

wyrobków, a tramwaje, kina, telefony i wołowina bez kości okazały się rzeczą ludzką, podatną na każde żądanie – służące zapałały ku Warszawie żarliwą miłością, jak ku nowemu bogu.

Gdy przychodzą na służbę, zaczyna się ich cywilizowanie. W domu postępowym, o ile pani nie jest skąpa, dziewczyna wysyłana jest do łaźni. Miesięcznik „Zdrowie" w 1904 roku zalecał: „Pierwszego zaraz dnia posłać ją do kąpieli – wydatek nie przekraczający pięciu–siedmiu kopiejek – i taką procedurę powtarzać minimalnie co miesiąc, zwracając uwagę na czystość bielizny".

Elżbieta Bederska w *Dobrej służącej* z 1909 roku proponuje inne rozwiązanie: „Co tydzień trzeba całe ciało, tak ze względu na zdrowie, jak i przyzwoitość, natrzeć dobrze mokrym, grubym ręcznikiem, a od czasu do czasu wziąć kąpiel całkowitą".

Kąpiel to luksus, który wymaga czasu i pieniędzy, i nie wszystkim paniom podoba się marnowanie wody na służącą. Niektóre mogą się kąpać w domu – ale na końcu, w wodzie pozostałej po kąpieli domowników.

Kiedy Michalina, służąca Lucyny i Józefa Kotarbińskich, zaniemogła, mąż (słynny aktor) pisze w liście do żony: „Michalinka skarży się na bezsenność, dałem jej środek kalibromati na uspokojenie nerwów. Rzeczywiście jest nerwowa. [...] Michalinka Cię pozdrawia. Myślę, czy na tę bezsenność dla niej nie byłoby dobrze, żeby się czasem wykąpała? To uspokoi nerwy. Tylko czy ty się na to zgodzisz?".

W ankiecie dla służących rozpisanej w 1919 roku przez Ministerstwo Pracy na pytanie o kąpiel jedna ze służących odpowiada: „W Polsce nie ma zwyczaju kąpieli". Inna, że nigdy się nie kąpie, „chyba że we łzach, jeśli nadokuczają". Kolejna, że kąpie się, ale raz na trzy lata.

Zaangażowana w sprawy służby domowej feministka Cecylia Walewska napisała wtedy z żalem, że angielska prasa dopomina się o częste kąpiele dla służących, bo kąpią się „tylko" raz na tydzień, podczas gdy „każda lady używa jej bezwzględnie 2 razy dziennie".

Nowoczesna polska prasa i podręczniki dla służących także zachęcają panie, aby umożliwiły mycie się służącej, a także sprawdzały, czy ma czystą bieliznę. Michalina Ulanicka zaleca służącym, aby myły się codziennie rano przynajmniej do pasa. Natomiast wieczorem należy umyć nogi i dolną część ciała. „Chociaż służąca nie ma własnego pokoiku, może się umyć dobrze w kuchni (zasłoniwszy okno). Pani pozwoli jej pewno zamknąć drzwi od kuchni na klucz na 10 minut" – zapewnia. I namawia, aby myć się w wodzie chłodnej, ale jeśli to komuś sprawia przykrość, niech się myje ciepłą, ale niech się myje dokładnie. Służące powinny też co dwa tygodnie myć głowę, najlepiej środkami aptecznymi albo, jeśli jajka są tanie, dwoma żółtkami. I muszą pamiętać, aby codziennie się uczesać, i to własnym grzebieniem, a nie pożyczonym od koleżanki.

Elżbieta Bederska w *Dobrej służącej* namawia dziewczyny do mycia zębów: „Najmniej starania mają po części wszystkie służące o zęby, toteż często spotkać można młode, a już bezzębne dziewczyny, co bardzo brzydko wygląda. Aby zęby sobie długo zachować i bólu oszczędzić, koniecznym jest przed udaniem się na spoczynek, żeby szczoteczką i odpowiednią pastą porządnie wyczyścić. Jedno i drugie za kilka trojaków w drogerii nabyć można".

Prasa często przestrzega przed brakiem higieny pracownic domowych. W 1938 roku czasopismo „Opiekun Społeczny" alarmowało:

> Służące rekrutują się przeważnie ze wsi. Przyjeżdżają do miasta bez znajomości najbardziej

elementarnych zasad higienicznych. Nie wiedzą o tym, jak decydującą rolę w utrzymaniu zdrowia odgrywa czystość osobista i otoczenia. Nie wiedzą, bo nikt ich tego nie uczył, jak należy sprzątać mieszkanie, jak walczyć z kurzem, jak przechowywać produkty spożywcze itp. Gdyby służące rozumiały, jak powinny wykonywać swoje codzienne czynności, stan zdrowotny miasta podniósłby się ogromnie.

Pod koniec lat trzydziestych, gdy ostrzegano przed epidemią duru brzusznego, Państwowa Szkoła Higieny kolportowała plakat z wizerunkiem szczupłej służącej w białym fartuszku z napisem: „Zakażenie produktów". A „Opiekun Społeczny" uświadamiał, że nawet zupełnie zdrowa służąca może być nosicielką zarazków duru brzusznego, mieć początkowe stadia gruźlicy lub jaglicy albo cierpieć na chorobę weneryczną, i namawiał, aby przyjmowano do pracy służące przebadane przez lekarzy.

Miejskie Muzeum Higieny w Warszawie organizuje wiosną 1938 roku pogadanki dla służących o higienie, a Biuro Pośrednictwa Pracy Kobiet na Lesznie uruchamia stację badającą służące. Prawdopodobnie nie zgłosiło się zbyt wiele chętnych: za jedno badanie należało zapłacić trzy złote, podczas gdy pensja służącej wynosiła średnio trzydzieści złotych. Z kolei chlebodawcy służących do wszystkiego, głównie mniej zamożne mieszczaństwo, oszczędzało na wszystkim, na czym się dało.

Umytą dziewczynę należy ubrać.

„Moja służąca – opowiadała jedna z pań księdzu Badeniemu – nie ma nic, tylko to, co na sobie, tę samą suknię i na zimę, i na lato. A, przepraszam, ma zachowaną starannie do możliwego przypadku suknię ślubną, welon, rękawiczki, różową chusteczkę, słoik z pudrem i drugi z gliceryną".

Według Marii Ankiewiczowej służąca w roku 1930 roku przedstawia się tak: „Stara, nieartykułowanego fasonu sukienczyna, obrzydliwy fartuch często w strzępach, wykoślawione pantofle, głowa rozczochrana, w rzadkich przypadkach związywana chustką lub wprost gałganem".

Z kolei Elżbieta Bederska załamuje ręce nad bielizną służby: „Już nieraz miałam sposobność przypatrzeć się sługom, które, gdy nowe wdziały pończochy, tak długo bez wyprania i cerowania je nosiły, aż im one literalnie z nóg spadły. Jest to wielkie niechlujstwo, które cechuje nie mniejsze lenistwo".

I nowoczesne inteligentki z tym walczą. W swoim podręczniku Ankiewiczowa pisze, że każda służąca powinna być obowiązana do posiadania w swojej garderobie jednej sukienki czarnej lub ciemnogranatowej, która jest koniecznym strojem podczas urządzanych w domu przyjęć. A poza tym wystarczą dwie jasne sukienki z perkalu na zmianę. Uszyte najprostszym sposobem, takie, żeby nie krępowały ruchów przy pracy: rękawy do łokcia, długość spódnicy piętnaście centymetrów poniżej kolan, obwód dość szeroki, żeby „wejście na drabinkę lub taborek nie powodowało obrywania listew".

Michalina Ulanicka zaleca, aby suknię do pracy dziewczyny uszyły sobie same według najprostszego kroju. Dość szeroką, niezbyt krótką, wyciętą przy szyi, bez kołnierza, z jak najmniejszą liczbą zatrzasków, z rękawami do łokcia. Spodnie nadal nie wchodzą w rachubę. Sukienki zimowe powinny być grubsze, najlepiej z barchanów i flaneletek, a letnie z bawełny. „Należy tylko kupować materjały, które nie pełzną i nie zmieniają koloru w praniu" – doradza autorka podręcznika.

1. Fartuch z białego perkalu z kieszonkami, jesień/zima 1910–1911.
2. Fartuch z białego perkalu, jesień/zima 1910–1911.
3. Płaszcz sanitarny z białego płótna, zima 1934.
4. Fartuch z gumy, jesień/zima 1932.
5. Fartuch dla pokojówek z białego opalu, jesień/zima 1932.
6. Fartuch dla pokojówek, strojny, z białego opalu, jesień/zima 1932.
7. Fartuszek biały z madapolamu do przypinania, 1937.
8. Biały fartuszek z szelkami z koronką, 1933.
9. Fartuszek biały z madapolamu przybrany mereżką, 1937.

1. Fartuch z kieszonką, z białego perkalu, jesień/zima 1912–1913.
2. Fartuch z białego batystu, jesień/zima 1910–1911.
3. Fartuch z kieszonką, z białego perkalu, jesień/zima 1912–1913.
4. Fartuch z białej brylantyny, jesień/zima 1912–1913.
5. Fartuch z białego batystu, jesień/zima 1912–1913.
6. Fartuch z białego batystu, jesień/zima 1912–1913.
7. Fartuch z białego perkalu, jesień/zima 1910–1911.
8. Fartuch z białego batystu, jesień/zima 1912–1913.
9. Fartuch ze wzorzystego kretonu, jesień/zima 1910–1911.

Na czas pracy na sukienkę trzeba założyć fartuszek. Ten, który widzimy najczęściej w starych filmach: mały biały z falbanką, to strój pokojówki, przez dziewczęta do wszystkiego zakładany przede wszystkim, gdy podają do stołu. W latach trzydziestych na co dzień często pracują w kolorowych płóciennych fartuchach – gdy sprzątają. Do gotowania i ścielenia łóżek powinny wkładać fartuchy białe.

W wielu domach odzież dla służącej jest na wyposażeniu i dziewczynie się ją udostępnia. Maria Ankiewiczowa zaleca dwa fartuchy kolorowe z kieszeniami – do sprzątania, a jeden duży, biały, w formie płaszcza do zajęć w kuchni. A do tego dwie chusteczki trójkątne na głowę do związywania włosów oraz pantofle na elastycznych, niestukających podeszwach.

Moda dla służących, jak i dla pań, zmienia się. Projektanci i właściciele domów mody zdają sobie sprawę, że rynek na fartuszki dla służby jest spory. W latach trzydziestych około dziewięćdziesięciu tysięcy warszawianek to służące. Ich panie wiedzą, że służąca to wizytówka domu. Powód może być jeszcze jeden: służąca wnosi do domu także swoją urodę i młodość, a fartuszek neutralizuje jej wdzięki, nadając jej formalny charakter, oznaczając ją jako tę, która „tu tylko sprząta".

„U mnie na służbie muszą chodzić w białych fartuszkach i czepeczkach. Nie toleruję sukni nie zakrywającej kolan, krótkich rękawów i dekoltów. Gdy wychodzi, może się ubrać podług swego gustu. Widok «modnie» ubranej pokojowej w krepdeszynach, jedwabnych pończochach i lakierkach obniża, moim zdaniem, poziom domu" – pisze do redakcji „Bluszcza" czytelniczka podpisana jako WSM z Wolsztyna.

Jedwabne pończochy. Jak one bolą panie domu! Ulubiony typ pończoch na nogach służącej staje się nie tylko symbolem próżności, ale i rozpusty. Są zastrzeżone dla lepszej kasty, służąca je profanuje. Podobnie jak perfumy. „Niech się perfumuje, ale poza służbą. Dziś toleruję perfumy, czemu bym jutro nie miała tolerować podczernionych oczu czy wykarminowanych ust lub szminki?" – pyta retorycznie pani WSM.

Pani Elżbieta, współpracowniczka „Bluszcza", gorszy się, że służące zamiast uczyć się sprzątać i gotować, po przyjeździe do miasta interesują się tylko tym, „jak używać pudru i szminki, strzyc sobie włosy *à la garçonne*", i zaczynają „nosić cieliste, jedwabne pończochy".

Służąca miała zapewniony wikt i opierunek, dostawała pensję, a czasem też napiwki od gości: złotówkę, a bywało, że dwie. Na co wydawała pieniądze? Często pomagała rodzeństwu albo rodzicom pozostałym na wsi. Kupowała ubranie, płaciła składkę zytkom albo odkładała na PKO.

Michalina Ulanicka radzi, aby oszczędzać: na każdej poczcie można założyć książeczkę oszczędnościową. Przestrzega też przed szastaniem pieniędzmi. Nie może być tak, wyjaśnia, że służąca idzie do miasta kupić sobie sukienkę, a wraca z jedwabną różową albo niebieską bluzką i tłumaczy, że na sukienkę nie starczyło. „Sukienki więc nie ma, a z bluzki pożytek bardzo wątpliwy". Ulanicka radzi też, aby z każdej pensji – która wynosiła od trzydziestu do pięćdziesięciu złotych – przeznaczyć około dziesięciu–piętnastu złotych na: pończochy, coś z bielizny, materiał na letnią sukienkę, a resztę odkładać na większe wydatki. I tak na przykład „[s]kładając w ten sposób po 15 zł co miesiąc, uzbieramy w ciągu roku 180 zł, za które możemy kupić np. porządne palto zimowe [...]. Tak co rok możemy się zaopatrzyć w jedną lub więcej rzeczy kosztowniejszych w dobrym gatunku".

Bracia Jabłkowscy, właściciele domu mody, nie zapominają o służących. W początkach XX wieku, gdy kobiety noszą długie suknie, proponowane przez ten renomowany dom mody fartuchy również sięgają niemal do kostek. W ofercie na sezon jesień–zima 1910/1911 u Jabłkowskich na topie są fartuchy z białego perkalu z haftem i falbanami lub z kieszeniami. Można nabyć także niebieskie, z płótna. Albo strojniejsze – z batystu, przybrane rosyjską koronką. W kolekcji jesiennej 1912/1913 najciekawszy wydaje się fartuch z białej brylantyny, przybrany gęsto białym haftem, niestety nie tani, bo za 3,20 rubla. Ale za prosty, z szarego kretonu, przybrany kolorową satyną zapłacić trzeba jedynie 1,65 rubla. Biały czepeczek od Jabłkowskich ma formę kokardy i kosztuje 40 kopiejek, mniej niż poduszka-rękawiczka do podawania do stołu, za którą zapłacić trzeba 90 kopiejek.

W latach dwudziestych, gdy długie suknie stają się *passé*, także fartuszek służącej zmienia krój. Staje się nieco krótszy niż sukienka (najlepiej czarna), sięga tuż przed kolano i ma karczek, wiązany z tyłu. U Jabłkowskich z katalogu na wiosnę i lato 1929 można wybrać biały z koronką lub bez – w cenie od 4,45 do 4,75 złotego. W roku 1933 pojawia się nowoczesny fason fartuszka. Prostszy, skromniejszy, bez zdobień, za to na szelkach.

„Elegancka służąca świadczy o kulturze domu, a teraz właśnie jest doskonała okazja, aby nasze Marysie i Józie ubrać w modne, wykwintne fartuszki" – reklamował się dom braci Jabłkowskich w 1937 roku w poświęconym sprzątaniu katalogu *Biały tydzień*. I prezentował naprawdę niezłe cacka: fartuszek biały z madapolamu (bawełniana tkanina, gęsto tkana) przybrany nicianką (maszynową koronką bawełnianą), który przypinało się do sukienki – w cenie 2,40 złotego; albo droższy, ale bardzo ładny, z szelkami za 5,25 złotego. Niedrogo, bluzka dla pani kosztowała 10 złotych. Do tego kreatorzy mody proponowali niewielkie przybranie na głowę i sukienkę czarną z białymi mankietami. Ale taką mogły nosić pokojowe w wytwornych domach.

Zdjęcie służącej z okolic Krakowa pochodzące
z albumu Izydora Kopernickiego.

Ulanicka zachęcała, aby służąca, idąc na zakupy, nie zdejmowała fartuszka. „W gorące dni najprzyzwoiciej i najładniej wygląda służąca idąca po zakupy w dużym białym fartuchu i w czepeczku na głowie. Zagranicą tak się ubierają kucharki i służące ze wszystkich wytwornych domów". A zimą? Oczywiście w płaszczu. „Jeśli jednak ma tylko jedno porządne okrycie, niech lepiej okryje się ciepłą chustką, bo palto zniszczy bardzo prędko" – radzi autorka *Służby domowej*. Maria Kuncewiczowa pisała:

> Są tak łatwe do rozpoznania, tak wyraźne jak księża, jak żołnierze albo jak pensjonarki – warszawskie służące. One jedne bodaj wybiegają na ulicę w pantoflach na bosą nogę, z gołymi głowami, one jedne

miewają wielkie chusty w kratę, a jeżeli starsze i nabożne – czarne, koronkowe szale. Nawet te, które chodzą w beretach na zaondulowanej czuprynie, w paltach z futrzanym kołnierzem i w aksamitnych pantoflach od Baty, dają się od razu rozpoznać: mają zawsze jakieś zaniedbania w toalecie, świadczące o poufałym, bezceremonialnym stosunku do miasta.

W niektórych regionach – w Małopolsce czy Wielkopolsce – służące nosiły stroje regionalne. W Poznaniu, w okresie zaborowym, podkreślało to nie tylko przywiązanie do tradycji, ale było także demonstracją patriotyzmu.

Tępienie złych nawyków nigdy się nie kończy. „Pierwsze, do czego służbie przywyknąć trzeba, to do grzecznego sposobu mówienia. Dotychczasowe «nie chce, dej, co, ale tam, co mi tam» zastąpić koniecznie trzeba grzeczniejszymi zwrotami, jak: «proszę, dziękuję, słucham, zaraz idę»" – radzi Elżbieta Bederska. Przede wszystkim – według podręcznika dla służących z 1930 roku – dziewczyna dowiaduje się, że:

> – Służąca rozmawia z państwem w pokoju, s t o j ą c. [rozstrzelenie w oryginale]
>
> – Do swoich chlebodawców zwraca się proszę pana, proszę pani, ale już do osób utytułowanych lub wyższe zajmujących stanowiska należy mówić: wielmożna pani, wielmożny panie lub jaśnie panie, jaśnie pani.
>
> – Do małych dzieci może mówić po imieniu, do starszych: paniczu, panienko.
>
> A poza tym:

– Nie powinna głośno chodzić, bo „bardzo nieładnie, gdy przy przejściu młodej dziewczyny dudni podłoga i trzęsą się meble".

– Nie należy głośno ziewać ani się śmiać.

– Nie krzyczeć przez okno do innych służących.

– Jeść cicho.

– Gdy chce przyjąć gości, pyta panią o pozwolenie. Gdy chce czymś poczęstować, pyta pani, czy może użyć naczynia.

– Nos wycierać najciszej, jak można.

– Przed wyjściem z domu należy panią poprosić o zgodę.

– Gdy goście Państwa wychodzą, służąca pomaga im się ubrać, ale „bez chęci otrzymania napiwku".

Tych elementarnych zasad służące nie wyczytają w podręcznikach savoir-vivre'u, te lektury przeznaczone są dla państwa. One mają swoje gazety, głównie katolickie („Przyjaciel Sług", potem pod zmienionym tytułem „Głos Dziewcząt Polskich") i książki (*Dobra służąca*), choć ich oddziaływanie nie jest duże. Na przełomie XIX i XX wieku połowa służących zatrudnianych w Krakowie to analfabetki, zaledwie dwadzieścia osiem procent umie czytać i pisać, a dwadzieścia jeden procent tylko czytać.

Prasa dla inteligencji czasem napomina panie, aby wzięły na siebie ciężar nie tylko wychowywania służącej, ale także jej kształtowania intelektualnego i duchowego. „Sługi to jak fala, która nieustannie z głębi ludu ku klasom oświeconym przypływa i odpływa z powrotem; co z tych oblewanych brzegów ze sobą uniesie, złoto czy błoto, to w pierś ludu wejdzie i zostanie jako pierwiastek uszlachetnienia lub zepsucia" – pisze w 1881 roku „Bluszcz", miesięcznik dla pań.

Na wzór zachodnich krajów europejskich pod koniec XIX wieku zaczynają powstawać organizacje dobroczynne pomagające służącym, wśród nich Towarzystwo Opieki nad Sługami wzorowane na brytyjskim Association for Befrieding Young Servants, do którego należała królowa Wiktoria. Redakcja „Bluszczu" przywołuje też inne przykłady godne przeszczepienia na polski grunt:

> Angielskie towarzystwo pożycza dziewczętom książki do domu; prosi panie o udzielanie im niekiedy dobrych i zajmujących dziełek, tak popularnonaukowych, jak i dla rozrywki czytywanych. Uczęszczanie dziewcząt do teatru pod opieką matron przez towarzystwo wybranych należy też w Londynie do działu przyjemności i zabaw udzielanych niekiedy dziewczętom przez towarzystwo.

Ale w Polsce dystans kulturowy między służbą domową a chlebodawcami jest równie duży jak różnice ekonomiczne. Urzędnicza rodzina, u której służyła Józefa Witowska, przypominała jej na każdym kroku, że należy do innego świata: „Gdy pani zobaczyła mnie z książeczką z bajkami, wyrwała mi ją z gniewem, mówiąc, że to nie jest dla mnie zajęcie. Albo gdy grała na fortepianie, a ja stanęłam przy klawiaturze, odpychała mnie". Żona urzędnika nie pracowała, jej zadaniem była organizacja domu, co polegało między innymi na tym, że gdy Józefa sprzątała, pani siadała w fotelu i przyglądała się, czy w sposób właściwy ściera kurze.

W 1930 roku „Nowy Kurier" upomina panie, że uczą swoje dzieci pogardy do służących, i opisuje sceny będące na porządku dziennym: gdy dziecko bawi się z nianią i chciałoby ją poczęstować „marcepanową świnką, ale mamusia mówiła, że to nie dla służącej". Gazeta ubolewa, że chrześcijanie w ten sposób się zachowują, bowiem „starodawną zasadą chrześcijańską jest, by uważało się sługę za członka rodziny". Witold Gombrowicz w opowiadaniu *Na kuchennych schodach* z 1928 roku pisał:

> Sługa wniosła w nasz dom wraz z kufrem swoje sprawy, a więc robactwo, ból zębów, ziewanie, obieranie palca, wielkie płacze, wielkie śmiechy, wielkie pranie – zaczęło się to rozłazić po domu, a żona coraz bardziej zaciskała usta, pozostawiając tylko maleńką szpareczkę. Naturalnie zaczęło się zaraz nauczanie sługi – na stronie obserwowałem spod oka, jak proces ten przybiera coraz okrutniejsze formy, przeobrażając się powoli w jakieś karczowanie.

Stosunki między polską klasą średnią a służbą domową wciąż przenika pańszczyźniany duch, a wychowywanie służących przybiera częściej rozmaite formy „karczowania", jak chce Gombrowicz, niż troski o osoby słabsze i bezbronne, zaniedbane z niezawinionych przyczyn.

„Obchodźcie się ze służbą łagodnie, po przyjacielsku, nie poniżając jednak godności własnej; wszelka poufałość powinna być stanowczo wykluczona" – zaleca podręcznik savoir-vivre'u dla pań. Kiedy więc poeta i felietonista Antoni Słonimski w 1935 roku popłynął Batorym do Ameryki, był zszokowany, że jego kuzyn Nicolas Slonimsky z żoną jedli kolację w salonie przy jednym stole ze służącą. Antoni ze zdumieniem opisał tę sytuację w korespondencji dla „Wiadomości Literackich". Taki obrazek będzie w Polsce do 1945 roku niespotykany.

Służąca je zawsze w kuchni. Sama.

UPROSZCZONY SPOSÓB SPRZĄTANIA

Sprzątanie idzie prędzej, gdy służąca może najpierw wszystkie pokoje w całem mieszkaniu zamieść, potem we wszystkich zetrzeć kurz i przetrzeć suknami posadzki, bo ręka przyzwyczaja się do tych samych ruchów i prędzej je wykonywa. Jeżeli jednak mieszkańcy są w domu, trudno wszędzie wszystko jednocześnie rozrzucić, więc sposobu tego należy używać tylko wtedy, gdy wszyscy wyszli. [...]

Po zacieraniu plam na posadzce lepszy połysk otrzymujemy froterując, niż wycierając suknami. Do froterowania służą albo zwykłe szczotki nożne (żeby się trzymały na nogach, przyczepiamy paski ze skórki), albo szczotka posuwana ręką, albo wreszcie szczotki poruszane elektrycznością.

MICHALINA ULANICKA

PORADNIK SŁUŻBY DOMOWEJ

5

MIĘDZY FROTERKĄ A LEGUMINĄ

Plan dnia służącej do wszystkiego musi być jasny, przejrzysty, niezbyt szczegółowy, łatwy do przestawień, dostępny dla małej inteligencji. Obecna służąca moja o bardzo tępym umyśle i wyszkoleniu żadnem wypełnia wszystkie punkty poprawnie. Dom jest czysto utrzymany, a wszystko robione przez jedną pracownicę: posiłki zawsze udane, nigdy nie opóźniane.

Z LISTU CZYTELNICZKI W.S. DO CZASOPISMA „ORGANIZACJA GOSPODARSTWA DOMOWEGO"

Dzień Wikty zaczyna się o piątej rano. Gdy podjęła służbę u Udzielów, właśnie pojawiły się nowe zdobycze cywilizacji. Znikła stylowa lampa naftowa, a pod sufitem zawisła nowoczesna brzydka różowa kula na prąd. Kraków skanalizowano, a z kranu leci woda, więc już nie trzeba korzystać z usług woziwody, który dostarczał ją na ulicę, i schodzić z konewkami, a potem wnosić je do góry.

Jednak pracy wciąż jest mnóstwo.

W zimie, tuż po obudzeniu, Wikta rozpala piece. Ale najpierw je oczyszcza – wybiera popiół i wynosi. Potem rozpala i przenosi żar z jednego pieca do kolejnych pięciu. Kiedy ciepło rozchodzi się po domu, czyści wszystkim domownikom buty. Zgodnie ze zwyczajem mieszczańskich rodzin Udzielowie wystawiają w nocy buty przed drzwi, co jest sygnałem dla Wikty, że te właśnie ma wypolerować. Gdy buty są już czyste, leci po pieczywo i mleko do sklepu pana Kriegera. Śniadanie przygotowuje zawsze na godzinę siódmą: kawę zbożową z mlekiem, bułki z masłem. Gdy domownicy wychodzą do pracy przed dziewiątą, Wikta zabiera się do sprzątania.

Pracodawczynie układają harmonogram prac służącej w zależności od liczby domowników i własnych oczekiwań. Pani dyktuje, o której dziewczyna rano ma wstać, a podręczniki zalecają, aby zaraz po obudzeniu pomodliła się do Boga, ofiarując mu trudy dnia, następnie umyła się i uczesała – raczej szczotką niż grzebieniem. A jeśli któraś chce nakręcić włosy na wałki, powinna wstać wcześniej.

„W żadnym wypadku z rozczochraną głową do pokoju wchodzić nie należy. Nierzadko też można trafić na dziewczyny, które tylko raz na tydzień włosy przeczesują, inne zaś tylko grzebyszkiem się pogładzą" – głosił poradnik dla służących i przestrzegał, aby w domach, gdzie pracuje więcej dziewcząt, nie pożyczać sobie grzebienia. Każda powinna mieć swój i trzymać go w pudełku. A wyczesane włosy palić.

W niektórych domach od razu trzeba skoczyć po śmietankę i nastawić samowar, a dopiero potem: obudzić dzieci, przewietrzyć sypialnie i przygotować stół do śniadania. Ale to wszystko – uwaga! – niezbyt głośno: „Dopóki państwo śpią, delikatna dziewczyna nie robi hałasu nieostrożnem popychaniem mebli, trzaskaniem drzwiami, głośnem chodzeniem" – zaleca Ankiewiczowa.

Potem trzeba się zająć sypialnią państwa, czasopismo dla służących podsuwa taką instrukcję: „Przykrycia z łóżek należy porządnie złożyć, pierzyny poodwijać, pantofle przy łóżku położyć, świecę i zapałki uszykować na nocnym stoliku, wodę brudną z umywalni wylać i przynieść czystej, tak samo w karafki do picia".

Panie tych służących, które umieją czytać, chętnie wywieszają im plan zajęć w kuchni. A w listach do kobiecych czasopism wy-

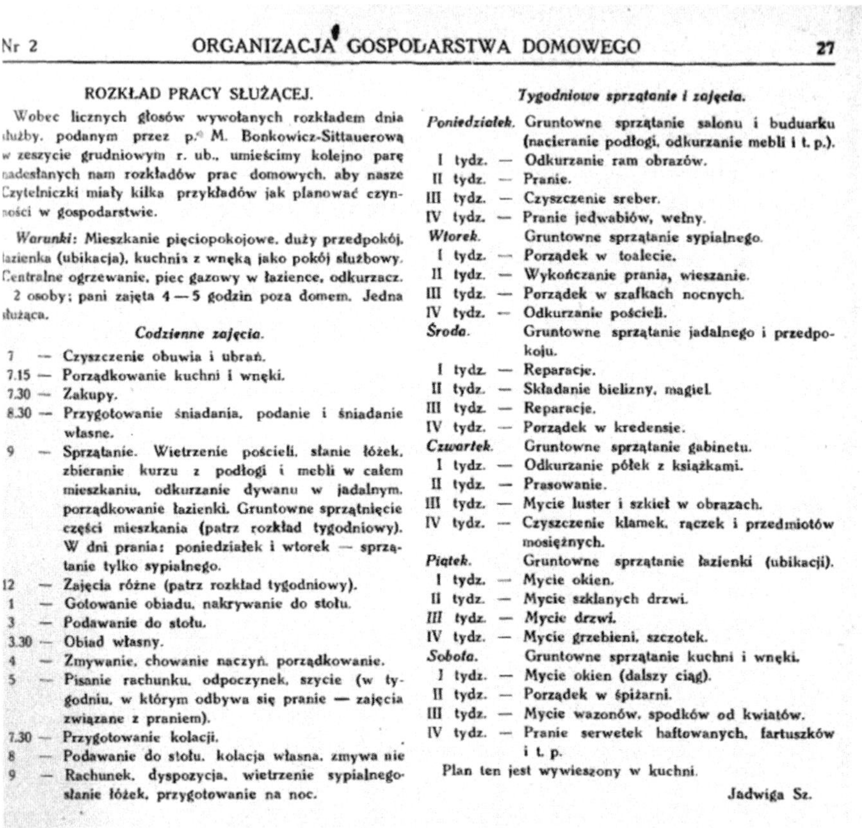

Nr 2 ORGANIZACJA GOSPODARSTWA DOMOWEGO 27

ROZKŁAD PRACY SŁUŻĄCEJ.

Wobec licznych głosów wywołanych rozkładem dnia służby, podanym przez p.° M. Bonkowicz-Sittauerową w zeszycie grudniowym r. ub., umieścimy kolejno parę nadesłanych nam rozkładów prac domowych, aby nasze Czytelniczki miały kilka przykładów jak planować czynności w gospodarstwie.

Warunki: Mieszkanie pięciopokojowe, duży przedpokój, łazienka (ubikacja), kuchnia z wnęką jako pokój służbowy. Centralne ogrzewanie, piec gazowy w łazience, odkurzacz.

2 osoby; pani zajęta 4—5 godzin poza domem. Jedna służąca.

Codzienne zajęcia.

7 — Czyszczenie obuwia i ubrań.
7.15 — Porządkowanie kuchni i wnęki.
7.30 — Zakupy.
8.30 — Przygotowanie śniadania, podanie i śniadanie własne.
9 — Sprzątanie. Wietrzenie pościeli, słanie łóżek, zbieranie kurzu z podłogi i mebli w całem mieszkaniu, odkurzanie dywanu w jadalnym, porządkowanie łazienki. Gruntowne sprzątnięcie części mieszkania (patrz rozkład tygodniowy). W dni prania: poniedziałek i wtorek — sprzątanie tylko sypialnego.
12 — Zajęcia różne (patrz rozkład tygodniowy).
1 — Gotowanie obiadu, nakrywanie do stołu.
3 — Podawanie do stołu.
3.30 — Obiad własny.
4 — Zmywanie, chowanie naczyń, porządkowanie.
5 — Pisanie rachunku, odpoczynek, szycie (w tygodniu, w którym odbywa się pranie — zajęcia związane z praniem).
7.30 — Przygotowanie kolacji.
8 — Podawanie do stołu, kolacja własna, zmywa nie
9 — Rachunek, dyspozycja, wietrzenie sypialnego-słanie łóżek, przygotowanie na noc.

Tygodniowe sprzątanie i zajęcia.

Poniedziałek. Gruntowne sprzątanie salonu i buduarku (nacieranie podłogi, odkurzanie mebli i t. p.).
I tydz. — Odkurzanie ram obrazów.
II tydz. — Pranie.
III tydz. — Czyszczenie sreber.
IV tydz. — Pranie jedwabiów, wełny.

Wtorek. Gruntowne sprzątanie sypialnego.
I tydz. — Porządek w toalecie.
II tydz. — Wykończanie prania, wieszanie.
III tydz. — Porządek w szafkach nocnych.
IV tydz. — Odkurzanie pościeli.

Środa. Gruntowne sprzątanie jadalnego i przedpokoju.
I tydz. — Reparacje.
II tydz. — Składanie bielizny, magiel.
III tydz. — Reparacje.
IV tydz. — Porządek w kredensie.

Czwartek. Gruntowne sprzątanie gabinetu.
I tydz. — Odkurzanie półek z książkami.
II tydz. — Prasowanie.
III tydz. — Mycie luster i szkieł w obrazach.
IV tydz. — Czyszczenie klamek, rączek i przedmiotów mosiężnych.

Piątek. Gruntowne sprzątanie łazienki (ubikacji).
I tydz. — Mycie okien.
II tydz. — Mycie szklanych drzwi.
III tydz. — Mycie drzwi.
IV tydz. — Mycie grzebieni, szczotek.

Sobota. Gruntowne sprzątanie kuchni i wnęki.
I tydz. — Mycie okien (dalszy ciąg).
II tydz. — Porządek w śpiżarni.
III tydz. — Mycie wazonów, spodków od kwiatów.
IV tydz. — Pranie serwetek haftowanych, fartuszków i t. p.

Plan ten jest wywieszony w kuchni.

Jadwiga Sz.

Plan pracy służącej przysłany do redakcji czasopisma „Organizacja Gospodarstwa Domowego" przez czytelniczkę Jadwigę Sz. w 1929 roku.

mieniają się swoimi sukcesami w organizacji pracy i pokazują, jak to zrobić, by służąca nie zmarnowała ani minuty i chodziła jak w zegarku. Pani o inicjałach W.S. dzieli się planem, który ułożyła swojej służącej i z którego jest bardzo zadowolona, bo działa on doskonale. Pisze do redakcji „Organizacji Gospodarstwa Domowego":

W Polsce gospodarstwo domowe rozporządza przeciętnie tylko jedną siłą pomocniczą. Jest to zazwyczaj t. zw. służąca do wszystkiego, która, z nielicznemi wyjątkami, niczego dokładnie nie umie; w głowie jej panuje zupełny chaos, a na umysłowości jej, jak na kliszy w ręku nieuka, odbite są jedne na drugich „wskazania" różnych pań domu. Żeby w takim umyśle zaprowadzić jaki taki ład, trzeba dużej miłości bliźniego, cierpliwości i opanowania samej siebie. Dodam jeszcze – wiedzy; nauczyć bowiem tylko można tego, co się samej dobrze umie.

Pomocą nadzwyczajną jest organizacja pracy i co się między innemi z nią łączy – plan robót. Plan dnia służącej do wszystkiego musi być jasny, przejrzysty, niezbyt szczegółowy, łatwy do przestawień, dostępny dla małej inteligencji. Od lat piętnastu mam w kuchni dwa plany: dnia i tygodnia. Obecna służąca moja o bardzo tępym umyśle i wyszkoleniu żadnem wypełnia wszystkie punkty poprawnie. Dla siebie osobnego planu nie mam, gdyż wystarczy mi mieć w pamięci oba poprzednie.

Oto niezwykle skuteczny plan pani W.S.:

PLAN DNIA SŁUŻĄCEJ:

6.00 – wstawać:

a) oczyścić ubranie i obuwie
b) otworzyć okno w kuchni
c) wytrzeć kurz w kuchni
d) podać wodę pani
e) nakryć do stołu

7.00 – zakupy
7.30 – śniadanie (przygotowuje sama pani)
8.00 – sprzątanie
11.00–14.00 – gotowanie obiadu i kolacji
14.00 – obiad, zmywanie naczyń, porządek w kuchni
16.30 – prace zapisane w planie tygodnia
19.30 – wolne
20.00 – kolacja
21.30 – dyspozycje i przygotowanie pieców na dzień następny

Z harmonogramu pani W.S. wynika, że daje swojej „służącej o tępym umyśle" pół godziny dziennie na wypoczynek, a jej praca kończy się grubo po dziesiątej w nocy.

Nieco inaczej wygląda dzień służącej Jadwigi Sz., która także postanowiła podzielić się swoimi doświadczeniami z czytelniczkami „Organizacji Gospodarstwa Domowego" i przedstawić plan, który wywiesiła służącej w kuchni. Ta dziewczyna ma szczęście: w mieszkaniu jest centralne ogrzewanie gazowe, z piecem w łazience, więc może spać trochę dłużej. Ma też odkurzacz. Dobrze trafiła, nie każdą panią na niego stać, choć prasa bardzo, bardzo namawia.

Czasopismo przekonuje, że nie ma doskonalszego sposobu na usunięcie kurzu z mieszkań. Badania wykazały, że przez półtorej godziny odkurzacz wciąga pięćset jedenaście gramów kurzu. Jednak czasu służącej to za bardzo nie zaoszczędzi: czyszczenie szczotką dywanu o wymiarach trzy na trzy i pół metra wraz z wyniesieniem go do sionki zajmuje dziesięć minut. Odkurzaczem załatwi się sprawę w dwanaście minut. Ale nie w tym rzecz. Przede wszystkim chodzi o higienę. I jednak łatwiej odkurzyć niż szorować dywan na kolanach. Ale ostrożnie!

„Jeżeli pracownica jest tak szczęśliwa, że ma w domu odkurzacz, powinna prosić panią o dokładne wskazówki i ściśle podług nich z nim postępować. Odkurzacze drogo kosztują. Nie wszystkie panie mogą sobie na nie pozwolić, idzie jednak nieraz nie o pieniądze, a o to, by służąca przez nieuwagę i niedbalstwo nie popsuła kosztownej maszyny, co się już często zdarzało" – ostrzega Michalina Ulanicka.

Gazety uczą, żeby wybierając odpowiedni model, zwracać uwagę, czy worek jest wewnątrz i czy odkurzacz ma podwójne filtry. W 1931 roku w Polsce najpopularniejsze są electroluksy (z workiem wewnątrz korpusu), podobnego typu modele Progress i Protoz oraz dużo bardziej hałasujące: Record, Thomson i Vampir.

Według instrukcji opublikowanej w „Organizacji Gospodarstwa Domowego" kolejność samego odkurzania powinna być następująca:

– portjery, firanki, makaty, ściany,
– meble wyściełane,
– półki z książkami, kaloryfery,
– pod szafami, dywany.

Mieszkanie Jadwigi Sz. składa się z pięciu pokojów. Mieszkają w nim dwie osoby. Pani codziennie cztery–pięć godzin spędza poza domem. Zgodnie z planem do godziny dziewiątej służąca musi: oczyścić odzież i buty, zrobić zakupy i śniadanie. Wtedy zabiera się do wietrzenia pościeli, słania łóżek, odkurzania dywanów w jadalnym i porządkowania łazienki. Od godziny dwunastej każdego dnia wykonuje dodatkowe prace (według planu tygodniowego): pierze jedwabie lub czyści srebra, odkurza półki z książkami, robi porządek w spiżarni, czyści klamki, myje lustra i szkła w obrazach, pierze lub reperuje odzież.

Chciałoby się widzieć choć przez chwilę to mieszkanie dla dwóch osób, sprzątane od rana do wieczora przez zaprogramowaną przez panią służącą – maszynę, która we wszystkim wyręcza domowników.

Kiedy służąca Jadwigi Sz. poleruje srebra, Wikta Boguszówna idzie na podgórski targ, bo jak wiele innych służących, jest także odpowiedzialna za zakupy do domu. „Chcąc iść do miasta czy na targ, należy się zawsze czysto ubrać, to jest wziąć prędko czysty fartuch, trzewiki, włosy pogładzić i koniec" – radzi Elżbieta Bederska. Nie stroić się, absolutnie, to bardzo denerwuje panie. I z nikim dłużej nie rozmawiać. Gadulstwa panie nie cierpią. Nie zatrzymywać się w bramie. Każda minuta cenna. Spóźnienia tolerowane nie będą.

Na targu służąca wybiera mięso. Musi być świeże. Drób żywy. Jajka prosto od kury. Jest zwykle objuczona, musi się więc dobrze zorganizować, aby upchać gęsi obok jaj i buraków. Poradnik dla służących podpowiada, żeby produkty cięższe, „jak perki (ziemniaki), kapusta, marchew, brukiew itp., kłaść na spód kosza, zaś jaja, masło, ser na wierzch". Do przynoszenia jarzyn najlepiej używać siatek, bo są wygodniejsze, do drobiu zaś, aby zwierzęta się nie męczyły, należy w siatce mieć deseczkę. „Mało serca i uczucia okazują dziewczyny, które drób popakują jedno na drugie w siatkę bez deseczki albo też za nóżki trzymają łebkiem na dół" – upomina Bederska.

Kulminacja zakupów to targowanie ceny. Wytrawna służąca negocjuje twardo. Młoda i bojaźliwa płaci tyle, ile chce sprzedawca. Stara sprytna wyga nie ustępuje, bo wie, że to ona straci, bowiem różnica między ceną żądaną a ostateczną trafia do jej kieszeni. Nie zamierza jej zwracać państwu: sama utargowała, to dlaczego ma oddawać? Nikt tak przecież nie robi. „Koszykowe" to stary, utarty zwyczaj, ale i poważne źródło konfliktów z paniami.

„Dziewczyny, które biorą tak zwane koszykowe, wielką popełniają nieuczciwość, choć im się wiele razy wydaje, że są w prawie brać do swej kieszeni to, co utargowały. Że mniemanie takie jest fałszywem, a postępowanie niegodnem i grzesznem, chyba udowadniać nie potrzeba" – pisała Elżbieta Bederska, a „Bluszcz" w 1927 roku ostrzegał panie:

> Każda prawie pani domu, każda gospodyni, nie robiąc zakupów sama, przepłaca za nie. Niestety, część naszej służby stanowią różne „panny Kasie" i „panny Marysie", które przed paru dopiero miesiącami przyjechały spod Rypina lub innego Kocka i które z kultury miejskiej przejęły cieliste pończochy i lakierki na wysokich obcasach, a gotować się nauczyły mętny stale „rosół" i stale przydymioną „pieczeń".

Sposobem na kontrolę jest informacja od sprzedawcy, ile wynosiła opłata za towar. Część pań każe służącym takie rachunki przedstawiać. I jeśli przyłapią dziewczynę na koszykowym – to koniec.

Przekonała się o tym warszawska służąca Bronisława Koszarska. W jej służbowej książeczce znajdujemy wpis, i to w dodatku pierwszy, jaki dostała na swojej zawodowej drodze: „Byłaby wyborową służąca, gdyby miała zasady moralności – w obrachunkach podaje za produkty nabyte ceny najwyższe praktykowane na rynku bez względu na dobroć produktów, czem co najmniej daje dowód lekceważenia dobra swych pracodawców". Mówiąc wprost, uznana została za oszustkę, a kolejny wpis, tym razem pani Z. Fijałkowskiej, wydaje się tę opinię potwierdzać: „Bronisława Koszarska służyła u mnie przez kwartał jeden, to jest od lipca do miesiąca października, z powodu nierzetelnego postępowania, lenistwa i lekceważenia zwolniona została".

Udzielowie nie musieli się obawiać, mieli do Wikty bezgraniczne zaufanie. Rozliczała się z zakupów każdego dnia wieczorem. „Nigdy nie brakowało ani grosza. Nigdy nie doliczała, tak jak we własnym domu traktowała to gospodarstwo" – wspominała po latach Zofia Sulikowska, wnuczka Seweryna Udzieli.

Wandzia Kozak codziennie, gdy tylko zrobi państwu śniadanie, staje oparta o piec kaflowy i czeka na dyspozycje pani. Co kupić i przyrządzić na obiad? Jej dzień jest bardzo intensywny, ponieważ ma pod opieką najmłodszego syna Kurzątkowskich, Tadeusza, w wieku przedszkolnym.

Pozostali dwaj chłopcy chodzą do szkoły, ich rodzice są nauczycielami. Julian Kurzątkowski uczy rysunku, jego żona jest nauczycielką w szkole elementarnej. Gdy rodzina po śniadaniu

Jak prasa francuska wyobrażała sobie prace domowe we Francji w 2000 roku.

rozchodzi się, Wandzia bierze Tadeusza za rękę i idą na targ na Świętoduską. Patyczkiem próbują gęstą śmietanę z kanki. Atrakcyjna część dnia kończy się dla Tadzia wraz z powrotem do domu. Wandzia musi się teraz zająć sprzątaniem. Najważniejsze jest froterowanie. „Moja mama była strasznie drażliwa na punkcie parkietów, one musiały być zawsze jak lustro" – wspominał Tadeusz Kurzątkowski, którego na czas sprzątania Wanda porzucała, więc co chwilę do niej wołał: „Wandziu, nudzi mi się!".

Służąca Wandzia zostawiła po sobie w tej rodzinie bardzo dobre wspomnienia. „Niezwykłej uczciwości i pracowitości osoba i rzetelności, właściwie można powiedzieć członek rodziny. Osoba samotna, nie mająca wymagań jakichś wielkich i bardzo religijna" – wspominał Tadeusz Kurzątkowski.

Na ugotowanie obiadu i podanie do stołu służące mają zwykle dwie godziny. To niemało, ale obiady klasy średniej są dosyć wykwintne, a więc pracochłonne. Pismo „Bluszcz" z 1932 roku proponuje „dla pięcioosobowej rodziny pracującej inteligencji" takie menu:

– zupa piwna (z butelki ciemnego piwa i wody) z grzankami,
– potrawka z baraniny z fasolą,
– deser: pierożki z suszonymi śliwkami.

Lub:

– rosół z cielęciny z ryżem,
– kapusta włoska faszerowana,
– racuszki z sera.

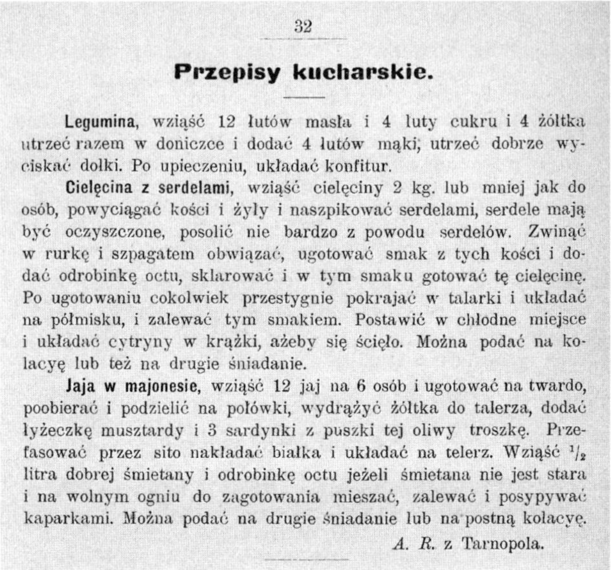

32

Przepisy kucharskie.

Legumina, wziąść 12 łutów masła i 4 luty cukru i 4 żółtka utrzeć razem w doniczce i dodać 4 łutów mąki, utrzeć dobrze wyciskać dołki. Po upieczeniu, układać konfitur.

Cielęcina z serdelami, wziąść cielęciny 2 kg. lub mniej jak do osób, powyciągać kości i żyły i naszpikować serdelami, serdele mają być oczyszczone, posolić nie bardzo z powodu serdelów. Zwinąć w rurkę i szpagatem obwiązać, ugotować smak z tych kości i dodać odrobinkę octu, sklarować i w tym smaku gotować tę cielęcinę. Po ugotowaniu cokolwiek przestygnie pokrajać w talarki i układać na półmisku, i zalewać tym smakiem. Postawić w chłodne miejsce i układać cytryny w krążki, ażeby się ścięło. Można podać na kolacyę lub też na drugie śniadanie.

Jaja w majonesie, wziąść 12 jaj na 6 osób i ugotować na twardo, poobierać i podzielić na połówki, wydrążyć żółtka do talerza, dodać łyżeczkę musztardy i 3 sardynki z puszki tej oliwy troszkę. Przefasować przez sito nakładać białka i układać na telerz. Wziąść $^1/_2$ litra dobrej śmietany i odrobinkę octu jeżeli śmietana nie jest stara i na wolnym ogniu do zagotowania mieszać, zalewać i posypywać kaparkami. Można podać na drugie śniadanie lub na postną kolacyę.

A. R. z Tarnopola.

Przepisy z czasopisma „Przyjaciel Sług" z 1903 roku.

Trzeba się spieszyć, opóźnianie posiłku to jedna z najgorszych wad. „Biada pani domu, której mąż po długich z jej strony perswazjach się stawia i musi dziesięć minut na niego czekać!" – pisze autorka artykułu w „Organizacji Gospodarstwa Domowego" i radzi paniom, jak nauczyć służące punktualności:

> Skuteczną bywa metoda premji, nagrody w postaci specjalnie upragnionego przedmiotu za miesiąc bez minuty spóźnienia. Można także wprowadzić małe premje pieniężne. Wynik tych prób u mnie okazał się doskonały, choć nie natychmiastowy. Ileż to „niezwalczonych" trudności przeszkadza podaniu obiadu na czas. Kontrolowałam je, pojawiając się w kuchni

w pięć minut po oznaczonej porze i w milczeniu obserwując przyczyny opóźnienia: to służący nie przyniósł na czas półmisków, to ogrodnik nie dostarczył pietruszki do zupy, to znów mięso „nie chciało się" gotować (bo je kwadrans za późno wstawiono do pieca). Nie w danej chwili, bo to rozdrażniałoby tylko, lecz w czasie konferencji dnia następnego omawiałyśmy spokojnie te wszystkie przeszkody i powoli zdołałyśmy je wszystkie usunąć; dziś gospodyni jest wdzięczna, że zamiast grzebać się bez końca w kuchni, kończy wcześnie swą pracę, w spokoju własny obiad spożywa i od 1.30 do 4-ej korzysta z dobrze zasłużonego zupełnego wypoczynku.

Do „zmywania statków" należy się przygotować jeszcze przed obiadem. Nastawić duży garnek wody. Po jedzeniu wynieść na tacy porcelanę, szkło i sztućce do kuchni. Tam je oczyścić szczoteczką z resztek. Odpadki wrzucić do wiaderka, naczynia posortować i ustawiać oddzielnie każdy gatunek z prawej strony wanienki do zmywania, srebro oddzielnie. Sztućce przecierać papierem. Przetarte noże wkładać ostrzami w garnuszek z ciepłą wodą. Potem przygotować wanienkę do zmywania, miskę do opłukiwania, dużą tacę do ociekania naczyń i drugą do ich ustawiania.

Czas na podwieczorek. Mus? A może naleśniki albo budyń? Mogą być pierożki z suszonymi śliwkami. Ale najlepiej – legumina. Niestety, ta wymaga sprawności i czasu. Zajrzyjmy do wydanego we Lwowie *Podręcznika potraw i legumin* Róży Makarewiczowej, w którym znajdziemy przepis mniej pracochłonny:

Dać do rondla trzy łyżki masła, szklankę mleka świeżego i łyżkę cukru, a gdy dobrze zakipi, wsypać dwie łyżki mąki i rozmieszać dobrze, aby gruzłów nie było, i wygotować trochę; następnie całą tę masę dać do donicy (makutry), a gdy ostygnie, dodać cztery łyżki czekolady utartej i trzeć razem z tą masą pół godziny tudzież dodać wanilii dla zapachu i dwie łyżki migdałów dobrze siekanych. Na koniec dodać pianę z sześciu pozostałych białek, wymieszać lekko i dać do formy wysmarowanej świeżym niesolonym masłem i wysypanej bułką. Potem wstawić do rondla z wrzącą wodą, gotować trzy kwadranse na bardzo silnym ogniu. Dolewając tyle wody, aby na trzy palce głębokości było. Wydając na stół, wyrzucić na półmisek i oblać kremikiem śmietankowym.

Jest dopiero szesnasta. Niektóre służące, te najlepiej zorganizowane, mają teraz chwilę wytchnienia. Może sobie coś zacerują? Wyjść nie wolno. Wychodne (od lat dwudziestych) będzie możliwe raz w tygodniu, w przypadku uzasadnionym, to znaczy wtedy, gdy pani uzna, że służąca ma powód – ważną sprawę – i zgodzi się na wyjście. Dłuższe wychodne zwyczajowo daje pani co drugą niedzielę, a jeśli łaskawa, to nawet w każdą.

Popołudnie to czas na wykonanie prac według planu tygodniowego. To codziennie inna robota. Służąca Jadwigi Sz. w poniedziałek czyści metalowe naczynia i wyparza naczynia nocne. We wtorek sprząta mieszkanie gruntownie. W środę pierze i szyje dla domu. W czwartek szyje dla siebie. W piątek piecze chleb i bułki, a w sobotę sprząta spiżarnię i trzepie dywany.

Kto miał w tym czasie fajrant, musi kończyć. Trzeba przygotować kolację.

U Udzielów kolacja jest o dziewiętnastej. „Zawsze gotowana. Ziemniaki z kwaśnym mlekiem czy kasza jaglana z grzybami, czy kasza ze śliwkami. Były to gorące dania, nie jadło się zupełnie kanapek na kolację, jak my teraz jemy, to była rzecz zupełnie nieznana" – opowiadała wnuczka Udzieli.

Skoro gotowana, to Wikta potem zmywa, czyli znowu: nastawianie wody na gazie, ustawianie suszarki itd. Kiedy się z tym wszystkim upora, dołącza do salonu, gdzie rodzina Udzielów czyta literaturę na głos lub rozmawia. „Już o ósmej Wikta była gotowa i brała udział często w tych spotkaniach pod lampą. Bardzo to było dla niej pouczające, jak się potem okazało".

Jeśli przychodzą goście, czas pracy służącej wydłuża się do późnej nocy. Pojęcie godzin nadliczbowych nie było znane ani służącym, ani pracodawczyniom, choć w krajach zachodnich dawno już opłacano służące za prace dodatkowe, na przykład gdy służąca obsługiwała przyjęcia. Zapytane w 1919 roku w ankiecie Ministerstwa Pracy o to, czy dostają pieniądze za godziny nadliczbowe, służące pisały, że nie rozumieją pytania. „Goście nic nie dały" – napisała jedna z nich. Pracodawczynie jeszcze bardziej były zaskoczone pytaniem. Jedna odpowiedziała: „Dziwne pytanie", a inna: „Wszak i bez tego biorą dobrą pensję".

Spędzanie przez Wiktę wieczoru w salonie z państwem to absolutny ewenement, dowód na wrośnięcie służącej w rodzinę. Jej koleżanki zwykle wtedy reperują odzież, a jeśli pani się zgodzi, wychodzą na parę minut, ponieważ jest to czas, gdy w bramie można spotkać służące z całej kamienicy. Stanisław Gieysztor wspominał:

> Wystawanie w bramie było jedną z nielicznych rozrywek warszawskich i odgrywało poniekąd rolę związku zawodowego, co rzecz jasna spotykało się z kontrakcją ich pracodawczyń, gromiących swe niewolnice, że: „już cię zbuntowano w bramie". Dzięki tym zebraniom klubowym stróże warszawscy dość często będący na służbie carskiej Ochrany poznawali wiele tajników z życia lokatorów.

Tego właśnie plotkowania panie bały się naprawdę, ale nie ze względu na ochranę, ale przez świadomość, że służąca wie o ich rodzinie wszystko. Dlatego relacja między służącą a państwem od podstaw obciążona była nieufnością i tłumioną wrogością. Dominację nad służbą podszywał lęk, jaki odczuwamy wobec kogoś, kogo wiedza może nam zaszkodzić, a my nigdy się o tym nie dowiemy. Poczucie przewagi w tej sytuacji jest iluzoryczne, zbytnia otwartość niewskazana. Dystans, mur obojętności, izolowanie służby pozwalają na kontrolę sytuacji i zachowanie względnego bezpieczeństwa.

Tymczasem zrobiła się późna noc. Marysia przyniosła już opał z piwnicy. Co robić?

Pomodlić się i spać. Trzeba wstać o piątej lub o szóstej. Albo wcześniej, jeśli się chce nakręcić loki.

JAK USŁUGIWAĆ GOŚCIOM PRZY STOLE

– Przy podawaniu potraw, jeżeli gość zajęty jest rozmową z sąsiadem i nie widzi, że mu się takowe podaje, służąca cichem „proszę pana" lub „służę panu" zwraca mu uwagę. Prośbą zachęcać do jedzenia nie jest rzeczą służącej.

– Upadnie jedzącemu nóż, widelec lub łyżka, trzeba ją podnieść i inną zastąpić.

– Zażąda gość wody i chleba, podaje mu się takowy natychmiast na talerzu lub tacy.

– Służąca ma salaterki lub półmiski w lewym ręku i obsługuje od lewej strony.

– Nie rozmawiać z zaproszonymi gośćmi, nie zapraszać ich do stołu. To powinność pani.

– Służąca oznajmia pani: „Waza na stole", „Obiad podano" lub „Kawa na stole".

– Gdy goście wychodzą, służąca pomaga się ubrać, ale bez chęci otrzymania napiwku.

MICHALINA ULANICKA

PORADNIK SŁUŻBY DOMOWEJ

6

KIEDY PANNA ANDZIA MA WYCHODNE?

Zupełnie wolnych wieczorów i niedziel na służbie być nie może. Do czego jednak wolne wieczory lekkomyślne dziewczyny doprowadziły, wiecie same.

ELŻBIETA BEDERSKA, *DOBRA SŁUŻĄCA*

W niedzielę jest inaczej. Udzielowie jedzą śniadanie nieco później, bo o ósmej, więc Wikta ma czas, aby pójść na mszę do Świętego Józefa na Rynku Podgórskim albo „na górkę" do redemptorystów. Po powrocie w odświętnym ubraniu szykuje śniadanie. A potem gotuje obiad. I teraz, inaczej niż w zwykły dzień, po uprzątnięciu kuchni znów zakłada odświętny strój i wyrusza na nieszpory. A po nich w przykościelnej świetlicy rozmawia z koleżankami, czyli innymi służącymi. Tak spędza całe popołudnie co tydzień, podobnie jak zytki, których życie towarzyskie związane jest wyłącznie z kościołem.

Na początku XX wieku wcześnie rano na ulicach miast spotkać można spieszące się dziewczęta o podobnym, nieco posępnym wyglądzie. W swoich najlepszych sukienkach biegną na mszę dla służących. W Krakowie – do kościoła Dominikanów na piątą, w Warszawie – na szóstą do Barbary przy Nowogrodzkiej.

Nie wszystkie, jak Wikta, zatrzymają się w przykościelnej salce. Niektóre lubią wesołą zabawę. „W niedzielę – pisał Kazimierz Schleyen – lwowska służąca ubierała się bardzo starannie: kapelusz «chantecler», rękawiczki, za ciasne buciki i koniecznie korale i broszka. Były tylko trzy rodzaje broszek: albo niezapominajki, albo dwa całujące się gołąbki, albo wreszcie dwie złączone w kościanym uścisku ręce. Kolory robiła burakiem, twarz przypudrowywała mąką i szła z «chabalem» [z gwary lwowskiej „adorator" – przyp. aut.] na zabawę, do kina, na festyn, do lasu lub do podmiejskiego ogródka, gdzie odbywały się tańce przy szafie grającej".

Proszę państwa, raz na tydzień święto bywa.
Panna Andzia jest szczęśliwa.
Już od rana się pudruje, już się krząta, już nie sprząta dziś.
Ma na kapeluszu piórko, całe o tym wie podwórko.
Przez lufciki wyglądają, śpiewają z nią wraz.

Dziś Panna Andzia ma wychodne.
Dzisiaj sama wielka dama.
Dziś ma jak pani piórko modne.
Bo dziś na Chłodnej wielki bal.
I przyszedł Józek i przyniósł pączki.
Padam do nóżek Panno Andzio, całuję rączki.
Wiadomo, damy bywają głodne.
Chcesz zdobyć serce, z pączkiem wal.
Więc dziś rozrywki różne godne.
No i czysta, a jak oczywista.
Dziś Panna Andzia ma wychodne.
Bo dziś na Chłodnej wielki bal.

Kościół katolicki przestrzega służące, żeby ich wypoczynek niedzielny nie był grzeszny, bo „grzech popełniony w niedzielę ciąży podwójnie. Najlepszym to wytchnieniem odwiedzić przyjaciół, krewnych, iść na nieszpory i naukę" – proponuje ksiądz

Hermann Kappen i ubolewa: „Od tego niestety dziś ludzie odstępują. Służba szuka zabaw niedozwolonych, zapełnia szynkownie i gościńce, grywa w karty, pozwala sobie żartów niedozwolonych, odwiedza publiczne miejsca, bawi się tańcami i grzechy do grzechów dodaje" – ubolewa ksiądz Hermann Kappen.

Michalina Ulanicka również odradza chodzenie na bale. To rozrywka niebezpieczna i niepożądana. Zawarte tam znajomości mogą dziewczynę „na śliską i złą drogę wprowadzić". Poza tym, aby pójść na bal, trzeba się ładnie ubrać i zapłacić za bilet. Na takie wydatki stać tylko ludzi zamożnych. I w dodatku po balu dziewczyna wyjdzie nieprzytomna i nie będzie mogła sumiennie wykonywać swojej pracy. I jeszcze coś: służąca przecież nie umie tańczyć shimmy, który właśnie zawojował świat.

„Na balach – pisze Ulanicka – tańczą różne tańce modne, których pracownice nie znają. Chcąc się ich nauczyć, pragną chodzić na lekcje tańca. Żadna rozumna pani na to im nie pozwoli, bo to dla dziewcząt w ich położeniu nietylko nie jest potrzebne, ale wręcz pod wielu względami szkodliwe, przytem przy zajęciach domowych nie dałoby się przeprowadzić. Nie czujmy się pokrzywdzone, gdy nam panie na lekcje tańca nie pozwalają. Doprawdy, to nierozsądna zachcianka".

Panie, zatrudniając służącą, kupowały każdą minutę jej życia i decydowały, czy dziewczyna może wyjść z domu i na jak długo. Jeśli trafiła do liberalnej rodziny, mogła wieczorem wyjść raz w tygodniu, a nawet zapraszać narzeczonego. Ale na każdą wizytę musiała uzyskać zgodę. Nocowanie poza domem bez zgody państwa nie wchodziło w rachubę. Za dwa takie przypadki – według obowiązującego prawa – można było stracić posadę.

Prawo nie zobowiązywało pracodawców do udzielania służbie czasu wolnego, ale utarło się, że w niedzielę (lub co drugą) służąca może spędzać popołudnie poza domem.

Na wychodne czasem można było „zasłużyć" przymilnością. Służąca „pocałuje pannę Weronikę w rękę, nazwie ją «panieneczką» i już sobie może wyjść choćby na cały wieczór" – pisała Cecylia Walewska w powieści *Moje służby*.

Niektóre dziewczyny, wiedząc, że panie wolałyby, aby służąca domu nie opuszczała, dobrowolnie rezygnowały z wyjść. „Kurier Warszawski" z 27 października 1932 roku:

> Służąca poszukuje pracy, do wszystkiego, mogę być do pomocy pani lub samodzielną. Mam długoletnie świadectwa i bardzo dobre rekomendacje. Co do wychodni, to mnie na tym nie zależy, bo nie mam nikogo znajomego ani rodziny w Warszawie, tylko do domów chrześcijańskich mogę pójść. Piękna 47–23.

Taka sytuacja jest dla pani wymarzona. Nie trzeba się bać, że służąca przyprowadzi jakiegoś bandytę, którego nazwie „narzeczonym" lub „kuzynem". Jak Franka Anczewska, o której mówiła cała Warszawa. Listopadowego popołudnia 1928 roku służąca Henryka Lewenfisza idzie do fryzjera uczesać się pięknie. Jest to dzień szczególny: wieczorem ma się odbyć jej zaręczynowe przyjęcie. Pan wyjechał z Warszawy, więc Franka się nie krępuje, zaprasza do mieszkania Lewenfisza przy Foksal 17 gości, na czele z narzeczonym, Bolkiem Frelkiem. Zabawa jest przednia, Bolek zakłada na palec Franki pierścionek zaręczynowy, ale zaraz potem koledzy świeżo upieczonego narzeczonego wiążą Frankę sznurami, a następnie próbują otworzyć sejfy. Jeden sejf okazuje się pusty, z drugim nie potrafią sobie poradzić. Wychodzą z niczym, ale chwilę wcześniej duszą spętaną sznurem Frankę Anczewską.

Są z gangu Hipka Wariata i mają na koncie już kilka napadów. Ten też był ukartowany: Bolek Frelek, który wywodził się z rodzi-

Służąca, która ukradła 10.000 dolarów

„Chciałam się raz jeden w życiu zabawić wesoło i bogato z mym kochankiem dlatego ukradłam dolary z kasy ogniotrwałej--tłumaczyła się przed sądem

Epilog sensacyjnej kradzieży u p. S. Silberstroma.

Łódź, 13 grudnia.

W początkach października roku bieżącego, miasto nasze zaalarmowane zostało sensacyjną kradzieżą 10.000 dolarów, dokonaną w mieszkaniu p. Samuela Silberstroma przy ul. Kilińskiego 113.

Okoliczności kradzieży tej nasuwały przypuszczenia, iż brała w niej udział służąca p. S. 39-letnia Antonina Kaczmarek, która krytycznego dnia ulotniła się z mieszkania.

P. Samuel Silberstrom, właściciel składu manufaktury w domu przy ulicy Piotrkowskiej 80, kilka dni przed kradzieżą wyjechał w sprawach handlowych do Berlina.

W gabinecie p. S., w mieszkaniu prywatnem przy ulicy Kilińskiego, znajdowała się ogniotrwała kasa, zawierająca 12.000 dolarów oraz biżuterję.

Przed wyjazdem zagranicę, p. S. oddał klucz od kasy swej żonie, która schowała go do zamkniętej szafy, przyczem klucz od szafy ukryła w toaletce.

10 lat w służbie.

Państwo S. nie zamykali zazwyczaj szuflad swych na klucz, gdyż darzyli zupełnem zaufaniem służącą, która pracowała u nich 10 lat.

Gdy w niedzielę, dnia 10 października w godzinach popołudniowych pani Silberstromowa wraz z dziećmi wyszła na miasto, mieszkanie swoje pozostawiła opiece służącej i nie zamknęła, jak zwykle, szuflad.

Do domu powrócili o godzinie 10-tej wieczorem, służącej nie było.

Ponieważ wychodząc z mieszkania, zabierała zazwyczaj ze sobą klucz od drzwi wejściowych, a tym razem zostawiła klucz w kuchni, pani Silberstromowa przypuszczała, iż dziewczyna oddaliła się jedynie na kilka minut.

W mieszkaniu panował wzorowy porządek.

Kradzież wykryto przypadkowo.

Gdy jednak minęło kilka godzin, a służąca nie wracała, zaczęto się zastanawiać nad przyczyną jej nagłego zniknięcia. Kradzież pieniędzy ujawniona została przypadkowo.

Nikt bowiem nie mógł przypuścić, iż miała ona miejsce, gdyż kasa, jak zwykle, była zamknięta, a kluczyk leżał w szafie.

Syn państwa Silberstrom postanowił sprawdzić zawartość kasy i gdy otworzył ją, skonstatował, że kasetka, w której leżało około 10 tysięcy dolarów była pusta.

W drugiej kasetce leżało dwa tysiące dolarów nienaruszonych. Biżuterja była nietknięta. O powyższem powiadomiono natychmiast urząd śledczy.

Komendant 1-szej brygady, podkomisarz Piotr Wesołowski wszczął natychmiast energiczne dochodzenie.

„Kuzyn“ złodziej.

Służącą państwa Silberstrom, Antoninę Kaczmarek, odwiedzał często pewien młodzieniec, którego przedstawiała zwykle, jako „kuzyna“.

„Kuzyn“ ów był notowanym już w policji.

W kartotece urzędu śledczego odszukano fotografję niejakiego 30-letniego Stanisława Placzkowsikego, zawodowego złodzieja, w którym pani S. poznała „krewnego“ swej służącej.

Ponieważ ustalono, iż Płaczkowski ukrywał się w jednej z melin złodziejskich przy ulicy Aleksandrowskiej, pod komisarz Wesołowski w towarzystwie kilku funkcjonarjuszy urzędu śledczego, odwiedził go w tej kryjówce.

Płaczkowski nie stawiał policji oporu i został sprowadzony do urzędu śledczego. Znaleziono przy nim jedynie 15 dolarów.

Płaczkowski nie przyznał się do udziału w kradzieży u państwa S., jednakże nie przeczył, iż był o niej poinformowany przez swą kochankę, Antoninę Kaczmarek.

I złodziejkę okradziono.

Stwierdzono, iż Kaczmarkówna ukrywała się we wsi Słupeczko powiatu Kaliskiego i tam też ją przyłapano.

Kaczmarkówna posiadała tylko 5185 dolarów.

Za resztę pieniędzy kupiła sobie kilka futer, kapeluszy i sukien, część zaś gotówki skradli jej w pociągu.

W dniu onegdajszym Kaczmarkówna i jej kochanek znaleźli się przed sądem okręgowym, który sprawę tę rozpatrywał w trybie postępowania uproszczonego pod przewodnictwem sędziego Korwin Korotkiewicza.

Kaczmarkównę pociągnięto do odpowiedzialności za dokonanie kradzieży, Płaczkowskiego zaś za ukrywanie przestępczyni oraz korzystanie z przywłaszczonych pieniędzy.

Kaczmarkówna przed sądem przyznała się do wszystkiego i opowiedziała szczegółowo okoliczności, w jakich dokonała kradzieży.

Spowiedź Kaczmarkówny.

Natychmiast po wyjęciu z kasy gotówki, zamknęła ją i ukryła kluczyk w szafie, poczem ze zdobyczą uciekła z mieszkania.

Skomunikowała się z kochankiem, któremu dała nieco pieniędzy. Płaczkowski, jako „fachowiec“ ukrył ją przed pościgiem policyjnym u swych krewnych w Łodzi, następnie zaś, gdy sprawa stała się głośna w całem mieście, wywiózł ją do swych znajomych do Słupeczka. Na pytanie sędziego, jakie powody skłoniły ją do dokonania przestępstwa, Kaczmarkówna odpowiada:

— Całe życie ciężko pracowałam, byłam uczciwa i nic z tego nie miałam. Chciałam się chociaż jeden raz w życiu zabawić wesoło i bogato z mym kochankiem, więc postanowiłam skraść ukryte w kasie pieniądze!

Płaczkowski zeznaje wykrętnie. — Miesza się często i przeczy sam sobie. Twierdzi, iż „narzeczona“ nie mówiła mu wcale, iż skradła dolary i dowiedział się o tem dopiero od znajomych.

Prokurator Skabiczewski w mocnem przemówieniu popiera oskarżenie w całej rozciągłości.

Sąd skazał Kaczmarkównę na rok i 6 miesięcy, Płaczkowskiego zaś na rok więzienia.

„Express Wieczorny Ilustrowany” z 13 grudnia 1926.

ny kryminalistów spod Garwolina, rozkochał w sobie Frankę, aby wpuściła go wraz z koleżkami do mieszkania bogatego finansisty. Wiedzieli, że Lewenfisz sprzedał kamienicę i trzyma w domu sto siedemdziesiąt dwa tysiące amerykańskich dolarów. Skąd wiedzieli? Od Franki Anczewskiej. Zwierzyła się Mańce Krasnodębskiej, żonie włamywacza, na kawie, bo Mańka, wiedząc, jakim skarbem jest Franka, owinęła ją sobie wokół palca. Następnie zrobił to Bolek Frelek. Warszawa długo żyła sprawą Franki Anczewskiej, zwłaszcza że kolejny już raz służąca padła ofiarą nadziei na miłość. Drobni i grubi opryszkowie doskonale wiedzieli, że droga do sejfów bogaczy prowadzi przez serca ich służących.

W listopadzie 1929 roku Roman Szczeciński, domokrążca sprzedający rajstopy, dzwoni do kuchennych drzwi przy ulicy 1 Maja 15 w Łodzi. Otwiera mu Wiktoria Kukulska, służąca Michała Króla. Ogląda rajstopy i krępego, niskiego śniadego blondyna. Rajstopy jej się nie podobają. Proponuje Romanowi spotkanie. U niej w kuchni. Odtąd Szczeciński przychodzi często, z wiśnióweczką. Takie wizyty u służących nie są mile widziane, „kuzyni", jak służące przedstawiały państwu swoich absztyfikantów, rzadko mogą się pojawiać oficjalnie, częściej przemykają kuchennymi schodami pod osłoną nocy, gdy państwo bawią na przyjęciach. U Michała Króla jest inaczej, przymyka oko na te bibki swojej służącej. Bogaty kamienicznik mieszka tylko z synem. „Pomimo że zwracałem ojcu uwagę na ciągłe wizyty u naszej służącej, ojciec to bagatelizował, twierdził, że Kukulska jest uczciwą służącą i dobrą gospodynią. Dlatego musi być dla niej pobłażliwy" – zezna potem Natan Król.

Tymczasem jest 15 grudnia 1929 roku, Moszek Markowicz, lokator domu przy 1 Maja 15, puka do drzwi mieszkania Michała Króla, chce mu zapłacić komorne. Cisza. Podchodzi do drzwi kuchennych, a te okazują się otwarte. Wchodzi. W kuchni nie ma

OPŁATA POCZTOWA UISZCZONA RYCZAŁTEM.

EXPRESS
WIECZORNY ILUSTROWANY.

Łódź 18-XII-28 A.

Dziś zostały skonfiskowane wszystkie poranne pisma łódzkie za wydrukowanie wiadomości w sprawie mordu ś. p. Króla.

ROK VI. | ŁÓDŹ, WTOREK, 18 GRUDNIA 1928 ROKU. | CENA NUMERU 20 GROSZY. | NR. 353

W pogoni za mordercą Króla.

Wiadomość pod powyższym tytułem została skonfiskowana w dzisiejszych rannych pismach.—Czy prasa łódzka korzysta z tych samych praw, co na całym świecie?

Ś. p. Michał Król.

W dniu dzisiejszym rano z polecenia władz zostały skonfiskowane wszystkie pisma łódzkie, które zamieściły wiadomość o morderstwie, dokonanym na ś. p. Królu przy ul. Zawadzkiej nr. 36. Niektóre pisma wydały drugi nakład z olbrzymiemi białemi plamami tam, gdzie tekst został skonfiskowany.

Jest to pierwsza konfiskata tego rodzaju w całej Polsce. Art. 47 dekretu w przedmiocie tymczasowych przepisów prasowych zabrania wyraźnie drukowanie treści aktów postępowania karnego, zanim się je ujawni na rozprawie głównej. Nie rozumiemy jednak co to może mieć wspólnego z publikowaniem wiadomości o morderstwie, nie zaczerpniętych z żadnych aktów i nie mających z treścią tych aktów nic wspólnego. N. p. „Republika" zamieściła krążące po mieście wersje na temat morderstwa i oznaczyła je wyraźnie jako fantazje, które nie odpowiadają rzeczywistości.

Rozumiemy jednak, że jeśli nawet to i owo mogło przedostać się z treści aktów na łamy niektórych pism, to jednak nie było najmniejszej podstawy, zdaniem naszym, do konfiskowania wszystkiego, a więc i rzeczy treści prawnej i nawet tak niewinnych, jak fotografje.

O ważności konfiskaty rozstrzygnie sąd, przyczem prasa będzie walczyć wszelkiemi środkami, aż do najwyższej instancji, o to, aby utrzymać wszelkie przysługujące jej na całym świecie prawa.

Przy takim komentowaniu zakazów karnych, jakie obserwuje w Łodzi, żadne pismo na całym świecie nie mogłoby napisać ani słowa o dokonaniu nawet najdrobniejszej kradzieży. Widzimy tym czasem że wszystkie wielkie dzienniki nie tylko polskie, ale i europejskie, szczegółowo donoszą o ciekawych wypadkach przestępstw i kryminalistyka stała się nieodłączną częścią każdej gazety.

Prasa niejednokrotnie pomagała organom sprawiedliwości w wypełnieniu ich obowiązków i żąda poszanowania dla swoich obowiązków i praw.

To jest zasada, przy której stać będziemy twardo i bronić jej wszelkiemi siłami.

List służącej
do redakcji „Expressu Wieczornego".
„Ogół służących nie może być odpowiedzialny za czyny jednostek".

Szanowny Panie Redaktorze!

Czytam codziennie od wielu lat „Express" i nabrałam głębokiego przekonania, że „Express" nie skrzywdzi biednego człowieka i często występuje w obronie ludzi pracujących.

Dlatego też zwracam się do Pana Redaktora z zapytaniem, czemu niektóre pisma przedstawiają straszne morderstwa, w ten sposób, jakoby główną winowajczynią była służąca. — Przecież i po mordrestwie, dokonanem przez Łaniuchę mówiono, jakoby ś. p. Borowska była w zmowie z Łanuchą, a później dopiero okazała się cała prawda, że ta biedna nieszczęśliwa ofiara była całkiem niewinna.

Przecież i teraz niewiadomo, czy Kukulska maczała ręce w zbrodni...

Bardzo ważne jest także, **aby ogół służących nie był odpowiedzialny za czyny jednostek.** Rozumiem bardzo dobrze, że tak jak w innym fachu spotyka się ludzi różnej wartości moralnej, zarówno porządnych, jak i złodziejaszków, tak i wśród służby różni się trafiają...

Kto zagląda do naszych kuchni, do naszych służbowych pokojów, kto wie, jak żyjemy, jakie przechodzimy koleje, wiele cierpimy... Nami interesują się tylko państwo wtedy, kiedy się obawiają, żeby złodziej do kuchni nie przyszedł. **Ja jestem starsza wdową i z kawalerami się nie wdaję, ale wcale się nie dziwię, że moje młodsze koleżanki chcą wyjść zamąż...** Jest to prawo natury, takie samo dla służących, jak i dla najbogatszych państwa. Pozatem jeszcze służąca chce mieć swój kąt choćby najskromniejszy i swoją rodzinę. Życie u obcych takiej po kilku latach obrzydnie, że stara się na wszystkie strony, aby wyjść zamąż. Co dziwnego, że przytem pada ofiarą różnych zbrodniarzy i oszustów?

Dlaczego nikt nie ma za złe panienkom, że do nich kawalerowie przychodzą i też siadują do późnej nocy? Oj, dobrze my to wiemy, że niekiedy w pokojach i panieńskich i mężatek wcale nie lepsze rzeczy się dzieją, aniżeli w kuchni i w służbowym... I wiele to razy się zdarza, że taki kawaler, poznany gdzie na jakimś balu, czy w restauracji, coś ukradnie, ale o tem cicho, żeby nie kompromitować panienki, czy nawet pani. Na służącą to łatwo mówić, bo kto się za nią ujmie?...

Mówi się pozatem, że służące zawierają z byle kim znajomości. No, no, żeby tak nie zacząć grzebać, z kim nasze panie zawierają znajomości! Kto ich tam wie po tych wszystkich dancingach, z kim się tańczy i flirtuje. Albo i na ulicy, to też nie są od tego, aby ładny chłopak i piękne słówka umiał klepać. Już i takie wypadki widziałam, że taki bubek jednemi schodami chodził do pani (mężatki), a drugiemi do służącej, tylko że nie w tym samym czasie, boby sobie oczy wydrapały...

Sama jestem służącą i dlatego mnie to boli. Czytam chętnie „Express", jeśli czas pozwala i dlatego pozwoliłam sobie na skreślenie tych słów w obronie moich sióstr po pracy. Myślę, że pod tym listem podpisałaby się każda pracująca w obowiązku kobieta i dlatego w imieniu wszystkich służących miasta Łodzi proszę o wydrukowanie mojego listu i podpisuję się

z poważaniem
ANTONINA MARCINIAKOWA.

List powyższy drukujemy w całej rozciągłości i bez skrótów. Mimo iż znać po nim wyraźnie rozdrażnienie i rozgoryczenie, zawiera on wiele prawdziwych uwag, rzuconych bez ogródek prosto w oczy. Komentarze są zbyteczne. Wynikają same z treści listu i są jasne dla każdego zdrowo myślącego człowieka.

Samobójstwo
jako skutek afery „Gazette du Franc".

Paryż, 18 grudnia

(Telegram własny „Expressu")

Afera „Gazette du France" zatacza coraz szersze kręgi. W dniu wczorajszym popełnił samobójstwo 59-letni obywatel z Chambe, który stracił z powodu manipulacji powyższego dziennika cały swój zaoszczędzony majątek.

Mróz!
9 stopni poniżej zera.

Łódź, 18 grudnia.

Mróz, jaki ostatnio dał się nam we znaki, wzmaga się z każdym dniem. Dziś o godz. 8-ej rano termometr wskazywał 9 stopni poniżej zera. Biuletyny P. I. M. przepowiadają dalsze obniżenie się temperatury.

Brzezińskiej Gitli (Solna 7) skradziono z mieszkania bieliznę, wartości 300 zł

Pięta Marjanna (Aleksandrowska 22) skradła 1 parę śniegowców, wart. 20 zł.

Tarasinta Władysław (Składowa 34) przywłaszczył sobie palto wartości 120 zł. i 30 zł. gotówki.

„Express" ostrzega
—:—
„Narzeczeni" służących
czyhają na ich uciułany z ciężkiej pracy grosz

Łódź, 18 grudnia.

Powtarzamy raz jeszcze, że zagadnienie roli służącej domowej w przestępstwach jest poważnem zagadnieniem społecznem.

Nieomal identyczny wypadek zdarzył się w Warszawie przy ul. Foksal, gdzie zbrodniarz zawarł ze służącą znajomość, zaręczył się z nią, a później obrabował wraz ze wspólnikami mieszkanie jej chlebodawcy i wreszcie pozbył się swej narzeczonej i świadka przestępstwa drogą mordu.

Wiemy, niestety, wszyscy, jak szybko służba domowa zawiera znajomości z ludźmi, przygodnie spotkanemi na ulicy, w bramie, lub na schodach; wiemy jak to „narzeczony" kręci się po kuchni, przesiaduje w niej w dzień i wieczorem, zakrada się nieraz nawet w nocy; wiemy, skąd rekrutują się te „narzeczeńskie" elementy, przeważnie czyhające na uciułany z ciężkiej pracy grosz służącej, albo też na jedzenie, wylizywane z garnka. I to jeszcze dobrze, jeśli taki podejrzany „narzeczony" nie ma gorszych zamiarów i nie namówi „narzeczonej" do spółki w przestępstwie, albo też sam go nie dokona i w bezlitosny sposób nie pozbędzie się „narzeczonej".

Ostrożność we wszystkich domach jest wobec tego wskazana.

Przedewszystkiem same służące domowe powinny uprzytomnić sobie, na jakie narażają się niebezpieczeństwo. **Morderca bez skrupułów tu zabija służącą przez uduszenie, tam znów ją truje, lub rozwala jej czaszkę siekierą. W świadomości tego niebezpieczeństwa służące powinny być niesłychanie ostrożne przy zawieraniu znajomości, lękać się ludzi, którzy zaraz po zawarciu znajomości przenikają do kuchni lub zbytnio interesują się życiem chlebodawców...**

Z drugiej strony i ci ostatni baczniej niż dotychczas powinni uważać na służące i tłumaczyć im, czem pachną zabawki, uprawiane z „narzeczonymi". Dowiadujemy się obszernie i wyczerpująco o tych „zabawach" tylko wtedy, kiedy zdarzy się [illegible] morderstwo. Wieleż to jednak kradzieży na tem tle powstaje codziennie [illegible] absolutnie o nich nie wie [illegible]! Często jednak morderstwo przy kradzieży jest tylko dodatkiem przy[illegible]kowym i nieuplanowanym. [illegible] dzisiejszym stanie rzeczy wielu ludzi narażonych jest na niebezpieczeństwo, którego nawet nie przeczuwa.

„Express Wieczorny Ilustrowany" z 18 grudnia 1928.

nikogo, za to w służbowym pokoju na łóżku leży rozneglizowana Wiktoria Kukulska. Na stole butelka po wódce, obok resztki jedzenia. W hallu mieszkania odnajduje Michała Króla w kałuży krwi. Śledczy szybko ustalają, że podejrzanym jest Roman Szczeciński, narzeczony Wiktorii, a pijaną w sztok służącą aresztują.

Szczeciński podczas procesu przedstawia wypadki tuż przed morderstwem:

> – Ile razy oskarżony był u Kukulskiej?
>
> – Ano bywałem u niej dwa–trzy razy w tygodniu. Razem może z piętnaście razy.
>
> – Czy za każdym razem przynosił pan wódkę?
>
> – Nie, ale wódka pewnie była ze trzy razy. Zawsze przynosiłem mniejszą butelkę wiśniówki, ale krytycznego dnia wziąłem większą flaszkę, gdyż sądziłem, że u Kukulskiej będzie więcej osób. Gdy przyszedłem do niej, usiedliśmy około godziny siódmej, przepiłem do niej kieliszkiem. Potem ona wypiła. Były też cukierki i zakąska, którą Kukulska przygotowała w kuchni.
>
> – Jakimi kieliszkami piliście?
>
> – Był tylko jeden kieliszek, jajecznik.
>
> – A jak tam dalej było?
>
> – Wypiliśmy jeszcze kilka kieliszków, z pięć czy sześć. Kukulską nagle zamroczyło, położyła się na łóżko...
>
> – Dlaczego Kukulska leżała na łóżku w ogromnym nieładzie?
>
> – Bo w pewnej chwili przyciągnęła mnie do siebie i powiedziała: „Teraz możesz ze mną zrobić, co zechcesz". No i zrobiłem.

Kukulska po tych igraszkach padła nietrzeźwa. A gdy doszła do siebie, dowiedziała się, że Roman Szczeciński zastrzelił jej gospodarza.

Sędzia pyta ją potem podczas procesu:

> – Dlaczego zawarła pani znajomość z oskarżonym?
>
> – Przyszedł do mnie z pończochami, podobał mi się, a że chciałam wyjść za mąż, więc prosiłam go, aby przyszedł powtórnie.
>
> – Czemu tak nagle chciała pani wyjść za mąż?
>
> – Nie miałam rodziny, a chciałam mieć opiekuna, a przecież każda kobieta, która wyjdzie za mąż, ma w mężu opiekuna.

Sąd skazał Szczecińskiego na piętnaście lat więzienia. Ponieważ nie udało się śledczym udowodnić, że działał z premedytacją, przychylono się do jego wersji, że zabił Króla w obronie własnej, gdy gospodarz go zaatakował. Prokurator jednak był przekonany, że zbrodnia została zaplanowana, a Szczeciński poznał Kukulską, aby okraść Króla.

Scenariusz kradzieży z mniej lub bardziej świadomym udziałem służącej stał się ulubioną i bardzo skuteczną taktyką przestępców. Wystarczyło uwieść służącą i dostać się do mieszkania, poznać jego rozkład, godziny, gdy domowników nie ma w domu, a czasem nawet miejsce, gdzie pan trzyma kasetkę.

22 czerwca 1930 roku o godzinie piętnastej małżeństwo Cukiermanów wraca z sześcioletnią córką do mieszkania przy Ceglanej w Warszawie. W przedpokoju na podłodze leży ich służąca, Helena Milewska. Ma związane ręce i nogi, a szyję obwiązaną ręcznikiem. Nie żyje. Cukierman zauważa natychmiast,

że brakuje: broszki, pierścionka, sznura pereł nieprawdziwych, siedmiu dolarów i sześciu złotych.

Zeznania świadków szybko naprowadzą policję na trop. Udaje się ustalić, że w ostatnich tygodniach Helena Milewska podczas spacerów z córką chlebodawców po Ogrodzie Saskim zawarła znajomość z mężczyzną. Natalia Bloch, koleżanka zamordowanej, towarzyszy policyjnym wywiadowcom w poszukiwaniach. Chodzą po Warszawie, obserwując mężczyzn, głównie w rejonie Alei Ujazdowskich. W pewnym momencie Natalia dostrzega go. „Siedział on na ławce, puszczając wonne dymki z cygara" – relacjonował dziennik „Hasło" w artykule *Uwodziciel, morderca i rabuś*. Sprawcą okazał się dwudziestodwuletni Stanisław Gurdała. Przyznał się do uduszenia Heleny od razu i zeznał, że znali się dwa tygodnie. Krytycznego dnia zaprosiła go do domu.

„Podczas czułej rozmowy – relacjonuje autor artykułu – Gurdała wywnioskował, że Milewska będzie mu powolną. Zawiódł się jednak srodze, spotkał się z kategoryczną odmową, wskutek czego, rozzłoszczony do najwyższego stopnia, chciał opuścić mieszkanie. Milewska zatrzymała go, pokazując fotografię swego narzeczonego. Żegnając się wreszcie, Gurdała objął rękoma Milewską, przycisnął i namiętnie całował. Nie broniła się, lecz do pohańbienia dopuścić nie chciała. Roznamiętniony (sam o tym opowiadał) rzucił się wówczas na Milewską. Rozpoczęła się śmiertelna walka. Milewska broniła się zawzięcie, lecz Gurdała coraz bardziej zaciskał gardło silnemi łapami. Wreszcie nadszedł tragiczny koniec. Milewska padła na ziemię".

Potem zrabował, co znalazł, i uciekł. Sprawa okazuje się jeszcze mroczniejsza, gdy policjanci idą do domu zbrodniarza na Ludną 12. Tu, za jednym z obrazów, znajdują kartkę, a na niej sześćdziesiąt pięć nazwisk służących. Tak, Gurdała planował je wszystkie zabić. Chciał zostać wampirem z Warszawy. Zainspiro-

Tragedja 17-to letniej służącej.

Niewinnie posądzona o kradzież broszki usiłuje popełnić samobójstwo.

17-letnia Irena G., służąca państwa B. była bardzo pracowitą dziewczyną, a jej pracodawcy byli z niej zupełnie zadowoleni.

Cicha, spokojna i miła w obejściu, nie należała bynajmniej do tej kategorji służących, które wedle określenia ich „pań" — „są wyszczekane i najgorsze latawce pod słońcem".

Robiła to, co do niej należało, a wolne chwile od pracy, poświęcała reperacji swego skromnego przyodziewku, albo też czytała książki, które sobie pożyczała od koleżanek.

Nic też dziwnego, że państwo B. byli z niej zupełnie zadowoleni i obdarzali ją swym zaufaniem.

Irena od niedawna była dopiero w Łodzi. Przybyła tu przed pół rokiem zaledwie ze wsi leżącej koło Łasku, nic więc dziwnego, że nie nasiąkła jeszcze tym zepsuciem, którem tchnie każde większe miasto.

Była zupełnie ze swego losu zadowolona.

Państwo B., ludzie zresztą bardzo wyrozumiali, umieli ocenić pracę dziewczyny, darząc ją od czasu do czasu jakimś upominkiem.

Przed trzema dniami państwo B. wyjechali w jakiejś sprawie do Warszawy, zostawiwszy mieszkanie pod opieką służącej.

I chociaż sąsiedzi, sąsiadki i nne tego rodzaju istoty, które lubią się opiekować swymi znajomymi radzili państwu B., by mieszkanie nie zostawiali jej pieczy, bo „przecie niewiadomo, co za licho siedzi w takiej dziewczynie", państwo B. ze zupełnym spokojem wyjechali do Warszawy.

Przybyli nazajutrz — to jest przedwczoraj. Wszystko było w porządku — tak mogli skonstatować po dokładnym obejrzeniu mieszkania.

Ale wczoraj, gdy pani B. chciała udać się do znajomych z wizytą — spostrzegła z niemałym przerażeniem, że z nocnego stolika zginęła jej drogocenna broszka.

Nie namyślając się wiele...

Zrozumiała w lot, kto mógł skraść broszkę.

Z pewnością służąca Irena, która z pozoru wydawała się być taką uczciwą i spokojną dziewczyną... Mieli więc rację sąsiedzi i sąsiadki, ostrzegając ją przed zbytnim zaufaniem w stosunku do służącej...

Pani B. postanowiła szybko działać, by uratować jeszcze, póki czas drogocenną broszkę.

Zawołała do siebie służącą i w ostrych słowach zażądała wydania broszki.

Służąca, płacząc zaklinała się, że nie wie nic o żadnej broszce, że przez cały czas nieobecności państwa ani razu nawet nie wyszła z mieszkania, ale pani B. trwała dalej w swem podejrzeniu, grożąc, że odda sprawę policji.

I to niewiele pomogło, wobec czego pani B. odłożyła dalszy tok „śledztwa", aż do przyjścia męża, z którym się chciała poradzić w tej sprawie.

Jakim było jednak jej zdumienie, gdy mąż oświadczył jej, że podejrzenia jej są zupełnie płonne, gdyż... broszkę schował przed wyjazdem do kasy...

„Express Wieczorny Ilustrowany" z 31 października 1924.

wał się niemieckim przestępcą, Peterem Kürtenem, maniakiem z Düsseldorfu, który z upodobaniem zamordował dziewięć kobiet i stał się bohaterem brukowej prasy, także w Polsce. Wycinki prasowe na jego temat odnalazła policja w domu Gurdały. Na warszawskie służące padł blady strach. Niedoszły wampir został skazany za zamordowanie Heleny Milewskiej na dożywocie.

Prasa ostrzegała służące przed mrocznymi typami. „Bluszcz" pisał, że „znajomość sercowa, pogawędki w maglu, spotkania w sklepiku, wieczorynki u dozorcy – oto okazje, podczas których służba może dostarczyć niejednej cennej informacji, i to bynajmniej nie ze złej woli, a jedynie wskutek przyrodzonego lubowania się w opowiadaniu o chlebodawcach". Dlatego należałoby, według autora artykułu, J. Misiewicza, ograniczać kontakty służącej z osobami postronnymi. Ale czy to jednak nie przesada zabronić służbie spotykania się z mężczyznami?

„Ostatecznie – rozważa dziennikarz «Bluszcza» – na ogół służąca jakiegoś «fatyganta» mieć musi, chyba że jest osobą leciwą, choć i to nie zawsze musi być decydującym. Zachodzi też wielkie pytanie, czy zezwalać na przychodzenie takiego «kawalera» do domu, z ciężkim westchnieniem wybaczać mu te wyłomy w zapasach domowych, jakie czyni podczas swych wizyt, ułatwiać mu w pewnym sensie penetrację lokalu, ale za to mieć do czynienia tylko z j e d n y m kawalerem, którego można mieć przytem ciągle na oku – czy też zastrzec się kategorycznie przed tego rodzaju wizytami, ale za to być przygotowanem na znajomości służącej poza domem, nie wiedzieć z kim i nie wiedzieć z iloma?"

W sierpniu 1927 łódzka prasa donosi o Petroneli Marianikównie, która skorzystała z nieobecności państwa i zaprosiła podwórzowych grajków: jazz-bandzistę Józefa Berkowicza i kataryniarza Aleksandra Znamojeckiego. „Muzykanci przynieśli ze sobą wódkę, panna Petronela zaś przygotowała zakąski. Wieczór był nader urozmaicony, Znamojecki grał na katarynce, młoda para zaś tańczyła charlestona" – relacjonował „Express Wieczorny". Libacja przeciągnęła się do drugiej w nocy. Służąca nie mogła się pozbyć swoich gości z kuchni.

– Ależ państwo mają wrócić nad ranem – mówiła im.

– Petronelo, ja cię kocham i nic mnie oni nie obchodzą – zawołał Berkowicz, uderzając w bęben.

„Wobec tego argumentu Petronela zdecydowała się resztę nocy spędzić z jazz-bandzistą. Spoczęli razem w łóżku.

– Ty, Aleksandrze, pójdziesz do domu! – rozkazał uszczęśliwiony amant swemu koledze.

Znamojecki wziął katarynkę, lecz nie opuścił rozkosznego mieszkanka i udał się do sypialni chlebodawców Petroneli".

Gdy państwo K. o piątej rano wrócili do domu, Petronela spała samotnie kamiennym snem w kuchni, amant już się ulotnił.

„Tylko w salonie paliło się światło. Znamojecki w małżeńskim łóżku umieścił katarynkę i rozkoszował się muzyką.

– Petronelo, ja też cię kocham – śpiewał na melodię *Czardaszki, Bajadery, Ja się boję sama spać.*

Gdy pan K. to zobaczył, krzyknął:

– Łapać złodzieja!"

Kataryniarz wyskoczył przez okno. Został szybko schwytany, ale po krótkim dochodzeniu zwolniono go, odzyskał nawet katarynkę. Petronela natomiast została zwolniona ze służby. Po serii ekscesów, zabójstw i kradzieży prasa oskarża służące o głupotę i alarmuje, że ich niefrasobliwie zawierane znajomości stają się coraz większym problemem.

„Wiemy niestety wszyscy – zauważa «Express Wieczorny Ilustrowany» – jak szybko służba domowa zawiera znajomości z ludźmi przygodnie spotkanymi na ulicy, w bramie lub na schodach; wiemy, jak to „narzeczony" kręci się po kuchni, przesiaduje u niej w dzień i wieczorem i zakrada się nieraz w nocy; wiemy, skąd rekrutują się te narzeczeńskie elementy przeważnie czyhające na uciułany z ciężkiej pracy grosz służącej albo też na jedzenie wylizywane z garnka".

Do redakcji pisze list służąca. Protestuje przeciwko niesprawiedliwym zarzutom i prosi o zrozumienie ich sytuacji:

> Bardzo ważne jest, aby ogół służących nie był odpowiedzialny za czyny jednostek. Kto zagląda do kuchni, do naszych służbowych pokojów, kto wie, jak żyjemy, jakie przechodzimy koleje, wiele cierpimy? Nami interesują się państwo tylko wtedy, kiedy się obawiają, żeby złodziej do kuchni nie przyszedł. Ja jestem starszą wdową i z kawalerami się nie wdaję, ale wcale się nie dziwię, że moje młodsze koleżanki chcą wyjść za mąż. Jest to prawo natury, takie samo dla służących, jak i dla najbogatszych państwa. Poza tym jeszcze służąca chce mieć swój kąt choćby najskromniejszy i swoją rodzinę. Życie u obcych tak jej po kilku latach obrzydnie, że stara się na wszystkie strony, aby wyjść za mąż. Co dziwnego, że pada ofiarą różnych zbrodniarzy i oszustów?

List „Antoniny Marciniakowej" wydaje się pisany zbyt ładną jak na służącą polszczyzną, a drapieżność stylu sugeruje, że raczej to dzieło autora znającego publicystyczny warsztat. Być może to redaktor „Expressu Wieczornego", który z wrażliwością śledził losy jednej z najsłabszych grup proletariackich, postanowił stanąć w obronie służących? Ktokolwiek to był, dotknął istotnego – może nawet centralnego – problemu służących: ich życia osobistego, które właściwie nie istniało, i wielkiej samotności.

List służącej
do redakcji „Expressu Wieczornego".
„Ogół służących nie może być odpowiedzialny za czyny jednostek".

Szanowny Panie Redaktorze!

Czytam codziennie od wielu lat „Express" i nabrałam głębokiego przekonania, że „Express" nie skrzywdzi biednego człowieka i często występuje w obronie ludzi pracujących.

Dlatego też zwracam się do Pana Redaktora z zapytaniem, czemu niektóre pisma przedstawiają straszne morderstwa, w ten sposób, jakoby główną winowajczynią była służąca. — Przecież i po mordrestwie, dokonanem przez Łaniuchę mówiono, jakoby ś. p. Borowska była w zmowie z Łaniuchą, a później dopiero okazała się cała prawda, że ta biedna nieszczęśliwa ofiara była całkiem niewinna.

Przecież i teraz niewiadomo, czy Kukulska maczała ręce w zbrodni...

Bardzo ważne jest także, **aby ogół służących nie był odpowiedzialny za czyny jednostek.** Rozumiem bardzo dobrze, że tak jak w innym fachu spotyka się ludzi różnej wartości moralnej, zarówno porządnych, jak i złodziejaszków, tak i wśród służby różni się trafiają...

Kto zagląda do naszych kuchni, do naszych służbowych pokojów, kto wie, jak żyjemy, jakie przechodzimy koleje, wiele cierpimy... Nami interesują się tylko państwo wtedy, kiedy się obawiają, żeby złodziej do kuchni nie przyszedł. **Ja jestem starszą wdową i z kawalerami się nie wdaję, ale wcale się nie dziwię, że moje młodsze koleżanki chcą wyjść zamaż...** Jest to prawo natury, takie samo dla służących, jak i dla najbogatszych państwa. Pozatem jeszcze służąca chce mieć swój kąt choćby najskromniejszy i swoją rodzinę. Życie u obcych tak*ż*e po kilku latach obrzydnie, że stara się na wszystkie strony, aby wyjść zamąż. Co dziwnego, że przytem pada ofiarą różnych zbrodniarzy i oszustów?

Dlaczego nikt nie ma za złe paniencom, że do nich kawalerowie przychodzą i też siadują do późnej nocy? Oj, dobrze my to wiemy, że niekiedy w pokojach i panieńskich i mężatek wcale nie lepsze rzeczy się dzieją, aniżeli w kuchni i w służbowym... **I wiele to razy się zdarza, że taki kawaler, poznany gdzie na jakimś balu, czy w restauracji, coś ukradnie,** ale o tem cicho, żeby nie kompromitować panienki, czy nawet pani. Na służącą to łatwo mówić, bo kto się za nią ujmie?...

Mówi się pozatem, że służące zawierają z byle kim znajomości. No, no, żeby tak nie zacząć grzebać, z kim nasze panie zawierają znajomości! Kto ich tam wie po tych wszystkich dancingach, z kim się tańczy i flirtuje. Albo i na ulicy, to też nie są od tego aby ładny chłopak i piękne słówka umiał klepać. Już i takie wypadki widziałam, że taki bubek jednemi schodami chodził do pani (mężatki), a drugiemi do służącej, tylko że nie w tym samym czasie, boby sobie oczy wydrapały...

Sama jestem służącą i dlatego mnie to boli. Czytam chętnie „Express", jeśli czas pozwala i dlatego pozwoliłam sobie na skreślenie tych słów w obronie moich sióstr po pracy. Myślę, że pod tym listem podpisałaby się każda pracująca w obowiązku kobieta i dlatego w imieniu wszystkich służących miasta Łodzi proszę o wydrukowanie mojego listu i podpisuję się

z poważaniem
ANTONINA MARCINIAKOWA.

List powyższy drukujemy w całej rozciągłości i bez skrótów. Mimo iż znać po nim wyraźnie rozdrażnienie i rozgoryczenie, zawiera on wiele prawdziwych uwag, rzuconych bez ogródek prosto w oczy. Komentarze są zbyteczne. Wynikają same z treści listu i są jasne dla każdego zdrowo myślącego człowieka.

„Express Wieczorny Ilustrowany" z 18 grudnia 1928.

Gdzie miały kogoś poznać? Jakie posiadały perspektywy? A przecież miały swoje pragnienia. Z czasem się zmieniały. Zrzucały swoje ludowe suknie i chustki z głów. Przyglądały się paniom i chciały być takie jak one.

Florentyna Grabska, służąca w warszawskim domu inżyniera Wernera, nosiła się z miejska, a swoje imię zapisywała: FLORĘTYNA. „Strojem przypominała moje starsze ciotki: bluzki z długimi rękawami, kołnierzyki, zakładki, falbanki; półdługie spódnice; na wyjście – dopasowany płaszcz i kapelusz. Miała ciemne, bardzo gładko zaczesane włosy. Raczej guwernantka z książek dla dzieci niż służąca" – wspomina Krystyna Poklewska z domu Werner.

Z kolei Zosia, służąca rodziny Ewy Skrzypczak (emerytowanej profesor fizyki teoretycznej Uniwersytetu Warszawskiego), przyjechała spod Łowicza w pięknej regionalnej sukience. Dzieci jej zazdrościły tej sukienki, ale szybko przestała ją nosić, wskoczyła w miejskie ubrania. W Warszawie odkryła jazdę na rowerze, odtąd tylko tak się przemieszczała. I książki, a w szczególności *Trylogię*, którą się zaczytywała. „Umiała nie tylko czytać, ale i pisać. Jednak robiła dużo błędów i prosiła, aby moja mama sprawdzała jej listy. W jednym z nich mama znalazła tylko jedną kropkę: na samym końcu listu" – opowiada profesor Skrzypczak.

Według społecznika i lekarza Walentego Miklaszewskiego zmiany zachodzą w pierwszym roku, gdy dziewczyna przyjeżdża ze wsi do miasta. Większość służących początkowo robi wszystko, aby wyjść za mąż. Wydają zarobki na stroje i rozrywki, a nawet dają zaliczki na przygotowanie przyszłego gniazda. Tracą głowę, a w dodatku są przez adoratorów „przyuczane do tytuniu i wyskoku". Zdaniem Miklaszewskiego aż trzydzieści procent służących pali papierosy (najwięcej między dwudziestym a dwudziestym czwartym rokiem życia), tyle samo pije wódkę – choć od święta. „Nie chucie i namiętność skłaniają większość służących do rozpoczęcia stosunków płciowych, lecz sprawiają to inne czynniki, wśród których wyskok i tytuń zajmują wybitne miejsce" – twierdzi Miklaszewski. Współżycie nie prowadzi do ołtarza. Nierzadko są to amory chwilowe, zakończone nieślubną ciążą.

„Express Wieczorny" z 1930 roku: „Śmiertelny skok z czwartego piętra. Siedemnastoletnia dziewczyna uwiedziona i posądzona o kradzież popełniła straszne samobójstwo". W mieszkaniu właściciela składu mebli służyła Stanisława Spaleniakówna, która przyjechała cztery miesiące wcześniej ze wsi Tatar. Pewnego dnia pani Gabałowa stwierdziła, że zginęło jej sto złotych, oskarżyła o kradzież służącą i wymówiła jej posadę. Spaleniakówna przeraziła się wizją powrotu do rodziny, ponieważ była w ciąży.

„Pierwszy mężczyzna, z którym się w Łodzi zetknęła, uwiódł ją bowiem. Obiecywał on dziewczynie, że się z nią ożeni, a naiwna wieśniaczka, wierząc święcie jego słowom, była mu we wszystkim uległa. Biedna Spaleniakówna, nie znała jego adresu ani nazwiska" – relacjonował „Express Wieczorny". Dzień wcześniej służąca rodziny Pilicerów z trzeciego piętra o godzinie siódmej rano usłyszała na schodach ciche kroki. Obawiając się, czy to nie złodzieje, wybiegła na korytarz i zobaczyła Stanisławę Spaleniakównę, która ruszyła w stronę pralni na czwartym piętrze. Gdy kobieta poszła za nią, Spaleniakówna stała już na parapecie, przez chwilę się szarpały. „Nieszczęsna runęła z wysokości czwartego piętra, rozbijając sobie czaszkę. Nim przyjechało pogotowie, Spaleniakówna wyzionęła ducha" – informował „Express Wieczorny".

Elżbieta Bederska, autorka *Dobrej służącej*, przestrzega dziewczyny przed zawieraniem przypadkowych znajomości, na ulicy czy w innych miejscach publicznych:

> Dziewczyna mądra, siebie szanująca nie słucha takich miodowych słówek, obietnicom ponętnym nie wierzy, bo wie, że za nimi czyha zdrada. Mężczyzna, który względem Ciebie uczciwe ma zamiary, nie będzie chciał hańby swej przyszłej żony. W żadnym też razie dziewczyna katoliczka i Polka nie powinna wstępować w związek małżeński z innowiercą. Tego wymaga Kościół nasz św. i jej interes, gdyż w małżeństwach mieszanych choćby i z miłości zawartych nie znajdzie się szczęścia. I wtedy nawet, kiedy mężczyzna dla ciebie chce zostać katolikiem, jeszcze radzę dobrze się namyślić.

Michalina Ulanicka natomiast radzi dziewczynom, aby poznawały mężczyzn przez rodzinę lub znajomych, wtedy mogą się nie obawiać, bo coś już będzie o nich wiadomo. I jeśli przekonają się, że to człowiek uczciwy, nie pijak, nie awanturnik, dobry dla swojej rodziny i ma fach w ręku, to należy pani powiedzieć o swojej nowej znajomości, a ona być może zgodzi się na jego wizyty w niedzielę w godzinach poobiednich. A nawet może pomóc dowiedzieć się czegoś więcej o absztyfikancie. Przez znajomych lub zarząd firmy, w której mężczyzna pracuje, może zebrać o nim informacje. „Gdyby te wiadomości były niepochlebne, lepiej od myśli o tem małżeństwie odstąpić". Na koniec jedna rada Ulanickiej dla służącej: przyszły mąż powinien się jej podobać, bo jeśli tylko dla chleba za niego pójdzie, nie będzie szczęśliwa.

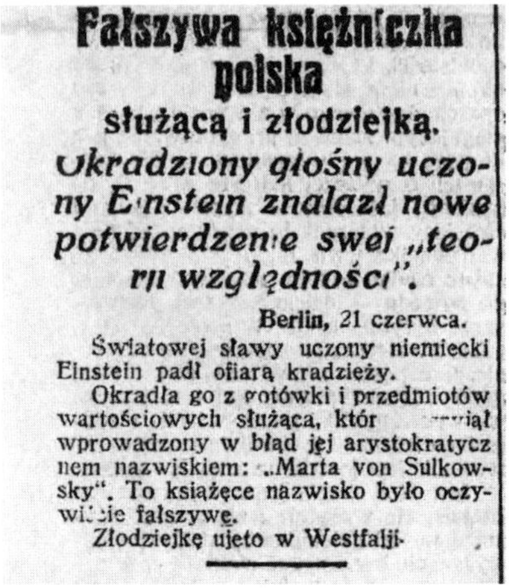

Fałszywa księżniczka polska

służącą i złodziejką.

Okradziony głośny uczony Einstein znalazł nowe potwierdzenie swej „teorii względności".

Berlin, 21 czerwca.

Światowej sławy uczony niemiecki Einstein padł ofiarą kradzieży.

Okradła go z gotówki i przedmiotów wartościowych służąca, któr [illegible] iął wprowadzony w błąd jej arystokratycznem nazwiskiem: „Marta von Sulkowsky". To książęce nazwisko było oczywiście fałszywe.

Złodziejkę ujęto w Westfalji.

„Express Wieczorny Ilustrowany" z 21 czerwca 1927.

Niemal wszystkie służące są samotne. Pod koniec XIX wieku 95,5 procent służących to kobiety niezamężne i ta tendencja utrzyma się w pierwszej połowie XX wieku. Charakter pracy służącej wyklucza małżeństwo – dwóch domów prowadzić się nie da. Kiedy więc kobieta decyduje się na zamążpójście, kończy ten etap pracy zawodowej, zmienia zawód. Jednak liczba tych, które pozostają służącymi do starości, jest ogromna. Nie spotkały kandydata na męża i pracują, dopóki starcza im sił.

A potem – przytułek. Z rzadka zostają u państwa „na łaskawym chlebie".

SABINA

Sabina co roku twardym głosem żąda urlopu i w ciągu lipca lub sierpnia wyjeżdża na dwa tygodnie na wieś. Wraca zwykle o kilka dni wcześniej, niż zapowiedziała, pełna złośliwej uciechy.

– No i co, jakże było? Odpoczęła Sabcia? Wszyscy w domu zdrowi?

– A jakże! Nachlałam się pomyj, gnaty se poodbijałam na ławie, jeszcze szwagierkowi zachciało się, żebym do pola z siostrunią poszła, do owieska... A zdrowi to oni są aż zanadto: znowuż bękarta spłodzili i w kumy mnie proszą. Oho, walizkę spakowałam, nawet tej ich kury, co mi ją chcieli zarżnąć, nie wzienam – i jestem.

Zatem ilekroć nadchodzi nasz uroczysty, wyśniony wyjazd letni na długie wakacje, Sabina dopomaga z taką twarzą, z jaką się pobłaża kretynom.

– Sabciu, proszę sobie radia słuchać; tu są książki, gdyby się Sabci nudziło.

Patrzy na nas z góry.

– Et, posprzątam, coniebądź ugotuję, balkonem wyjrzę – czy to w Warszawie może człowiekowi być nudno? – Spuszcza powieki, zapada w głąb swoich stołecznych wtajemniczeń. Gdzie, kiedy je powzięła, te wiadomości i zachwyty? Srogo pilnuje praw do wychodnego. W przeddzień co drugiej niedzieli zapowiada: „Jutro niech pani gości nie prosi, ja wychodzę".

– Dobrze, dobrze, pamiętam.

w rolach głównych: ROBERT LEVINGSTON, „Big Boy" Williams

ZAKOCHANY W SŁUŻĄCEJ RZEŹNIK

zastrzelił w obecności dzieci swą żonę.

Z Przemyśla donoszą:

Miasteczko Dobromil pod Przemyślem było widownią krwawego dramatu. Oto majster rzeźnicki, Józef Wójcik, zastrzelił swą małżonkę, Bronisławę, po czym oddał się w ręce policji.

Przed 30 latami Wójcik poznał we Lwowie żonę pewnego obywatela, późniejszą swoją żonę. Młodzi zapałali ku sobie miłością. Bronisława rozeszła się z pierwszym mężem, zmieniła wyznanie i wyszła za Wójcika. Małżonkowie wyjechali do Dobromila i tu założyli sklep masarski, a następnie restaurację. Interesy Wójcika szły świetnie i już wkrótce oboje małżonkowie dorobili się stosunkowo znacznego majątku.

Wójcikom urodziło się troje dzieci, któ rych syn jest już pono po maturze, córka w 8 klasie gimnazjalnej i jeszcze jeden syn młodszy.

Przed paru laty do domu Wójcików przyjęta została nowa młoda służąca, która zawojowała w zupełności serce pana domu. Józef Wójcik nawiązał ze służącą stosunek, który trwał przez kilka lat.

Jakkolwiek Wójcikowa o tym stosunku doskonale była poinformowana, to jednak dla uniknięcia skandalu nie reagowała na to, mimo, iż wskutek krążących plotek była narażona na wielkie z tej przyczyny przykrości. Stosunek ten trwał całe lata.

Wreszcie ostatnio, czy to na skutek namowy osób trzecich, czy też z własnej inicjatywy postanowiła Bronisława Wójcikowa pozbyć się z domu przykrej rywalki. Kiedy powiadomiła o tym męża, rozpoczęły się w domu Wójcików dni pełne awantur.

Wójcik żadną miarą nie chciał dopuścić do usunięcia z domu służącej. Wójcikowa postanowiła jednak być konsekwentną aż do zwycięstwa. Wypowiedziała służącej pracę. Onegdaj rano miał się Wójcik spotkać ze swą przyjaciółką opodal swego domu, położonego za miastem. Kiedy Wójcik przybył na miejsce spotkania, nie było tam jeszcze służącej, natomiast po chwili przybyła tam żona Wójcika. Pomiędzy małżonkami wywiązała się rozmowa, która przerodziła się wkrótce w kłótnię.

W pewnym momencie dobył Wójcik rewolweru i strzelił w stronę żony. Wójcikowa padła martwa na ziemię. Po dokonaniu zbrodni sprawca zreflektował się natychmiast. Pobiegł do domu, gdzie zastał jeszcze dzieci,

Rzucił im od drzwi: „Zabiłem mamę". Następnie dał dzieciom posiadaną przy sobie w portfelu gotówkę w kwocie 100 złotych mówiąc: „To na pogrzeb mamy, chcę byście ją po Bożemu pochowali".

Zanim oszalałe z przerażenia dzieci zorientowały się w sytuacji, Wójcik wybiegł z domu i skierował się w stronę miasta. Wójcik wpadł na posterunek policji i rzucił w stronę dyżurnego straszliwe przyznanie: „Zabiłem własną żonę, proszę mnie aresztować".

Przesłuchany na komisariacie opisał szczegółowo przebieg zajścia. Będzie on odstawiony do Przemyśla do dyspozycji sędziego śledczego.

„Echo" z 30 października 1937.

Goście przychodzą, nie proszeni, i zaczyna się niedołężne myszkowanie po kuchni: gdzie może być herbata? gdzie są truskawkowe konfitury? W desperacji odsuwam zasłonę i wpadam do pokoiku za kuchnią – może w spiżarce Sabiny? Pokoik wygląda jak rozszalały żywioł: na krzesłach, na kufrze pienią się haftowane majtki, halki, spódnice, w łożu pośród niebotycznych zwałów pierzyny falują potężne piersi, łyska grube ramię i gwiżdżą nabożnie złożone usta. Wieczorem pytam:

– Dlaczego Sabcia nigdy nie pospaceruje, nie zwiedzi porządnie Warszawy? Czy w Ogrodzie Zoologicznym Sabina kiedy była?

Tęga, zaspana osoba odpowiada, ziewając:

– A co to dziwnego w tym ogrodzie albo i gdzieniebądź? Ulice jak ulice, domy jak domy, a zwierzę także samo nie z brelantów, tyle że złotówkę trza wydać.

Sabina chętnie pożycza pieniądze. Państwu, bonom, krawcowym... Byle nie praczce i nie węglarzowi, „bo chamom nie warto". A od „inteligentnych" nie chce nawet procentu, to dla niej jest przyjemność, lubi stanąć między potęgami w roli dobrodziejki. Przez ćwierć wieku uciułała spory kapitalik i chce kupić plac. Konkurenci przychodzą, szwagrowie piszą, każdy by chciał obrać Sabinę z bogactwa. Szwagrom nie odpisuje; sama myśl, że mogłaby wrócić do rodzinnej wsi, żeby na jej krwawicy z czasem dorabiały się siostrzane dzieci, wprawia ją w takie wzburzenie, że zaczyna tłuc szklanki. Konkurentów traktuje spokojnie: starsi, chuderlawi, łysi wont. Jeżeliby się komu powierzyła, to rzeźnikowi, który jej sięga do ramienia, ale ma kręcone włosy i lat dwadzieścia jeden. Jednak i temu nic nie ofiaruje przed ślubem: ani na ubranie, ani na zapowiedzi, ani na pierścionek. Więc rzeźnik odchodzi na Wolę, trzaskając drzwiami, a Sabina nieco czerwieńsza niż zwykle – daje nura w pierzyny.

Dlaczego Sabcia grymasi? Jakże to będzie na starość? Wzrusza ramionami.

– Albo brakuje mieszkaniów w Warszawie? Wynajmę sobie u maglarki, pieniądze dam fryzjerowi na procent... Warszawa nie bór, żebym miała zginąć.

Ubija poduchę, dumna z Warszawy jak z własnego majątku. Tak jest z Sabiną. Z Manią jest inaczej. Mania nie przesypia wychodnego. Rujnuje się na kino i szuka znajomości. Nie to ją w Warszawie trzyma, że tu można życie ominąć, dać folgę zwierzęcej potrzebie dosytu, niezaspokojonej przez tyle pokoleń zwierzęcego trudu – nie to ją trzyma, lecz przeciwnie: nadzieja, że tu będzie mogła w życie się włamać, tutaj – może – łatwiej przedostanie się w krąg czcigodnych, pełnoprawnych ludzi. Dopiero w dwudziestym roku życia Mania uzyskała paszport, nazwisko i poczuła się normalną istotą. Ojciec młynarz, ożeniwszy się po raz drugi, oddał ją półrocznym dzieckiem „do mamki" w dalekiej wsi. Z początku płacił, potem przestał, gdzieś chyba się wyprowadził czy umarł, znikł z jej dziejów na zawsze. I dobrodzieje zaczęli rzucać nią od domu do domu, od osiedla do osiedla, jak bezpańskim sprzętem, który może się przydać, ale go oszczędzać nie warto, bo pełno takich leży na śmietniku. Więc też musiała się przydawać ze wszystkich sił zamorzonego ciała i struchlałej duszy. W nieustannych wędrówkach (jedni nużyli się szybko własną wspaniałomyślnością, od innych Mania sama uciekła) zagubiła się z wolna pamięć o nazwisku i miejscu pochodzenia. Wreszcie – poprzez szpital i społeczne działaczki – Mania dotarła z czasem do zakładu wychowawczego na drugim krańcu Polski. Tam już na dobre utrwalił się jej anonimat. Chuda Mania – tak się o niej mówiło, a w papierach na najważniejszych miejscach stały kreski oznaczające próżnię, brak tego, co stanowi szacowność człowieka. Dopiero na rok przed pełnoletnością Mania zarobiła tyle pieniędzy, ile trzeba, żeby odszukać zagładzone ślady dzieciństwa, docisnąć się do ksiąg parafialnych i do przemianowanych wiosek. A później natrafiła na uczonego pana, który wyrobił jej paszport... I to wszystko – zarobek i paszport – stało się w Warszawie. Odtąd Warszawa – dla Mani – to najsprawiedliwsze miejsce, gdzie przywracają godność wybrakowanym przedmiotom. Najwyżej ze wszystkich spraw świata Mania ceni pełnię porządnego, normalnego życia. Żeby niczego nie brakowało: ani nazwiska, ani fachu, ani rodziny, ani zwyczajnych chorób, ani odwiecznych radości – żeby wszystko było formalne i takie jak u wszystkich. Ona, tak samo jak Sabina, nie aprobuje mego bytu.

Sabina pogardza mną: nie dość jestem panią. Za mało jem, leżę, niezrozumiale pracuję, przysparzam sobie zbędnych kłopotów kwiatami, którym trzeba zmieniać wodę, cackami, które się tłuką i do niczego nie służą, mieszkaniem, gdzie śpi mało osób i gdzie ciągle trzeba robić porządki, dobroczynnością, która narusza słuszne wyklęcie nędzarzy. Nie tkwię prosto, władczo w ramach fizycznej konieczności, za wiele się krzątam, za wiele dodaję do golizny dnia, zanadto śpieszę i za wiele tracę. Sabina uważa, że nie jestem godna obywatelstwa Warszawy. Raczej powinna bym przebywać w jakimś poczwarnym kraju, gdzie ludzie chodzą na głowach, odżywiają się ślimakami i myślą tylko o tym, jak na skrzydłach przefrunąć ocean. Mania uwzględnia moje dziwactwa. Wydaje się nawet być zdania, że państwu przystoi dziwactwo. Ale chciałaby, żeby nie przeszkadzało ono naturalnemu, ludzkiemu porządkowi. Niechby ta cała pańska osobliwość pomieściła się w jakimś odświętnym, reprezentacyjnym kącie, a prawdziwe życie – to znaczy: mąż, dziecko, kuchnia, ręczniki, prześcieradła, pijane imieniny, bogaci wujowie – niechby to po bożemu waliło środkiem drogi! Mania nie gardzi mną, ona żałuje, wstydzi się i martwi do łez, że mieszkając tak niedaleko od Braci Jabłkowskich, od kościoła i od PKO, żyję, jak gdyby mnie wypędzono za warszawską rogatkę, jak gdybym musiała samej sobie postępować na przekór, wałęsać się po bezludnych wertepach i wyrabiać nudne, niezwyczajne rzeczy.

Odkąd Mania ma paszport, własnych nieboszczyków i żyjące pod Dęblinem kuzynki, śmiało patrzy w oczy policjantom – teraz Mani potrzebny jest mąż. Najłatwiej może się to dopełnić w Warszawie. Tu nietrudno o znajomość, kawalerowie nie pytają o morgi i krowy, wystarczy niestara twarz, śliskie pończochy i jedno smutne tango w kinie, kiedy jest ciemno, a potem pięćset złotych na książeczce i przychylna pani, co obieca „dozorstwo" w bogatej kamienicy. Ostatnimi czasy często do naszej kuchni zachodzi Stefka, która pięć lat temu wydała się za posadzkarza. Mąż trzy lata jest bezrobotny, wysprzedali się. Stefcia naderwała nerki po praniach, chłop ściąga jej pieniądze, pije i za kobietami lata, chociaż aż cuchnie z tej nędzy. Rozleniwił się, za robotą nie chce nigdzie pójść, nigdzie się o nic dowiedzieć, a w domu dzieciaki, wali, śpi całe dnie, ani go napędzić do sprzątania czy do jakiej wyręki. Aż przyszło do najgorszego. Do ruiny całej ambicji, całej lepszej nadziei. Stefka musiała wziąć dzieci i zawieźć na wieś do dziadków. Niedługo może sama będzie musiała tam wrócić? Siaduje teraz w kuchni i czeka na Manię. Zanim Sabina nastała do wszystkiego, one były tu z Manią: jedna za kucharkę, druga za młodszą. Stefka przywykła do tej kuchni, Mania też – i tutaj schodzą się jak w klubie, płaczą i gadają przed tłustą, obojętną Sabiną. Sabina nieraz mi mówi:

– Żebym była panią, dawno bym te dziwki wyrzuciła na zbity łeb i na zawsze. A jak co zginie, niech nie będzie na mnie.

Ponieważ nie wyrzucam ich, chętnie słucha trajkotania gości. Od czasu do czasu zabiegnie monter z oficyny albo i ten bezrobotny posadzkarz przywlecze się w nadziei schabu – rozmowa staje się tak głośna, że zbiera mnie ciekawość i przez długi korytarz podążam z mego pokoju do kuchni. Otwieram drzwi; witam się, zapytuję: co słychać? i wtenczas wszyscy milkną. Patrzą na mnie jak na straszydło z księżyca – zjawisko trochę śmieszne, trochę zasługujące na litość, trochę na ruszt piekielny. Właściwie tylko Sabina nienawidzi mnie, bo nie tępię chamów; ale i tamci wszyscy wolą, żeby mnie nie było. Postoję więc chwileczkę, zająknę się o tym i owym i wracam przez długi korytarz na moje wertepy – do siebie.

Maria Kuncewiczowa, *U siebie*,
fragment *Dyliżansu warszawskiego*

PRANIE

POŃCZOCH I SKARPETEK

Obecnie, gdy panie mają cieniutkie pończochy w różnych gatunkach i kolorach, należy postępować z niemi przy praniu bardzo ostrożnie. Delikatne, szczególniej jedwabne i wełniane pończochy pierzemy w płatkach mydlanych bez tarcia, tylko lekko wygniatamy. Nie wolno kłaść odrazu na balję wszystkich kolorów, gdyż niektóre puszczają i niszczą w ten sposób inne.

Należy pończochy i skarpetki kolorowe prać w wodzie l e t n i e j z prawej i z lewej strony, każdy kolor oddzielnie i płókać, zmieniając kilka razy wodę. Do magla wyciągamy je starannie, wkładając na rękę. Nie krochmalimy ich wcale, a prasujemy z lewej strony.

MICHALINA ULANICKA,

PORADNIK SŁUŻBY DOMOWEJ

7

KUCHENNYMI SCHODAMI

Jeżeli służąca sypia w kuchni, musi jeszcze więcej przestrzegać porządku w swoich własnych rzeczach, niż gdy ma swój pokoik, bo brak tego porządku mógłby się odbijać szkodliwie na smaku potraw i zdrowiu tych, co je jadają.

MICHALINA ULANICKA,
PORADNIK SŁUŻBY DOMOWEJ

Do mieszkań w kamienicy przy 3 Maja w Lublinie idzie się po białych marmurowych schodach z czerwonym dywanem. O ile jest się panem: przedsiębiorcą, adwokatem lub lekarzem. Tymi samymi białymi schodami wchodzą też ich goście, mijając tabliczki, że tędy „służbie, domokrążcom i żebrakom wstęp wzbroniony". Tamci mają swoją klatkę. Wiedzie ona kamiennymi, wąskimi i ciemnymi schodami do drugiego wejścia do mieszkania, wprost do kuchni. Tymi kuchennymi schodami wnoszą zakupy Maryśki i Józie. Tędy wchodzi stary Żyd, handlarz starzyzną, który wcześniej swoją wizytę na podwórku oznajmia: „Handełe! Handełe!". Służąca woła go wtedy przez okno na górę. Jak ostrzyciela noży i naprawiacza garnków. Ci ostatni rozkładają się na progu kuchni i oplatają pęknięte naczynia misterną siateczką z drutu żelaznego lub z droższego, mosiężnego.

Służba domowa może się pojawić na schodach pańskich tylko w wyjątkowych sytuacjach: kiedy państwo szukają służącej, proszą na rozmowę i zaznaczają w ogłoszeniu, którędy kandydatka

„Schody kuchenne".

na służącą ma wejść. Często zaznaczają: „portier wskaże", ale bywa i tak:

> Potrzebna wykwalifikowana kucharka z dobrymi świadectwami, Wspólna 52 m. 7, wejście frontem, od godz. 5–7.

Czyżby tylko kucharka miała takie fory? Nie.

> Potrzebna posługaczka na kilka godzin, zgłaszać się Chłodna 44, mieszkanie 7 A, front, czwarte piętro.

Ostatnie ogłoszenie sygnalizuje, że pracodawcy to niezamożna rodzina – bogatsi mieszkają na niższych kondygnacjach. No i posługaczka na parę godzin przychodziła zwykle do biedniejszych.

„Schody pańskie".

Kuchenne schody w lubelskiej kamienicy nie zachowały się, choć ona stoi, a obfite girlandy po obu stronach wejścia, tego dla państwa, przypominają o jej świetności. Zbudował ją w 1911 roku Żyd z Międzyrzeca Podlaskiego, Symcha Bromberg, nie szczędząc grosza: drzwi frontowe nakazał ozdobić rżniętym kryształem, podobnie okna klatki schodowej, tej dla państwa.

Rodzina właściciela, handlarza chmielem, zajmowała dwa połączone mieszkania na pierwszym piętrze. Przestronne, jasne, z fruwającymi amorkami na sufitach, były wyższe o pół metra od tych w oficynie. Tam, w małych mieszkaniach bez łazienki i bez słońca, mieszkała biedota. Mieszkania od frontu w kamienicach zajmowały niekiedy całe piętro lub połowę. Część mieszkania w oficynie składała się z pomieszczeń gospodarczych: kuchni, łazienki, spiżarki i służbówki.

W mieszkaniu Symchy Bromberga, ojca słynnego potem wydawcy, były dwie służbówki, w których mieściło się łóżko, ale już nie szafa. Tę funkcję pełnił kuferek służącej, który chowała pod łóżko. Synowie Bromberga nie wyrzucają jednak ojcu małych klitek dla służących, ale wstydzą się, gdy widzą ciemne, wilgotne mieszkanie dozorcy Mikołaja w piwnicy i podobne, woźnego Walentego, z więziennymi okienkami pod sufitem. Gdy Adam próbuje zrozumieć, dlaczego oni żyją w przepychu, a tamci w nędzy, ojciec wyjaśnia mu: „Oni są przyzwyczajeni, na wsi jeszcze gorzej mieszkają".

Pewnego dnia woźnica Walenty prosi, aby ojciec dał mu pięć złotych podwyżki, a ten odmawia i syn się dziwi: „Jak to nie możesz dać? Przecież mnie dajesz co tydzień dziesięć złotych na tenisa, kupiłeś mi skrzypce za sto i masz setki w każdej kieszeni". Ojciec sięga wtedy do ulubionego argumentu tych, którzy wierzą, że najwyższym prawem jest prawo rynku. „Nie znasz się, synu, na ekonomii".

Własny pokój dla służącej to luksus, dlatego komunizujący synowie Bromberga nie gorszą się, że taki ciasny. Najwięcej służących śpi w kuchni, na rozkładanym łóżku. Higieniści łapią się za głowy. „Przeciętna kuchnia u nas to sypialnia i szatnia dla służących" – pisze w 1913 roku Maria Ochorowicz-Monatowa.

Krakowska niańka.

W wielu rodzinach umieszcza się służącą na „pawlaczach", czyli na antresoli, „żeby po kuchni nie rozwłóczyć manatków", jak pisze Cecylia Walewska w powieści *Moje służby*.

Warunki mieszkaniowe służby są fatalne, nawet jeśli mieszkanie jest duże. Służąca nie może liczyć na taki pokój, jaki mają domownicy. „Bo to nie jest dla służby". Dla niej są nyże, wnęki, antresole, korytarze. W najlepszym wypadku malutkie służbówki, które mają niekiedy trzy metry, choć zdarzają się dziewięciometrowe. Ale bywa, że wtedy są wynajmowane lokatorom, a służąca idzie do kuchni.

W warszawskim mieszkaniu Haliny Korn, z rodziny średnio zamożnej burżuazji, na początku XX wieku każdy z domowników miał swój oddzielny pokój: matka, ojciec (gabinet), babcia, także dzieci. Dziewczynki i chłopcy nie tylko osobne sypialnie, ale także osobne pokoje do lekcji i kolejny do zabaw. Rodzinie służyły dwie kobiety – kucharka i mamka. Obie spały w kuchni, na antresoli.

Jeśli mieszkanie ma służbówkę, a służących jest kilka, pierwszeństwo ma kucharka, ona dostaje pokoik, służąca idzie spać do kuchni. Własny kąt jest dla wielu dziewcząt marzeniem. Wiedziały o tym pisma dla pań i apelowały o minimum. „Dobra Gospodyni" pisała w 1904 roku:

> Kto trzyma „służącą do wszystkiego", ten nie rozporządza dużym dochodem, oszczędzać musi, a nawet tacy państwo, którzy miewają po trzy służące, niepodobna, aby każdej dawali „osobno umywalnię i firankę", bo gdzież to postawić wobec fatalnego sposobu budowania mieszkań, gdzie w kuchni trzeba umieścić dwie służące, bo pokoiku dla nich nie ma. Ale panie domu powinny się koniecznie przekonać o tem, że służąca potrzebuje czystego łóżka z siennikiem, miejsca na swój kuferek, osobnej miednicy, służbowego ręcznika i kawałka mydła do rąk co tydzień. Że jeżeli ma być schludnie odziana, trzeba jej pozwolić uprać swe fartuszki i bluzki i dać jej na to mydła, sody, mąki do ukrochmalenia – i czasu.

W rodzinnym domu Juliana Tuwima, typowym mieszczańskim czteropokojowym mieszkaniu w łódzkiej kamienicy przy ulicy Świętego Andrzeja, pokój służbowy mieścił się obok kuchni i łazienki, w oficynie z oknami wychodzącymi na tylne części podwórek. Obok żelaznego łóżka i stolika służącej stało lakowe pudełko z przyborami do szycia i zamykany na kłódkę kosz z rzeczami osobistymi. Ponieważ na szafę nie było już miejsca, ubrania służącej wisiały na wbitym w ścianę wieszaku, owinięte w prześcieradło.

W latach dwudziestych działaczki społeczne apelują, aby przy projektowaniu mieszkań koniecznie dbać o to, żeby pokoje dla służby miały okno i powierzchnię, która pozwoli na wstawienie tam łóżka, stolika, szafki na ubranie i umywalni. „Dając te warunki, będziemy się czuły więcej uprawnione do wymagań odnośnie jej obowiązków i stosunku do nas. W takich warunkach i pomocnice same bardziej cenią swoje obowiązki i dbają o stanowisko" – zachęcało pismo „Organizacja Życia Domowego".

Ponieważ potrzeba jest matką wynalazków, w latach trzydziestych wśród nowinek meblowych pojawia się szafa dla służących. Przypomina rozpowszechnione potem w Peerelu tapczanopółki. Chowa się do niej łóżko, pościel, ręczniki, ubrania. Miejsca niewiele, ale dla służącej wystarczy. Na wewnętrznych drzwiach szafy wisi nieduże lusterko, aby mogła zobaczyć swoją głowę i ramiona.

Szafa ta jednak miała spory mankament: zawierała jedynie półki, wieszaka z sukienką powiesić już nie było jak. Redakcja „Bluszcza" w 1934 roku namawia Związek Pań Domu, aby coś w tej sprawie obmyślił, bo służące mogą mieć słuszne pretensje, że nie mają jak wieszać sukienek, „zwłaszcza jeśli osoba jest dbałą i staranną". Taką szafę zwykle ustawia się w kuchni. W latach dwudziestych nadal sypia tam czterdzieści siedem procent służących.

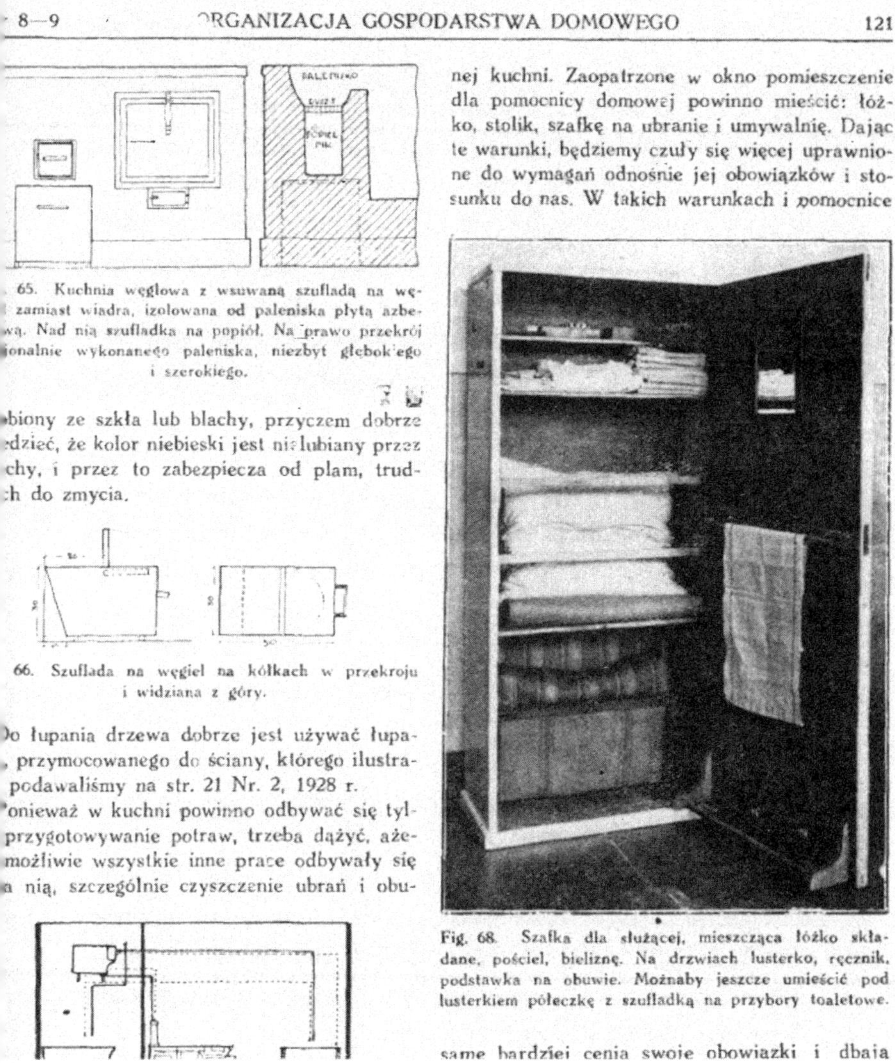

8—9 ORGANIZACJA GOSPODARSTWA DOMOWEGO 121

65. Kuchnia węglowa z wsuwaną szufladą na wę- zamiast wiadra, izolowana od paleniska płytą azbe- wą. Nad nią szufladka na popiół. Na prawo przekrój ionalnie wykonanego paleniska, niezbyt głębokiego i szerokiego.

biony ze szkła lub blachy, przyczem dobrze dzieć, że kolor niebieski jest nielubiany przez chy, i przez to zabezpiecza od plam, trud- h do zmycia.

66. Szuflada na węgiel na kółkach w przekroju i widziana z góry.

Do łupania drzewa dobrze jest używać łupa- przymocowanego do ściany, którego ilustra- podawaliśmy na str. 21 Nr. 2, 1928 r.
Ponieważ w kuchni powinno odbywać się tyl- przygotowywanie potraw, trzeba dążyć, aże- możliwie wszystkie inne prace odbywały się a nią, szczególnie czyszczenie ubrań i obu-

nej kuchni. Zaopatrzone w okno pomieszczenie dla pomocnicy domowej powinno mieścić: łóż- ko, stolik, szafkę na ubranie i umywalnię. Dając te warunki, będziemy czuły się więcej uprawnio- ne do wymagań odnośnie jej obowiązków i sto- sunku do nas. W takich warunkach i pomocnice

Fig. 68. Szafka dla służącej, mieszcząca łóżko skła- dane, pościel, bieliznę. Na drzwiach lusterko, ręcznik, podstawka na obuwie. Możnaby jeszcze umieścić pod lusterkiem półeczkę z szufladką na przybory toaletowe.

same bardziej cenią swoje obowiązki i dbają

Szafa dla służącej według pisma „Organizacja Gospodarstwa Domowego” z 1928 roku.

We lwowskich mieszkaniach – według Kazimierza Schleyena, badacza tamtejszego folkloru – kuchnia wyglądała tak: „Nad łóżkiem Maryni wisiał na ścianie dywanik, własnoręcznie uszyty z kolorowych skrawków sukna, jedwabiu i perkalu. A na tym dywaniku mnóstwo obrazków świętych, wyblakłych fotografii i pocztówek z życzeniami świątecznymi. W powodzi pocztówek na pewno znalazły się kartki na prima aprilis, przeważnie z głową plotkary, z dużą kłódką zamykającą usta".

Lecz lwowska Marynia nie ma najgorzej. Kiedy w 1919 roku Ministerstwo Pracy układa ankietę dla służących, aby zorientować się w ich sytuacji, wyniki są fatalne. „Śpimy w jamie, gdzie można się udusić, a dla swoich diabełków to salony jedwabiem tapetują" – pisze jedna ze służących. Inna: „Spie na pawlaczu nad samą wygutką nawet rezerwuar wychodzi tak ze moje łużko zaraz pod nim stoi, wilgoć ze jak rano wstanę to jestem tak omdlała że się podnieść nie mogę z puł godziny to wprost bez przytomności jestem ledwie się ściagnę po drabinie i zaczerpne tego powietrza kołuje się mnie w głowie tak jestem na siłach wyczerpana strasznie".

Kolejna, która sypia w kuchni, skarży się, że butwieje jej odzież. Inna, że połamało ją z wilgoci. Następna pisze: „Państwo mają dla siebie siedem pokoi, a służące śpią w ciemnej alkowie, gdzie cieknie ze ścian i prosto z łóżka trzeba wejść do wody, co naciekła w nocy". Inna narzeka, że łóżko ma przy drzwiach, a kiedy raz przesunęła je, pani porozrzucała wszystkie rzeczy i kazała postawić na dawnem miejscu. Od tego czasu jest ciągle chora i ma ból w boku z przeziębienia.

Żalą się na kamienną posadzkę, która wywołuje reumatyzm, na duszne pawlacze, do których trzeba wspinać się po drabinie i bić głową o sufit. Młoda służąca pisze, że śpi w wilgoci i dostaje darcia w rękach. Woła rozpaczliwie: „Mam dwadzieścia dwa lata. Co ze mną będzie na starość?".

W 1900 roku ankietę, na której potem wzorowało się polskie Ministerstwo Pracy, przeprowadził w Niemczech doktor Oscar Stillich. Wyniki, które otrzymał, były również wstrząsające. „Czeladź zajmowała najgorsze kąty domów, gdzie umierało się latem z gorąca i od robactwa, a zimą zastygało od szronów zlodowaciałego barłogu, gdy piesek pani zasypiał spokojnie na rozkosznie przygotowanem legowisku" – pisze dr Stillich. Na 459 respondentek, 128 spało na tak zwanych pawlaczach, czyli antresolach. Kolejne 27 sypiało w ciemnych komórkach klatki schodowej i na poddaszach, a 18 w kątach łazienki.

W całej Europie warunki mieszkaniowe służby są haniebne, ale we Francji system *chambre de bonne* na szóstych piętrach paryskich burżuazyjnych kamienic daje służącym namiastkę wolności i prawo do prywatności. Pracodawcom natomiast pozwala pozbyć się służących z mieszkania, co wydaje się dużo zdrowsze niż sytuacja służby, która mając status obcego, zajmuje miejsce wśród domowników, do których nawet w najbardziej przyjaznym środowisku nie należy.

Maria Dąbrowska, lewicowa pisarka zaangażowana w sprawy społeczne, 9 sierpnia 1918 roku podczas podróży zapisuje w *Dziennikach*: „Kto by pomyślał, że nie mieć służącej, być w mieszkaniu samej czy samemu, nie potrzebować żadnych usług od ludzi tzw. niższej sfery, jest to tak przyjemne. Służba wnosi jakiś dziwnie obcy pierwiastek do domu".

Francuskie pokoiki dla służących to kilkumetrowe klitki z połaciowym oknem, dziś rarytas dla wynajmujących studentów, często przebudowane i połączone z drugim pomieszczeniem. Niemal do końca XX wieku wykorzystywane były przez bogatych paryżan, którzy, jak sto lat temu, umieszczali tam swoich służących, najczęściej z Afryki lub z Hiszpanii. I jak dawniej, nie pozbywali się z nich karaluchów, a najczęściej nie mieli pojęcia, jak te wnętrza, zwykle obskurne, wyglądają, bowiem nie używali nigdy kuchennych schodów, wchodzili frontem, jak ich dziadkowie. Z uśmiechem mijali konsjerżkę w dekorowanym lustrami i kryształowymi żyrandolami hallu, a potem znikali w eleganckiej windzie, która zawoziła ich do komfortowych mieszkań.

W latach dwudziestych w Polsce nowoczesne budownictwo mieszkaniowe zaczyna uwzględniać postulaty działaczy społecznych, aby pokoje dla służby miały okna. Jednak ich powierzchnie świadczą o tym, że mentalnie niewiele się zmienia, służąca jest traktowana użytkowo, niedużo lepiej od elektroluksa. Zdumiewające, że w projektach wielkich mieszkań służbówki to nadal klitki. W Krakowie przy ulicy Wielopole mieszkanie w kamienicy z 1938 roku ma sto cztery metry kwadratowe powierzchni, składa się z trzech dwudziestometrowych pokojów, kuchnia ma szesnaście metrów. Jest i służbówka – ma trzy metry kwadratowe powierzchni. Nikogo to nie oburza. Postęp polega na tym, że służąca ma swój kąt.

W luksusowym gdyńskim Bankowcu, domu okręcie dla pracowników Banku Gospodarstwa Krajowego wybudowanym w 1938 roku, służbówki były bardzo małe bez względu na powierzchnię mieszkania. W mieszkaniu o powierzchni 60,65 metra kwadratowego pokoik dla służącej ma 4,25 metra kwadratowego, a w apartamencie mającym 98 metrów kwadratowych służbówka zajmuje 5,65 metra kwadratowego. Ale wszystkie mają okna i szafę wbudowaną w ścianę. Służąca bankowca nie musi trzymać swoich dwóch sukienek w kuferku.

Pomieszczenia dla służby mają niekiedy inny standard wykończenia niż reszta mieszkania. W poznańskim mieszkaniu na Gajowej wnęka dla służącej miała na podłodze linoleum, reszta kuchni drewniane deski. „Podłoga w pokojach służby jest przeważnie niefroterowana, ale trzeba ją codziennie zamieść dokładnie, owinąwszy szczotkę wilgotną ścierką"– pisze Michalina Ulanicka w 1930 roku i zachęca do robienia firanek z bibuły na okna, aby zasłaniały dół okna, co jest ważne przy ubieraniu i rozbieraniu.

Mieć własny kąt to naprawdę nie byle co. To lepiej niż duszna izba w rodzinnej lepiance, w której mieszka cała rodzina. Nie mówiąc już o sytuacji tych dziewcząt, które na posadę służącej do wszystkiego załapać się nie mogą, lub wysłużyły swoje, są stare, nikt ich nie chce. Nawet jeśli złapią coś dorywczego – najbardziej podłe zajęcie praczki lub „przychodniej" na kilka godzin w ciągu dnia – na wynajem pokoju ich nie stać. Koczują.

Józefa Witowska wspominała koleżankę, którą przygarnęła do swojej służbówki podczas nieobecności gospodarzy. „Była to dziewczyna zagłodzona na służbach, nie mogła ciężko pracować, więc ją często odprawiano. Gdzież miała iść? Toteż kościół Aleksandra (warszawski) był często jej przytuliskiem. Często ją tam odnajdywałam wieczorem, skuloną na schodach pod kolumną" – wspominała.

Inne znajdują miejsca w przytułkach, takich jak ten w Łodzi przy ulicy Strzelców Kaniowskich ze smutnego tekstu reportera gazety „Echo" pod tytułem *Port nieszczęśliwych nędzarek*:

> Furta wejściowa z tak zwanym judaszem robi wrażenie furty klasztornej. Jest godzina pół do dziesiątej wieczorem i lokal cały przepełniony jest wychudłymi postaciami w wyszarzałych i przeświecających chustach. Wyniszczone postacie sprawiają wrażenie, że chwieje nimi wiatr hulający po korytarzach

budynku dawnej fabryki. Łóżka typu wojskowego piętrowe rażą nieprzygotowane oczy zimnem gołych desek. Uderza atmosfera nędzy niepozwalająca na śmielszy oddech. Przeważnie służące, bardzo wiele żebraczek.

Mieszka ich tu sto czterdzieści. Przychodzą zwykle o osiemnastej, rozkładają swoje tobołki i łachy, które teraz stają się kołdrą i materacem. „Kiedyś zdarzały się inteligentne. Jedna władała francuskim. Dziś króluje tu przeciętność. Nastąpiła standaryzacja elementu" – wyjaśnia reporterowi gazety kierowniczka noclegowni, pani Dutkiewiczowa.

Od szóstej do dziesiątej wieczorem siedzą smętnie na deskach łóżka po dwie, trzy razem. Żeby było cieplej. W kancelarii powietrze jest nieco świeższe. Wchodzi nieśmiało dziewczyna. Jest już po dziesiątej, za późno. Ale ona bardzo przeprasza, pranie się przeciągnęło. „Który numer? Czy jest dowód?" – kierowniczka ma miękkie serce.

Reporter z ulgą wychodzi z zatęchłego przytułku. „Na ulicy oszołomiło nas świeże, mroźne powietrze. Rano opustoszeje dom noclegowy, a jego pensjonariuszki rozpłyną się po mieście. Niektóre z nich staną nad balią i przy kuchni. Inne zajmą swe żebracze rewiry".

Warszawski apartamentowiec Jana Wedla przy Puławskiej 28 to luksus nie tylko dla bogatych. Służącym też się poprawia. W tym budynku powstałym w 1936 roku służba (ta w mniejszych mieszkaniach, w większych są służbówki) ma swoje pokoje poza mieszkaniami. I to z ubikacjami na korytarzu.

Właściciele jednorodzinnych domów podnoszą poziom jeszcze bardziej. W warszawskiej willi Antoniego Jaroszewicza przy

Lenartowicza 15, wykończonej materiałami z Anglii, dla służby są dwa pokoje. Mają nie tylko łazienkę, ale nawet podręczną kuchenkę. To niespotykane.

Panie zaczynają dostrzegać konieczność udostępniania służącej łazienki, ale nie bardzo im się to podoba. Z listu czytelniczki Janowej O. do „Organizacji Gospodarstwa Domowego" z 1929 roku:

> Konieczne jest, mojem zdaniem, umieszczanie umywalki w pokoju służącej, by uniknąć mycia się służby w kuchni lub w łazience państwa. Można by proponować (w pokojach dostatecznie wysokich) wykorzystanie miejsca przez umieszczenie łóżka służącej na wysokich nogach z wchodzeniem po drabince. Takie łóżka (podwójne, potrójne piętra) widzi się często tam, gdzie miejsce jest ograniczone, np. przy lokowaniu robotnic sezonowych. Umywalkę można wtedy ulokować pod łóżkiem i zasłonić ją firanką. Można też umieścić umywalkę w ściennej szafie.

Szafa z umywalką nie powstała, przynajmniej na razie.

Zdumiewające, że w muzeach urządzanych w miejskich kamienicach, jak w Katowicach, Opolu czy Krakowie, nigdzie nie eksponuje się służbówek, tej istotnej przestrzeni użytkowej mieszkania. Zwiedzający oglądają wytworne salony, mogą się zorientować, jak na początku XX wieku urządzane były mieszczańskie kuchnie, ale nie wejdą do pokoików służby czy na kuchenne schody. Te części budynku, jak w Katowicach, są odgrodzone od ekspozycji, widać nikt nie uznał ich za interesujące lub ważne, choć trudno opowiedzieć o życiu mieszczańskiej rodziny z tamtego czasu, pomijając służbę domową, nie dało się przecież bez niej żyć. Ale śladów jej obecności pozbyć się niełatwo. Mówią o niej choćby dzwonki na służbę wmontowane w ścianę, które usprawniały służącym pracę, a przede wszystkim pozwalały państwu szybko ją do siebie przywołać.

Dzwonki pojawiły się w XIX wieku i wraz z rozwojem technologii ich konstrukcja się zmieniała. Takie urządzenie, eksponowane w kamienicy z lat 1910–1912 (w Muzeum Historii Katowic) to czarna tafla z eleganckimi cyframi, pomiędzy którymi widzimy prawdopodobnie logo producenta dzwonków: „Gonsiorowski. Katowitz". Cyfr jest osiem, ponieważ mieszkanie składało się z ośmiu pomieszczeń, razem z hallem. Każde z nich miało swój numer i gdy pani dzwoniła, na dzwonku podnosiła się klapka z numerkiem. Marysia już wiedziała, że jest wołana do sypialni.

W minimuzeum założonym przez Marię Piradoff-Link w gdyńskim Bankowcu dzwonki są pozbawione wytwornego stylu secesji, nowoczesne, nie pełnią już funkcji dekoracyjnej, a użytkową. Jest to listwa z okienkami, a w każdym okienku znajduje się numerek odpowiadający pomieszczeniom, z których można zadzwonić na służbę. Także z łazienki.

Podczas gdy zaangażowani publicyści wołają o budowę domów z przyzwoitymi pokojami dla służby, komunizujący architekci wyprzedzają swój czas i marzą o domach bez służbówek. Stanisław Tołwiński, lewicowy ideolog Warszawskiej Spółdzielni Mieszkaniowej powstałej z inicjatywy PPS, w wytycznych zaznacza, że służba domowa ulegnie likwidacji, a wraz z nią zbyteczne staną się pomieszczenia dla niej. Będzie miał rację, ale na razie we własnej luksusowej willi w Otrębusach zatrudnia służących, dla których wybudował pokoje.

Radzieccy radykałowie idą jeszcze dalej. Chcą mieszkań bez kuchni. Nowy system społeczny uwolni przecież kobiety od

Dzwonek na służbę.
Cyfry oznaczają poszczególne pomieszczenia mieszkania.

kuchennej niewoli. Potrawy będzie przygotowywać kolektyw, wspólnie, poza mieszkaniem. W nim będzie się wypoczywało, nie harowało.

I tak w 1928 roku powstaje w Moskwie Narkomfin (dla pracowników Ludowego Komisariatu Finansów), moskiewski wieżowiec według projektu Mojsieja Ginzburga i Ignatija Milinisa. Dom komuna, który miał być wzorcem dla przyszłego bezklasowego społeczeństwa.

A jednak gdy na początku lat pięćdziesiątych w nowym, rzekomo robotniczo-chłopskim systemie, powstawał warszawski MDM, to nie dom Narkomfinu stanowił wzorzec. W tym socrealistycznym kompleksie bloków dla robotników, choć trudno w to uwierzyć, zaprojektowano także pokoje dla służby (w trzypokojowych mieszkaniach). Słowo „służąca" stało się już słowem obraźliwym. Jednak wciąż trudno było uwierzyć, że epoka służby domowej przeminęła.

8

KASIE I MARYSIE CAŁUJĄ RĄCZKI

Prawo sankcjonuje istnienie szczątkowego zabytku niewolnictwa – zaś my wszyscy żądamy, żeby instytucja zamarła czyniła zadość naszym wymaganiom. Wobec tego sądzę, że jasnym jest, dlaczego służba domowa jest złą, dlaczego skargi na nią są odwieczne, dlaczego lokaj, sługus, fagas, dlaczego szturmak, wycieruch, popychadło są, jeśli nie w pogardzie – to w poniżeniu.

GUSTAW LEVY, *OGNIWO*

Syn profesorowej Anny Boguckiej znajduje matkę we krwi. Krzyczy na cały regulator. Przybiega dozorca krakowskiej kamienicy przy Grobli 18 i nagle kojarzy, że przed godziną słyszał z tego mieszkania wrzaski i jęki, ale myślał, że to zwykła kłótnia ze służącą. Bogucka wciąż jest przytomna. Syn pyta ją, co się stało. „Służąca mnie zabiła". Rzeczywiście, kilka godzin później w szpitalu chirurgicznym umiera. Nie miała szansy przeżyć. Anna Batkówna zadała jej osiemnaście ciosów nożem.

Jest 1 czerwca 1904 roku. „Straszna służąca" – piszą na drugi dzień krakowskie gazety. A Batkówny nie ma, przepadła. Pojawia się plotka, że rzuciła się w wir rzeki i utonęła. I jeszcze inna: że zaplanowała tę zbrodnię. Okazuje się, że Batkówna ukradła z domu Boguckich dwadzieścia pięć koron (tyle mniej więcej kosztowało utrzymanie służącej), a także: siedem kaftaników, trzy chusteczki do nosa, dwie suknie oraz dwa staniki.

Ale po kilku dniach wersja o morderstwie z premedytacją upada. Znalazła się pani, która zeznała, że w dniu zbrodni pod pomnikiem Mickiewicza Batkówna umówiła się z nią, że przyjdzie na służbę, a ponieważ nie miała ze sobą książeczki służbowej, dała jej w zastaw swój perkalowy fartuch.

Policja ściga Batkównę, gazety wydają wyroki, ale socjalistyczny „Naprzód" wyraźnie trzyma stronę służącej: „Okoliczności, wśród których nastąpiło zabójstwo, kazałyby raczej zastanowić się nad dolą służących, które od niejednej «pani» muszą się dość wycierpieć, a na policji nie mogą nigdy znaleźć sprawiedliwości, bo policja zawsze stoi po stronie «pań»".

Po ośmiu dniach Batkówna zostaje zatrzymana przez policję w morawskiej Ostrawie, gdzie zdążyła się zatrudnić jako służąca. Przed sądem relacjonuje, że 1 czerwca miała odejść ze służby od Boguckich i gdy już spakowana poprosiła o swoją książeczkę służbową, Bogucka zażądała, żeby otworzyła swój kuferek i pokazała, co w nim ma.

Rewizja służących była dla pań czymś zwyczajnym, a nawet koniecznym, ale Batkówna się postawiła i zamiast dać pani kluczyk od kuferka, usiadła na nim. Wtedy – twierdzi Batkówna – Bogucka uderzyła ją trzonkiem siekiery w plecy i szarpała za włosy. „Broniłam się" – mówiła Batkówna. Chwyciła tasak i biła nim na oślep. „Codziennie przez tą panią płakałam" – wyjaśnia. Twierdzi, że była przez Bogucką bita. A do kradzieży się nie przyznaje.

Dziewiętnastoletnia córka chłopa z Taszyc, w jedwabnej chustce na głowie, zeznaje spokojnie. Oskarżyciel nie daje jej wiary, chce wykazać, że jest niemoralna i kradła już wcześniej. Rzeczywiście, w sądzie pojawia się poprzednia pracodawczyni Batkówny i zeznaje, że ta skradła jej dwie kopy jabłek. Zaznacza jednak, że na kradzieży jej nie przyłapała. Sąd pyta żonę dozorcy – to zawsze dobrze zorientowane osoby – w jaki sposób profesorowa Anna Bogucka traktowała poprzednie służące. „Skarżyły się, że je głodzi" – zeznaje.

Karaluch w herbacie

Zdenerwowana służąca groziła zabójstwem

Służąca Małgorzata GAJDA stanęła wczoraj przed sądem za groźby karalne. **Gajda pracowała u M. Rozenblata.** Pewnego dnia, pod nieobecność Rozenblatowej mąż urządził **przyjęcie** dla znajomych. Służąca podawała do stołu. W pewnej chwili **jedna z pań na widok szklanki herbaty wydała okrzyk przerażenia.** Okazalo się, iż w **herbacie pływał... karaluch.** Na tym tle doszło do scysji między chlebodawcą, a służącą, w trakcie której **ta ostatnia zagroziła Rozenblatowi zabójstwem.**

Wczoraj Gajda została uniewiniona, ponieważ ustalono iż wypowiedziała groźby w stanie silnego zdenerwowania.

„Głos Poranny” z 17 sierpnia 1938.

Sędziowie przysięgli uznają Batkównę winną. Zostaje skazana na dziesięć lat ciężkiego więzienia z jednym postem co miesiąc i ciemnicą co roku – 1 czerwca, w rocznicę zabójstwa Boguckiej. Kiedy Batkówna idzie do więzienia, gazety lamentują, że nie ma kontroli nad służącymi, że byle kreatura może przyjść pod pomnik Mickiewicza i trafić pod dach pani.

Tymczasem sprawa Batkówny pokazuje problemy będące istotnym zagadnieniem społecznym i bolączką służby domowej od długiego czasu: naruszanie własności prywatnej przez panie, zatrzymywanie książeczek służbowych, wreszcie biedę – najcenniejsze, co służąca może zostawić pod zastaw, to fartuch z perkalu.

Sądowi nie udało się wykazać, że Bogucka biła służącą, ale to wciąż się zdarza. Dziewięcioletnia Józefa Witowska, nazywana przez panią Marysią, od wczesnego ranka ścierała kurze. Pani – pobożna żona urzędnika powiatowego – siadała w fotelu i przyglądała się pracy Józefy. „Gdy jej się nie podobało, łapała za ścierkę od kurzu, trzepała mnie po głowie lub ciągnęła za włosy i potrząsała głową na wszystkie strony” – wspominała Witowska. Była też głodzona. Do przeznaczonych dla niej kawy i zupy pani dolewała wodę. „Chleba dostawałam tylko ogryzki po dzieciach. Zbierała kawałki, polewała wodą, słodziła trochę, podawała jak psu. Byłam bardzo wygłodzona, zjadałam to z apetytem". Praca w domu urzędnika powiatowego skończyła się dla Józefy anemią i kilkutygodniowym pobytem w szpitalu.

Kroniki policyjne tego czasu są także kronikami krzywd służących. „Przyjaciel Sług" w 1898 roku pisał:

> W Krakowie służąca Karolina Knecht rzuciła się z ganku 3-go piętra na dół. Spadając, zatrzymała się na poręczy drugiego piętra. Stłukła sobie bok. Powodem do tego rozpaczliwego skoku miało być nieludzkie znęcanie się służbodawcy. To haniebne!

Prawo pozwala bić służącą. Artykuł 17 obowiązującego w Galicji rozporządzenia (Regulamin dla ludzi służebnych, Lwów 1865) dopuszcza kary cielesne „umiarkowane i nieszkodliwe" dla zdrowia. Równie rygorystyczne prawo działa w pozostałych zaborach. W Królestwie Polskim jest to ustawa z 1860 roku, w zaborze pruskim kodeks cywilny z 1896. Dopuszczają one karę chłosty za nieposłuszeństwo.

Jako pierwsze protestują przeciw temu feministki na Zjeździe Kobiet w Zakopanem w 1899 roku, domagając się usunięcia tego haniebnego zapisu. Podczas rewolucji 1905 roku kobiety idą dalej. Po raz pierwszy głośno domagają się poprawy losu służących: prawa do wypoczynku, do wolnej niedzieli, do urlopu. Żądają ośmiogodzinnego czasu pracy dla służby domowej. Brzmi to jak mrzonki, fanaberie.

Sytuacja służby jest bezprecedensowa. Służba domowa jest poza prawem. Umowa, zwykle ustna, określa, na jaki okres służącą się najmuje, i niewiele więcej, listę obowiązków sporządza chlebodawca, nikt tego nie nadzoruje. Służba nie ma zagwarantowanego prawa do wypoczynku ani urlopu. Pan może zwolnić służącą z dwudziestu trzech powodów, na przykład gdy o nim plotkuje, gdy nie wróci na noc, gdy jest w ciąży. Albo jeśli „panu hardo się stawia i rozkazów jego uporczywie nie słucha".

Służąca może odejść ze służby tylko wtedy, gdy w związku z wykonywaną pracą jej życie lub zdrowie jest zagrożone. Albo gdy pan próbuje ją „nakłonić do uczynków przeciwnych prawu lub obyczajom", nie daje słudze niezbędnej żywności lub umieścił ją w miejscu szkodliwym. Powszechne przeciążenie pracą nie jest powodem, dla którego służąca mogła odejść. Jeśli zakończy pracę przed upływem umowy, może trafić do więzienia, porzucanie służby jest przestępstwem.

Do tego dochodzą fatalne warunki, w jakich zwykle służące mieszkają, i głodzenie ich. W wielu domach dostają jedzenie gorsze niż domownicy. To utrwalony przez wieki feudalny zwyczaj dwóch stołów: pierwszego dla państwa, drugiego dla czeladzi. Służba nie dostaje białego pieczywa, jest ono zbyt drogie, dla niej piecze się chleb z mąki żytniej.

Jedną z najpowszechniejszych szykan wobec służących jest zatrzymanie książeczki służbowej. Ta książeczka to smycz i kaganiec jednocześnie. Bez niej służąca nie znajdzie zatrudnienia, a negatywny wpis wykluczy ją z rynku dobrych posad. „Przyjaciel Sług", rok 1900:

> Niedawno temu radca jeden sądowy pan G. skrzywdził najniesłuszniej i ze służby wyrzucił siostrę naszą ze „Stowarzyszenia św. Zyty" Marcellę R. Kiedy ta gorzko płakała i nie wiedziała, jak sobie począć, by

krzywdę powetować i rzeczy swe zatrzymane i książeczkę odebrać, znalazła się inna służąca odważna, która zna Marcellę od 11 lat, jako bardzo cichą i pobożną sługę. Naprzód poszła z nią do niegodziwego owego pana i prosiła o wydanie książeczki i zapłaty, a kiedy tenże hardo się stawił i gospodyni jego powiedziała, że jemu nic nie będzie, bo on sam innych sądzi, poszły do Pana adwokata Schiera (Kopernika 26) i prosiły o pomoc. Pan ten, znany i pobożny opiekun ubogich, zajął się sprawą, podał ją do sądu, a dziś właśnie z wielką radością pokrzywdzonej Marcelli nadszedł wyrok sądowy do pana radcy G., nakazujący mu wydać rzeczy i książkę i wynagrodzić krzywdę.

Zapamiętajcie sobie, Siostry, tego zacnego adwokata i żeby mu się za naszą Siostrzyczkę odwdzięczyć, zmówcie razem z nami „Zdrowaś Marya" za niego.

Książeczka dostarcza chlebodawcom osobistych informacji o służącej: jakiego jest stanu? kto jest jej mężem? ile ma wzrostu? jakiego koloru ma oczy? Ale przede wszystkim pokazuje przebieg jej dotychczasowej służby wraz z ocenami pracodawców. Na pierwszej stronie takiej książeczki czytamy ostrzeżenie: „Książki służbowe w ręku Panów znajdować się winny i pod żadnym pozorem oddawane być nie mogą; lecz ostatniego dnia kończącej się służby po zamieszczeniu świadectwa w Wydziale Kontroli Służących za pokwitowaniem składać one należy pod odpowiedzialnością kary".

Służąca oddaje więc swoją książeczkę pracodawcy, a ten wydaje ją, gdy dziewczyna kończy pracę. Wtedy kobieta melduje się w Wydziale Kontroli Służących w ciągu doby. Od tego czasu

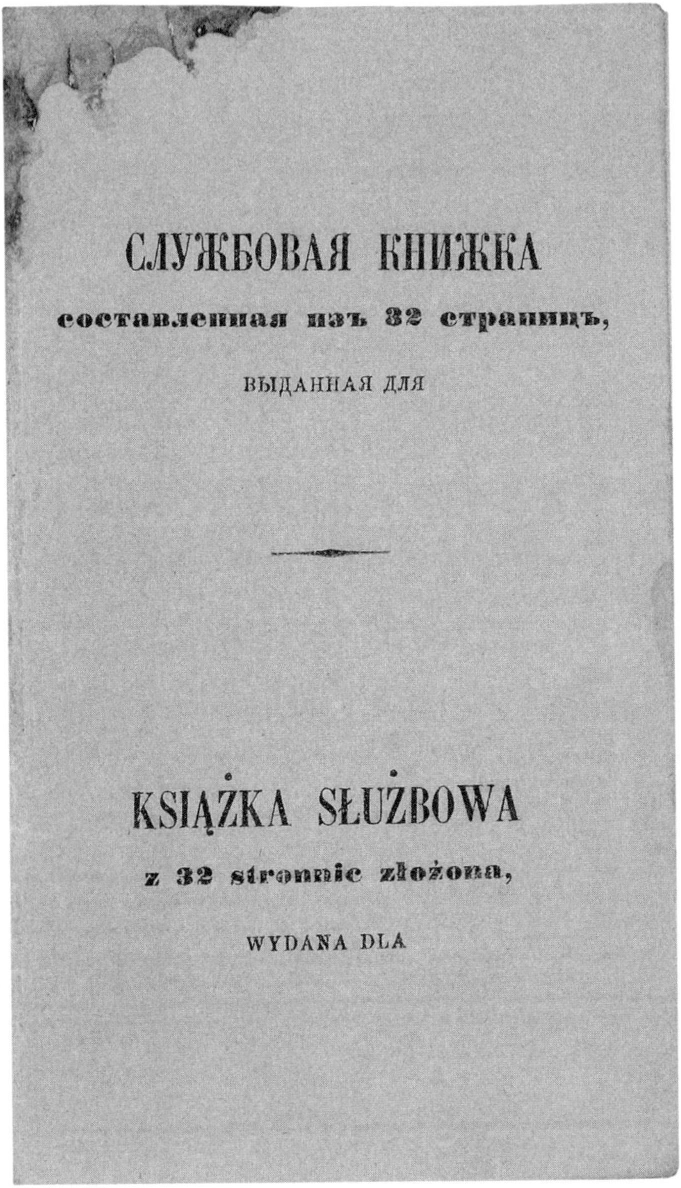

СЛУЖБОВАЯ КНИЖКА

составленная изъ 32 страницъ,

ВЫДАННАЯ ДЛЯ

KSIĄŻKA SŁUŻBOWA

z 32 stronnic złożona,

WYDANA DLA

WYCIĄG

Z POSTANOWIENIA B. NAMIESTNIKA KRÓLESTWA

z dnia 24 Grudnia 1823 r.

I RADY ADMINISTRACYJNEJ

z dnia 24 Maja (5 Czerwca) 1857 r.

w Art. 4, 5, 13, 14, 16, 20, 21, 23, 24, 25, 26.

Służący obojéj płci i wszelkich wyznań, w książki służbowe zaopatrzeni być winni. Opuszczając służbę, obowiązani w ciągu 24 godzin, meldować się w Wydziale Kontrolli Służących, a dłużej nad miesiąc jeden i to za zezwoleniem piśmienném tegoż Wydziału, bez służby pozostawać nie mogą, pod rygorem pociągnięcia do odpowiedzialności.

Panowie i Panie przyjmujący służących pierwszy raz wchodzących do służby, książkę służbową bezzwłocznie, a najdaléj *w dniach trzech* wyrobić a zaopatrzonych w takowe, również bezzwłocznie a najdalej *w dniach dziesięciu*, odebrać i opłaty po kop. 60 uiścić obowiązani, za kwitami sznurowemi drukowanemi, w Wydziale Kontrolli Służących, pod karą od rsr. 2 kop. 25 do rsr. 4 kop. 50. Przy uiszczeniu opłaty Wydział Kontrolli Służących obowiązany wydawać kwity sznurowe.

Takiejże samej karze ulegną właściciele i rządcy domów za sługi, które w tychże domach bez książek służbowych i bez uiszczenia opłaty Wydziałowi Kontrolli Służących należących się, oraz bez jedynie przez miesiąc może pozostać bez pracy, i to wyłącznie za zgodą urzędu.

Według instrukcji pani, pisząc świadectwo dla służącej, ma podać czas, rodzaj służby, sprawowanie się, „nie opuszczając ważnych wad, nałogów i większych przestępstw służącego".

Aby zasłużyć na pozytywną opinię, trzeba spełnić oczekiwania pani, a te często są bardzo wysokie. Urodzona w 1900 roku babcia Eweliny Krzeszowskiej miała czternaście lat, gdy została przez macochę wysłana na służbę. Po wielu latach, prasując, udzielała wskazówek swojej wnuczce, jak to robić. Nauczyła się prasować perfekcyjnie, bo jej pani sprawdzała każdą sztukę odzieży i gdy znalazła choćby małe zagniecenie, ta lądowała w koszu do prasowania. Każda niesubordynacja czy nieumiejętność prasowania lub gotowania może więc zdecydować o wpisie do książeczki, a wpis ten może się zmienić w pocałunek śmierci głodowej.

Książeczki służbowe służących, których musiały być setki tysięcy, to dziś rarytas. Były wyrzucane jako nieistotny dokument–nie dokument. Zajrzyjmy do jednej z nich, przechowanej w Archiwum Głównym Akt Dawnych w Warszawie.

Marianna Białek zarejestrowała książeczkę w 1903 roku. Dostawała 6 rubli miesięcznie. Wpis pierwszy:

> Niniejszym zaświadczam, że Marjanna Białek służyła u mnie 3 miesiące, sprawowała się bardzo dobrze, odeszła na własne żądanie.

Wpis drugi:

> Oddalona jako harda, pyskata i nieposłuszna.

Z rubryki „Uzdolnienia":

> Niechętna do roboty.

Zaświadczenie o moralności i prowadzeniu się:

> Sprawowała się, jak sama chciała, przy opuszczeniu służby ośmieliła się rzucić na nasz dom przekleństwa.

Ale w następnym, 1904 roku, już w innym domu:

> Służyła u mnie przez miesięcy cztery, cały ten czas sprawowała się bardzo dobrze, jako pracownica rzetelna, zwalniam ją w styczniu 1904.

Trudno się w tym połapać. W co wierzyć? Co znaczy „harda i pyskata"? I dlaczego Marianna Białek traci pracę, skoro jest rzetelną pracownicą? Jaką wartość mają te opinie pełne emocji.

Książeczki mają małą wiarygodność i wpisy w nich są traktowane bardzo dowolnie. Panie wiedzą, że nie należy za bardzo dawać im wiary, same przecież też piszą w nich, co chcą. Bywa, że zwalniają dziewczynę, a dają jej dobry wpis na otarcie łez. „Tygodnik Ilustrowany" pisze, że panie się bawią w ciuciubabkę, przez „dobre serce" nie chcą pisać złych świadectw. „To egoizm i niesumienność" – orzeka dziennikarz gazety. „Panie same są sobie winne, że służące są złe. Po cóż piszą dobre świadectwa tym, które na to nie zasługują?" – dodaje pani z kantoru stręczeń.

Feministki uznają książeczki za relikt przeszłości i domagają się jego zniesienia. Panie przeciwnie, mimo wszystko nie chcą tej smyczy z rąk wypuścić. W Rosji książeczki zostają zlikwidowane po rewolucji 1905 roku, w Warszawie będą obowiązywały do lat dwudziestych, a gdy zostaną zniesione, panie wciąż będą nawoływać, aby je przywrócono.

W początkach XX wieku zainteresowanie sytuacją służących było nikłe. Jedynie zaangażowani społecznicy próbowali zwrócić uwagę na problem fatalnego położenia tej najsłabszej grupy robotniczej. Marksizm mało interesował się nieprodukcyjnym proletariatem, toteż interesy służących w ruchu robotniczym reprezentowane były w niedużym stopniu, ale jeśli służba domowa ze swoimi żądaniami poprawy warunków miała gdziekolwiek poparcie, to głównie w środowiskach robotniczych, lewicowych, które w swojej prasie nazywały służące białymi niewolnicami, a relacje między państwem a służbą stosunkami plantatorskimi.

Są to głosy nielicznych. Przekonanie o lepszym kruszcu, z którego pochodzą klasy uprzywilejowane, jest tak samo silne jak wiara, że służba to lud prymitywny i ciemny, którego podstawowym celem istnienia jest zaspokajanie potrzeb lepiej urodzonych. Słychać to w języku. Na początku XX wieku wciąż powszechne jest sformułowanie „pełnić obowiązek", które oznacza „służyć". Pracodawcy to państwo, jaśniepan i panicz. Wielmożna pani, wielmożny pan.

Irena Krzywicka, wyzwolona lewicowa publicystka, wspominała: „Można było być demokratą, socjalistą, komunistą, ale niepodobna było sobie wyobrazić, aby służąca chodziła innymi schodami niż kuchenne, aby nie całowała pani w rękę albo pozwalała sobie usiąść w jej obecności. To się rozumiało samo przez się i nikt się nad tym stanem rzeczy nie zastanawiał, a najmniej same służące".

Socjalistka Helena Heryngerowa podczas pogadanki w Warszawskim Towarzystwie Higienicznym dziwiła się brakowi zainteresowania służącymi, które przecież stanowiły istotną część codzienności w większości domów.

> Warstwę najemników, którą dotychczas u nas nie zajmowano się wcale, a i za granicą bardzo niewiele, stanowią nasze służące. Rzecz dziwna, gdy ze służącymi częściej niż z kimkolwiek się spotykamy, one stanowią najbliższe nasze otoczenie – ich życie samo przez się interesować nas powinno, jako życie osób fizycznie nam bliskich, a umysłowo i duchowo tak dalekich. One piorą naszą bieliznę, czyszczą nasze ubrania i meble, gotują nam pokarm – słowem, nie tylko dotykają się wszystkiego, co nas otacza, ale przygotowują wprost do naszego użytku, ich higiena staje się naszą higieną – ich błędy higieniczne muszą się zarówno na nas, jak i na nich odbić.

Eleonora Drożdż z Wieliczki w 1924 roku służyła w zasymilowanej rodzinie żydowskiej u Horowitza, gdzie „kuchnia była bardzo wykwintna, różne mięsa, raki, wspaniałe desery", ale pracodawczyni traktowała swoją służbę z pogardą. Jeszcze po wielu latach Eleonora wspominała, że tamta wymagała, aby służba mówiła do niej i jej męża „całuję rączki", ale sama nigdy nie zwracała się do Eleonory po imieniu, wołała na nią „Drożdżowa". Powszechną formą jest mówienie do służącej w trzeciej osobie: „Niech Drożdżowa przyniesie...".

Socjalistka Zofia Moraczewska, która zabiega w pierwszym Sejmie II RP o objęcie służących opieką prawną, skarżąc się w 1922 roku na własną służącą, pisze w liście do siostry:

> Bieda ze służbą. Dotychczasowa sługa – porządna kobieta, ale strasznie nieporadna, ciężka, ordynarna. W pokoju wcale użyć jej nie można, bo porusza się w swoich ogromnych zabłoconych butach i patrzeć na nią nie mogę. Można ją będzie użyć w ogrodzie. W mieszkaniu trzeba będzie posługiwać się raczej jej córką, 12-letnim dzieckiem, o ile się potrafi czegokolwiek przyuczyć.

Pisała to wrażliwa społecznie posłanka na Sejm, bez złych intencji, po prostu zgodnie z konwencją językową swojej grupy społecznej i duchem czasów. Służącej „się używało", „posługiwało się nią". Była samonapędzającą się maszyną. A przynajmniej powinna nią być, bo już tego nie chce – narzekały niezadowolone panie – i coraz częściej się buntuje. Kiedyś to było lepiej!

„Dziś ze zniesieniem poddaństwa i pańszczyzny, którego moralnej stronie nie możemy już całym sercem przyklasnąć, stosunki ekonomiczne pana pod względem służby uległy zupełnej zmianie – wymagania tej ostatniej zwiększyły się, a zadośćuczynienie trudniejsze" – pisała w 1885 roku Lucyna Ćwierczakiewiczowa, autorka słynnych książek o gospodarstwie domowym.

Z pewnością wielu kreśliło kółka na czole, czytając w 1904 roku w lewicowym „Ogniwie" tekst publicysty Gustawa Levy'ego, który przekonywał, że problemy ze służbą domową znikną dopiero wówczas, gdy zniknie ta kategoria robotników w obecnej formie. Ponieważ prawo, pisał Levy, wykluczając służbę domową poza kategorię pracowników, zezwala na to, że „sługa oddaje się pod władzę pana domu, że sprzedaje nie swoją pracę tylko – ale przede wszystkim swoją wolę, swoją indywidualność".

Według Levy'ego służbę domową od niewolników różni to tylko, że służący może zmienić służbę, a niewolnik pozostawał nim dożywotnio, ale w obu przypadkach wymagania opierały się na tych samych oczekiwaniach pana: uszanowania, posłuszeństwa, wierności, poświęcenia wszystkich sił i całego czasu na staranie się o pożytek pana. Wtórowała mu socjalistka Helena Heryngerowa, również w „Ogniwie":

> Choć żyjemy dzisiaj w epoce kapitalistycznej, instytucja służby domowej z epoką tą nic wspólnego nie ma. Stanowi ona dziś tylko przeżytek strasznych czasów niewolnictwa i poddaństwa. Kto o tym wątpi, niech porówna zależność służącej z zależnością każdej innej robotnicy. Niech sobie uprzytomni, czy w jakimkolwiek zajęciu poza służbą domową jest się zmuszonym mieszkać i żyć przy pracodawcy i wychodzić z domu jedynie za jego specjalnym pozwoleniem. Niech przypomni sobie, czy gdziekolwiek poza służbą wzbronione być może pracownikowi przyjmowanie krewnych lub znajomych nawet w godzinach na odpoczynek przeznaczonych. Przeżytki społeczne tkwią nie tylko w formach przestarzałych – tkwią one jeszcze silnie w duszach ludzkich.

Levy uważał, że z instytucji służby domowej trzeba wyzbyć się wszystkiego, co jest przeżytkiem przeszłości, że powinna ona właściwie przestać istnieć w dotychczasowej formule:

> Trzeba z niej usunąć wszelkie zamachy na wolę człowieka i jego indywidualność – tj. trzeba, żeby w życiu była tym, czym jest w prawnym pojęciu kodeksu

francuskiego, w jego duchu i założeniu, żeby była rzeczywiście umową najmu pracy. Przetłumaczone na język potoczny to znaczy, że jedynym wyjściem z dzisiejszego położenia, jedynym sposobem usunięcia złego – jest zniesienie służby domowej. Niech sługę zastąpi najemnica, *femme de ménage* (pani do sprzątania), lokaja najemnik, a sprawa od razu będzie załatwioną. Wszelkie inne środki nie mogą przynieść i nie przyniosą prawie żadnego pożytku. Dowiaduję się z gazet, że służba domowa zawodowo źle jest przygotowaną, że więc potrzebne są szkoły fachowe. Być może – ale to istoty stosunku nie zmieni.

Wizji Levy'ego nikt długo poważnie traktować nie będzie, choć jego argumenty wydają się racjonalne i w końcu – po czterdziestu latach – jego przewidywania staną się rzeczywistością.

W 1902 roku głośna stała się ankieta doktora ekonomii Oscara Stillicha, niemieckiego uczonego, który dwa lata wcześniej przebadał berlińskie służące. Polskie społecznice postanowiły na ten wzór sformułować własny kwestionariusz, który dostarczyłby informacji o warunkach pracy służby. Ułożono kilkadziesiąt pytań do pań i do służących, adaptując pytania do polskich warunków.

„Za zupełnie zbyteczne, a nawet zakrawające na ironię uważaliśmy pytanie zamieszczone u Stillicha: «Czy Pani użycza swojej służącej salonu do przyjmowania gości?»" – tłumaczyła współautorka kwestionariusza, Helena Heryngerowa. Żadna polska pani nie udostępniłaby salonu służącej, to oczywiste, pytanie więc bez wahania wykreślono. Dopisano natomiast inne, wynikające z niższego poziomu cywilizacyjnego i kulturowego naszej służby:

– Czy służąca umie pisać i czytać?

– Czy się myje, a jeśli tak, to czy w miednicy, czy tylko opłukuje się z lekka w umywalce pod bieżącą wodą?

– Czy państwo pozwalają korzystać z łazienki?

– Ile razy na rok się kąpie?

Pytania do obu stron obejmują bardzo szeroko warunki pracy służącej i wiele mówią o poziomie zaniedbań tej grupy. Najbardziej palący i dokuczliwy był problem zakwaterowania, stąd aż kilka pytań o pomieszczenie, w którym służąca sypia:

– Czy jest to kuchnia, pawlacz (antresola), część kąpielowego pokoju, korytarz czy też oddzielny pokój?

– Jaka jest długość, szerokość i wysokość pomieszczenia? Jaka jest wysokość okna?

– Czy pomieszczenie jest ciepłe, zimne, wilgotne, jaka jest podłoga?

– Czy kuchnia jest przechodnia?

Pytania o wyżywienie służącej pokazują także ewentualne problemy. Chlebodawczynie zapytano:

– Czy służąca jada to samo co państwo?

– Ile czasu dostaje na zjedzenie obiadu?

Służące pytano natomiast, czy otrzymują wystarczająco dużo jedzenia, aby najeść się do syta. W kwestii czasu pracy służące odpowiadały na pytania:

– Czy musi czuwać w nocy z powodu przyjmowania gości lub późnych powrotów państwa?

– Czy odprowadza w nocy panią lub panny?
– Jak często może opuszczać dom?

Nie tylko ankieta, ale język kwestionariusza i styl, w jaki zwracały się społecznice do pogardzanej powszechnie grupy pracownic, były ewenementem, bo jak pisała publicystka „Ogniwa": „Wzięły się do tego kobiety, które same pracują na chleb, i zwróciły się nie jak panie do sług, ale jak pracownice do pracownic". Dlatego w pytaniach do służących użyto niecodziennej formy „pani": „Czy pani sypia w kuchni? Czy ma pani wychodne?". „Pani" do Maryśki, tego jeszcze nie było!

Władysław Rabski, publicysta „Tygodnika Ilustrowanego", ma niezły ubaw i postanawia napisać na ten temat felieton, ponieważ razi go ta forma „niedostosowana do poziomu umysłowego służących" i podejrzewa, że „Kasia, wyczytawszy, że do niej mówią pani, zatrzęsie się ze śmiechu i wyrzuci kwestionariusz do śmieci". Leon Belmont, eseista i tłumacz w „Ogniwie", daje odpór Rabskiemu:

> „Pani" do służącej, ale niechże pan Rabski uda się na majówkę na Bielany, gdzie zbiera się nasz lud, albo niech zajrzy na balik, wyprawiony przez służbę z powodu jakiejś Kasi. Usłyszy, że służba mianuje się nader często imieniem „Pani!". Jest to zwrot mowy, który mocą przykładu z góry przechodzi z pokoju bawialnego do kuchni, z salonu na podwórko. Nie wszystkie Marysie i Kasie zatrzęsą się ze strachu lub zakołyszą ze śmiechu. Niektóre poczują, że zwracają się do nich nie po pańsku, nie z rozkazem, lecz przyjaźnie, z szacunkiem dla godności ludzkiej.

Przy okazji dostało się od Belmonta paniom:

> Czym jest to imię „pani", aby go nie można było udzielić służącym w społecznym do nich stosunku, a takim jest kwestionariusz? Trochę wiadomości z pensji dobrze zapomnianych, arytmetyka sprowadzona do mozolnych, wielorazowych sumowań groszy i złotych, rozgrymaszenie na kanapie i ataki wścieklizny w kuchni, romansidła francuskie w ręku, omdlewające „ach!" w loży teatralnej, umiejętność rewidowania kuferków służby pod ich nieobecność celem znalezienia zagubionej wstążki – i oto nieraz macie panią całą gębą. Czasami nawet brak i tej powierzchownej kultury, a po prostu wypchany pugilares pana męża dozwalający trzymania najmitek – i znowu pani.

Belmont ubolewał, że „jest nam obce demokratyczno-niwelacyjne «wy» zachodu, obejmujące dół i górę społeczeństwa", i twierdził, że w tej sytuacji inicjatorkom kwestionariusza należy się hołd, że nie obrały formy tykającej. „Zrozumiały, że jeżeli każda służąca jest w dzisiejszych warunkach «ty», to wszystkie one razem jako osobistość zbiorowa, nie wynajęte do służby przez panie, rozpisujące kwestionariusz nie mogą być «ty». Za «ty» między innymi płaci się pensję, kilka rubli na miesiąc" – stwierdza Belmont.

Szlachetny głos Belmonta wybrzmiał samotnie. Na jeszcze długie lata dominującą postawą pozostanie pogarda, a w najlepszym wypadku lekceważenie lub poczucie wyższości wobec Maryś, Kaś i Andź.

Kiedy w 1905 roku inteligentki z Koła Pracy Kobiet dyskutowały o służbie i feministka Teodora Męczkowska zaproponowała, aby zapewnić służącym dwie godziny wolnego, aby mogły wyjść z domu w ciągu dnia, zawrzało. „A co zrobi służąca z wolnym czasem?" – pytały wzburzone panie. Czy go potrafi godziwie użyć? Czy jej ta swoboda nie zdemoralizuje? Czy można ją uwolnić chociażby na parę godzin, gdy nie ma u nas jeszcze ani klubów, ani resurs dla służących, gdy nie wiadomo nawet, dokąd ta służąca pójdzie? Męczkowska tłumaczy, że opieka nad służącymi jest właściwie utrzymywaniem ich w niewoli i że nie odnosi dobrych skutków, skoro aż pięćdziesiąt dziewięć procent prostytutek to służące. „Trzeba spróbować innych metod" – zachęca.

Panie dzielą się na dwa obozy. Mniejszość jest skłonna udzielić czasu wolnego służącej, większość chciałaby się wstrzymać do czasu, gdy zostaną zorganizowane odpowiednie dla służących „rozrywki i wykłady". Pojawiają się też pomysły bardzo postępowe: jedna z pań proponuje, by do książeczek nie wpisywano poniżających opinii o moralności, a jeszcze inna, żeby na tego typu zebrania, na których się mówi o służbie, zapraszać „co samodzielniejsze i inteligentniejsze służące".

Poruszona zostaje jeszcze jedna paląca kwestia: powrotów panów i paniczów przez kuchnię, gdzie śpi służąca. Zaapelowano do pań, aby nauczyły mężów i synów szanować w służącej kobietę. Mimo gorącej temperatury dyskusji obrady zakończono w dobrych humorach: „Opuściliśmy zebranie z głębokim przekonaniem, że w postępowej części naszego społeczeństwa trzeba tylko wzbudzić świadomość złego, a reformy nastąpią bardzo prędko" – pisał korespondent „Ogniwa".

Bardzo się pomylił.

USUWANIE
KAMIENIA Z IMBRYKÓW
I CZYSZCZENIE
PŁYTY KUCHENNEJ

Imbryk napełniamy obierkami z kartofli, zalewamy wodą i gotujemy. Osad tak kruszeje, że bardzo łatwo daje się kawałkami całemi usuwać. Przy bardzo grubym kamieniu trzeba dwa razy nakładać świeże obierki i gotować.

[...] Płytę kuchenną wyciera się z tłustych plam staremi gazetami, potem szoruje się popiołem z octem.

Sposób II. Zmyć wilgotną ścierką, natrzeć tłuszczem (kilka kropel oliwy lub roślinnego masła roztopionego) potem tłuszcz zetrzeć i czyścić grafitem z octem.

MICHALINA ULANICKA,

PORADNIK SŁUŻBY DOMOWEJ

STRAŻNICZKA OBLĘGORKA

Maria Luty, służąca warszawskiej pensji dla dziewcząt, codziennie na śniadanie dostaje białą bułkę. Nie może uwierzyć we własne szczęście. Tę posadę załatwiła jej starsza siostra, Małgorzata. Są córkami wdowy z Rozniszewa pod Kozienicami. Małgorzata jeździ do Warszawy sprzedawać jajka, sery i mleko. Przy okazji nawiązuje znajomości i dzięki temu udaje jej się znaleźć pracę dla swojej młodszej siostry.

Pensja dla dziewcząt wydaje się Marii miejscem luksusowym. Co kilka dni przy śniadaniu odkłada białą bułkę, a gdy już trochę uzbiera, daje siostrze, aby je wszystkie zawiozła mamie. Jednak ktoś zauważa podejrzany skład bułek Marysi i siostra przełożona żąda wyjaśnień. Czy aby Marysia nie kradnie? Słyszy w odpowiedzi, że dziewczyna odkłada własne pieczywo dla matki. Wzrusza się i odtąd Marysia jest jej ulubienicą. Gdy za jakiś czas poszukiwana jest młodsza służąca do szacownego domu, siostra poleca właśnie Marię Luty.

W 1902 roku dwudziestoczteroletnia Maria Luty zjawia się na Hożej 22, gdzie czeka na nią jeszcze większe szczęście. Po raz pierwszy będzie miała własny pokój, a za ścianą gospodarza domu i największego pisarza: Henryka Sienkiewicza. Domem Sienkiewicza, wtedy wdowca, zajmuje się jego teściowa, Wanda Szetkiewiczowa, nazywana przez domowników Babunią. To ona poszukiwała nowej służącej, tradycyjnie rozpytując znajome.

Maria Luty, służąca Henryka Sienkiewicza i wnuczka pisarza Maria Korniłowicz. Maria Luty udziela wywiadu Polskiemu Radiu w dniu setnej rocznicy swoich urodzin, Wrocław, 13 stycznia 1978.

Pisarz zajmuje parter domu, gdzie pokój ma także jego lokaj. Reszta rodziny: teściowa z dziećmi, służbą i dwiema Angielkami w charakterze dam do towarzystwa – mieszka na pierwszym piętrze.

Dobiegając prawie setki, Maria Luty wspomina: „Bardzo serdecznie mnie przyjęli. Babunia zapytała mnie, jak mam na imię, odpowiedziałam, że Maria. «A jak rodzice na ciebie wołają?». «Marysia». «To i u nas będziesz Marysią». I powiedziała, że do dzieci – dziewczynki i chłopca – mam się zwracać po imieniu. «To jest Dżinia i Heniu – żadna panienka i panicz, pamiętaj»" – instruowała.

W domu poza Marysią służą jeszcze kucharka i niania córki.

Chociaż naborem służby zajmowała się zarządzająca domem teściowa, oczywiste było, że służąca musi zostać zaaprobowana przez pisarza. Co Sienkiewicz myślał o własnych służących, nie wiadomo, ale przed laty w „Gazecie Polskiej" pisał:

> Takie to już czasy przyszły, że walka toczy się już wszędzie, musi więc toczyć się pomiędzy paniami a sługami. Przyszły filozof może podciągnie ją pod jaką ogólną filozoficzną zasadę i walki o byt miano nada. Ale my wiemy dobrze, że nie jest to walka o byt, ale o niewymyte garnki, o niewyszorowane rondle, o koszykowe, o próżniactwo, o zbytnią skłonność do miłosnych płomieni, których miejscowa straż ogniowa nie tylko gasić nie chce i nie umie, ale które nawet podsyca chętnie.

Marysia przykłada ucho do ściany. Gabinet pisarza jest tuż obok. Może usłyszy skrzypienie pióra?

> Drugiego dnia mojej służby – była to wigilia Wszystkich Świętych – wszyscy poszli do kościoła, poza Sienkiewiczem. Nawet lokaj poszedł. Zastanawiałam się: „Dlaczego tylko mnie zostawili?". I Babunia powiedziała mi tak: „Pan przyjdzie na śniadanie na górę. Wszystko będzie przygotowane, kawa w maszynce będzie zrobiona, a ty tylko postawisz panu kawę na stole". Powiedziałam: „Dobrze". Zrozumiałam, że zostawili mnie, żeby Sienkiewicz mnie zobaczył i ocenił. Dzwonek, otwieram drzwi, wchodzi i mówi: „Jestem Sienkiewicz". „Bardzo mi miło", powiedziałam i uciekłam. Wszedł do pokoju jadalnego, kawę zaniosłam, postawiłam na stole i się usunęłam. Wszyscy przyszli z kościoła, Sienkiewicz poszedł do Babuni, bo o wszystko jej pytał, co Babunia powie-

działa, to było święte, bo to była osoba mądra i dobra. I gdy jej się coś nie podobało, to zaraz mówiła: Henryku, to tak nie można! Więc poszedł wtedy do Babuni, a ona pyta: „No, Henryku, jakie wrażenie zrobiła na tobie nasza Marysia?". „Dobre. Zdaje się, że się będzie nadawała do naszego domu". I zostałam.

Sienkiewicz zaczyna pracę o jedenastej w nocy. Marysia zanosi mu pół litra herbaty i pięć świec. Zawsze pali tyle na raz. Kończy pisanie nad ranem. O siódmej kładzie się spać.

W warszawskim domu pisarza Maria Luty pracuje pięć lat. W tym czasie Sienkiewicz otrzymuje w darze od społeczeństwa polskiego na dwudziestopięciolecie pracy twórczej pałacyk w Oblęgorku. I pojawia się problem. Pałacyk jest niedopilnowany i rodzina, przyjeżdżając tam, skarży się na chłód. Potrzebny jest ktoś, kto sprawnie będzie zarządzał służbą. Sienkiewicz postanawia, że będzie to Marysia Luty. „Marysia, z jej wrażliwością? Przejmowaniem się każdą sprawą?" – zaprotestowały Babunia, córka Dżinia i Maria, kolejna żona Sienkiewicza. Sienkiewicz odpowiada: „Marysia jest bardzo bystra, inteligentna, z dużą inicjatywą i co najważniejsze, oddana nam, jak najbliższy członek rodziny. Zna nasze potrzeby i zainteresowania. Oprócz zaprowiantowania spiżarni w Oblęgorku i dosyłki frykasów do Warszawy będzie się zajmować na pewno społecznictwem".

Przeczucie Sienkiewicza nie myli. Maria Luty daje z siebie wszystko. Nie tylko spełnia wszystkie życzenia swoich chlebodawców, ale też zarządza pozostałą służbą, a jest to aż kilkanaście osób, między innymi lokaj, służąca, trzy dziewczęta do drobiu, kucharka i pomocnice kucharki, czterech fornali i stróż nocny.

Marysia ma doskonałe rozeznanie w rozkładzie prac i potrafi je egzekwować, jak również przekazuje dyspozycje, które przychodzą od Sienkiewiczów z Warszawy. „Z powodu ogromnego zaufania, jakim ją darzył Sienkiewicz, zakres jej uprawnień do zarządu majątkiem był tak duży, że nawet zarządzający gospodarką rolną i folwarcznym inwentarzem musiał się liczyć z jej zdaniem. O wszystkim, co należało do dworu w Oblęgorku, i na wszystko miała oko" – pisała we wspomnieniach Zuzanna Sienkiewiczowa, synowa pisarza.

W listach Sienkiewicza zachował się ślad jego sympatii i troski o służącą. „W ostatnich dniach pielęgnuję Marysię, która jest zupełnie słaba i wygląda jak cień, może z miłości do Karola" – pisał w liście do córki Jadwigi. O Karolu niczego nie wiemy, poza tym, że małżeństwa z tego nie będzie.

Rozpoczyna się I wojna światowa i Sienkiewicz z rodziną wyjeżdżają do Szwajcarii. W majątku zostaje tylko Maria Luty. „Oblęgorek przechodził z rąk do rąk. Dziś Kozacy, jutro Niemcy, jacyś w czerwonych szarawarach Węgrzy i to tak stale" – wspominała. Wkrótce dociera do niej, że teraz jej zadaniem jest pilnowanie, aby majątek i jego wyposażenie nie zostały rozkradzione.

„Jeden z młodszych oficerów – wspominała Zuzanna Sienkiewiczowa – chciał sobie na pamiątkę pobytu w Oblęgorku zabrać upolowane przez syna pisarza rogi sarniaka. Lutówna, wiedząc, jak pan młody rad z tego trofeum, owemu pruskiemu amatorowi cudzych trofeów napomknęła, że jak to tak będzie wyglądać, gdy ktoś się dowie, że pamiątki wojenne w jego domu pochodzą z kradzieży, nie z jego własnych trofeów myśliwskich. Różki zostały, a pruska chciwość została poskromiona".

Maria Luty rozumie powagę sytuacji i fakt, że własność Sienkiewicza to narodowy skarb. Jedzie do księdza Feliksa Nowackiego, proboszcza w pobliskich Chełmcach, i prosi o przechowanie najcenniejszych przedmiotów i zbiorów. „Nikt panią o opiekę nie prosił" – mówi jej proboszcz. Sąsiad i przyjaciel Sienkiewicza,

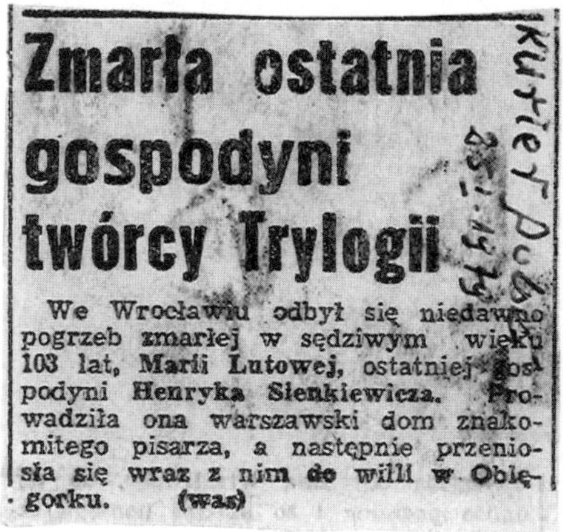

Zmarła ostatnia gospodyni twórcy Trylogii

We Wrocławiu odbył się niedawno pogrzeb zmarłej w sędziwym wieku 103 lat, Marii Lutowej, ostatniej gospodyni Henryka Sienkiewicza. Prowadziła ona warszawski dom znakomitego pisarza, a następnie przeniosła się wraz z nim do willi w Oblęgorku. (was)

Notka prasowa z „Kuriera Polskiego” z 25 stycznia 1979.

do którego poszła od księdza, rozłożył tylko bezradnie ręce, bo sam obawiał się o swój dobytek. „To ja udałam się do Kielc, może tam coś wskóram. Wstąpiłam do katedry i tu spotkałam rektora ks. Obuchowicza” – wspominała Luty. Rektor pomógł jej dostać się „bez kolejki” do biskupa kieleckiego, Augustyna Łosińskiego, a ten powiedział, żeby przywiozła, co się da, do Kielc, a on przechowa.

„Co tchu pojechałam do Oblęgorka – wspominała Maria Luty – i zaczęło się pakowanie. Ładowaliśmy wszystko w skrzynie i wywoziliśmy. Trwało to bez przerwy od jedenastego stycznia do jedenastego maja 1915 roku. Biblioteka Sienkiewicza znalazła lokum w bibliotece seminaryjnej, a obrazy dano do katedry. Gdy przewoziliśmy bezcenne skarby pisarza, ksiądz Sonik z archikatedry wynotowywał na swojej liście wszystkie przywiezione pozycje. Ja, na swoim miejscu, zrobiłam listę dla siebie”.

„Przysłużyłaś się całemu narodowi, gdyż te pamiątki kiedyś będą świadczyć o nas” – pisze do Marii Sienkiewicz na wieść

Zmarła gospodyni Sienkiewicza

12 stycznia, w przeddzień swoich 103 urodzin zmarła w naszym mieście p. Maria Luty — ostatnia gospodyni Henryka Sienkiewicza. Pracowała ona u wielkiego pisarza w latach 1902—1927, prowadząc mu dom najpierw w Warszawie, a następnie w Oblęgorku.

Pogrzeb p. Marii Luty odbędzie się jutro o godz. 12 na cmentarzu na Sępolnie. Na uroczystości będzie wnuczka Henryka Sienkiewicza — Maria Korniłowiczówna. — (IWo)

o jej zapobiegliwości i skuteczności. Podziękowania dla służącej pisarza nadchodzą z całej Polski.

Sienkiewicz nie wraca do Oblęgorka, umiera w Szwajcarii w listopadzie 1916 roku. Maria Luty pozostaje w majątku jeszcze dziesięć lat, pomagając wdowie po pisarzu. W 1927 znajduje posadę w Teheranie, przy poselstwie, i pracuje tam kolejne sześć lat. W czasie wojny angażuje się w pomoc partyzantom, staje się znana jako „Ciocia znad Pilicy". Ostatnie lata spędza u swojej siostrzenicy Anny Postawki we Wrocławiu.

Do Oblęgorka po raz ostatni przyjeżdża w 1966 roku na uroczystości Roku Sienkiewiczowskiego jako osoba z najbliższego kręgu pisarza. Rodzina Sienkiewicza do końca utrzymuje z nią kontakt, a synowa Zuzanna Sienkiewiczowa pisze wspomnienie o tej dzielnej służącej, aby tymi notatkami się wywdzięczyć, postawić „pomnik jej dzielności, zaradności".

Maria umiera 12 stycznia 1979 roku, ma sto jeden lat.

9

MATKI BEZ DZIECI

Jeżeli służysz na pensji, gdzie są młodzi panicze, to uważaj ich za dzieci, a gdy się który zapędzi do kuchni, to sfukaj i pokaż drzwi do pokoju, bo widzisz, że student to jak scyzoryk, którym chleba nie ukroisz, ale tak jest ostry, że się nim okaleczyć możesz.

WALERY WIELOGŁOWSKI, *RADY DLA KUCHAREK*

Co się dzieje, gdy służąca Anna Kaźmierczak opuszcza mieszkanie swojej matki Apolonii w Poznaniu w październiku 1895 roku? Wiadomo, że ma wtedy dziewiętnaście lat, jest katoliczką i od długiego już czasu wędruje w poszukiwaniu służby. Tym razem wyrusza do Arcugowa, w gminie Niechanowo, piętnaście kilometrów na południowy wschód od Gniezna. Znajduje tam posadę w dworze należącym do Rzewuskich.

Już po roku wraca do matki. Jest w ciąży.

Jej powrót do Poznania zostaje odnotowany w karcie meldunkowej pod datą 17 października 1896 roku. Z tego samego dnia pochodzi akt urodzenia jej syna – Ludwika, który jak każde dziecko nieślubne dostaje nazwisko matki. O ojcu dziecka historia milczy. Anna wkrótce zamieszka u robotnika Ludwiga Rychlickiego przy Grabenstrasse 14, a po pięciu latach wyjdzie za Rychlickiego za mąż. On jednak nie usynowi jej dziecka, więc syn Ludwik pozostanie Kaźmierczakiem. Z małżeństwa z Rychlickim urodzi Anna jeszcze czwórkę dzieci.

Ludwik Kaźmierczak podczas I wojny światowej zostaje powołany na front, a tuż po jej zakończeniu wyjeżdża do Berlina.

Jest policjantem, żeni się, a w 1930 roku zmienia nazwisko na wygodniejsze do wymówienia – Kasner.

Jego jedyny syn, Horst Kasner, zostanie pastorem, a wnuczka Angela – kanclerzem Niemiec. I choć jej panieńskie nazwisko brzmiało Kasner, gdy opowiadała Donaldowi Tuskowi o swoich polskich korzeniach, zapytała: „Jak się wymawia Kaźmierczak?". Czyli nazwisko prababci, poznańskiej służącej, od której wszystko się zaczęło.

Polskie korzenie Merkel długi czas pozostawały tajemnicą. Kanclerz niechętnie mówi o swojej rodzinie, dlatego skonsternowała wszystkich, gdy w 1995 roku na poświęceniu kościoła w Hamburgu wyznała, że jeden z jej dziadków pochodził z Polski. W 2000 roku powiedziała to jeszcze dobitniej: „W jednej czwartej płynie we mnie polska krew". Ponieważ nie wyjaśniła dokładnie, co miała na myśli, domyślano się, że w rodzinie jej matki pochodzącej z Elbląga trafił się jakiś Polak. Dom dziadków Merkel, rodziny Drange, pokazują niemieckim turystom elbląscy taksówkarze, więc publicyści tu szukali polskości pani kanclerz.

Prawda okazała się bardziej sensacyjna, a ujawnił ją podczas pracy nad biografią Angeli Merkel niemiecki dziennikarz Stefan Kornelius. Podał nazwisko jej dziadka: Ludwik Kaźmierczak, a poznańscy archiwiści pod ostrzałem mediów wyjaśnili resztę zagadki, której sednem okazała się polska biedna służąca, Anna z Poznania.

Arkadiusz Stempin w książce *Angela Merkel. Cesarzowa Europy* nie używa wstydliwego słowa „służąca" – o dziadku kanclerz pisze, że był „nieślubnym dzieckiem niemajętnej Anny Kazmierczak mieszkającej wraz z synem na Grabenstrasse 14/56 (dziś ulica Grobla)". Ale karta meldunkowa Anny informuje wyraźnie, że była ona służącą.

Nas jednak najbardziej w życiorysie prababci Angeli Merkel interesuje to, że jej „haniebna" karta się odwróciła. Anna Kaźmierczak wybrnęła ze swojej sytuacji doskonale. Wyszła za mąż, jej nieślubne dziecko nie tylko awansowało społecznie, ale także obdarzyło świat niezwykłą potomkinią. Dla większości służących nieślubne dziecko to dramat, po którym walka o przetrwanie staje się nieporównywalnie trudniejsza.

„Ilustrowana Republika" w roku 1934:

> UDUSIŁA DZIECKO SZALEM
>
> W styczniu br. w ogrodzie znanego w Kaliszu przemysłowca, p. Gaedego, znaleziono zwłoki dziecka płci żeńskiej, owinięte w łachmany. Zwłoki zauważyła służba i doniosła o tem władzom policyjnym. Dochodzenie ustalio, że wyrodną matką jest 20-letnia służąca, Józefa Garczarz, zam. na Tyńcu. Zaraz po porodzie udusiła dziecko szalem, poczem rzuciła je przez parkan do ogrodu.

Gdy Bronisława Fijał mówi swojej matce, że chce wyjechać do miasta na służącą, brzmi to jak wyrok. „Mama nie chciała mnie puścić, ale poszła do wuja Szewczaka po radę. A on na to: «Kaśka, biedna jesteś, to wiem. Ale jak postąpi tak jak inne i wróci z dzieckiem, to będzie cię stać na powrozek, żeby się powiesiła. Bronić jej nie możesz»" – opowiadała po latach Fijał. Obawy jej rodziny były słuszne: służące stanowiły najliczniejszą grupę społeczną rodzącą nieślubne dzieci.

„Echo" z 1929 roku:

MATKA KAMIENIEM ROZTRZASKAŁA DZIECKU GŁOWĘ. OHYDNA ZBRODNIA WE WSI NOWOSOLNA.

Dwudziestojednoletnia Marta Reszke, służyła u Gustawa Kiblera. Młoda i przystojna dziewczyna pełna temperamentu, lubiła flirtować. Nic też dziwnego, że otaczał ją zawsze rój wielbicieli. Lekkomyślna dziewczyna przed dwu tygodniami powiła syna, we wsi zawrzało od plotek.

Marta poprosiła chlebodawcę o kilka dni wolnego i oznajmiła, że odda dziecko krewnym. Niedługo potem mieszkaniec wsi zauważył krew na trawie, a gdy podszedł bliżej, odnalazł zwłoki chłopca ze zmasakrowaną główką. Marta przyznała się: najpierw udusiła syna, potem, dla pewności, dobiła go kamieniem.

Większość służących z nieślubnym dzieckiem jest przegranych. Ciąża oznacza konieczność przerwania pracy. Z dzieckiem służba nie jest możliwa. Traci się wszystko: zarobek, kąt do mieszkania, utrzymanie. W dodatku dziecko ma haniebną metrykę, w rubryce ojciec: N.N.

Dziecko oznacza ulicę. Chyba że dziewczyna ma oparcie w mężczyźnie, jak Anna Kaźmierczak. Albo we własnym ojcu, który nie wyrzeknie się córki i przygarnie bękarta. Strach przed ojcem jednak prowadzi często do desperacji. Tak też działa lęk przed powrotem na wieś, gdzie wciąż można usłyszeć klątwę: „Niech dziecko czarta będzie potępione".

We wrześniu 1934 roku do kliniki położniczej zgłasza się służąca Weronika K. Cierpi na bóle. Twierdzi, że poroniła. Doktor Markiewicz, który ją bada, nie daje się zwieść. Po badaniu stwierdza, że musiała urodzić, i powiadamia policję. Weronika K.

przyznaje, że dwa dni wcześniej urodziła dziecko, ale nie chce powiedzieć, co z nim zrobiła. Policjanci szukają tam, gdzie najczęściej dziewczyny pozbywają się swoich dzieci: w podwórzowym wychodku. I tym razem znajdują tam zwłoki. Noworodek ma na szyi ślady po uduszeniu. K. przyznaje, że zabiła go zaraz po urodzeniu.

Weronika K. nie miała odwagi Józefy S. z Poznania, którą zgwałcił jej pracodawca, restaurator z Szeląga. Zdecydowała się urodzić dziecko z tego gwałtu. 24 kwietnia 1926 roku przyszedł na świat jej syn Antoni, ale nie była w stanie zatrzymać go przy sobie. Wybrała drogę, na którą służące często się decydowały. Oddała dziecko obcemu mężczyźnie, ogrodnikowi Teodorowi B. z Boguszynka, który stał się jego prawnym opiekunem, w zamian za opłatę – czterdziestu złotych miesięcznie. To tyle, ile zarabiała wówczas służąca. Po roku jest zrozpaczona. Dziecko pod opieką Teodora B. jest niedożywione, źle ubrane. Pisze do sądu skargę, że opiekun jej dziecka zaniedbał je, a przesyłane przez nią pieniądze „obraca na swoje cele, a dziecko jest pokrzywdzone".

Opieka nad nieślubnymi dziećmi była niezłym biznesem. Dziewczyny w przymusowej sytuacji oddawały dziecko obcym ludziom, ufając, że jeśli będą płacić, dziecko znajdzie dobrą opiekę.

Katarzyna J. z Trzebini wzięła na wychowanie dziecko służącej za opłatą. Nie dbała o nie. Któregoś dnia wsadziła je do worka i wyniosła do lasu. Uderzała workiem o drzewo tak długo, aż dziecko umarło. Mieszkaniec wsi słyszał przeraźliwy pisk dziecka i powiadomił żandarmerię. Morderczynię schwytano. O takich jak ona mówiono „fabrykanci aniołków".

Zabójcy dzieci czasem działali na większą skalę, zjawisko to było powszechne w drugiej połowie XIX wieku. Najsłynniejsza zbrodnia wydarzyła się w Warszawie przy ulicy Siennej w 1890 roku. W domu akuszerki znaleziono sześć ciał nowonarodzonych dzieci. Wszystkie zostały uduszone.

Na początku XX wieku problem podrzutków i dzieciobójczyń był ogromny, zwłaszcza w Warszawie. O wiele lepsza sytuacja panowała w zaborze pruskim, gdzie prawodawstwo kontrolowało sytuację – istniały sądy opiekuńcze, a matka mogła sądownie ustalić ojcostwo. Po 1918 roku te regulacje nadal będą obowiązywały. Inaczej było w Kongresówce, gdzie wciąż stosowano Kodeks Napoleona, który nie pozwalał na sądowne ustalanie, kto jest ojcem nieślubnego dziecka, a tym samym na żądanie alimentów. Statystyki są szokujące: w latach 1934–1935 w Warszawie odnotowano 594 podrzutki, w Poznaniu w tym samym czasie – zaledwie 6. W Wielkopolsce od samego początku dziewczyna pozostawała pod prawnym nadzorem.

> Dokument Urodzenia
> Nr 1298
> 29 maja 1934
> Przełożona Wojewódzkiej Kliniki dla kobiet
> i szkoły położnych w Poznaniu doniosła, że niezamężna
> służąca Janina Sobkowska, rzymskokatolickiego
> wyznania zamieszkała w Wielkiej Lubinie w powiecie
> jarocińskim u rodziców, w Poznaniu, w wyżej podanej
> klinice, urodziła dwudziestego trzeciego maja roku
> tysiąc dziewięćset trzydziestego czwartego po południu
> o godzinie kwadrans na trzecią dziecko płci męskiej
> i że dziecku temu nadane zostało imię Stanisław,
> Zbigniew.

Dwudziestoletnią służącą zajmuje się teraz sąd i zadaje jej kilka pytań: „Pod czyją opieką zostanie dziecko?”, „Kto jest ojcem dziecka?”. Gdy Janina S. odpowiada, że to Stanisław F., urzędnik gospodarczy z Kromolca, padają kolejne pytania:

– Czy może pani przysięgać, że tylko z nim pani obcowała?

– Tak.

– Czy ma być on przesłuchany celem przyznania się do ojcostwa?

– Tak.

– Czy pani już przedtem raz porodziła nieślubne dziecko?

– Nie.

Ustalenie ojcostwa było niezwykle trudne. Sąd wzywał mężczyznę wskazanego przez kobietę i przepytywał go, czy potwierdza, że jest ojcem. Jeśli ten zjawiał się i oświadczał, że „nie uznaje, że jest ojcem nieślubnego dziecka pani...”, sprawę zamykano. Kobieta nie dostawała ani grosza. Ale jeżeli udało się jej udowodnić, że wezwany jest jednak ojcem, mężczyzna płacił biednej dziewczynie – w początkach lat trzydziestych – dziewięćdziesiąt złotych kwartalnie. Jej zarobek jako służącej to od trzydziestu do pięćdziesięciu złotych miesięcznie plus utrzymanie.

Bieda nie jest najdotkliwszym problemem tych dziewcząt. Jest nim brak możliwości chowania własnego dziecka ze strachu przed opinią środowiska, przed gniewem ojca, rozpaczą matki.

Działacze społeczni zwracali uwagę, że to nie nędza zmusza dziewczyny do porzucania dzieci, lecz kompletny brak pomocy i niski poziom edukacji. Analfabetki częściej porzucały swoje dzieci niż dziewczyny umiejące czytać. Podczas gdy Polska boryka się z problemem podrzutków, w Berlinie czy Wiedniu notuje się takich przypadków kilka rocznie. W grupie matek, które pozbywają się swojego dziecka tuż po urodzeniu, najliczniejszą grupą zawodową są służące. One też są najczęściej pensjonariuszkami domów dla matek z dziećmi.

W latach 1936–1937 spośród 275 matek przyjętych do społecznych domów 128 było służącymi, 53 – robotnicami rolnymi, 21 – robotnicami fabrycznymi. Emilia Manteuffel, pedagożka i działaczka społeczna, szacuje, że od siedemdziesięciu do osiemdziesięciu procent nieślubnych matek to wywodzące się ze wsi służące. Ich los był bardzo do siebie podobny:

> Wzruszenie ogarnia, gdy się czyta sprawozdania z badań nad losami matek nieślubnych. Jedno za drugim, jedno za drugim... Rodzina małorolnych, albo ojciec chałupnik, w rodzinie zawsze była bieda. Matka umarła, kiedy przyszła matka nieślubna miała trzy lata. Poszła na służbę do gospodarzy, mając lat siedem. Pasała gęsi, albo krowy. Kiedy miała lat piętnaście, ciotka znalazła jej służbę w mieście. Jako niewykwalifikowana miała służbę bardzo licho płatną, często w rodzinach żydowskich. A potem – pracodawca, znajomy koleżanki, młodzieniec z tej samej kamienicy obiecywał ożenek. Nastawał, nie śmiała mu się sprzeciwić. Była niczym, czyż może czuć swój ciężar gatunkowy istota, która zawsze była niewykwalifikowana, zawsze popychana, biedna dziewczynina, która się wstydzi tego, że do szaleństwa jest stęskniona za czułością, za swoim człowiekiem, ona, która się zawsze tułała wśród obcych? Jakżeby się śmiała sprzeciwić zadzierżystemu kawalerowi, cwaniakowi miejskiemu, który ją sto razy przegadał, zawstydził tym, że jest taka wiejska, taka inna niż miejskie pan-

ny! I jeszcze ta nadzieja, że może będzie jej, że da jej dom, że będzie u siebie gospodynią, że już nie będzie spała w kącie kuchni u obcych ludzi, którzy nią pomiatają.

„Ilustrowana Republika", 1928 rok:

NIESZCZĘSNA MATKA RZUCIŁA SWE DZIECKO DO DOŁU KLOACZNEGO

Stefan Kowalczyk, robotnik, idąc rano do pracy, wszedł do ustępu przy ulicy Piotrkowskiej 64. Znajdując się w ubikacji, przez cienką ścianę drewnianą usłyszał jakieś podejrzane jęki, poczem stwierdził, że coś wpadło do jamy kloacznej. Ponieważ wydało mu się to podejrzane, udał się do dozorcy domu p. Matuszewskiego i zakomunikował mu o tem, Matuszewski wraz z Kowalczykiem ukryli się w ubikacji, gdzie po kilku minutach usłyszeli jęk niemowlęcia. Dozorca, nie mając już wątpliwości, iż w sąsiednim ustępie coś musiało się stać, wyważył drzwi. Okazało się, iż znajdowała się tam jakaś młoda niewiasta. Była to służąca Anna Szejga, pochodząca ze wsi Gorzkowice. Jej dziecko utopiło się w dole kloacznym. Przed sądem nie przyznała się do winy. Twierdziła, że dziecko się jej wyślizgnęło. Sąd w to nie uwierzył i została skazana na rok więzienia.

Te mniej przerażone zatrzymują swoje dziecko i próbują o nie walczyć, ale jest to bardzo trudne. Maria Idczak, służąca rodziny Napierałów z ulicy Spokojnej w Poznaniu, 28 czerwca 1923 roku rodzi Czesława. Zostaje mamką. To lepiej płatna praca niż posada służącej, ale krótkotrwała, bo można zarabiać tylko dopóty, dopóki ma się pokarm. Podczas gdy matka karmi obce dziecko, Czesław trafia na wychowanie do pani Franciszki Latosi z Wenecjańskiej 12. „Jest zdrowe, wychowanie ma dobre i opiekę dostateczną" – stwierdza opiekunka wyznaczona przez sąd. Chłopiec ma wtedy roczek.

Po kilku latach Czesław trafia pod opiekę dziadka do wsi Panienka. Opiekunka Wiktoria Neyman 7 maja 1930 roku podaje: „Pupil wychowuje się u dziadka Idczaka zam. w Panience p. Jarocin. Jest zdrów, opiekę i odzież ma dostateczną". Sąd stwierdza: „Rozwój fizyczny i umysłowy: dobry. Uczęszcza do II kl. szkoły powszechnej, postępy w nauce niedostateczne. Opieka dobra – matka płaci dwadzieścia złotych miesięcznie na dziecko".

To się nie może dobrze skończyć. Osiem lat później, kiedy Czesław ma piętnaście lat, jego dziadek, Jan Idczak, przed sądem oświadcza, że oddał go na służbę do gospodarza w Zalesiu, gdzie chłopak zarabia cztery złote miesięcznie i ma utrzymanie. Zarobione przez niego pieniądze dziadek przeznacza na odzież dla podopiecznego. Podpis „Jan Idczak" zdradza rękę analfabety. Koło biedy zamyka się.

Stanisław Janowski, malarz, mąż Gabrieli Zapolskiej, jesienią 1905 roku wraca od swoich znajomych, rodziny Partaków ze Stanisławowa, i relacjonuje żonie swoje wrażenia. Z dużym poruszeniem opowiada o kobiecie, która toleruje romans swojego syna ze służącą. Więcej niż toleruje – popiera, ponieważ boi się o jego zdrowie. Kobieta obawiać się może z kilku powodów: że się syn będzie łajdaczyć i że się zarazi weneryczną chorobą lub że popadnie w okropne zboczenie, onanizm, którym straszyli wówczas lekarze. Służąca w tej sytuacji wydaje się znajomej Janowskiego najbezpieczniejszą kochanką dla syna.

Gdy Zapolska słucha opowieści męża, w jej głowie powstają wizje. A gdy on kończy opowiadać, pisarka podskakuje z radości: „No, chwała Bogu! Mam wreszcie sztukę, o którą dyrektor Heller tak mnie męczy". W ciągu trzech tygodni powstaje *Moralność pani Dulskiej*, którą wkrótce oklaskuje zachwycona publiczność.

Zapolska, cięta na wszelkiej maści kołtunów, z opowieści męża konstruuje demaskatorski dramat społeczny, w którego centrum znajduje się zbałamucona przez młodego Dulskiego służąca. Główna bohaterka, hipokrytka, toleruje romans swojego syna z Hanką do czasu, gdy dziewczyna zachodzi w ciążę. Teraz należy ją spławić pieniędzmi. Zbyszek na złość matce początkowo chce się żenić, ale to byłby naprawdę skandal i cios. Trzeba by się wyprowadzić gdzieś daleko, poza zasięg ludzkiego wzroku. Zbyszek ustępuje. Tysiąc koron kończy temat.

Zapolska literacko i z impetem rozwija zagadnienie od dawna podejmowane przez publicystykę: bezkarności paniczów i panów wobec służących i cichego przyzwolenia pań, a także podłego losu wykorzystanych i pozostawionych samym sobie dziewczyn.

Zapolska chce demaskować kołtunów, ale czy za postacią Dulskiej nie kryją się niemal wszystkie panie z klasy średniej? Tadeusz Boy-Żeleński po obejrzeniu *Moralności pani Dulskiej* pisze, że wyszedł z teatru „oszołomiony, że istnieje tak znakomicie napisana polska sztuka". Ale zarzuca Zapolskiej pewną fałszywą nutę. Oto bohaterka zachowuje się podle wobec służącej, ale – pisze Boy – „weźmy jakąkolwiek przeciętną matkę dorosłego syna na jej miejscu: czy nie tak samo postąpi sobie zamożna gospodyni wiejska wobec komornicy albo księżna? [...] Czy w istocie nasza znachorka chorób społecznych uważa małżeństwo Zbyszków z Hankami za rozwiązanie kwestii?".

Macierzyństwo Stanisława Wyspiańskiego, obraz przedstawiający Teosię Pytkównę i jednego z ich synów, 1904.

I krytykuje jeszcze Zapolską za to, że nie zrobiła nic, „aby w nas obudzić sympatię do tej Hanki, czyniąc z niej raczej typ bardzo nieinteresującego dwunoga". Opinia Boya odnosi się do realiów: małżeństwo mężczyzny z ówczesnej klasy średniej ze służącą – czy to dla przyzwoitości, czy z miłości – właściwie się nie zdarzało, a oczekiwanie od Dulskiej, że przyklaśnie pomysłowi Zbyszka, aby Hanka została jego żoną, jest konceptem sztucznym.

O Teodorze Pytkównie trudno znaleźć dobre słowo. Była i jest zagadką. Jej portret, najdroższy obraz na polskim rynku sztuki, w 2017 roku został sprzedany za cztery miliony trzysta sześćdziesiąt sześć tysięcy złotych. Tuli na nim swojego synka. Kto patrzy na obraz *Macierzyństwo*, a nie zna losów Pytkówny, nie pomyślałby, że to kobieta z piekła rodem.

Ma dwadzieścia dwa lata, gdy wyrusza ze wsi Konary do Krakowa na służbę. Dwa lata potem rodzi nieślubne dziecko adwokata, u którego służyła. Zatrzymuje syna, więc teraz nie jest już stałą służącą, a posługaczką biorącą najgorszą robotę. W domu Jadwigi Stankiewiczowej na Zaciszu pierze, nosi węgiel i wodę. Gdy zobaczy ją siostrzeniec Stankiewiczowej, uwiedzie ją szybko. To dla rodziny szok. Stanisław Wyspiański nie tylko bałamuci Teosię, on się z nią wiąże!

„Była dziewczyną zupełnie ordynarną, bosą, brudną, rozczochraną, brzydką, niezgrabną. Typ – dla malarza zapewne ciekawy! Nie nadawała się zupełnie do domu porządnego, a cóż dopiero do domu cioci!" – pisze Maria Waśkowska, kuzynka Wyspiańskiego, cytowana przez Monikę Śliwińską w jej książce *Wyspiański*, i dodaje: „Była przy tem Teosia zaczepną i wyzywającą".

Wiążąc się z Teodorą, Wyspiański rozpoczyna wojnę z rodziną. Nikt nigdy nie zrozumie tego uczucia. On także się nad tym zastanawiał:

> Czy ja ją mogę kochać? [...] Jakże ja mogę brać do moich myśli i ciągnąć ku sobie dziewczynę, która żyje nie kolorami, nie dźwiękami, nie wyobraźnią, nie melodią, nie zobrazowaniem formy – ale formą samą i życiem jakimś wegetującym, na które ja patrzę z równym współczuciem jak na życie kwiatu, lub owadu, na rozwój storczyka lub rumianku, wykształcenie się muszki lub pszczoły [...]. Nieraz czytałem w oczach „daj mi spokój" rzeczywiście i ja powtórzyłem sobie „daj mi spokój". – Weź ty całą moją litość jakąś przywołała do moich oczu, że się skropliły łzami, weź ty całą litość moją, obudzoną w sercu, co bije silniej, a usta moje drżą, by dotknąć twoich ust, jak kiedy tulę do twarzy kwiatów kielichy wilgotne wonią. – Ileż razy to byłem rozkochany w kwiecie przez litość i tylko przez litość kochałem nieraz raz gdzieś dojrzaną dziewczynę. Czyż to wystarczy do życia?

30 maja 1896 roku Teosia urodzi Wyspiańskiemu córkę Helenkę, która stanie się jego wielką miłością. Będą biedowali, zdani na łaskę rodziny Wyspiańskiego, która nigdy Teosi nie zaakceptuje. Mimo to, kiedy urodzi się drugie ich dziecko, Mieczysław, Stanisław ożeni się z Teosią, nie zaprosiwszy nikogo z bliskich na ślub. Po roku przychodzi na świat kolejny syn – Stanisław. Wyspiański usynawia także nieślubne dziecko swojej żony – Teodora.

O Teosi opowiadano straszne rzeczy. Jan Skotnicki, zaprzyjaźniony z Wyspiańskim, wspominał o wizycie u niego, gdy artysta już chorował:

> Odwiedziłem go w tym czasie na Krowoderskiej. Otworzyła mi drzwi żona, straszna baba. Dusił mnie

Teodora Pytkówna ze Stanisławem Wyspiańskim.

> zapach lekarstw i jodoformu pomieszany z zapachem kiszonej kapusty i pranej bielizny. Pokój wprawdzie był spory i widny, ale niedostatek i nieład panował wszędzie. Uciekłem po paru słowach zamienionych z Wyspiańskim. [...] Położenie materialne tego wielkiego twórcy było ciężkie, zebraliśmy więc między sobą trochę groszy, by mu kawioru kupić i dać na leki. Po paru dniach doszła nas wiadomość, że żona kilo przesłanego przez nas kawioru podobno sama na jednym posiedzeniu pożarła, a za pieniądze nasze, przeznaczone na leczenie, futro dla siebie kupiła. Lekarze zabronili mu używania alkoholu, ale ponieważ ona go lubiła, wiec kupowała wina i likiery, część wlewała mężowi do gardła, a resztę sama wypijała. Trzeba było go odebrać spod opieki tej baby i oddać do lecznicy doktora Gwiazdomorskiego. Tak też zrobiono. Zajął się tym Wilhelm Feldman. Było jednak za późno, bo nadeszły ostatnie dni jego męczeńskiego żywota.

Odtrącenie żony przez rodzinę i przyjaciół boli Wyspiańskiego. „Wszystko zaś jest komedia «społeczna», gdyż nie mogą przenieść na sobie tego, że żona moja nie jest z «miastowych» z tak zwanej inteligencji i daliby połowę życia za jaki skandal, którego doczekać się nie mogą zrozpaczeni, za jaką udaną intrygę lub wszelakiego rodzaju podłość" – pisze w liście do Stanisława Lacka. Maluje Teosię w stroju ludowym albo w sukni miejskiej, z dziećmi. Jeden z najbardziej znanych portretów Wyspiańskiego – także pod tytułem *Macierzyństwo* – przedstawia Teosię karmiącą piersią.

Ale nawet ci, dla których wybór Wyspiańskiego jest niepojęty, widzą, że dom i rodzina to jego ostoja. Ciotka Stankiewiczowa nigdy się z tym nie pogodzi i do końca nie będzie znosić żony Stanisława. Ostatnie lata życia Wyspiańskiego trawi nieuleczalna kiła. Gdy jest już umierający, Jadwiga Stankiewiczowa przychodzi go odwiedzić, a potem pisze w liście do zaprzyjaźnionego ze Stanisławem Jana Nowaka:

> Ona wprost jest niegodziwa – całą noc nie zajrzy do pokoju, w którym leży (obok pracowni w żółtym pokoiku), nie poda lekarstwa – nie zmieni lekarstwa – krzyczy i dokucza mu, że nic nie robi, tylko choruje – potrąca go – jest tak nieszczęśliwy, opuszczony i samotny, że cały czyściec cierpień przechodzi – żadnego listu mu nie da, tylko z Tadeuszem każdy list czyta i niszczy, ani żadnego listu nie wyśle, który on chce posłać, i tak boryka się nie tylko z chorobą, ale z tą bardzo złą kobietą. Mnie wyrzuciła, nie da mi się tam pokazać – brat mój przyjdzie – nie dopuści go – wyzbyła się wszystkich, aby sama z całą brutalnością nad nim panować. Czy jest na to jaka rada, aby jemu ulżyć – ja już nie wiem – ale piszę do Wiel. Pana jak do przyjaciela serdecznego – nie da się ratować życia jemu – to jako złagodzić i na tą kobietę wpłynąć, aby się opamiętała i jaki taki spokój i pożywienie mu podała. Jestem tak zgnębiona i przybita, do tego już blisko od miesiąca chora, jak od kilku lat na wiosnę, a zatem bezradna, że z rozpaczy piszę do Wiel. Pana, radź Pan, co można, a mnie miej za wytłumaczoną, że szukam u innych ludzi pomocy i rady – Proszę przyjąć serdeczne rąk uściśnienie od zawsze wdzięcznej za tyloletnią nad Stasiem opiekę.
> J. Stankiewiczowa

28 listopada 1907 roku Wyspiański umiera. Nie mija rok, gdy Teodora wychodzi za mąż. Kraków jest wstrząśnięty. „Nowiny Ilustrowane" piszą:

> Wdowa, po jednorocznej prawie żałobie, zatęskniła za słodyczami pożycia małżeńskiego, które w rozumieniu wieśniaczym zasadzają się na pomocy w prowadzeniu gospodarstwa domowego i wspólnej pracy na roli, toteż wybór jej padł obecnie na wieśniaka, który nie żywi wprawdzie tak szczytnych ideałów jak pierwszy mąż i nie zyska sobie takiej sławy w społeczeństwie, ale za to ma silną dłoń do pracy i szczerą do niej ochotę.

Nie była szczęśliwa z młodszym od siebie o dziesięć lat Wincentym Waśko. Piła, kłóciła się z bliskimi Wyspiańskiego, uznano, że jest nieszczęściem dla własnych dzieci. Odebrano je, uzasadniając, że nie uczą się, a ponadto przebywają „w atmosferze dla zdrowia szkodliwej". Opiekę nad dziećmi przejął Adam Chmiel, przyjaciel Stanisława. Dzieci jednak trzymały stronę matki, były niepokorne i niemiłe dla opiekunów oraz ciotki Stankiewiczowej, więc po pół roku Chmiel prosi sąd o uwolnienie go od „tej strasznej opieki". Kiedy opiekę nad dziećmi przejmie następny opiekun, Karol Radoń, dzieci tułać się będą po rozmaitych zakładach wychowawczych, a Teosia nigdy nie pogodzi się z ich utratą.

U Teodora pojawią się objawy choroby psychicznej. Umrze na gruźlicę płuc w wieku szesnastu lat. Najstarszy biologiczny syn pisarza, Mieczysław, zginie podczas wojny polsko-bolszewickiej. Stanisław zostanie pracownikiem biurowym szpitala psychiatrycznego w Kobierzynie, jego siostra Helena, ukochana córka

Stanisława, umrze 28 listopada 1971 roku, dokładnie w sześćdziesiątą czwartą rocznicę śmierci swojego ojca.

W 1948 roku Leokadia Wyspiańska, żona młodszego syna, odnajduje Teosię w Węgrzcach w Małopolsce, o czym wspomina Monika Śliwińska:

> Rozpłakała się, a wśród łez wyjęła z łóżka jakieś zawiniątko, pokazała mi jakieś drobne, bardzo stareńkie pamiątki, nawet nie usiłowała mi tego dać do ręki, nad tym długo płakała i powiedziała: „To był okres mojego najszczęśliwszego życia. Wtedy byłam dobrze ubrana, w taftowe suknie, wtedy Staszek woził mnie karetą po mieście. Wtedy byłam pierwszy raz w teatrze i zobaczyłam właśnie *Wesele*. I było mi bardzo miło wtedy, kiedy wyszedł mój mąż na scenę witany owacyjnie przez publiczność krakowską, nie popatrzył na nikogo, uśmiechnął się do mnie i tylko w stronę mojego miejsca skinął głową".

Teodora umiera 13 lutego 1957 roku, pięćdziesiąt lat po Wyspiańskim, recytując lekarzom krakowskiego szpitala *Wesele* swojego Staszka.

Sytuacja, gdy „pan" daje dziecku służącej swoje nazwisko, to ewenement. Wiąże się to z utrzymywaniem dziecka i ze znoszeniem odium wstydu. Do tego trzeba mieć pewien format. Stanisław Alexandrowicz go ma.

Inżynier, urodzony w 1870 roku we Lwowie, ma dla tego miasta niebywałe zasługi: skanalizował je. W 1893 roku kończy Politechnikę Lwowską i z pasją oddaje się pracy w Miejskich Zakładach Wodociągowych. Zarabia bardzo dobrze, z czego korzystają jego dwie siostry, które utrzymuje i z którymi mieszka. Obie uciekają, gdy w początkach I wojny światowej we Lwowie pojawiają się wojska rosyjskie. Kiedy po roku wracają do mieszkania brata przy ulicy Zielonej, jego służąca ma na ręku niemowlaka. Wszystko jasne: to dziecko ich brata.

„Małżeństwo dyrektora poważnej instytucji komunalnej – relacjonował krewny Stanisława, Adam Alexandrowicz – ze służącą było w tych czasach nie do pomyślenia i prawdopodobnie byłoby równoznaczne z utratą stanowiska. Pozycja stryja zapewniała wówczas egzystencję sióstr i młodszego brata i stryj musiał się też z tym liczyć. Był to czas wojny i trudnych warunków życia. Stryj dał jednak córce swoje nazwisko, zapewnił matce i dziecku odpowiednie warunki bytu, a następnie środki pozwalające na zdobycie pełnego wyższego wykształcenia".

Dziewczynka po ojcu dostaje na imię Stanisława. Po ukończeniu szkoły pedagogicznej pracuje we Lwowie jako nauczycielka, a jej ojciec dba o to, aby mieszkała we własnym domu.

W sierpniu lwowiaków zelektryzowała wiadomość: Stanisław Alexandrowicz utonął w Bałtyku, próbując uratować wczasowiczkę. „Zginął rycerską śmiercią" – napisze o nim kolega inżynier Włodzimierz Rabczewski w biuletynie „Gaz i Woda". Temat nieślubnego dziecka ze służącą stanowił w rodzinie dyrektora lwowskich wodociągów tabu, dlatego Adam Alexandrowicz dopiero po latach poznał swoją kuzynkę Stasię. „W dzieciństwie nie znałem ich; jako «smarkacz» nie byłem dopuszczony do tego rodzaju tajemnicy rodzinnej. Dopiero kiedy miałem osiemnaście lat, powiedziano mi, że mam kuzynkę. Do spotkania doszło jednak dopiero w 1947 roku we Wrocławiu".

W rodzinie Bożeny Kwiatek sprawy potoczyły się bardziej typowo. Jeden z jej wujów, także inżynier, zrobił służącej dziecko: „Nawet chciał się żenić, ale gdzie tam by do tego dopuszczono!

Wyjechał na Śląsk. Dziewczyna z córką została u swojej siostry. Wybuchła wojna i rzezie ukraińskie. Ona była pierwszą ofiarą w tej miejscowości. Zostało dziecko. Dziewczynka, sierota i bękart. Po wojnie ojciec nigdy jej nie szukał. Osiadła na Ziemiach Odzyskanych. Wyszła za mąż i miała troje dzieci".

Kilka lat temu Bożenie Kwiatek udało się tę rodzinę odszukać. Czuła, że powinna to zrobić. „Matka, czyli ta sierota, już nie żyła. Sprawca, czyli tatuś, też już nie żył. A dorosłe już wnuki ogromnie się wzruszyły i powiedziały mi, że to było największym marzeniem ich mamy, aby ktoś z naszej rodziny ją odnalazł".

10

CZY KATOLICKA SŁUGA MOŻE BYĆ WESOŁĄ?

Twemu państwu służ, jakobyś służyła Najświętszej Pannie i Panu Jezusowi w domku Nazaretańskim. Pieniędzy i majątku twego państwa strzeż jak własnego.

KAZIMIERZ RIEDL, *PAMIĄTKA DLA DZIEWCZĄT SŁUŻĄCYCH I PRACUJĄCYCH OSOBLIWIE PO MIASTACH*

W niedzielę tuż przed piątą trzydzieści rano tłum dziewcząt w długich sukniach zmierza z różnych stron Krakowa w stronę kościoła Świętej Barbary przy Małym Rynku. Nie wszystkie mają na szyi medal, ale łatwo poznać, że to zytki. Ich odświętne stroje nie przykrywają biedy.

Wśród tych dziewcząt jest Aniela Salawa, przyszła błogosławiona Kościoła katolickiego. Trafiła na służbę, bo nie chciała wyjść za mąż, marzyła o życiu zakonnym, ale rodzice zaprotestowali. Zawinęła wtedy swoje rzeczy w tobołek i wyruszyła do Krakowa. Gdy po latach odwiedzi rodziców, nie będą się mogli nadziwić, że jest taka elegancka.

Kiedy Aniela Salawa dociera do Krakowa, starsza siostra, Teresa, która od dłuższego czasu pracuje tu jako służąca, od razu znajduje jej posadę u rodziny kolejarza na ulicy Dekerta w Podgórzu. Zofia Klocowa jest wymagająca, a dom raczej biedny. Aniela jako służąca do wszystkiego haruje od rana do wieczora: gotuje, sprząta, pierze, zajmuje się dziećmi. Gdy Zofia Klocowa po latach będzie się modlić o łaski do błogosławionej Anieli, przyzna się

Krakowska niańka.

przed sobą, że nie była dla niej dobra, i przeprosi w duchu za wszelkie przykrości.

Aniela nie tylko pracuje. Uwielbia tańczyć, wiruje jak szalona w swoich różowych sukienkach z falbankami. Czy tak się ubiera służąca? „Piękna Anielcia" mówią o niej. Ale ona nie szuka męża. Jest pewna swojego powołania, zwłaszcza po nagłej śmierci ukochanej siostry Teresy. Gdy minie żałoba, Aniela na weselu siostry Anny będzie tańczyć bez opamiętania z chłopakiem i wtedy ukaże jej się Jezus, pytając: „Jak możesz, skoro ja przebywam samotny w kościele?". To pierwsza wizja Anieli. Nigdy już nie zatańczy.

Wciąż jednak wyróżnia się spośród innych służących: ich suknie są ciemne i skromne, jej – jasne i dziewczęce. „Czy to przystoi zytce?" – pytają koleżanki. Odpowiada im: „Tak właśnie ma wyglądać osoba, którą zdobi łaska poświęcająca. Ładnie ma się ubierać dziewczyna, która Boga kocha".

Salawa nie może zrealizować swojego największego marzenia. Dwa razy stara się o przyjęcie do zakonu i zostaje odrzucona. Nie ma posagu i jest zbyt słabego zdrowia. Godzi się, że jej powołaniem jest praca służącej. Mówi sobie: „Kocham moją służbę, bo mam w niej wyborną sposobność wiele cierpieć, wiele pracować i wiele się modlić, a poza tym niczego na świecie nie szukam i nie pragnę".

Rzeczywiście, ma powody do cierpienia. Dwa razy porzuca służbę, gdy panowie składają jej nocne wizyty. A kilka razy jest odprawiana, bo praca przerasta jej siły. Wysoka, postawna i rumiana, robi wrażenie silnej. W rzeczywistości jest krucha i słaba, cierpi z powodu bólu żołądka. Wkrótce zapada na stwardnienie rozsiane. Coraz częściej rozmawia z Jezusem. Dzieli się tymi „spotkaniami" ze swoim spowiednikiem, a ten namawia ją, aby prowadziła dziennik. Te niespełna dwieście stron zapisu wewnętrznych przeżyć Salawy uznane zostaną za dowód jej mistycyzmu.

Stara się być przykładem służącej doskonałej: „Najpierw posłuszeństwo, potem nabożeństwo” – powtarza sobie. Uznaje za swój obowiązek pomaganie innym służącym, uczenie ich, jak znosić zniewagi i pańskie fanaberie. Wstępuje do Stowarzyszenia Sług Katolickich pod wezwaniem Świętej Zyty w 1900 roku. Tu, we wzorcowej kuchni zytek, przechodzi kurs gotowania, a gdy trafia do domu adwokata Edmunda Fischera, zaczyna się pomyślny dla niej czas. Żona Fischera, Maria z Bossowskich, dzięki Anieli pogłębia swoją religijność. Jej typowy w tej sferze chłód wobec służącej topnieje. Aniela nie musi co chwilę poprawiać prasowania, jak to się zdarzało na początku.

Z kolei Salawa pod wpływem pani Marii wyrabia się intelektualnie. Od września 1905 roku co niedzielę w ramach wychodnego uczy się czytania i pisania w stowarzyszeniu świętej Zyty przy Mikołajskiej 30.

Stowarzyszenie Sług Katolickich pod wezwaniem Świętej Zyty jest najliczniejszą organizacją polskich służących. Katolickie stowarzyszenia stanowią odpowiedź na coraz aktywniejszy ruch robotniczy. Po ogłoszeniu przez Leona XIII encykliki *Rerum novarum* z 1891 roku, będącej krytyką socjalizmu i komunizmu, powstaje silny ruch chrześcijańsko-demokratyczny mający dać odpór socjalistycznym związkom zawodowym. Katolickie stowarzyszenia służą zagospodarowaniu grup społecznych pozbawionych pomocy instytucjonalnej.

W przypadku służących jest to posunięcie niezwykle trafne. Kościół jest dla nich często pierwszym miejscem, w którym szukają schronienia i pomocy, gdy tracą służbę z dnia na dzień. Zdarza się to szczególnie często w okresie wakacyjnym, kiedy rodzina wyjeżdża na letnisko i nie chce utrzymywać służącej

Agnieszka Kokosza i służące krakowskie należące do
Stowarzyszenia Sług Katolickich pod wezwaniem Świętej Zyty.

przez letnie miesiące. „Panie, wyjeżdżając na wczasy, miały zwyczaj odprawiać służące, by także użyły wczasów" – ironizowała we wspomnieniach służąca Józefa Witowska. „Biura pracy były wtedy przepełnione... Panie przebierały jak w ulęgałkach" – wspominała.

Dziewczyny, które nie znalazły od razu zatrudnienia, stawały się bezdomne, bo wraz z pracą traciły kąt do spania. Ten moment często decydował o tym, jak potoczy się ich życie. Czy zdołają znaleźć coś dla siebie? Czy ulegną namowom stręczycieli i wybiorą los prostytutki? Czy czeka je dola żebraczki?

Kościół katolicki odpowiadał na fatalną sytuację służących skuteczniej niż jakakolwiek inna instytucja, hierarchowie rozumieli dobrze, że przybierający na sile ruch robotniczy i rosnąca popularność doktryny komunistycznej mogą na zawsze pozbawić Kościół wpływu na najniższe warstwy społeczne. Kościół już na starcie miał wielką przewagę: większość dziewcząt pochodziła z katolickich rodzin, pobożność była ich drogowskazem, najsilniejszym przekazem, jaki dostawały w domu.

Stowarzyszenie powstaje w Krakowie w 1898 roku przy kościele Świętej Barbary. Założone przez księdza Włodzimierza Ledóchowskiego, działaczkę katolicką Anielę Dziewicką i jezuitę Stanisława Sopucha, za patronkę przyjmuje włoską świętą, Zytę z Lukki, która rozpoczęła służbę, mając dwanaście lat, i pracowała czterdzieści dwa lata, wspierając ubogich i codziennie biorąc udział w mszy świętej.

Dziewczyny, które chcą przystąpić do zytek, muszą być katoliczkami, moralnie się prowadzić i płacić składki – dwadzieścia halerzy miesięcznie. Dostają medal, który noszą na zielonej kokardce; z jednej strony jest na nim wizerunek Matki Boskiej Nieustającej Pomocy, z drugiej – święta Barbara.

Otrzymują także książeczki z wizerunkiem świętego Józefa, patrona ubogich, i hasłem przewodnim na pierwszej stronie: „Módl się i pracuj". To książeczki oszczędnościowe: wykupując znaczek i naklejając go w odpowiednim miejscu, dziewczyna odkłada opłaconą kwotę.

Stowarzyszenie rozpoczyna urzędowanie przy ulicy Szpitalnej, potem dorabia się własnej siedziby przy Mikołajskiej, a następnie w trzypiętrowej kamienicy przy Radziwiłłowskiej. Ma też

Szlakiem ludzkiego nieszczęścia

Bezdomna służąca powiesiła się w lasku

W dniu wczorajszym w godzinach rannych w lasku karolewskim położonym tuż za dworcem Łódź - Kaliska zauważono na jednem z drzew zawieszone ciało młodej kobiety. Niezwłocznie odcięto ją z morderczej pętli.

Ponieważ denatka dawała oznaki życia, wezwano do niej lekarza pogotowia ratunkowego, który po udzieleniu pierwszej pomocy, przewiózł niedoszłą samobójczynię do szpitala zapasowego przy zbiorni miejskiej.

Przeprowadzone dochodzenie ustaliło, iż denatką jest 26-letnia Julja Albrecht, b. służąca, obecnie bezrobotna i bezdomna.

Przyczyną rozpaczliwego kroku młodej dziewczyny był brak środków do życia. (p)

taksówka, przewracając oboje dzieci, które doznały ogólnych obrażeń cielesnych.

Wezwany lekarz pogotowia ratunkowego, po udzieleniu pomocy, przewiózł dzieci do domu rodziców. Szoferowi udało się zbiec bezkarnie.

„Głos Poranny" z 29 maja 1933.

willę w Zakopanem przy Krupówkach, z sześcioma pokojami dla zytek, aby mogły tam wypoczywać.

Dziełem zytek, którego przecenić się nie da, są powstające w całej Polsce schroniska dla bezrobotnych służących, szpitale, przytułki dla bezdomnych i starych służących. W schronisku dla służących w Krakowie zytka może przebywać najwyżej dwa tygodnie. Obowiązuje tu żelazna dyscyplina. W lecie dziewczyny muszą wstać najwcześniej o godzinie szóstej, w zimie o siódmej; przed godziną dziewiątą powinny być ubrane, poskładać swoje rzeczy i posłać łóżko. Walizy nie można stawiać na łóżko, tylko na krzesła. Dwa razy dziennie można dostać herbatę – o ósmej rano i wieczorem; filiżanka z cukrem kosztuje dziesięć groszy, bez cukru – sześć groszy. W dzień dziewczyny szukają pracy, w schronisku spędzać mogą tylko noce. To bardziej noclegownia.

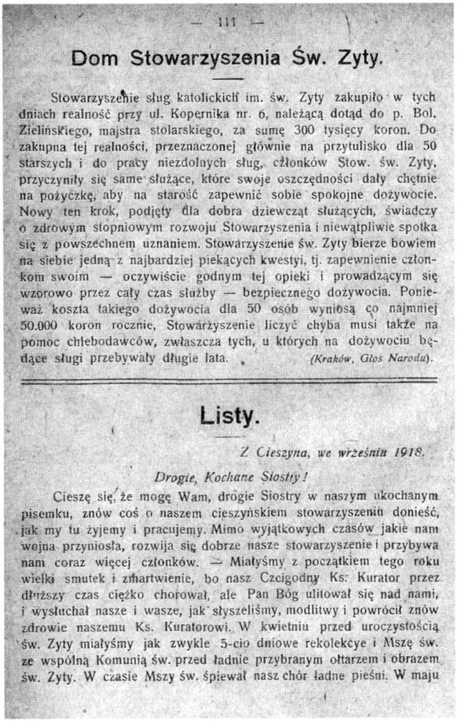

— 111 —

Dom Stowarzyszenia Św. Zyty.

Stowarzyszenie sług katolickich im. św. Zyty zakupiło w tych dniach realność przy ul. Kopernika nr. 6, należącą dotąd do p. Bol. Zielińskiego, majstra stolarskiego, za sumę 300 tysięcy koron. Do zakupna tej realności, przeznaczonej głównie na przytulisko dla 50 starszych i do pracy niezdolnych sług, członków Stow. św. Zyty, przyczyniły się same służące, które swoje oszczędności dały chętnie na pożyczkę, aby na starość zapewnić sobie spokojne dożywocie. Nowy ten krok, podjęty dla dobra dziewcząt służących, świadczy o zdrowym stopniowym rozwoju Stowarzyszenia i niewątpliwie spotka się z powszechnem uznaniem. Stowarzyszenie św. Zyty bierze bowiem na siebie jedną z najbardziej piekących kwestyi, tj. zapewnienie członkom swoim — oczywiście godnym tej opieki i prowadzącym się wzorowo przez cały czas służby — bezpiecznego dożywocia. Ponieważ koszta takiego dożywocia dla 50 osób wyniosą co najmniej 50.000 koron rocznie, Stowarzyszenie liczyć chyba musi także na pomoc chlebodawców, zwłaszcza tych, u których na dożywociu będące sługi przebywały długie lata. *(Kraków, Głos Narodu).*

Listy.

Z Cieszyna, we wrześniu 1918.

Drogie, Kochane Siostry!

Cieszę się, że mogę Wam, drogie Siostry w naszym ukochanym pisemku, znów coś o naszem cieszyńskiem stowarzyszeniu donieść, jak my tu żyjemy i pracujemy. Mimo wyjątkowych czasów jakie nam wojna przyniosła, rozwija się dobrze nasze stowarzyszenie i przybywa nam coraz więcej członków. — Miałyśmy z początkiem tego roku wielki smutek i zmartwienie, bo nasz Czcigodny Ks. Kurator przez dłuższy czas ciężko chorował, ale Pan Bóg ulitował się nad nami, i wysłuchał nasze i wasze, jak słyszeliśmy, modlitwy i powrócił znów zdrowie naszemu Ks. Kuratorowi. W kwietniu przed uroczystością św. Zyty miałyśmy jak zwykle 5-cio dniowe rekolekcye i Mszę św. ze wspólną Komunią św. przed ładnie przybranym ołtarzem i obrazem św. Zyty. W czasie Mszy św. śpiewał nasz chór ładne pieśni. W maju

Fragment „Przyjaciela Sług” z 1918 roku.

W ciągu pierwszego roku do krakowskich zytek zapisało się tysiąc siedemdziesiąt służących. Grupowane są w dziesiątki, a poza mszami spotykają się w każdą trzecią niedzielę miesiąca. Przykościelna salka to często jedyne miejsce, gdzie mogą się zobaczyć z koleżankami. I ratunek przed samotnością. Co roku widują się na wigilii dla służących. Większość z braku czasu nie wyjeżdża do swoich rodzin, z czasem ich rodzinne więzy stają się bardzo słabe. Jedyne środowisko stanowią dla nich zytki i dom, w którym służą. „Przyjaciel Sług” w 1905 roku relacjonuje:

> Pięć stołów bieluchno zasłanych, a na nich sześćdziesiąt nakryć dla tych zytek, które bądź dla choroby, bądź dla braku służby lub też z powodu wyjazdu państwa przyszły na wieczerzę wigilijną. W rogu sali, na podwyższeniu stało pięknie i rzęsiście oświetlone drzewko. Wpół do piątej wszedł ksiądz kurator, przemówił serdecznie do dziewcząt, pobłogosławił wieczerzę, potem zaintonował kolędę *Anioł pasterzom mówił*, którą wszyscy odśpiewali, potem przełamał się opłatkiem najpierw z obecnemi Paniami, a potem z każdą z dziewcząt. Panie poszły za jego przykładem i długą chwilę nie było słychać nic innego prócz szczerych życzeń składanych sobie nawzajem. Po odejściu Ojca Kuratora i Pań dziewczęta zasiadły do wspólnej wilii, w końcu ubrały drzewko i rozeszły się do domów, czując doskonale, że dziś żadna z zytek powiedzieć nie może „do Boga wysoko, do domu daleko".

Stowarzyszenie przede wszystkim formowało służące – moralnie i religijnie, za główny cel stawiając sobie „wpojenie w członków zamiłowanie swego stanu, pobożność, skromność, pracowitość i oszczędność", a także chciało „zbliżyć służące katolickie do Pań, wzbudzić wzajemne zaufanie i miłość bliźniego", „uzdatnić służące do sumiennego wypełniania swoich obowiązków". Dopiero na końcu „zaopiekować się dolą sługi w czasie choroby lub niezawinionej utraty pracy i dopomóc w wyszukaniu służby".

Zytki rozrastają się i ich autonomiczne oddziały powstają w całej Polsce: we Lwowie, Wilnie, Tarnowie, Wieliczce. Ale to nie jedyna organizacja zrzeszająca sługi. Warszawskie służące należą do Stowarzyszenia Dzieci Marii, powołanego w 1919 roku przez księdza prałata Franciszka Tyczkowskiego. Podobnie jak w zytkach, chodzi tu o rozbudzenie i podtrzymanie ducha religijności służących poprzez wspólne msze i pogadanki. Działające przy kościele Świętego Krzyża warszawskie stowarzyszenie organizuje coroczne pielgrzymki służących na Jasną Górę. W 1930 roku należało do niego około dwóch tysięcy służących. W domu stowarzyszenia przy Radnej 14 mogą bezpłatnie przemieszkać, gdy pozostają bez pracy. A w niedzielne popołudnia, co dwa tygodnie, spotykają się na zebraniach. Składkę płacą co miesiąc – złotówkę.

Jeszcze liczniejszy był Polski Związek Zawodowy Chrześcijańskiej Służby Domowej, do którego w Warszawie należały cztery tysiące służących (dziesięć procent wszystkich warszawskich służących). Działał od 1915 roku, a siedzibę miał przy Kredytowej 14, z wielką aż na tysiąc osób salą, w której w niedzielę zbierały się służące, aby wysłuchać pogadanek o religii lub o historii Polski. Działały tam również kino i biblioteka. Do związku mogły należeć służące katoliczki albo innego wyznania chrześcijańskiego, „o przeszłości nienagannej" i zarekomendowane albo przez członkinię związku, albo przez pracodawczynie. W przypadku choroby lub utraty pracy dziewczyny miały prawo mieszkać w budynku związku przez dwa tygodnie. Latem z kolei mogły wypoczywać w ośrodku w podwarszawskiej Woli Grzybowskiej.

Katolickie stowarzyszenia skupiające służące w istocie reprezentowały interesy chlebodawców, choć w wymiarze socjalnym, ale też edukacyjnym, miały niemałe zasługi, zwłaszcza jeśli chodzi o organizację szkół dla służących analfabetek.

Jedną z nich była krakowska szkoła na Smoleńsku powstała w marcu 1890 roku, gdzie w ciągu dwudziestu lat uczyło się cztery i pół tysiąca służących. W roku szkolnym 1908/1909

Pieczęć związku z 1918 roku.

w krakowskiej szkole najmłodsza uczennica miała jedenaście lat, najstarsza lat pięćdziesiąt pięć. Program podzielony był na trzy oddziały (klasy): w pierwszym uczyły się te, które nie umiały czytać i pisać; w drugim te, które już czytały i pisały; a w trzecim te, które wcześniej chodziły do szkoły i skończyły przynajmniej trzy klasy. Dziewczęta z najwyższego, trzeciego oddziału uczyły się objaśniać przeczytany tekst, a także pisać listy.

Jeśli chodzi o sprawy domowe, uczennice niższego poziomu uczyły się o miarach i wagach, na wyższym – jak zrobić leguminę, kawę, herbatę. A także o tym, jakie znaczenie dla zdrowia mają produkty: mięso, mąka, kasza, jarzyny, jaja, nabiał.

Szkoły wpajały także wartości, „które są znamieniem sługi chrześcijańskiej, jak bojaźń i szczera pobożność, prostota i skromność obyczajów, posłuszeństwo i uległość, zamiłowanie porządku i schludności, akuratność, rzetelność i wierność".

We Lwowie szkołę dla sług prowadzi od 1901 roku stowarzyszenie świętej Zyty – cztery klasy. Wiele kobiet, gdy zaczyna naukę, potrafi jedynie przeczytać *Litanię* lub *Pod Twoją obronę*. Zytka lwowska relacjonuje w „Przyjacielu Sług" z 1905 roku:

> Dziś jedne i drugie gładko czytają i piszą, a przytem i z katechizmu nauczyły się niejednego i posłyszały wiele opowiadań z historyi Polski, którą wykłada w każde święto kierowniczka szkoły, ukochana przez dziewczęta. Toteż zytki wdzięczne są paniom za naukę i dobre serce i chętnie i pilnie chodzą do szkoły, tem bardziej że za pilność i regularne uczęszczanie czekają je piękne nagrody. W ostatnim roku szkolnym otrzymałyśmy na nagrody oprócz książek pobożnych i obrazków, różne inne książki do czytania, figurki świętych, kropielniczki na święconą wodę, ładne krzyżyki, które przysyłali kupcy lwowscy bezpłatnie na prośby naszych pań nauczycielek.

Gdy socjalistyczne pisma mówią służącym: państwo wami gardzi i „nie podaje wam ręki nawet po ciemku, nawet na Wielkanoc", katolickie podręczniki pracują nad tym, aby służąca była przede wszystkim pokorna, „służyła swemu państwu jak Jezusowi". Wyznaczoną prawem całkowitą niemal zależność od pracodawców periodyki i poradniki katolickie wzmacniają, zachęcając służące do uległości. „Nie opuszczaj służby dla jakiej błahej przyczyny, ale cierp dla Pana Jezusa, bo raju nigdzie nie znajdziesz na ziemi, a gdzieniegdzie co może gorzej będzie" – doradzał Kazimierz Riedl, jeden z autorów podręcznika dla służących. I przekonywał, że służąca powinna być zadowolona ze swojego losu, przyjmując go bez skargi:

> Na nikogo, a najmniej na rodziców twoich narzekaj, że musisz służyć, Bóg tak rozporządził, abyś w takim niskim stanie pracowała na kawałek chleba i dobijała się szczęścia wiecznego. Mówiąc po ludzku, jest stan sługi podły i wzgardzony, ale po chrześcijańsku się zapatrując, jest to stan bardzo zacny i szlachetny.

Służąc więc tak, jakby była „w domku nazaretańskim", dobra służąca z katolickiego ducha powinna strzec „majątku pańskiego jak swojego" oraz „dzieciom pańskim dawać dobry przykład". Czyli nie przeklinać, o rzeczach nieczystych nie opowiadać, być natomiast apostołką, „bo dziatki najchętniej ze służącą przestają i do nich się najmocniej przywiązują; użyj tej okazji, by im mówić o Panu Jezusie, Jego męce i Jego dobroci, o Najświętszej Pannie, o Aniele Stróżu lub o jakiej historyi świętej; naucz je paciorka lub jakiej modlitewki. O, ileż to razy pobożna i cnotliwa służąca zaszczepiła wiarę i miłość ku Bogu w sercach dziecięcych!".

Publikacje kościelne objaśniały sługom, że ich los inny być nie może, gdyż (zgodnie z feudalnym przekonaniem) świat dzieli się na panów oraz na tych, którzy im służą. Skoro Bóg powołał cię, dziewczyno, na służącą, przyjmij swój los i wypełniaj powołanie jak najlepiej. W wydanym w 1880 roku w Poznaniu podręczniku dla służących Hermann Kappen zapewnia, że ten podział jest wieczny. „Jak świat jest stary, tak starą jest różnica państwa i sług. Tak też zostanie do skończenia świata" – wieszczy. Ale jest i pocieszenie. Według dziekana Kappena „stan służebny jest jednym z najpożyteczniejszych, najkonieczniejszych i najnieodzowniejszych stanów". I to do tego stopnia, że „bez niego świat istnieć nie może". Ponadto służący mają wpływ na samopoczucie rodziny, a nawet na jej szczęście. „Od tego, czy słudzy są dobrzy, poczciwi, wierni, czyści, sumienni, zależy po większej części szczęście i ład rodziny". I zachęca: „Czcijcie, szanujcie i kochajcie wasz stan".

Tak jak socjalistyczna prasa chce wyzyskać niezadowolenie służby domowej, uświadamiając ją, że ma prawo do godności i powinna domagać się poprawy swojego losu, tak pisma katolickie wybierają drogę pokrzepienia moralnego w duchu przesłania: módl się i pracuj, akceptując swój los zgodnie z wolą Bożą. Redaktorzy pism wiedzą doskonale, że służące czują się wzgardzone, cierpią nędzę, a każdego dnia patrzą na zbytek, do którego nigdy nie będą mieć dostępu. Służąca musi poradzić sobie nie tylko z ciężką harówką, ale też z poczuciem krzywdy. I przyjęciem swojego nędznego losu jako konieczności. „Głos Dziewcząt Polskich" z 1930 roku pisze:

> Niejednej dziewczynie biednej przychodzi na myśl, czemu to są panie bogate, żyją sobie wesoło, nie pracują i nie służą jak ona, a stroją się w jedwabie według najnowszej mody, a ona ledwo w tej chuścinie na głowie musi harować od rana do nocy, a nawet dostatecznie wyspać się nie może – czemu? Bo Bóg Najśw. tak chciał i chce – bo taka wola Boża – bo sam P. Jezus i Matka Najśw. i św. Józef byli biednymi i pracowali ciężko.

Ksiądz Kazimierz Bisztyga, autor artykułu *Czy sługa katolicka może być wesołą*, wyjaśnia, że nie tylko może, ale powinna:

> A może zajęcia niskie i proste, jakie spełnia sługa, mogą napawać smutkiem katolickie sługi? I to nie. Bóg bowiem nie patrzy nigdy na jakość zajęć, jakich

się w życiu podejmujemy, ale patrzy wyłącznie na to, jak dane, choćby najniższe, obowiązki i zajęcia spełniamy! Ani zatem służebny stan, ani te najprostsze i w ludzkich oczach najniższe zajęcia nie mogą katolickiej słudze dawać powodu do smutku i jakiegoś niezadowolenia.

Ksiądz Bisztyga wyjaśnia czytelniczkom, co jest prawdziwym powodem do smutku:

> Grzeszysz, bo się może nie modlisz, bo nie słuchasz pani czy pana, bo kłamliwym i niebacznym językiem odbierasz sławę drugim, bo się wdajesz w nieodpowiednie i niebezpieczne towarzystwa. To są słuszne i prawdziwe powody do smutku. Ale i na te smutki jest rada i sposób usunięcia takowych – spowiedź święta, co uspokoi twe sumienie i w sumienie twe wleje po odpuszczeniu grzechów radość nieopisaną.

Czasopismo zytek „Przyjaciel Sług" (zwłaszcza późniejsze edycje pod nazwą „Głos Dziewcząt Polskich") to przede wszystkim narzędzie agitacji i propagandy. W niewielkim stopniu interesuje się socjalnymi problemami służących, tematy artykułów dotyczą przede wszystkim zagadnień moralnych. Od czasu do czasu redaktorzy udają się także na front walki ideologicznej: straszą bolszewikami, socjalistami i Żydami i wzywają dziewczyny do obrony Kościoła katolickiego przed „tymi bezbożnikami". „Głos Dziewcząt Polskich":

> Szatan dzisiejszy niczem tak nie psuje ludzi, jak złemi przewrotnymi pismami. Tak czynią bolszewiki

> komuniści, Żydzi i socjaliści, którzy iście szatańską pracą, jaką rozszerzają pomiędzy ludem i robotnikami, szatańskie i diabelskie na świecie budują królestwo.

Przestrzegają też przed sztuką i literaturą. Przed wszystkim, co może mącić w głowie; co może pokazać, że jest inny świat; co wzbudziłoby tęsknotę dziewcząt za sprawiedliwością; co mogłoby obudzić ich gniew, a przede wszystkim odsunąć je od Kościoła.

> Czytanie wielu romansów i powieści nawet niezupełnie złych w następstwie jest zawsze szkodliwem, bo zapala wyobraźnię urojonymi obrazami, więc nieprawdziwymi, i daje pojęcie całkiem fałszywe o życiu. Książki tego rodzaju sprawią, że będziesz niezadowoloną ze skromnych stosunków, w których żyjesz, a obudzą pragnienia, które cię unieszczęśliwią, bo nigdy spełnione być nie mogą. Co więcej zbyteczne czytanie uczyni cię niezdolną osiągnąć szczęście domowe. Taka książka, którą co chwilę do ręki bierzemy z chęcią przeczytania jak najprędzej do końca, jest największą przeszkodą do sumiennego wypełnienia codziennych obowiązków i zaporą domowego zadowolenia.

W tej sytuacji „Przyjaciel Sług" radzi wyrzucić za drzwi „każdego roznosiciela książek, który podaje ci podobne romanse i powieści, i stanowczo nie przyjmij ofiary towarzyszki, która podobnych rzeczy chce ci pożyczyć".

Indoktrynacja katolickich instytucji wydaje plony. Gdy socjaliści z Płocka zapowiadają na 1 maja 1919 roku strajk i pochód,

Marynia, służąca lekarza Aleksandra Macieszy, dostaje histerii. Maria Macieszyna, żona lekarza i kronikarka Płocka, zapisuje w pamiętniku:

> Chce pakować rzeczy w walizki i wynieść wszystko do piwnicy. Prosi, aby naszykować broń do walki z bolszewikami. We wszystkich gazetach czyta zawsze wiadomości o bolszewikach, których nienawidzi, ponieważ zniszczyć chcą religię katolicką i z kobiet zrobić łajdaczki. Zabroniłam jej jednak kupować zapasy chleba i żywności i oświadczyłam, że wcale się nie boję, gdyż już wybory do sejmu wykazały, że socjalistów nie jest tak dużo.

– Może nie jest ich dużo – odrzekła – ale to są straszne chamy, a jeszcze i Żydzi się do nich przyłączą.

Marynka jest wzorową zytką i narodową katoliczką: kocha Pana Boga i Kościół, nie lubi mężczyzn, ceni tylko żołnierzy, „bo kochają nasz kraj", nie znosi Piłsudskiego i Żydów. Ale jej dobre serce nie pozwala nienawidzić naprawdę, jej niechęć jest „obowiązkowa", nauczona, poza prawdziwymi emocjami. Dlatego gdy do jej kuchennych drzwi pukają żebracy, przegania ich i wyzywa od próżniaków, ale zamartwia się niedolą matek i dzieci. Jej chlebodawczyni zapisuje w swoim pamiętniku: „Często widzę ją, jak pasie dzieciaki, nawet żydowskie, pomimo że jest antysemitką".

MARCINOWA

Kiedy przed dwudziestu laty stanęła z tobołkiem pościeli i zielonym kuferkiem na progu tego domu, który miał być odtąd aż do śmierci jej własnym domem, miała już za sobą przeszło pięćdziesiąt lat życia przeżytego z trudem i zakończony bieg wielu przeżyć, nieszczęść i prac. Daleko poza nią zostało dzieciństwo sieroce, ale pogodne, spędzone pod opieką babki na wsi przy szosie wiodącej z Grójca do Nowego Miasta, i pierwsza służba u księdza, tańce w karczmie i jednoczesne zaloty dwóch chłopaków: Maliszewskiego i Zaremby. Wołano ją w tych czasach Łobodzianka, bo chowała ją babka, ale po rodzicach zmarłych na cholerę było jej Marysia Głowacka, a uchodziła w okolicy za śliczną dziewczynę, pracowitą i wesołą. Potem, po ślubie z Marcinem Maliszewskim, wszystko obróciło się na gorsze. Mąż poszedł na wojnę turecką i znikł bez śladu. Mała pięcioletnia córeczka Jadwisia umarła na ospę w szpitalu dziecięcym przy ulicy Aleksandra w Warszawie. A potem nastąpiły już monotonne lata „służb", czyli „obowiązków" u państwa Przyłuskich, państwa Braun, państwa Sommer.

Marjanna z Głowackich Maliszewska zamykała odtąd w obrębie tych obowiązków całą niewykipianą jeszcze energię, ruchliwość i humor. Mimo wszystko, co przeszła, nie straciła jeszcze smaku do życia.

Interesowała się wielu zagadnieniami, śmiała często, lubiła chodzić na chrzciny i wesela, nosiła pąsowe bluzki w „śkockowe" kraty i tańczyła dużo w białych, sznurowanych bucikach z płótna, a także potrafiła mocnym policzkiem karcić zbyt natrętne zaloty kumów i rozstrzygać radą losy braci, bratowych i chrześnic.

A było tak, że Marcinowa na pogrzebie jednego z niezliczonych chrześniaków poślizgnęła się i upadła, łamiąc sobie niebezpiecznie nogę. Patamfilcowe bambosze, które odtąd miały zastąpić miejsce sznurowanych kamaszy, lakierowane kule i ciężkie ręce splecione na barchanie spódnicy. Ręce widziałam dokładnie, bo moja głowa sięgała niewiele wyżej siedzącej kobiety.

W miarę postępujących potem lat głowa moja sięgała wyżej i wyżej, proporcje zmieniały się konsekwentnie, aż do czasu, kiedy nie ja, ale ona wydawała się malutka, zgarbiona, drżąca, w uścisku moich mocnych ramion.

Marcinowa materializowała się po prostu w każdym zdarzeniu naszego życia. Jej istnienie, zapobiegliwość, opiekę stwierdzała legumina przy obiedzie i kaszka na mleku na kolację i dwie bułki do szkoły zawinięte w woskowy papier. Marcinowa – to były również zacerowane skarpetki i czysty kołnierzyk przyszyty do mundurka, i splecione co dzień rano warkocze, i okład pod ceratką podczas choroby, i wieczorna kąpiel.

Marcinowa znała się na książkach, choć sylabizować umiała zaledwie na swej książeczce do nabożeństwa, przekładanej błyszczącymi, świętymi obrazkami. Siedząc na drewnianym, zielonym kuferku, ja spełniałam tedy rolę lektora, a ona słuchała z przejęciem, wzruszała się, chwaliła lub potępiała bohaterów powieści. Lubiła „Siemkiewicza" i „Zieromskiego", cieszyła się ze Szczepana z *Wiernej rzeki*, z dowcipów Pana Zagłoby i chociaż Cezar z *Quo vadis* mieszał jej się z carem, a chrześcijanie z Polakami – zawsze umiała trafić swym prymitywnym sądem w sedno treści.

Dla Marcinowej życie nie miało form konkretnych i stałych. Rozpadało się na tysięczne czynności, wcielało co chwila z tym samym ogniem i rozpędem w gotowaniu obiadu, prasowaniu firanek czy zaciąganiu podłóg; oplatało się myślami wkoło ilości poszewek w praniu i srebrnych łyżek do czyszczenia, zwracało się uczuciem do małej dziewczynki biegającej po pokojach i do kanarka w klatce, do kwiatków w doniczkach i do Boga.

Z tych codziennych zatrudnień i myśli, co dzień ścielonych łóżek, co dzień gotowanych obiadów urosło w ten sposób wiele lat...

Któregoś dnia Marcinowa orzekła:

– Ano, doczekaliśmy się pociechy z naszego dziecka. Nic dziwnego, ja ją zawsze uczyłam, pani tysz coś dopowiedziała.

Byłam już wtedy naprawdę duża, schyliłam się, żeby pocałować rękę Marcinowej za to wszystko, czego mnie uczyła, i wtedy także zobaczyłam po raz pierwszy, że pochylam się przed staruszką.

Ona jeszcze tego nie wiedziała, ale miała się o tym niebawem przekonać za cenę gorzkich i tragicznych łez. [...]

Nikt nie był dość sprawny, dość odpowiedzialny ani umiejętny, aby przejąć jej obowiązki w domu. Młode służące zsyłał los jedynie po to, by ją drażniły swą niezręcznością, podstępnie upokarzały siłą fizyczną, kradły łaskę i miłość państwa, podkopywały niezachwiany dotąd autorytet. Młode służące – to były „patałachy", „kalikatury", „gęgoły", niemające pojęcia o pracy i służbie, wszystkie! I ta pierwsza – „na posługi", ta następna – już „przychodnia", i ta „młodsza", która zastąpiła „przychodnią", i ta „do wszystkiego", która zastąpiła „młodszą", i ta wreszcie ostatnia, którą trzeba było uprzedzić przy godzeniu:

– Państwa jest tylko troje, ale pokoik służbowy zajmuje chora, niedołężna staruszka, którą trzeba się opiekować jak dzieckiem i która bardzo zrzędzi.

Mówiło się to szeptem, żeby Marcinowa nie usłyszała i nie płakała z bólu, dumy i nienawiści...

Równie często płakały zresztą młode służące, chłostane słowami krytyki i szyderstwa. Rozchmurzały się jednak niebawem.

Takie jest prawo młodości i taka była władza uroku Marcinowej. Nie istniała siła rozgoryczenia i gniewu zdolna odwrócić od niej ludzkie serca.

A tymczasem poza obrębem kuchni, w jej utraconym państwie pięciu pokoi, działy się teraz rzeczy, których jej nie opowiadano, działy się teraz rzeczy na pewno złe.

Czy aby na pewno w szufladzie leżały wszystkie noże srebrne i czy nie zgubiono nic z serwetek odziedziczonych po nieboszczce pani starszej? I kto właściwie przyżółcił obrus, który pani kupiła przed wojną w Berlinie, i kto wyszczerbił sosjerkę od niebieskiego serwisu? Obca praczka prasowała bardzo źle koszule frakowe pana, Wercia nie potrafiła smażyć kurcząt po wiedeńsku, a w szafie pewnie zalęgły się mole.

I Marcinowa na przekór starości, lekarzom, bezsile zrywała się, korzystając z chwili nieuwagi otoczenia, poczynała rąbać drzewo, podnosić ciężkie garnki, taszczyć gdzieś doniczki swych ukochanych kwiatów. Padała zamroczona na kamienną podłogę i trzeba ją było z niej dźwigać na łóżko, rozszlochaną, bezwładną, trzeba było rozbierać, utulać i pocieszać, drżąc, że oto nadchodzi nowy atak sercowy.

I cóż mogliśmy na to poradzić z całą naszą opieką, zrozumieniem, miłością... Dobry lekarz, najładniejszy barchan na szlafrok, koronkowa chusteczka „do trumny", ochłap pieszczoty lub rozmowy?

Potem była droga za karawanem na Bródno (pogrzeb miała piękny – orzekły wszystkie kumy), a potem wróciliśmy zmęczeni i bardzo smutni do pustego mieszkania. Nie myśleliśmy nigdy, że opustoszeje tak bardzo z ubytkiem Marcinowej.

Oto jest opowiedziane długie życie służącej, zwykłe w swym monotonnym przebiegu. Oto jest szczera prawda o tem, jak moż-

Założony w 1865 r.

Cena numeru 50 gr

BLUSZCZ

SPOŁECZNO - LITERACKI TYGODNIK KOBIECY

NR 3 – ROK 74.

15 STYCZEŃ 1938

Władysław Jarocki: „Góralka".

Winieta tygodnika dla pań „Bluszcz”.

na w ścianach domu zamknąć swą duszę, jak można pracować, kochając ludzi spotkanych na drodze swego życia przypadkiem.

W przeciągu dwudziestu paru lat dzielących czas moich narodzin do czasu jej śmierci żyłam z nią razem i nauczyłam się ją kochać, ucząc się żyć. Jestem dziś jedyną, która zna z tylkokrotnych ustnych relacji i własnej obserwacji wszystkie daty i zdarzenia jej osiemdziesięcioletniego żywota. Ja jedna przechowuję jak relikwie pamiątki po niej: książeczkę do nabożeństwa, książeczkę służbową, chusteczkę z koronki i broszkę z bursztynu.

Ja jedna, stojąc nad jej grobem, czułam się sierotą.

Hanna Mortkowiczówna, fragment
Wspomnienia o Marcinowej, „Bluszcz" (nr 5 i 6, 1932)

Hanna Mortkowiczówna – pisarka i publicystka, córka Jakuba Mortkowicza, słynnego warszawskiego wydawcy największych polskich pisarzy (m.in. Stefana Żeromskiego, Marii Dąbrowskiej). Matka pisarki Joanny Olczak-Ronikier.

11

JUŻ DO NIKOGO SIĘ TAK NIE PRZYWIĄŻĘ

W domu wszyscy wyzywają, jak to można z państwem tak się zżyć, żeby tak się nie można odzwyczaić. Przepraszam, ale posądzam Wiel. Panią, że mnie hipnotyzuje lub Starsza Pani złorzeczy, chociaż nigdy w to nie wierzyłam.

Z LISTU SŁUŻĄCEJ MARYNI ZAJĄCÓWNY DO PANI ROGALINY

28 kwietnia 1934 roku służąca łódzkiego fabrykanta pończoch Juliusza Damma wraca z kina do mieszkania przy Gdańskiej 74. Jest jeszcze wcześnie, tuż po dziewiątej wieczór. Dziwi się, że nie słychać nikogo z rodziny: ani pani Doroty, ani pana, ani ich jedenastoletniej córki Ilony. Zagląda do sypialni. Wszyscy leżą w łóżkach. Jest zadowolona. To pani dała jej pieniądze na kino i namówiła, żeby sobie wyszła.

Rano wstaje i zaczyna się krzątać, ale w domu dalej cisza. Znów zagląda do sypialni. Państwo leżą, jak leżeli wieczorem. Podchodzi bliżej. Już wie. Obok łóżka na stoliku znajduje trzy listy. Pan napisał do policji, do wspólnika i do rodziny. Ale jest i czwarty list, dla niej. Państwo piszą w nim, że zostawiają jej pensję oraz dar: zegarek pani.

Pozostałe listy pozwalają wyjaśnić, co się stało. Ojciec najpierw podał weronal w tabletkach córce. Potem zażyli go razem z żoną. Przyczyną samobójstwa były kłopoty finansowe czterdziestojednoletniego Juliusza Damma i jego spory ze wspólnikiem Chajesem. Gdy przewieziono rodzinę do szpitala, tylko dziewczynka dawała jeszcze oznaki życia.

Zegarek pani dla służącej – co za wzruszający gest. Dowód przywiązania? A może zwykła solidność? Służącej pensja się przecież należała, a zegarek – na otarcie łez. Przecież musi teraz szukać nowej posady. Ale może były w tym geście również poczucie odpowiedzialności i chęć odkupienia winy, że biedna dziewczyna musiała odkryć to straszne zbiorowe samobójstwo.

W stosunkach pracodawców i służących odnajdziemy wszystkie rejestry odczuć, jakie towarzyszą związkom. Płaszczyznami podstawowymi tej relacji są wprawdzie dominacja z jednej strony i podporządkowanie z drugiej, ale na ich przecięciu powstaje przestrzeń zapełniona przez rozmaite uczucia. Czasem gniewu i niechęci, ale w innych konfiguracjach miłości i głębokiego przywiązania. Ton nadaje chlebodawca. „Pani dobra, to i służba dobra" – mówi służąca i ten czynnik prawdopodobnie jest decydujący. Ale tak jak w miłości czy przyjaźni, najważniejsze jest to, czy obie strony dobrały się odpowiednio, spotkały się w optymalnej konfiguracji. Bowiem relacja pracodawca–służąca nie jest opierającym się na wymianie usług na pieniądze układem mniej lub bardziej anonimowego szefa z odległym pracownikiem. To relacja intymna. Wspólne mieszkanie rodzi nie tylko bliskość fizyczną i przywiązanie, ale też wzbudza emocje, niekiedy bardzo silne. Służąca poznaje sekrety rodziny, uczestniczy w najważniejszych wydarzeniach. Zna charaktery, gusta, zalety i wady wszystkich domowników. Jeśli sprzyja jej szczęście, trafia do rodziny, której częścią się staje. A jeśli rodzina jest światła i ma odruchy solidarności, służąca może liczyć na pomoc i opiekę w najtrudniejszych chwilach. W takich przypadkach zostaje na

Portret Janiny Wrembel przebranej za pokojówkę, 1936.

długie lata, czasem na zawsze, pod opieką tych, którym oddała najlepszy czas swojego życia i których kochała bardziej niż swoją rodzinę. Ponieważ dopiero tu, na służbie, poczuła się potrzebna, a nawet niezastąpiona.

Reżyser filmowy Janusz Majewski (m.in. *C.K. dezerterzy*) zauważa, że stosunek pani do służącej różnił się od relacji z panem: „Napięcia i iskrzenia, które zwykle występują w relacjach między kobietami, tu były jeszcze silniejsze z powodu tak różnych pozycji społecznych. Do tego dochodziła zazdrość o młodość służącej. Z kolei pan domu miał często do służącej słabość i stawał po jej stronie, broniąc jej przed żoną. Tak było, wiem to z opowiadań, gdy nasza służąca nagle zniknęła, razem ze mną, kiedy miałem kilka miesięcy". Rodzice przyszłego reżysera podjęli natychmiastowe poszukiwania i bardzo szybko ustalili, że służąca jest w koszarach. Gdy tam wkroczyli, zobaczyli, że nad wózkiem ich syna stoi grupa żołnierzy, strojąc miny i zabawiając chłopca. Gdzie była służąca? „Tego mi nie opowiadano, ale się domyślam" – mówi Majewski. Natomiast wyprawa do koszar zakończyła się zwolnieniem służącej. „Moja matka oświadczyła, że nie życzy sobie ladacznicy pod jednym dachem, a ojciec starał się sytuację uspokoić".

Majewski wychował się w rodzinie urzędnika państwowego, która zawsze zatrudniała służącą. „Zwykle były to Ukrainki, ponieważ we Lwowie, jak i w ogóle na Kresach, «państwem» byli Polacy, a Ukraińcy czy Litwini im służyli, co położyło się cieniem na naszych z nimi relacjach".

Stasia Januszewicz ze wsi Pelikany pod Wilnem jak wszystkie jej siostry poszła na służbę. Trafiła do Adolfa Sakowicza, bogatego właściciela ziemskiego i trochę znachora, który leczył całą wieś ziołami. Żony Adolfa nie udało się jednak uratować, zmarła młodo. I oto Adolf oświadcza się własnej służącej. Na wsi dystans klasowy między służbą a chlebodawcami nie jest na tyle duży, aby takie rzeczy gorszyły, jak wśród mieszczan. Toteż Stasia wychodzi za Adolfa i rodzi mu czworo dzieci. Żyją szczęśliwie. Aż przychodzą Sowieci i chcą zesłać Adolfa na Sybir. Wnuczka, Katarzyna Hain-Lewandowska, wspomina: „Zabrali pradziadka. Wtedy prababcia Stanisława poszła wypraszać uwolnienie męża i o dziwo jej się udało, tylko kazali *uježdžać w Polszu*, czyli na Warmię. I pojechali, i się osiedlili w Modlajnach i Jezioranach pod Olsztynem". Tak służba odmieniła życie Stasi – na dobre. Spędziła szczęśliwe życie u boku Adolfa, który ją szanował. Katarzyna Hain-Lewandowska tak wspomina swoją prababcię Stasię:

> Słynęła z pięknej cery, myła się serwatką z mleka. Miała długie siwe włosy i często mnie prosiła, żebym zaplotła jej „koskę", czyli warkocz, wpinała sobie we włosy piękne ozdobne grzebienie. Zawsze włoski uczesane, elegancko ubrana. Dożyła osiemdziesięciu dziewięciu lat i do ostatnich dni o siebie dbała. Miała dziwną śmierć. Zobaczyła blask na obrazku Matki Boskiej Ostrobramskiej, który wisiał u niej w pokoju, i weszła na krzesło, żeby przetrzeć ten obrazek. Spadła, złamała nogę, pojechała do szpitala i już tam umarła.

Józef Marusieński ze swoimi dziećmi po śmierci ukochanej służącej Katarzyny Habas z Niepołomic wspomina ją w czasopiśmie dla służących „Głos Dziewcząt Polskich" w 1931 roku:

> Swoją skromnością i łagodnością, religijnością i pracowitością, i bezwzględną uczciwością zjednała sobie

> nasze pełne zaufanie, a z czasem nasze i naszych dzieci serca. Troskliwa i zapobiegliwa, całą duszą oddana domowi, dzieliła z nami chwilę szczęścia i smutku, ostatnio w czasie choroby po śmierci mojej śp. Żony. Taka została aż do końca, a że tak było, przytaczam słowa mej śp. Żony, wypowiedziane w ostatnich chwilach życia: „Żal mi dzieci i męża, lecz jedyną pociechą w tym mym żalu i smutku jest to, że zostawiam im wiernego przyjaciela – Kasię". Niestety, niezbadane wyroki Boga sprawiły, że nasza Kochana, a nam tak teraz bardzo potrzebna Kasia odeszła 3 lutego b.r. za swą nieodżałowaną panią, niespodziewanie dwa miesiące później. Spoczęła, jak sobie na to rzetelnie zasłużyła, w naszym rodzinnym grobowcu i w naszych sercach.

Wspólny grobowiec albo pomnik na grobie to rzadki zaszczyt i dowód prawdziwego przywiązania rodziny do służącej. Na cmentarzu Rakowickim w Krakowie jest takich grobów kilka. Anastazji Halbiance, urodzonej w 1824 roku, rodzina, u której służyła, postawiła grobowiec, a na tablicy nakazała wyryć: „Rodzina Jawornickich wiernej i długoletniej słudze ten pomnik stawia". W innym miejscu znaleźć można grób służącej zmarłej 7 grudnia 1902 roku, napis głosi: „Poczciwej Grzegorzowej". A przy grobowcu rodziny Marszałków spoczęła piastunka ich dzieci, widocznie przez nie kochana, skoro poświęciły jej tablicę z napisem: „Naszej dobrej niani".

W rodzinie Ewy Skrzypczak, emerytowanej fizyczki Polskiej Akademii Nauk, wciąż żywa jest pamięć o przedwojennych służących rodziny.

O Zosi niewiele wiadomo – tyle że pochodziła spod Łowicza, miała piękną regionalną sukienkę, której zazdrościły jej dzieci, ale ona wolała nosić się bardziej miejsko, w sukience z krepy.

Kolejna służąca z końcówki lat trzydziestych nie zapisała się chwalebnie w pamięci.

– We wrześniu 1939 roku uciekliśmy do Łowicza, a wróciliśmy do Warszawy pod koniec września, akurat gdy nasza służąca Stasiowa, wdowa po chłopie bezrolnym, pakowała dobytek. Potem okazało się, że nie własny, a sąsiadów, których domy po prostu okradła, gdy uciekli w popłochu.

Honor służących ratowała Elżbietka Jaszczuk, służąca babci, która „nastała", jak się mówiło, w 1916 roku. W pięciopokojowym mieszkaniu dziadków Ewy Skrzypczak przy Smolnej 18 mieszkała w nyży przy kuchni. Służyła do okupacji – trzydzieści trzy lata – z wielkim oddaniem. Była w wieku „swojej pani", urodziła się w 1894 roku pod Łomżą, a gdy trafiła na służbę w wieku osiemnastu lat, znała doskonale swój fach – umiała gotować i podawać do stołu, prawdopodobnie skończyła szkołę dla służących.

– To ona układała jadłospis, babcia się nie wtrącała – opowiada profesor Skrzypczak.

Elżbietka, czy Elżbietunia, jak ją dzieci w przypływie czułości nazywały, była bardzo do rodziny przywiązana.

– Kochała nas i była dla nas jak członek rodziny. A jednak nie chciała z nami siedzieć przy stole. Nawet w święta. Rodzina dzieliła się z nią opłatkiem, Elżbietka dostawała prezent, ale do siebie do kuchni, chociaż babcia zapraszała ją do wspólnego stołu.

Szczególnie opiekowała się „panem".

– Dziadek bywał w różnych eleganckich klubach, ale chyba cierpiał na kleptomanię. Przynosił od czasu do czasu długie łyżki do koktajlów, więc Elżbieta odnosiła je do restauracji, tłumacząc, że pan wziął je przez pomyłkę.

Gdy na Smolną z Sadyby przychodziła z wizytą rodzina, Elżbietka biegła do Bliklego po eklerki.

– Myśmy z racji kształtu nazywali te ciasta trumienki i Elżbietka któregoś dnia poszła do cukierni i powiedziała: „Dziesięć trumien poproszę, bo dzieci mojej pani przyjechały".

Zarabiała bardzo dobrze, dużo więcej niż inne służące – sześćdziesiąt–osiemdziesiąt złotych miesięcznie i prawie wszystko odkładała dla siostrzeńców spod Łomży. Chciała, żeby mogli sobie kupić krowę.

– W kamienicy dziadków działały dwie windy, służba miała windę dla siebie i Elżbietka woziła nią zakupy – opowiada profesor Skrzypczak

Gdy zaczęła się okupacja, rodziny nie stać już było na służącą, Elżbietka zatrudniła się na plebani na Tamce i tam prawdopodobnie została do końca życia. Jak wiele innych, nie założyła rodziny, wierna tej, u której służyła.

Krystyna Poklewska, z domu Werner, córka warszawskiego inżyniera, urodzona w 1933 roku, po osiemdziesięciu latach pamięta wszystkie służące z rodzinnego domu. „Tata pracował w fabryce, mama wychowywała mnie i brata, działała społecznie w Stowarzyszeniu Młodych Kobiet Polskich, gospodarstwo prowadziły służące. To była ich funkcja w zespole, który tworzyliśmy. Przez całe dzieciństwo nie zadawałam sobie pytania o charakter ich związku z rodzicami. Były domownikami".

Profesor Poklewska, emerytowana historyk literatury, pamięta dobrze Annę Zawadę, zwaną Andzią, o różowej twarzy:

> Pochodziła ze wsi i ubierała się z wiejska. Nosiła szerokie spódnice i wypuszczone na wierzch bluzki-kaftaniki. Kiedy wyskakiwała z domu do któregoś z pobli-

skich sklepików, zarzucała chustkę. Jasne włosy miała zasupłane w koczek, mówiła łagodnym, wysokim głosem. Była dumna z ukończonej czteroklasowej szkoły. Kiedy ukończyłam cztery klasy, też byłam dumna, że osiągnęłam poziom wykształcenia Andzi. Wieczorami siadała w kuchni na stołeczku czy krześle, ściągała lampę z ciężarkiem na poziom oczu i czytała.

Energiczną Almę Ryll z Podlasia, która nie dała sobie w kaszę dmuchać, pani profesor zna z rodzinnych wspomnień:

> Z opowiadania mojej mamy wiem, że chamsko napastowana przez jednego z lokatorów złożyła doniesienie na policji i wspierana przez mamę wytoczyła mu proces. Wyszła za mąż za Staśka Ściocha, syna dozorcy w naszej kamienicy, zamieszkała na Służewcu w wiejskiej chałupie, drewnianej, chyba krytej strzechą. Byłam u niej przynajmniej raz, w czasie wojny, była już wtedy wdową, Staśka zastrzelił żołnierz niemiecki we wrześniu 1939.

Była jeszcze „Chuda Andzia", w odróżnieniu od wcześniejszej „Grubej Andzi":

> Nazywała się Anna Bogacz. Przyszła do nas w czasie wojny i wyszła razem z nami. Była bardzo pogodna, miała poczucie humoru, lubiłyśmy ze sobą rozmawiać. Interesowała się książkami, zanosiłam jej do pokoiku własne lektury. Pamiętam, że było to m.in. opracowanie *Trylogii* Sienkiewicza dla młodzieży. Na któreś Boże Narodzenie ubrałam własnoręcznie

zrobionymi zabawkami gałęzie świerkowe i zaniosłam Andzi jej własną choinkę. Kiedy wychodziliśmy z podpalanego już domu na Matejki, wzięła ze sobą wszystkie swoje rzeczy. Po prostu rozłożyła prześcieradło i zawiązała w nim to, co miała w szafie i w szufladce stolika. „Taki to ze mnie bogacz" – powiedziała, robiąc aluzję do nazwiska. Zaimponowała mi.

Mając osiemdziesiąt cztery lata, Krystyna Poklewska wciąż słyszy piosenki śpiewane przez służące: „Jedzie, jedzie na kasztance...", „Marszałek Śmigły Rydz to dzielny jest nasz wódz", „Sprzedał Janek woły". „Ciągle widzę ich twarze" – mówi. Nie postrzega losu tych dziewcząt jako szczególnie nieszczęśliwego. Tłumaczy, że z wyboru wyszły z rodzinnych domów, najczęściej wiejskich, i rozpoczęły pracę w mieście, niekoniecznie dożywotnią.

Na zły los i niepogodzenie z życiem poskarży się pani spora część spotkanych dzisiaj na ulicy przechodniów. Podobnie było w świecie, w którym wyrosłam. Bezpodstawne wydaje mi się traktowanie służących jako ludzi skazanych na złe bytowanie. Służące były dla mnie domownikami. Samodzielne i życiowo doświadczone, były dla mnie, dziecka, mentorkami.

„Andzia dałaby sobie za nas utoczyć krew" – opowiada Teresa Skworz, z domu Rogala. Jej ojciec, Tadeusz Rogala, świetny drogerzysta, miał doskonałą rękę, a raczej nos do zapachów. Stworzył przed wojną damskie zapachy Czar i Kalię a po wojnie słynny Poemat, o którym po latach pisać będzie „Świat Młodych". Utrzymywał całą rodzinę, ale powodziło im się dobrze, bo był kierownikiem w kosmetycznej firmie J.S. Stempniewicz. „Do które-

Andzia Cugier, służąca rodziny Rogalów.

goś momentu. Bo gdy jeden z braci Stempniewiczów wyjechał za granicę i przepuścił forsę, ojciec zarabiał już nie pięćset złotych, jak wcześniej, a trzysta” – opowiada Teresa Skworz.

Służąca jednak w takiej dużej rodzinie być musiała. Zresztą to znowu nie taki wydatek, około trzydziestu złotych miesięcznie.

Teresa Skworz nie może pamiętać momentu, gdy w ich mieszkaniu na Głogowskiej 13 zjawiła się Andzia Cugier. Było to 1 stycznia 1929 roku, cztery lata przed jej narodzeniem.

Andzia ma dwadzieścia trzy lata i dopiero zaczyna pracę. Pochodzi z Krzywinia w Wielkopolsce. W Poznaniu służącymi są już jej starsze siostry i to one załatwiają jej posadę u Rogalów. Bardzo się stara od pierwszej chwili. Właśnie narodzić się ma dziecko, starsza siostra Teresy. Andzia przez kilka godzin wietrzy mieszkanie, żeby było nowocześnie, jak zalecają higieniści; ale jest luty, więc natychmiast trzeba mieszkanie dogrzać, żeby dziecko się nie rozchorowało.

„Skończyła cztery klasy, czytała słabo, umiała się podpisać. Była niezwykle dobrym człowiekiem" – wspomina Teresa Skworz, oczko w głowie Andzi. „To, co mnie najbardziej zaskakiwało, to to, że ona nigdy z nami nie siedziała przy stole. Mama mówiła: «Chodź, Andziu, usiądź z nami». Ale ona nigdy nie siadała".

Miała pokoik z oknem, luksus. Nieco większy od przylegającej do niego łazienki i o połowę mniejszy od kuchni. W pokoiku mieściła się dwudrzwiowa szafa, bieliźniarka i łóżko, a zimą piecyk, którym ogrzewało się pokój. Latem piecyk wynoszono. Nie było stołu, ale Andzia, jak wszystkie służące, jadała w kuchni. „Była prostego ducha. Chodziła na gorzkie żale i wszelkie nabożeństwa. Ale kiedy dostała od mojej siostry do czytania Biblię dla dzieci, to się zdziwiła: «No wie pani, co tam jest napisane? Że tego pana Jezusa zabili. Ale to chyba w niebie, bo na ziemi przecież czegoś takiego nie było»".

Raz w miesiącu, w piątek, Andzia kuchennymi schodami zanosi na „górkę", czyli na strych, odzież do prania – mnóstwo ubrań, bo rodzina Rogalów składa się z siedmiu osób. Cały ten dzień Andzia spędza na górce nad balią. „Wychodziła po pierwszym śniadaniu, a drugie i obiad zanosiło się jej na strych". Dla Teresy Skworz najatrakcyjniejszą zabawą dzieciństwa było zmywanie naczyń z Andzią: „Przystawiała dla mnie ławę, na której klękałam, dostawałam dwie miski i suszarkę. Byłam z Andzią bardzo związana".

Kiedy zaczęła się okupacja, Niemcy zabrali rodzinie Rogalów jeden pokój i zakwaterowali w nim tajnego policjanta. Miał w zwyczaju kłaść na szklanej półeczce nad umywalką swoje bibeloty.

Jesienią 1940 roku zachorowałyśmy obie z siostrą na biegunkę i lekarz zalecił mamie, aby karmiła nas startymi jabłkami. Ale skąd wziąć jabłka? Targ od rana do dwunastej był tylko dla Niemców, a potem nie było już tam niczego. Andzi jednak jakoś udawało się zdobyć jabłka. Dopiero po jakimś czasie dowiedzieliśmy się w jaki sposób. Wymyśliła sobie, że będzie kupować na rynku *nur für Deutsche*, bo tam były zawsze jabłka. Leciała tam o siódmej rano z przypiętą do płaszcza odznaką niemieckiego policjanta, którą zabierała mu z półeczki nad umywalką.

W 1940 roku umiera w Krzywiniu starsza siostra Andzi, zostaje po niej siedmioro dzieci. Zwyczajem chłopskich rodzin Andzia wychodzi za mąż za swojego szwagra, aby objąć opiekę nad dziećmi. „Mama wyprawiła Andzi wesele, u nas w domu, przy tym właśnie stole, przy którym siedzimy" – opowiada Teresa Skworz. Prostokątny solidny stół na dwadzieścia pięć osób (po rozłożeniu) jest częścią historii rodziny, więc przeprowadza się od kilkudziesięciu lat razem z nią. Teraz stoi w mieszkaniu córki – Joanny Skworz.

Andzia tuż po weselu wraca do Krzywinia, ale co trzy miesiące przyjeżdża do Poznania dziwnie gruba. „Pod płaszczem – mówi Teresa Skworz – zawsze miała kury, kiełbasy i gołębie, które lubił mój ojciec". Gdy kończy się wojna, Andzia pozostaje ze swoją rodziną w Krzywiniu. Ale tęskni:

Kochana moja Pani

Musze też raz napisać do Pani bo mi się dosyć dłuszy za wszystkiemi, jestem ciekawa czy wszyscy zdrowi są u Państwa, nieraz myśle duszo co moja

Koperta listu Maryni Zającówny.

Kochana Pani robi, czy jest taka słaba jak nie raz była. Chociaz nie lubie pisać ale do mojej Pani to chetnie. Unas nic nowego.

Co robi to malutkie Teresiątko, jej nic nie słychać, dawni się tak odzywała a teraz ani nie wspomni, pewno mnie już mało zna bo była mała a teraz jest już Panienka. Proszę ją Pani ładnie pozdrowi odemnie i mocno uściska wszystkich. Czy panna Zosia jest, chyba tak.

Co wszystkie Panienki robią, co p. Stefcia i p. Marylka i p. Tolka, czy jeszcze się tak dość uczą.

[...]

Jak się pani czuje czy pani jest lepi. Moja kochana Pani ja pani życze z całego serca zdrowia bo mnie pani tak doprowadziła że gardło nie czuje że mnie giedy

boli. Za wszystko pani bardzo mocno Bóg zapłać. Mocno Panią całuje i ściskam z daleka. Jak przyjade to sbliska uściskam i pozdrawiam wszystkich
Anna

Archiwum rodziny Rogalów kryje prawdziwe skarby. Wartość ma każde, choćby najbardziej wyblakłe zdjęcie, widokówka czy list. Jak ten napisany do stryjenki Teresy, pani doktorowej Wandy Rogaliny, przez służącą. Marynia Zającówna najwyraźniej jest poruszona. Co się stało? Nie wiemy, w jakich okolicznościach, ale najwyraźniej pani Rogalina wymówiła służbę Maryni. Z relacji krewnych wynika, że obie były dosyć nerwowe, a pani Rogalina wyjeżdżała często na kurację „na nerwy". Adres na kopercie: „Wiel. Pani Drowa Rogalina. Ostrów Wielkopolski (przy moście kolejowym)".

Służąca Andzia Cugier z dziećmi.

8 marca 1927 roku

Do Wielmożny Pani!

Wczoraj odebrałam list od Wiel. Pani. Który mnie bardzo zaniepokoił. Czy Wiel. Pani naprawdę nie ma nikogo? To mnie tak zaniepokoiło, że Wiel. Pani pisała, że jest tak bardzo zajęta. Pomimo tego, że ja byłam dokuczliwa i Wiel. Pani mi czasem dokuczała to jednak nie mogę tego po prostu strawić żeby to mogło na zdrowiu W. Pani zaszkodzić. Bym nigdy nie chciała słyszeć, że Wiel. Pani się źle działo. Taka jakaś siła mnie z tym domem Wiel. Pani trzyma, że nie mogę się pokonać. W domu wszyscy wyzywają, jak to można z państwem tak się zżyć, żeby tak się nie można odzwyczaić. Przepraszam, ale posądzam Wiel. Panią że mnie hipnotyzuje lub Starsza Pani złorzeczy, chociaż nigdy w to nie wierzyłam. Ten list piszę u Sztapczyny, żeby to nikt nie widział, boby dopiero było.

Pomimo wszystkiego ja byłam i będę zawsze tą, co byłam w największym nieszczęściu. Niech Wiel. Pani ten list zaraz zniszczy żeby nie było *Was geschriebenistgeblieben* [co napisane, to zostaje – przyp. aut.] bo jakby tego co myśle nie wypisała to nie wiem, czy bym to przetrzymałam. Potem co zaszło już się nie narzucam, ale musze się wygadać, żeby jakoś odtęsknić. Nie wiem, czy się kiedyś trafiła służąca żeby tak się zżyła z państwem jak ja, nie rozumiem. A jak Wiel. Pani sobie nie może dać rady to może ja bym przyjechała choć na pare dni nim pójdę w inne miejsce bo przed pierwszym nigdzie nie pójdę. Nie narzucam się ale tak szczerze pisze.

Już do nikogo w życiu się tak nie przywiążę, bo to ciężko. Pozdrowienia.

M. Zającówna

Być może z poczucia winy pani Rogalina pisze do Maryni list, w którym prawdopodobnie proponuje jej powrót, ale Marynia odpisuje tak:

Kościan, 13 maja 1927

Do Wiel. Pani!

Zaraz nie mogę przyjechać, bo ja także jestem chora ledwo chodzę. Dzisiaj byłam u doktora i mówił, że mam osłabienie nerwów. Wiel. Pani by mnie nie poznała jak wyglądam że na mnie patrzeć nie mogą. Po nocach spać nie mogę i bardzo mało jem. Jeżeli Wiel. Pani ma służącą, to dwuch nie potrzebuje po tem lekarstwie Wiel. Pani będzie potrzebować to przyjadę. Taką jakąś sławną wodę mi zapisał. Mogłam prędzej się leczyć jak mi Wiel. Pani kazała. A zawsze na nerwy narzykałam. Proszę o odpis.

Marynia.

Na przyjazd się zdecydowałam.

Sprzeczne informacje. W liście pisze Marynia, że chora jest i nie przyjedzie. W dopisku – że się jednak zdecydowała. Jak to się skończy?

Do Wiel. Pani!

Od wczoraj się namyślam, jak to zrobić i nie mogę się zdecydować. Bo to jest nie możliwe żeby Wiel. Pani mając służącą i dla mnie ją oddalić i jak

> bym miała być z nią razem i czekać aż sobie pójdzie to moje sumienie na to nie pozwoli. Matka i wszyscy mówią że to nie może tak być. Może jest porządna, to niech ją Wiel. Pani trzyma. A jak by to ojciec widział to nigdy by na to nie pozwolił nic o tym ojcu nie mówimy. A tam ludzie? Bym się nie śmiała na ulice pokazać, żebym miałam kogoś wysadzić.

W dalszej części listu Marynia zapewnia, że lepiej się czuje, matka daje jej mleko i jaja, nerwy się uspokajają, jeść i spać już może. I że wkrótce zacznie się starać o nową posadę, bo „nie możemy już patrzeć na Ojca starego w siedemdziesiątem roku, żeby na nas wszystkich robił". I nagle wraca do wydarzeń, po których odeszła z domu „Wielmożnej Pani". Sytuacja trochę się rozjaśnia.

> To jest okropne, że Wiel. Pani o godz. 9 natychmiast każe iść niż bym się popakowała i trochę sprzątnęła to mogła być dwunasta, pierwsza, gdzie ja się miałam podziać? Gdyby to w domu wiedzieli. Do tego czasu nic nie mogę sobie zarzucić żebym Wiel. Pani złego wyrządziła [...]
>
> Więc ja nie przyjeżdżam do Wiel. Pani jak Wiel. Pani ma bo to jest nie możliwe jeszcze by mnie miał ktoś przeklinać złe życzyć dosyć tego mam.
>
> Jak by na przykład sama wypowiedziała a byłam wolna to dlaczego nie.
>
> [...]
>
> Zawsze pozostaje życzliwa Marynia służąca

Marynia, wszystko na to wskazuje, została podczas awantury wyrzucona z domu przez panią. I choć nie wróciła już na służbę

Wakacje pod Poznaniem, 1930. Od lewej Helena Rogalina, Tola, Andzia Cugier trzyma na rękach Stefę. Obok Józio i Marylka.

do Rogalów, do lat pięćdziesiątych utrzymywała z nimi kontakt, zwłaszcza z Hanią, córką „Wielmożnej Pani".

Z przekazów rodzinnych wiemy, że Marynia znalazła posadę u kolejarzy i była z niej zadowolona.

Wzruszające są gesty pań, które czują się odpowiedzialne za swoje służące i chcą zadbać o ich przyszłość. Gdy poetka Kazimiera Iłłakowiczówna spisywała testament w 1961 roku, w ostatnim zdaniu zwróciła się do spadkobierczyń – siostry Barbary i jej córki Janiny: „Proszę o hojne wynagrodzenie mojej wiernej posługaczki – Józefy Zugerhör" (zmarła jednak przed Iłłakowiczówną).

W lipcu 1921 roku polska służąca Antonina Wróbel we francuskim porcie Cherbourg wsiada na pokład statku „Saxonia". Ma czterdzieści siedem lat i zaczyna nowy etap życia. Przez piętnaście lat będzie służącą słynnej śpiewaczki operowej, Marcelli Sembrich-Kochańskiej, pierwszej Polki, która zaśpiewała w nowojorskiej Metropolitan Opera. Sembrich potrzebowała nowej pomocy po śmierci swojej zaprzyjaźnionej opiekunki, Friede Mielke. Chciała, aby służąca pochodziła z Polski, żeby móc z nią rozmawiać w ojczystym języku. Antonina Wróbel pochodziła ze wsi Nawojowa Góra w Małopolsce. Śpiewaczce polecił ją Ignacy Paderewski, u którego wcześniej służyła w szwajcarskim Morges. Gdy przybyła do Nowego Jorku, zamieszkała w luksusowej posiadłości Sembrich w Bolton Landing przy Lake George. Wybór służącej okazał się doskonały: Antonina, zwana Antochą, stała się bliska Marcelli Sembrich, która czuła się wtedy bardzo samotna, krótko wcześniej zmarł jej mąż Wilhelm Stengel. Śpiewaczka nie miała dzieci i w testamencie przekazała swoją artystyczną spuściznę synowi męża z pierwszego małżeństwa. Nie zapomniała też o swojej służącej – Antonina otrzymała ogromny apartament w Nowym Jorku, a także dzieła sztuki i meble. W tym mieszkaniu udzielała potem schronienia Polakom przybywającym do Ameryki. Dary otrzymane w spadku od Marcelli Sembrich przekazała w testamencie poznanej w Nowym Jorku przyjaciółce, Elisabeth Mick, której potomkowie ofiarowali je Stowarzyszeniu Pamięci Marcelli Sembrich.

KUCHARCIA

W domu Kossaków pracowała, zdawało się, od zawsze. Trudno wyobrazić sobie ten dom, choć przecież bogaty w persony nie byle jakiej rangi, bez Kucharci. Swoją wyjątkową pozycję zawdzięczała w dużej mierze przymiotom charakteru: niezwykłej uczciwości, zaangażowaniu w prowadzenie domu, lojalności wobec rodziny, a również i temu, że czując się jakby członkiem rodziny, przeżywała wraz z domownikami wszystkie ich sukcesy, kłopoty i smutki. Przez wszystkie lata naszej znajomości widziałem ją zawsze, jak to się mówi, pod ręką Magdaleny. Dbała o nią jak najlepsza matka. A traktując ten dom jak własny, dla jego dobra potrafiła zdobyć się na uwagi krytyczne, również i wobec Magdaleny, która zawsze była dla niej „jaśnie panią".

Któż nie lubił Kucharci? Swoim taktownym zachowaniem, pogodą, uśmiechem, zjednywała sobie sympatię, szacunek i poważanie wśród gości odwiedzających Kossakówkę. Zresztą trudno było nie darzyć jej szacunkiem, skoro kierowała się w życiu prostymi i jednoznacznymi kryteriami moralnymi.

Było w niej jednak coś, co czyniło ją – przynajmniej w moich oczach – reliktem przeszłości, zabytkiem odchodzącej epoki. Urodziła się i wychowała w czasach „miłościwie nam panującego" Franciszka Józefa. Z czasów tych wyniosła wszystko, co dobre i złe. Stamtąd wywodziła się ta charakterystyczna uniżoność i tytułomania, których nie potrafiła – ani zapewne nie chciała – się pozbyć. Gości Kossakówki dzieliła przeto z wrodzoną sobie konsekwencją i prostotą na tych, którzy „przybywają", i na tych, którzy „przychodzą". Szczęście jej nie miało granic, gdy anonsując gościa, mogła ze snobistyczną dumą podkreślić: – Przybył jaśnie pan hrabia... lub baron. Bo splendor domu w cząstce był splendorem mile łaskoczącym także i jej ambicje. Stąd radość i zadowolenie. Trudno natomiast powiedzieć, aby Kucharcia wpadała w zachwyt na widok zwykłego inżyniera, sędziego czy pospolitego lekarza. Tacy goście już nie „przybywali", lecz zwyczajnie „przychodzili": – Przyszedł pan inżynier...

[...] Kucharcia przez całe swoje życie hołdowała staroświeckiej modzie skromnego czesania w kukiełkę starannie upiętą w tyle głowy. W domu nie nosiła żadnego przykrycia, natomiast jeżeli wychodziła do miasta, wkładała kapelusik w kształcie toczka. Jedyną ozdobą, na którą sobie pozwalała ta niezwykle skromna kobieta, były złote kolczyki z koralami – największa duma właścicielki. Nosiła się prosto, a nawet surowo – chodząca schludność: suknię zawsze starannie wyprasowaną nie omieszkała osłonić fartuchem, ilekroć wchodziła do kuchni, ale nikomu nie zdarzyło się widzieć jej tak przyodzianą na pokojach.

Życie, jakie wiodła w Kossakówce, po części wynikało z jej licznych obowiązków, po części z ułożonego przez nią samą harmonogramu. Wiadomo było, że o godzinie szóstej rano Kucharcia idzie na mszę św. do pobliskiego kościoła Sióstr Felicjanek, a po powrocie przygotowuje jajka w szklance, które wraz z zakupionymi po drodze świeżymi, chrupiącymi bułeczkami poda do łóżka swojej „jaśniepani" na pierwsze śniadanie.

Dzień spędzała bardzo pracowicie. Robiła zakupy, gotowała, sprzątała, prała, a na dodatek paliła w piecach, bo Kossakówka nie miała centralnego ogrzewania. Aż dziw bierze, jak potrafiła sobie z tym wszystkim poradzić – dom był przecież ogromny. Pomimo tak wielu obowiązków umiała wygospodarować sobie czas wolny, który poświęcała swoim ukochanym kotom. Miała liczną, bo liczącą nieraz ponad dwadzieścia sztuk rodzinę kotów syjamskich.

[...] Zazwyczaj spędzała wieczór w swoim pokoju. Tu w chwilach wolnych od prac domowych zagłębiała się w lekturach książek religijnych, oddawała modlitwom przed figurką Matki Boskiej stojącej na stylowym stoliku. Niewielkie bowiem miała potrzeby i niezbyt szerokie zainteresowania. Kontakty towarzyskie także utrzymywała dość skromne. Przyjaźniła się bowiem wyłącznie z koleżankami, które – jak to podówczas mawiano – były „w obowiązku" w znanych rodzinach krakowskich. Po prostu nie wypadało inaczej. Do swoich znajomych, aby podkreślić rangę także i swojej pozycji, zwykła była mawiać o swojej pani Marii Kossakowej – „moja jaśniepani z potomków się wywodzi!".

[...] Żeniąc się z Madzią, nie robiłem sobie nadziei. Wiedziałem, że żadna z niej praktyczna gospodyni domu. Rzeczywistość – przyznać to muszę uczciwie – przeszła moje najgorsze przewidywania. Prawdą okazało się, co wydawało mi się żartem – Madzia, faktycznie, ze wszystkich możliwych umiejętności kulinarnych posiadała umiejętność gotowania wody. Z domu nie wyniosła niczego więcej. Nigdy nie zajmowała się kuchnią. Były to sprawy zupełnie jej obce. Wychowana, jak przystało na panienkę z dobrego domu, z dala od czynności przyziemnych i niedogodnej młodej panny otoczonej guwernantkami, służbą, nie wiedziała, co to kuchnia. Zresztą nie miała do niej wstępu. Zakaz pętania się po kuchni wydało troskliwe o swe utalentowane córy Mamidło. Do głowy jej nie przyszło, że któraś z dziewczynek będzie musiała w przyszłości sama gotować. Nie, to stanowczo przekraczało granice zdrowego rozsądku. Toteż przygotowanie do dorosłego życia ograniczało się w Kossakówce jedynie do umiejętności wydawania dyspozycji służbie i ich egzekwowania, do dekoracji stołu i spożywania wykwintnych posiłków, ale nigdy gotowania. To uwłaczało godności jaśniepaństwa. Nie zaglądała Madzia do kuchni, nie robiła tego i później. Teraz zainteresowania jej koncentrowały się wokół spraw jeszcze bardziej odległych. Nie czuła żadnych potrzeb, by interesować się sprawami kuchni, a tym bardziej tym, co się w niej działo. Wystarczyło, że odziedziczyła po rodzicach tak cenny skarb, jakim była Kucharcia.

Zygmunt Niewidowski, *30 lat życia z Madzią*, Warszawa 2011.

12

BRZYDŹ SIĘ GRZECHEM JAK WĘŻEM

Jest to prawdziwe nieszczęście dla służącej, jeśli jest bardzo piękna, bo na taką najwięcej niegodziwi ludzie czyhają.

KAZIMIERZ RIEDL, *PAMIĄTKA DLA DZIEWCZĄT SŁUŻĄCYCH I PRACUJĄCYCH OSOBLIWIE PO MIASTACH*

Z aktu oskarżenia sądu w Suwałkach:

Na początku roku 1925 mieszkanka wsi Smolniki gminy Kadaryszki Michalina Ż. oddała 13-letnią swą córkę z pierwszego małżeństwa Mariannę J. na obowiązek do gospodarza z sąsiedniej wsi Jedoziory Józefa M. Wiosną tego roku Marianna J. wypowiedziała się wobec rodziców, że nie będzie dalej służyć u M., bo jest tam niedobrze. W pierwszych dniach maja Marianna znów przyszła do matki swej i oświadczyła, że więcej na służbę nie pójdzie, bo gospodarze nie dają jej chleba. Atoli matka ją skrzyczała i odprowadziła ją z powrotem do M.

Parę dni później Marianna Śluzyńska, dowiedziawszy się od Michaliny Ż., iż ta córkę swą Mariannę odprowadziła z powrotem do M., oświadczyła:

– Wyście chyba nie jej matka.

I oznajmiła, że żona Józefa M. mówiła jej, Służyńskiej, że mąż Józef dobiera się do dziewczynki Marianny, zaczepia ją i szarpie.

Zaraz po tym Michalina odebrała swoją córkę Mariannę od M. i zapytała się jej, czy to prawda jest, co ludzie mówią.

Okazało się, że tak. Dwudziestosiedmioletni Józef M. dwa razy próbował dziewczynkę zgwałcić.

Pierwszym razem było to wiosną 1925 roku. Marianna zamiatała podłogę w kuchni. W pokoju obok siedziała gospodyni z dziećmi. „Józef M. powalił Mariannę przemocą na łóżko w kuchni, położył się na nią, zadarł spódniczkę i zaczął grzebać się palcami między jej nogami. Gdy na jej krzyk przybiegła gospodyni, M. puścił ją. M. zaczęła wymyślać na męża, a ten powiedział jej: «Jak zechcę, to jej zrobię dziecko. To nie twój interes. Ty je chować będziesz»".

Po kilku tygodniach zaatakował dziewczynkę, gdy żony nie było w domu. Ale był trzyletni synek. Gdy usłyszał płacz służącej, płakał, wołając:

– Tatuś Manię bije!

Józef M. puścił dziewczynę.

Marianna powiedziała gospodyni, co się stało, ale wstydziła się rozmawiać o tym z matką. Tymczasem cała wieś huczała, że M. molestuje trzynastoletnią swoją służącą.

Kiedy matka dowiedziała się od znajomej, że jej córka jest napastowana seksualnie przez gospodarza, poszła z córką od razu na komisariat i do lekarza. Badanie wykazało, że dziewczynka nie straciła dziewictwa.

M. przed sądem zaprzeczał wszystkiemu, twierdząc, że matka dziewczyny oskarża go, bo zabrała ją przed czasem i boi się, że to on złoży skargę do sądu. Sędziowie nie uwierzyli mu. Miał na wsi reputację kobieciarza i człowieka niemoralnego, a jego poziom umysłowy i kulturalny uznano za niski. Został skazany na rok więzienia – po sześć miesięcy za każdy czyn.

Nieznana jest skala napastowań seksualnych ze strony chlebodawców. To ciemne liczby, zdarzenia rozgrywające się z dala od obcych oczu. Jeśli nie ma świadków lub śladów, a tylko słowo przeciwko słowu, to rzadko walka jest wygrana.

Trzynastoletnia Stanisława L. została przez rodziców oddana na służbę do Antoniego C., gajowego we wsi. Był początek 1929 roku. W maju – zeznała potem Stanisława L. przed sądem – gajowy „podszedł do niej, obalił ją przemocą na łóżko i pomimo iż Leszczyńska opierała mu się i wzywała pomocy, dokonał z nią wbrew jej woli stosunku płciowego".

Dziewczynkę poddano badaniom ginekologicznym i biegły stwierdził, że „naddarcie błony dziewiczej nastąpiło przed pół rokiem przez wprowadzenie do pochwy organów płciowych członka męskiego". Tym samym potwierdził wersję służącej.

Sąd jednak zakwestionował wiarygodność dziewczynki. Stwierdzono, że nie jest możliwe, aby Antoni C. zgwałcił służącą, wiedząc, że w kuchni obok znajduje się jego żona i jeszcze kilka osób. Ponadto według biegłego, wbrew zeznaniom Stanisławy L., musiała ona współżyć częściej niż raz. A to zasiało wątpliwości wśród sędziów. Sam oskarżony zaprzeczył gwałtowi, twierdząc, że to matka dziewczyny ukartowała sprawę. Sąd uniewinnił Antoniego C.

Sprawa była dla dziewczyny przegrana już od początku. Słowo służącej przeciw słowu gajowego. Żadnych świadków, jedynie opinia biegłego, w dodatku niezbyt klarowna. Wyrok nie okazał się zaskoczeniem.

Karykatura z lwowskiego czasopisma „Iskra i Goniec", 1887.

Czasem jednak sprawa jest tak ewidentna, że zeznań poszkodowanej nie da się zakwestionować. Tak było w przypadku ohydnej zbrodni popełnionej przez przemysłowca Białasa na dziewiętnastoletniej służącej Stanisławie N. „Przystojna służąca zwróciła uwagę pryncypała, który też zaczął zalecać się do niej. Na zalecanki Białasa dziewczyna odpowiadała pogardliwą obojętnością, co donżuana skierniewickiego doprowadzało do wściekłości" – relacjonował „Dziennik Białostocki" w 1923 roku.

Stanisława, dziewczyna skromna i dobrze wychowana, została zatrudniona przez tę rodzinę pół roku wcześniej. Ponieważ na wszystko patrzyła żona, Białas wywiózł służącą na letnisko pod Skierniewice i próbował coraz nachalniej uwodzić, wręczając prezenty i proponując pieniądze. Pozostała nieugięta.

Czwartkowego wieczora Stanisława N., kładąc się spać, barykaduje drzwi. Przeczucie jej nie myli. Białas tylko przez chwilę puka. Potem wyważa drzwi, związuje jej ręce i okręca głowę prześcieradłem. O świcie Staszka dzwoni na policję. Odźwierny, który ją widzi, przeraża się. Policja aresztuje Białasa natychmiast. Ten chce wpłacić dwadzieścia milionów kaucji, aby pozostać na wolności, ale prokurator się na to nie zgadza.

„Hańbą okrył swe imię bogacz skierniewicki Białas, właściciel kilku kamienic, sklepu i piekarni. Dotychczas był poważnym kupcem, od kilku dni stał się przestępcą i siedzi w więzieniu" – pisał „Dziennik Białostocki".

W przypadku Szajndli nie wiadomo, jak było naprawdę. Z aktu oskarżenia przeciwko Abramowi Gotliebowi, lat 28, oskarżonemu o zgwałcenie:

Częstochowa, 5 sierpnia 1918

W styczniu 1918 roku służyła u Abrama Dawida G. w Częstochowie przy ul. Targowej 12 18-letnia Szajndla Moneta. Pewnego wieczoru tego miesiąca pod nieobecność swej żony wszedł do kuchni, w której spała Szajndla Moneta, oskarżony Abram Dawid G. i położywszy się do łóżka Szajndli Monety, zatkawszy jej usta, żeby nie krzyczała, rozerwał jej nogi i zgwałcił, przy czem groził jej oskarżony biciem na wypadek, gdyby krzyczała. Przestraszona tem Szajndla Moneta przeleżała spokojnie do rana i dopiero nazajutrz zawiadomiła swych rodziców o zgwałceniu jej przez oskarżonego.

Początkowo usiłował ojciec Szajndli Icek Majer Moneta pogodzić się z oskarżonym Gotliebem przed rabinem Majerem Henochem Izrajewiczem, przy czem Majer Moneta zażądał tytułem odszkodowania złożenia kwoty 700 mk. dla swej córki na wiano przez G., lecz G. złożył 300 mk. Pertraktacje ugodowe między stronami nie doszły do skutku.

Sprawa wydawała się ewidentna, a do tego oględziny lekarskie potwierdzały wersję Szajndli. „Błona dziewicza została rozerwana, jednak żadnych zadraśnięć ani niezagojonych powierzchni nie znaleziono. Na zasadzie powyższego opinia lekarska stwierdziła, że *coitus cum introductione penis* był dokonany" – twierdził lekarz.

Przesłuchany jako oskarżony Abram Dawid G. do winy się nie przyznał i twierdził, że Szajndla Moneta źle się prowadziła, a następnie, że w dniach 17–20 stycznia był w Oświęcimiu. Choć prokurator oskarżył Gotlieba, sąd wykazał wiele niejasności w tej sprawie. Po pierwsze, rabin potwierdził, że ojciec Szajndli, Icek Moneta, zażądał od niego sądu rodzinnego w tej sprawie. Ale pod przysięgą zeznawać nie chciał. Po drugie, Gotlieb starał się wykazać, że Szajndla źle się prowadziła. Na jego wniosek zgłosili się świadkowie, którzy mieli to potwierdzić. Była wśród nich sklepikarka, czterdziestosześcioletnia Bajla Wierzbicka. Zeznała, że Gotlieb jest pobożny, a Szajndla bezwstydna. „Przychodziła nieraz do sklepu, gdy tylko tam byli mężczyźni, bez bluzki, aż niemiło było patrzeć z tego względu, że widać było dużo gołego ciała. Pewnego razu jeden młody człowiek u mnie w sklepie pytał się jej, czy będzie czekać u niego w sieni" – mówiła. Zeznawała też Ita Szajewicz, lat czterdzieści pięć:

> Szajndla jest nieporządną dziewczyną. To widać zaraz po jej słowach. Używa na przykład w mowie takie wyrazy: kurwa i tym podobne.

A także żona G., Ruchla, lat dwadzieścia pięć:

> Ze służby wygoniłam ją, bo się źle prowadziła. Jak gdzie wychodziłam, musiałam ją zamykać na klucz, bo wychodziła na ulicę za chłopakami.

Według jej wersji mąż nie mógł zgwałcić służącej w kuchni, bo spała ona w pokoju z dziećmi. Potwierdziła też zeznania męża, że był wtedy w Oświęcimiu.

Sąd bardzo pobieżnie badał sprawę. Ojciec Szajndli twierdził, że poprzednio pracowała ona przez siedem lat u Salomei Fiszof przy ulicy Krakowskiej 4, ciesząc się opinią uczciwej i nieskazitelnej (co oznacza, że zaczęła pracę, mając lat jedenaście). Sędziowie jednak nie są ciekawi opinii byłych pracodawców Szajndli, dają wiarę świadkom wskazanym przez G. i uznają, że jest on niewinny. Trudno ten wyrok przyjąć bez zdziwienia, zwłaszcza że oskarżony przy rabinie proponował dziewczynie pieniądze, wprawdzie nie tyle, ile żądał jej ojciec, ale chciał płacić.

Wydaje się, że służąca jest bez szans w starciu z możniejszymi. Sprawa Szajndli pokazuje coś jeszcze: że wspólne zamieszkanie i brak autonomicznej przestrzeni służącej mogą być bronią obosieczną. Otwarta kuchnia z łóżkiem służącej; powroty paniczów i panów kuchennymi drzwiami; wołanie służącej, aby zdjęła panu buty – to rodzi patologię. Czasem dziewczyny ulegają pracodawcom bez większego nacisku z ich strony. Zainteresowanie panicza im imponuje.

Ferdynand Hoesick, pisarz, wydawca i kobieciarz, już jako dorosły mężczyzna wspominał swoją fascynację erotyczną służącą Marysią Klimkówną, którą poznał na letnisku w Starszkówku, dokąd pojechał jako młody chłopak w 1916 roku. Pisał po latach:

> Dorodna blondynka o ciemnych brwiach i rzęsach nad kocimi, zalotnymi oczyma, rosła, wspaniale zbudowana, jędrna jak rzepa, w ogóle wspaniały typ polskiej piękności wiejskiej, posiadała wyjątkowy powab cielesny. Gdy przychodziła do naszego pokoiku w oficynie czy to posprzątać rano, czy posłać łóżka wieczorem, zawsze była narażoną na różne ataki z naszej strony, na które jednak narażała się z widoczną ochotą. Snadź lubiła być podrażnianą i drażnić zmysłowo, bo choć cnotliwa, jako 19-letnia, zupełnie rozwinięta i dojrzała dziewoja, bardzo silnie odczuwała wolę bożą... Krótko mówiąc, i chciałaby, i bała się. Ostateczny rezultat był ten, że lubiła przychodzić do nas na górę, a przywołana np. o 9-tej dla przyszy-

cia paru guzików (umyślnie przez nas pourywanych przedtem) przyszywała je czasem... aż do 1-ej!

Kolejne zagrożenie: wyjazdy pań i pozostawienie służącej w domu z mężczyznami. Satyryczne czasopismo „Amorek” zna dobrze te sytuacje:

Żona pana wyjechała, na okrągłe dwa miesiące,
Frania z panem pozostała, w te nieznośne dni gorące.
W stroju negliż zaprowadza, mniej krępuje się już pana,
i jak może mu dogadza, często nie śpi też do rana...

Z cyklu *Rady dla kucharek* Walerego Wielogłowskiego służące mogły się dowiedzieć, gdzie i jakie czyha na nie niebezpieczeństwo. W mieście, wiadomo, ale i w domu trzeba być czujną, „bo w szynku są dyabły-obdartuchy, a w kamienicy są dyabły-eleganty, w kusym fraku lub kurteczce, albo w liberyi z galonami”. Tak jedni, jak i drudzy mają te same zamiary, ale „diabeł-obdartuch daje ci wypić grzech w prostej anyżówce, a diabeł-elegant w likierze albo w miodzie”. Dlatego, ostrzega autor artykułu, jeśli służysz w domu kupieckim – szanuj panów subiektów, ale z daleka. „Niechaj sztukę mięsa i pieczeń znajdą miękką, a ciebie twardą” – zaleca Wielogłowski. Dziewczynie służącej w domu rzemieślnika mogłoby się wydawać, że zbałamuci pana, a on się potem z nią ożeni. „Oj nie, moja kochana! Czeladź rzemieślnicza wysoko teraz patrzy, a pyta się, czy panna ma kamienicę, a przynajmniej dom na Kleparzu lub grunt w Czerwonym Prądniku”. „I z paniczami na pensjach trzeba być bardzo czujną” – przestrzega Wielogłowski.

Zwłaszcza z paniczami!

Gdy Iza Moszczeńska, publicystka i feministka, pyta w 1903 roku studentów Politechniki Warszawskiej o ich praktyki seksualne, okazuje się, że chłopcy najczęściej doświadczali inicjacji seksualnej ze służącymi. Większość rozpoczęła życie seksualne między piętnastym a dziewiętnastym rokiem życia. Duża część twierdziła, że „za namową kolegi ze służącą", inni, że „w warunkach pospolitych, ze służącą moich rodziców". Kilku wspomniało o oporze służących, ale niektórzy pisali, że „nie dała się długo prosić".

Jeden z ankietowanych pytany, z iloma kobietami utrzymuje stosunki, odpowiedział, że to zależy, jak często zmienia się służąca w domu. Piętnastu ankietowanych zaznaczyło, że „utrata niewinności" nastąpiła w domu rodziców, kilku było wtedy podchmielonych, jeden wracał z operetki, a wielu było „podnieconych rozmową z kolegami o tematach erotycznych". Niektórzy uzasadniali, że uważają tego rodzaju kobiety za najprzystępniejsze i zarazem za najpewniejsze pod względem higienicznym. Moszczeńska pisała zgorszona:

> Nie wiem, jak się na to ogół czytelników będzie zapatrywać, co do mnie jednak, wyznaję, że tego typu wyzyskiwanie sytuacji, korzystanie z zależnego stanowiska kobiety, by ją dla zaspokojenia swoich żądz spożytkować, a to wszystko w domu rodzicielskim pod okiem zaślepionej matki i nieświadomych niczego sióstr, wydaje mi się w wysokim stopniu etycznie wstrętnym. Sądzę też, że tu właśnie otwiera się dla matek pole do wywierania zbawiennego wpływu, nie tyle przez kontrolę, gdyż ta działa często prowokująco, lecz przez rozciągniecie nad dziewczyną w ich domu zamieszkałą moralnej opieki.

Moszczeńska zwraca uwagę, że służąca niemal zawsze narażona jest na zagrożenie ze strony mężczyzn, w szczególności jeśli śpi w kuchni:

> Jest u nas rzeczą ogólnie przyjętą, że służąca śpi w kuchni, jednakże ta sypialnia służącej uważana jest za rodzaj drugiego przedpokoju, do którego każdemu i o każdej porze dnia i nocy wchodzić wolno. Ażeby nie budzić nikogo z rodziny dzwonkiem u drzwi frontowych o spóźnionej porze nocnej, każdy z domowników, nie wyłączając paniczów, ma prawo zastukać do kuchni i zmuszać sługę, by mu otwierała. Takich i tym podobnych w gruncie rzeczy gorszących, lecz ogólnie przyjętych zwyczajów jest u nas więcej. [...] Wobec istot umysłowo niedojrzałych i domowego wychowania pozbawionych, pozbawionych również moralnego wsparcia w rodzinie własnej, odpowiedzialność nasza jest większa. Nie tylko nad tym czuwać by trzeba, żeby nam sługa brudu do domu nie wniosła, lecz by go od nas nie wynosiła.

Również Teodora Męczkowska, feministka, która zajmowała się problemem prostytucji służących, zwracała uwagę na nagminny w Polsce zwyczaj „wracania do domów późno i przez kuchnię". Oraz na to, że służąca jest wzywana do sypialni, „gdy pan lub panicz kładą się do snu; nieraz zmuszona jest ściągać im buty, przypinać kołnierzyki". Męczkowska apelowała też o rozsądek do kobiet zatrudniających służące: „Każdy z nas wie, że mnóstwo pań wyjeżdża na lato, pozostawiając w domu mężów, braci, dla których szesnastoletnia młoda dziewczyna będzie zawsze pożądaną zdobyczą".

Co sprytniejsze uciekają póki czas. Marianna Z., służąca rodziny Wajdorfów z Nowolipia 63 w Warszawie, porzuca służbę. Razem z nią znikają precjoza o wartości piętnastu tysięcy złotych. To dużo, jej miesięczny zarobek to około pięćdziesięciu złotych miesięcznie.

Policja odnajduje służącą w Łodzi. Przyznaje się, że uciekła i że ukradła. Ale wyjaśnia, co ją do tego skłoniło: Wajdorf zmuszał ją „do ulegania swoim zachciankom", a nawet wyprawiał z domu żonę i dzieci, a ona musiała być „mu powolna w obawie utracenia posady". W związku z tym Marianna postanowiła uciec, zabierając ze sobą pieniądze i biżuterię jako zadośćuczynienie. W momencie zatrzymania nie posiadała już niczego. Wajdorf nie miał wyjścia: postanowił się z nią dogadać i nie wniósł sprawy do sądu.

Pisarka Zofia Nałkowska jest już od jakiegoś czasu nieszczęśliwa w małżeństwie. Wie doskonale, że Leon Rygier ją zdradza. Kiedy przychodzi do niej ich służąca Andzia i zaczyna płakać, Nałkowska domyśla się, co się stało. „Jak on mógł?" – pyta swoją panią Andzia. „Wątła była i urocza. Matka jej, gospodyni wiejska, oddała mi ją pod opiekę. Nie byłam o nią zazdrosna, to było takie ludzkie, siostrzane współczucie. Taka żałość nad jej krzywdą" – opowiadała pisarka swojej znajomej, Zofii Zhartowej. To doświadczenie okaże się bardzo istotne. „Nie zapomniałam, to był początek Justyny z *Granicy*" – opowie po latach koleżance, mając na myśli jedną z ważniejszych swoich powieści.

„Czuwaj nieustannie, abyś najpiękniejszej i prawdziwej ozdoby twej, to jest dziewiczej czystości, nie utraciła" – pisał Kazimierz Riedl w poradniku *Pamiątka dla dziewcząt służących i pracujących osobliwie po miastach*. Z kolei czasopismo „Przyjaciel Sług" uświadamiało dziewczyny, aby „okien sypialni w nocy nie otwierać nikomu, choćby mówił tak pięknie jak archanioł...".

Katolickie podręczniki dobrze diagnozowały problem: młode służące nagminnie były narażone na seksualne napaści ze strony pracodawców. Jednak przyczyny „złego prowadzenia się" Kościół zbyt łatwo przypisywał służącym, a rozwiązania, które proponował, w istocie niczego rozwiązać nie mogły. Były to wskazówki moralne pozbawione praktycznego wymiaru. Autor podręcznika dla służących podpowiadał między innymi: „Brzydź się grzechem jak wężem. I powtarzaj za świętym Kazimierzem: «Wolę umrzeć niż się skalać»". Ponadto zalecał, aby kobieta absolutnie nie stroiła się, a wtedy nie będzie na siebie „zwracać oczu mężczyzn", ponieważ:

> Dziewczyna, która się stroi, jest zwyczajnie pyszna, pogardza drugiemi i naraża się na głębokie upokorzenie ze strony Pana Boga, który się pysznym sprzeciwia i dopuszcza, że w najszkaradniejsze wpadają grzechy przeciwne czystości. Jest ona też łakoma na pieniądze, by się tylko ustroić; jest nadto zazdrosna, gdy widzi, że inna się piękniej ubierze, i pragnie inne przewyższyć strojami; oddaje się często pijaństwu, chodząc po miejscach zakazanych, i czasem „za szklankę napoju duszę swą zabija". Łatwo się gniewem unosi, nienawidzi skromnych i pobożnych i leniwą jest tak do modlitwy, jak i do pracy, spędzając czas na niegodziwych i nieskromnych rozmowach, a przeto siedem grzechów głównych jak siedem szatanów ma w swym sercu.

Oto więc kobieta – strojnisia, grzesznica i pijaczka – prowokuje seksualne zagrożenie ze strony mężczyzn. Jest i na to rada: „Ubieraj się schludnie, ale skromnie, i bój się, by przez ciebie kto do grzechu nie był pobudzony, bo oprócz własnego jeszcze cudzy grzech weźmiesz na swoje sumienie". Wskazówka kolejna z poradnika dla służących: „Nie wstępuj w taką służbę i nie zostawiaj w takim obowiązku, gdzie jest niebezpieczeństwo dla twej cnoty". Ale skąd dziewczyna ma wiedzieć, do jakiego trafia domu, czym ma się kierować przy wyborze pracodawcy? Odpowiedź jest jasna i konkretna: „Powinna wstąpić w dom chrześcijański, pobożny i uczciwy". „Głos Dziewcząt Polskich" pisze w 1929 roku z pozornym zrozumieniem:

> Wiemy dobrze, na co Kochane Dziewczęta jesteście narażone. Same z siebie jako dziewczęta jesteście namiętne, pragniecie się podobać – tu tyle okazyj i zepsucia! Naprawdę, to ten diabeł jako lew ryczący w postaci młodych i nieuczciwych ludzi krąży i szuka, którą z was mógłby pożreć. Ile to razy sami chlebodawcy albo ich synowie nastają na niewinność dziewcząt u nich służących, ileż to złych przykładów dziewcząt, które się na życie bezwstydne puściły, a za to może chodzą w jedwabiach.

Rady Kazimierza Riedla i katolickich pism w większości były oderwane od realiów. Służąca była w istocie bezsilna wobec molestowania seksualnego i pozostawiona sama sobie, a tak zwany dom pobożny nie dawał żadnej gwarancji bezpieczeństwa.

Józefa Witowska, służąca spod Kalisza, trafiła do domu emerytowanego urzędnika i jego chorej żony i początkowo była zadowolona, szybko jednak gospodarz zainteresował się nią bardziej, niż chciała. „Był to już starzec siedemdziesięcioletni, a nie wstydził się mnie prześladować swoją miłością – natrętny i bezwstydny wobec młodej dziewczynki. Umiał nawet rozebrać się do naga i opowiadać wstrętne rzeczy". Jego żona zwróciła swój gniew przeciw Witowskiej, bowiem żony, podobnie jak autorzy katolickich podręczników, winą za seksualne zaczepki ze strony mężczyzn obarczały dziewczyny. Żona urzędnika zwymyślała któregoś dnia Witowską, a nawet ją uderzyła. Służąca zmuszona była porzucić tę pracę.

Zdarzało się, że po umizgach mężczyzn, które zauważyła pani domu, w zemście dostawała wpis: „Niemoralnie się prowadzi".

Także Aniela Salawa, przyszła błogosławiona Kościoła katolickiego, uznawana za patronkę gospodyń domowych, która od szesnastego roku życia przez dwadzieścia lat była służącą w Krakowie, dwukrotnie porzuciła służbę po tym, jak napastowali ją chlebodawcy.

Część ze służących zostaje prostytutkami. To tendencja powszechna w całej Europie. W Berlinie w 1901 roku na 1689 prostytutek 1026 to służące i byłe służące (próbujące pracować jako kelnerki lub robotnice). We Lwowie w 1904 roku spośród 488 prostytutek aż 213 to służące. Spośród nich aż 321 trafiło do szpitala z chorobą weneryczną. To jeszcze jeden problem społeczny.

„Ktoś kiedyś powiedział: «Coraz trudniej o służącą, a domy publiczne są przepełnione prostytutkami». Niestety, między tymi dwoma zjawiskami zachodzi pewna łączność. Statystyka wykazuje, że znaczny procent prostytutek rekrutuje się spośród służących" – wyjaśniała feministka i działaczka społeczna Teodora Męczkowska w broszurze *Służąca a prostytucja*.

„Na Zachodzie z problemem radzono sobie w sposób nieskuteczny – twierdzi Męczkowska. – Środki, które zalecano, okazywały się naiwne, brutalne lub śmieszne. W celu umoralnienia chlebodawcy mają prawo otwierać kuferek, szafy i rewidować rzeczy służącej". W Saksonii, jeśli do rewizji wezwana zostaje policja, koszt ponosi służąca; a nieletnia służąca pozostaje pod rodzicielską opieką chlebodawców, którzy mogą ją bić. Mogą też zakazać służącej wydatków, jeśli uznają je za nieodpowiednie. Służąca jest karana pięciodniowym aresztem lub karą pieniężną dwudziestu marek, jeśli rozpowiada, co się dzieje w domu pracodawcy.

Męczkowska w oparciu o relacje lekarzy podaje przykłady sytuacji, w których służąca jest przedmiotowo traktowana, a czasem to właśnie wtedy zaczyna się „upadek moralny" dziewczyny.

> Służąca szesnastoletnia pozostaje przez lato sama z panem domu, człowiekiem starszym. Gdy po skończonych wakacjach pani wraca, służąca jest w ciąży. Zostaje usunięta z domu i idzie na mamkę.
>
> Piętnastoletnia dziewczyna zarażona przez pana chorobą weneryczną, pan miał w zwyczaju wracać późno i przez kuchnię. Służąca powiedziała o tym pani, a ta ją skierowała do lekarza.
>
> Szesnastoletnia służąca uwiedziona przez studenta, porzuciła na drugi dzień służbę.
>
> Służącą przyprowadzono do lekarza, aby zbadał, czy służąca jest dziewicą. Chodziło o reputację pewnego człowieka posądzonego o stosunki z tą służącą.
>
> Ohydny sposób postępowania lekarza, bezprawne żądanie skierowane do służącej dowodzą chyba aż nadto dobrze, jak bardzo nadużywamy władzy swej względem tych, którzy się bronić nie umieją. Jak barbarzyńskim musi być prawo państwowe czy zwyczajowe, które pracodawcy daje takie przywileje?

Kolejny zwyczaj – oddalanie służącej na czas lata. Niektóre panie zostawiają służącą do pilnowania domu, ale o pensji nie ma mowy. „Co ma robić dziewczyna, która wśród lata, gdy o pracę trudno, pozostała na bruku, albo w najlepszym wypadku bez kawałka chleba? Innej pracy podjąć się nie może, bo nie ma odpowiedniego przygotowania, a rodzina nie zawsze może jej dopomóc. Niejedną uczciwą dziewczynę zgubiły takie bezczynne wakacje i tacy panowie, którzy mają zbyt dużo współczucia dla młodych i głodnych dziewcząt. Służąca zeszła na bezdroża, ale pani, jej «moralna opiekunka», zaoszczędziła 20 rubli na jej życiu i 10 rubli na pensji".

Wydaje się, że droga do prostytucji dla służącej była dużo krótsza niż dla robotnicy. Praca bez środowiska, samotność, brak oparcia i niepewność przyszłości w łatwy sposób wykolejały dziewczyny. Czasem decydowały przypadek i brak roztropności. A przebiegłość stręczycieli prostytutek i handlarzy żywym towarem bywała bardzo skuteczna. Ukrywali się często pod ogłoszeniami w prasie: „Samotny wdowiec szuka gospodyni" lub „Szkoła dla młodych dziewcząt przygotowujących się na scenę". Proceder działał w całej Europie.

Dwie szesnastolatki z Berlina i trzy czternastoletnie Węgierki dały się zwerbować do Tyflisu, wierząc, że odpowiadają na ogłoszenie „dyrektora towarzystwa śpiewackiego", który poszukuje chórzystek.

Z ankiety Izy Moszczeńskiej wynika, że czasem to służąca nakłaniała mającego pod opieką chłopca do współżycia. Jak często mogło się to zdarzać?

Witold Pyrkosz, aktor urodzony w 1926 roku, opowiada w 2013 roku „Super Expressowi": „Miałem 12 lat, gdy mnie uwiodła służąca. Bawiłem się na podłodze, ona prasowała. Nagle zadarła spódnicę, pokazała całą swoją kobiecość, zaciągnęła na kanapę i wiadomo, co było dalej". Stało się to u babci aktora, we Lwowie. Babcia, ostra kobieta, postanowiła Nadię zwolnić, ale ta nie miała się gdzie podziać i oświadczyła, że nie opuści mieszkania. „Co babcia zrobiła? Otworzyła okno i wyrzuciła jej rzeczy. Nadia musiała zejść po nie i już nigdy nie wróciła" – wspominał Pyrkosz. Chciałoby się nie wierzyć w relację aktora, jednak kroniki tamtego czasu potwierdzają, że skala wykorzystywania seksualnego przez służące mogła być niemała.

„Niektóre dziewczyny – przestrzegał podręcznik dla służących – w sposób nieprzyzwoity, nieskromny bawią się z dziećmi, zwłaszcza z chłopcami. To największa wina, najcięższy grzech, następstwa dla dziecka są straszne, jak wycieńczenie fizyczne i niedołęstwo umysłowe. Rodzice nie wiedzą, jakim jadem zepsucia zła i niemoralna sługa zatruwa duszę niewinnego ich dziecka, ale wie o tem Bóg, przed którym i ty rachunek zdawać będziesz musiała w dzień sądu".

Nie powinniśmy się łudzić, że to tylko takie gadanie. To się naprawdę zdarzało. „Express Wieczorny" z 1926 roku: „Zniewolenie pięcioletniego chłopca. Zwyrodniała służąca uwiodła synka swych chlebodawców i zaraziła go straszną chorobą. Kobietę wampira aresztowano i osadzono w więzieniu".

Przy ulicy Piekarskiej we Włocławku rodzina L. przyjęła kilka miesięcy wcześniej służącą, Władysławę K(ruszyńską?), młodą wiejską dziewczynę, która poza sprzątaniem miała też zajmować się dziećmi: dwoma chłopcami w wieku trzech i pięciu lat. Rodzice dzieci prowadzili sklep kolonialny i bardzo często przebywali poza domem. Któregoś dnia stwierdzili, że ich pięcioletni Henio mizernieje od jakiegoś czasu i nie ma apetytu. Gdy po kilku dniach dziecko skarżyło się na bóle głowy, poszli z nim do lekarza, a ten stwierdził u dziecka chorobę weneryczną. Rodzice zawiadomili policję, której udało się wydobyć z chłopca wstrząsające informacje. Okazało się, że służąca zamiast na spacer, prowadziła chłopca do jakiegoś mieszkania na tej samej ulicy i tam „zniewalała go do bliższego obcowania ze sobą. Malec nie mówił o tym w domu, gdyż przypuszczał, że służąca bawi się z nim".

Władysława K. przyparta do muru przyznała, że zaprowadzała dziecko do mieszkania swoich stryjów, którzy zostawili je pod jej opieką, ale zaprzeczała, że zaraziła chłopca. Jednak lekarz, który ją zbadał, potwierdził, że cierpi ona na chorobę weneryczną. Zaraz potem została aresztowana.

Trzy lata później „Głos Poranny" alarmował o zwyrodniałej służącej z ulicy Piotrkowskiej w Łodzi. Tu również zaczęło się od choroby dziewięcioletniego synka państwa M. Matka zaprowadziła go do lekarza, a ten od razu orzekł chorobę weneryczną. „Przyparty do muru chłopiec zeznał, że od dłuższego już czasu służąca zmuszała go do stosunków ze sobą, w chwilach, gdy nikogo w domu nie było, i pod groźbą bicia żądała od niego utrzymania tego w tajemnicy". Służąca państwa M. zaraz po tych zeznaniach chłopca została aresztowana.

Jakie okoliczności łagodzące można znaleźć dla tych młodych kobiet? Czy samotność, brak miłości i czułości mogą wyjaśniać pociąg seksualny do dziecka? Czy to owoc zdemoralizowania, któremu uległy same w domach rodzinnych lub w domach pracodawców? Te dwie sytuacje nie zostałyby ujawnione, gdyby kobiety nie zaraziły dzieci kiłą, co oznacza, że same zostały wcześniej zarażone.

Strach pomyśleć, o ilu takich nadużyciach świat się nigdy nie dowiedział.

WIKTA

Moja niania, Wikta, opowiadała straszne ukraińskie bajki o „ditku", który mnie porwie, jeśli nie będę jadł grysiku, albo streszczała brukowe powieści drukowane w odcinkach w „Wieku Nowym", dzienniku prenumerowanym przez ojca, zdaje się organie lwowskich narodowców, bo o takie sympatie posądzałem go potem, w czasach, kiedy byłem „małym komunistą domowym" i staczałem z nim przy kolacji zażarte boje ideologiczne. [...] Pamiętam jedną z ulubionych historii Wikty, którą opowiadała, wpychając mi do ust łyżkę za łyżką mamałygi, czyli kukurydzianej kaszy podlanej wiśniowym sokiem. Siedziałem na wyszorowanym do białości kuchennym stole, pod blatem kaflowej kuchni buzował ogień, koncentryczne koła rozżarzonych do czerwoności fajerek wyglądały w mroku jak kręgi piekła, po ścianie łaziły nasze wydłużone cienie. Wikta zaczynała od imitowania efektów dźwiękowych, gwizdała zawodząco jak wiatr w kominie, szumiała liśćmi w ogrodzie, wyła jak pies uwiązany przy budzie – budowała w ten sposób nastrój i scenerię, którą najczęściej była willa na skraju lasu w Zimnej Wodzie (znana podmiejska miejscowość letniskowa, taki lwowski Konstancin). W sypialni, na pierwszym piętrze willi, leżała w atłasowej pościeli piękna kobieta i czytała powieść Antoniego Marczyńskiego. Jej mąż pojechał do klubu na brydża, w domu była jeszcze tylko kucharka, która spała w pokoiku służbowym w suterenie. Piękna pani usłyszała najpierw brzęk tłuczonej gdzieś na dole szyby, a po chwili przeraźliwy krzyk kucharki. Nagle wszystko ucichło. Piękna pani siedziała na łóżku i zastanawiała się, co zrobić. Kiedy już miała wstać, żeby zatelefonować na policję, usłyszała na schodach ciężkie kroki zbliżające się do sypialni. Strach sparaliżował jej ruchy: siedziała wyprostowana na łóżku i wpatrywała się w drzwi. Ktoś za nimi zatrzymał się i stał w milczeniu, jakby nasłuchiwał. Sekundy wlokły się jak godziny, na pięknym czole pani pojawiły się kropelki potu. Klamka poruszyła się, drzwi zaczęły się wolno otwierać. Na progu stał wysoki młody mężczyzna w czarnych obcisłych spodniach i białej bufiastej koszuli. Patrzył w jakiś daleki punkt, wydawał się nieobecny myślami, oczy płonęły mu niepokojącym, niezdrowym blaskiem. W rękach trzymał spore zawiniątko, coś, co wyglądało jak święconka w serwetce, niesiona na Wielkanoc do kościoła. Nagle mężczyzna rozejrzał się po pokoju, ale jakby omijał wzrokiem panią. Zobaczył płonący kominek. Podszedł do niego i usiadł w fotelu. Położył zawiniątko na kolanach i zaczął wolno rozwiązywać serwetkę...

Tu, w kulminacyjnym punkcie, opowiadanie mogło być przerwane przez Wiktę, na przykład po to, aby zaszantażować mnie i wmusić jeszcze parę łyżek mamałygi albo, co gorsza, wlać we mnie porcję tranu. Mógł je także przerwać powrót rodziców do domu i wtedy nie było już czasu, bo Wikta musiała nakrywać w jadalni, szykować kolację, ja zresztą biegłem do Mamy, aby z wielką czułością się przywitać i z wielką przebiegłością przeszukać jej nastroszoną od wilgoci, pachnącą śniegiem i perfumami futrzaną mufkę, czy są w niej dla mnie moje ulubione grylażowe czekoladki od Zalewskiego.

Mój ojciec, człowiek najłagodniejszy pod słońcem, usiłował grać rolę surowego pana domu. Kiedy był niezadowolony z kolejnego uchybienia służącej, odgrażał się, że ją zwolni, ale mówił to tylko matce i ją wysyłał do kuchni z pretensjami lub naganą.

Mówił do matki: „Mario, powiedz tej małance, że pan ją zastrzeli, jeśli jeszcze raz zapomni dodać kminku do pierogów". Oczywiście by jej nie zastrzelił, bo nie miał z czego, chyba żeby to było później, kiedy uciekaliśmy do Zaleszczyk we wrześniu. [...]

Wakacje się skończyły, wróciliśmy w ostatnich dniach sierpnia, ojciec do biura, ja – żeby rozpocząć już drugą klasę w Szkole Powszechnej im. Marii Magdaleny. Pierwszego września obudziły mnie jakieś trzaskania, jakby ktoś trzepał dywany. Myślałem, że przez Wiktę spóźnię się do szkoły, bo zamiast mi robić kakao na śniadanie, zabrała się za porządki, ale ojciec krzyknął bardzo głośno, aby obudzić matkę, która już wtedy źle słyszała; „Mario, na miłość boską, wojna!" – i pobiegliśmy do kuchni. Z okna widać było całą panoramę Lwowa, jego dachy i wieże w dolinie pomiędzy siedmioma wzgórzami (jak Rzym!). Zobaczyłem w powietrzu klucz samolotów, nadlatujących z ciężkim, groźnym buczeniem, otoczonych nieprzerwanie pojawiającymi się obłoczkami pocisków artylerii przeciwlotniczej, która waliła gdzieś od Winnik.

Tymczasem wróćmy do upiornych opowieści ukraińskiej niani Wikty: uświadomiłem sobie kiedyś, że to ona była moją pierwszą nauczycielką narracji, ona pierwsza uczyła mnie, jak stopniować napięcie, jak zawieszać rozwiązanie, aby podnosić temperaturę punktu kulminacyjnego. Nie wiem, ile było w tym zasługi brukowych lektur Wikty, a ile jej talentu, umiejętności opowiadania, w każdym razie do dziś pamiętam nastrój, który stwarzała, dodając coraz to nowe szczegóły do historii, które znałem na pamięć, ale których mogłem słuchać bez końca. Ta o pani w willi w Zimnej Wodzie kończyła się klasycznie: obcy mężczyzna wolno, z premedytacją rozwiązywał zawiniątko, czerwony odblask płomieni pełgał po jego ściągniętej dziwnym bólem twarzy, sparaliżowana przerażeniem pani wpatrywała się w to rozszerzonymi oczyma, aż serweta opadła i odsłoniła straszną zawartość – obciętą głowę kucharki! Obcy uśmiechnął się z zadowoleniem, podniósł wzrok i spojrzał na panią. Przyjrzał się jej i zaniósł potwornym, szalonym śmiechem (taki śmiech udało mi się wydobyć po latach z Janka Machulskiego w *Sublokatorze*, w scenie w piwnicy). Obcy podniósł się i wyciągając przed siebie nienaturalnie długie ręce, w których trzymał okrwawioną głowę, ruszył w kierunku łóżka. Pani przeraźliwie krzyknęła. W tym momencie z łoskotem otworzyły się drzwi i do sypialni wbiegł policjant z obnażoną szablą, a za nim dwaj pielęgniarze z kaftanem bezpieczeństwa. Policjant płazem szabli uderzył obcego po rękach. Wytrącona tym ciosem głowa upadła na podłogę i potoczyła się pod łóżko. Do sypialni wpadł, szczekając, ulubiony foksterier pięknej pani, Dżek, i natychmiast zaaportował głowę kucharki spod łóżka. Pani bez zmysłów padła na poduszki. Pielęgniarze zarzucili kaftan na obcego, jeden powiedział: „Głupio robisz, Maks, przecież wiesz, że zawsze cię łapiemy... Uciekł z Kulparkowa" – dodał dla wyjaśnienia, nie wiadomo tylko komu, pani leżała zemdlona, kucharka była martwa, może foksterierowi, a może po prostu czytelnikowi tych brukowych opowiastek?

Sześćdziesiąt lat temu niewykształcona ukraińska niania opowiadała siedmioletniemu chłopcu, ujęcie po ujęciu, scenę jak wyjętą z dzisiejszego amerykańskiego thrillera. Czy miał on inny wybór niż zostać reżyserem filmowym?

[...]

Front przewalił się i zatrzymał gdzieś za Rzeszowem. Przenieśliśmy się do Przeworska i zamieszkali w małym mieszkanku na tyłach poczty. Zacząłem chodzić do gimnazjum, moja siostra do szkoły. Ojca skierowano do Rzeszowa, gdzie organizował się zarząd poczty. Mama przyjęła do pomocy w domu młodą, świeżo upieczoną mężatkę, której męża zmobilizowano i wysłano na front. Miała na imię Kazia. Nie pamiętam jej twarzy, ale zapamiętałem jej wesoły śmiech i skłonność do żartów, a także jej białą, charakterystyczną dla rudawych blondynek karnację. Ona to stała się sprawczynią mojej inicjacji seksualnej. Do tego czasu moje związki z dziewczynkami były bardzo platoniczne, ewentualnie romantyczne. [...]

Mówiąc jednak o moich pierwocinach erotycznych, muszę wrócić do naszej służącej Kazi, młodej mężatki w Przeworsku. Uznawany jeszcze za dziecko spałem z nią w jednej izbie, to znaczy w kuchni, podczas gdy mama spała z siostrą w pokoju. Ojciec, jak już wspomniałem, był wtedy w Rzeszowie, gdzie nocował w biurze, w którym pracował. Opowiadał, że śpią na biurkach w nieopalanych mimo srogiej zimy pokojach i nakrywają się wszystkim, czym mogą, nawet krzesłami i stołami, aby ich ciężar stwarzał złudzenie ciepła. Ta opowieść o nakrywaniu się krzesłami zawsze potem śmieszyła moich kolegów wychowanych na absurdalnym humorze.

Którejś nocy obudził mnie z pierwszego snu dziwny dźwięk: dzwonienie metalu o metal. Otworzyłem oczy i zobaczyłem Kazię kucającą nad miednicą i zajętą intymnymi ablucjami. Metaliczny dźwięk pochodził od uderzania obrączką o miednicę, gdy garścią czerpała wodę. Była obrócona do mnie plecami, koszulę miała podkasaną, tak że widziałem przede wszystkim jej krągłą białą pupę i tę dłoń nabierającą wodę. Nagle spostrzegłem, że ona równocześnie cały czas wpatruje się w stojące na płycie kuchni lusterko w ramce, za którą zatknięte było dobrze mi znane małe zdjęcie jej męża w wojskowej rogatywce z kościuszkowskim orłem bez korony, takim jak na świeżo wydanych znaczkach, które już zacząłem zbierać. Nie byłem pewny, czy ona patrzy na niego, czy przygląda się sobie, jak to często z upodobaniem robiła, czy też może patrzy na mnie, bo przecież mogła mnie widzieć w odbiciu. Natychmiast zamknąłem oczy, ale to, co zobaczyłem, zapadło we mnie z fotograficzną dokładnością, zrobiło piorunujące wrażenie i wywołało reakcje fizyczne, które wprawdzie już znałem, ale mechanizmu ich jeszcze dobrze nie rozumiałem, a jednocześnie odczułem jakieś dziwne pomieszanie lęku z błogością, poczułem wyraźny smak zakazanego owocu. Długo jeszcze, leżąc z zamkniętymi oczami i udając, że śpię, wsłuchiwałem się w rytmiczny metaliczny dźwięk i chlupot wody.

Tę sytuację, niemal dosłownie, wmontowałem w jedną ze scen w *Zaklętych rewirach*, kiedy Roman Boryczko, grany przez Marka Kondrata, przy pierwszej eskapadzie do burdelu doznaje wstrząsu na widok takich właśnie przygotowań swojej wybranki. Zadbałem o dokładnie taki sam dźwięk obrączki uderzającej o emaliowaną miednicę.

Dalszy rozwój wypadków z Kazią nie jest już wart przypomnienia: jakieś chichoty, łaskotki, wrzucanie jej śniegu pod koszulę, aby mieć pretekst do dotknięcia – nic nie mogło się równać z tamtą porażającą nocną sceną, z całą pewnością otwierającą przede mną świat seksu, który – przyznaję otwarcie – wkrótce stał się dla mnie bardzo ważny.

Janusz Majewski, *Retrospektywka*

13

TYLKO NIE U ŻYDÓW

> Po przyjeździe ze wsi młoda kobieta nie powinna przyjmować służby w żydowskich domach, dlatego że już nigdy nie będzie wzbudzała zaufania w dobrych, katolickich domach.
>
> „PRACOWNICA POLSKA", 1922

W 1902 roku bogaty warszawski Żyd Jankiel Stern spisuje testament. Cały swój majątek przekazuje Warszawskiemu Towarzystwu Dobroczynności, które wspiera ubogich, i wydaje dyspozycję:

> Aby Warszawskie Towarzystwo Dobroczynności (z procentów od zapisu) rozdzieliło corocznie Rubli sto pięćdziesiąt między dwie służące wyznania *rzymskokatolickiego* będące w obowiązku jako młodsze lub do wszystkiego, a to w sposób następujący: jednej Rubli sto (100 Rubli) za sześć lat lub dłuższej służby bez przerwy u jednych i tych samych państwa *wyznania mojżeszowego* lub też u kawalera *wyznania mojżeszowego*; drugiej Rubli pięćdziesiąt (Rubli 50) za cztery lata lub dłuższej służby bez przerwy u jednych i tych samych państwa wyznania mojżeszowego lub kawalera wyznania mojżeszowego.

Stern chce docenić katolickie służące, które decydują się pracować dla żydowskich rodzin, choć księża z ambony mówią im, że to się nie godzi, a czasopisma dla służących grzmią: „Co to za wstyd, gdy żydowskie pisma twierdzą, że są przypadki katolickich służących, które po paru latach w żydowskich domach obchodzą święta. To nie są odizolowane przypadki, często zdarza się, że gdy służą u Żydów, chrześcijanki powoli żydzieją". Straszą też takimi przykładami:

> Młoda wiejska dziewczyna Rozalia Górniakówna znalazła służbę u żyda we Lwowie przy ulicy Berka l. 8. Żydzi tak ją bili i poniewierali, że z rozpaczy spuściła się z pierwszego piętra na bruk. Potrzaskała sobie rękę i nogę. Oto służba u żydów. Potrzebne jej było takie miejsce, czyż nie dosyć we Lwowie biur stręczarskich katolickich w Schronisku i w Towarzystwie Świętej Zyty?

Z tego powodu ogłoszenia służących w prasie wyglądają często tak:

> Poszukuję służby do wszystkiego, od pierwszego, dom katolicki. Telefon 846–78.

> Służąca poszukuje pracy w domu chrześcijańskim, do wszystkiego; czysta, dobre gotowanie, świadectwa i rekomendacje. Tel. 899–68.

> Uczciwa, spokojna, dobrze gotuje, poszukuje do domu chrześcijańskiego. Piękna 16a, m. 8, kuchnią.

Także chlebodawcy często zastrzegają, że innych niż chrześcijańskie służących nie chcą:

> Potrzebna mi jest służąca katoliczka w wieku nie wyżej lat 45 bezwzględnie uczciwa, czysta i obowiązkowa, szybka w pracy, umiejąca gotować, prać i sprzątać oraz przywiązać się do domu, w którym będzie dobrze traktowana i może liczyć nawet na najdłuższy pobyt. 2–3 osoby, 3 pokoje, dzieci nie ma. Wynagrodzenie 20 zł, przy wyjątkowych kwalifikacjach 25 zł miesięcznie. Gdyby która z Szanownych Pań znała taką osobę, proszę o skierowanie tej oferty, zaopatrzonej w odpisy zaświadczeń z poprzedniej służby, pod adresem D.P., Radom, ul. Traugutta 20 m. 2.

Kiedy Żyd Stern zapisuje majątek katolickim służącym, antysemickie czasopisma szaleją. Pismo „Rola" oznajmia, że ten zapis obraża moralność chrześcijańską, a „sama intencya zapisu wydała nam się niemoralną, a nawet potworną". Założyciel „Roli" i zajadły antysemita Jan Jeleński nie poprzestaje na protestach w prasie. Pisze i sam kolportuje książeczkę, w której obszernie nakreśla swoje stanowisko, ale jego sprzeciw wcale nie jest wymierzony w Żyda Sterna, który ani nie może się już przejąć tą polemiką, ani na nią odpowiedzieć.

Jeleński w broszurze *O zapis Żyda Sterna. W sprawie służby katoliczek u Żydów* zgłasza gorzkie pretensje do Warszawskiego Towarzystwa Dobroczynności, że darowiznę przyjęło, a także do Kościoła katolickiego, że jego hierarchowie nie przeciwdziałali przyjęciu tego haniebnego spadku.

Okazało się, że książę Maciej Radziwiłł, członek zarządu Warszawskiego Towarzystwa Dobroczynności, po protestach anty-

48

Sklep Stowarzyszenia sług kat.
pod wezwaniem św. Zyty
Kraków, ul. Mikołajska l. 30, parter.

Polecamy na sezon wiosenny:

Wielki wybór w zefirach, płócienkach i perkalach. Wielki zapas gotowej bielizny (koszule, majtki, staniczki i t p.) — Pończochy, chustki do okrycia, chusteczki i szaliki na głowę. — Bluzki, halki i fartuszki gotowe.

Nie kupujcie u Żydów! Popierajcie swój sklep!

Praktyczne wskazówki
dla dziewcząt Służących

CENA 10 CENTÓW TJ. 20 HALERZY.

KSIĄŻECZKA TA PRZYDA SIĘ KAŻDEJ SŁUDZE, BO JĄ POUCZY W WIELU RZECZACH BARDZO DLA NIEJ POTRZEBNYCH

NABYĆ MOŻNA W REDAKCYI „PRZYJACIELA SŁUG"
KRAKÓW, MIKOŁAJSKA L. 30.

Redaktor odpowiedzialny **Katarzyna Płatek**. — Wydawca **[illegible]kowa Dziewicka.**
W drukarni A. Koziańskiego w Krakowie

Ogłoszenia z czasopisma dla służących „Przyjaciel Sług" z 1905 roku.

semickiej prasy zdecydował się wystąpić do arcybiskupa warszawskiego Wincentego Popiela o opinię, czy przeznaczenie zgodnie z wolą spadkodawcy pieniędzy dla katolickich dziewcząt służących u Żydów istotnie obraża chrześcijańską moralność czy nie. Odpowiedź okazała się dla „Roli" nie do przyjęcia. W zastępstwie arcybiskupa sufragan ksiądz Kazimierz Ruszkiewicz stwierdził mianowicie po przeanalizowaniu testamentu Sterna, że nie zawiera on „nic przeciwnego wierze i moralności chrześcijańskiej oraz że niesłusznie inkryminowany ustęp z niego o nagradzaniu służących nie grozi obrazą sumienia". Był to prawdziwy cios dla tych, którzy przez lata wmawiali katolickim dziewczętom, że Kościół zabrania służby w żydowskich domach.

Jan Jeleński nie złożył broni i w swoim wywodzie przedstawiał wszystkie argumenty, że Warszawskie Towarzystwo Dobroczynności nie tylko działa przeciw katolickim naukom, ale też stwarza „piekielne zachęty ku przepaści moralnej". Przerażony, bo cała ta sprawa budzi oniemienie „z jednej strony w czasach zakażania ducha chrześcijańskiego prądami niedowiarstwa i bezwyznaniowości, z drugiej z potężnym i rosnącym wciąż w siłę wpływem żydowstwa".

Jeleński przypomina dekret papieski z 1886 roku, w którym głowa Kościoła katolickiego stwierdza, że „nie wolno chrześcijanom razem z żydami mieszkać". Autor jest zdeterminowany, aby przekonać także kler do pozbawienia Warszawskiego Towarzystwa Dobroczynności możliwości nagradzania katolickich służących, przypominając, jak wielki jest lęk wiernych przed Żydami, o czym świadczą ich listy przysyłane do redakcji „Roli".

Józef Ostrowski, gospodarz ze wsi Zawady w Łomżyńskiem, pisze do gazety: „Wszak wiele złego wyniknąć stąd może, czytając takie obiecanki, niejedna dziewczyna ze wsi, idąc do Warszawy na zarobek, będzie się ubiegała o służbę u Żydów". Informuje też, że zatrzymał u siebie „wszystkie numera «Gazety Świątecznej» o zapisie Sterna, jakie do tamtejszej parafii przychodzą, aby innym nie dawać zgorszenia". Głos w dyskusji zabiera służąca:

> A ratujcie nas, panie redaktorze „Roli", nieszczęśliwe służące przed tym zapisem i przed tym cyrografem na dusze ludzkie, krwią Chrystusową odkupione, które Żyd, odwieczny nieprzyjaciel naszej Wiary świętej, gwałtem chce wydrzeć. Niechżeby lepiej przepadły te

> pieniądze żydowskie, a nas – służące biedne – nie kusiły do złego. Mój Boże, Mój Boże! Ileż to dusz poleci teraz do piekła, jeżeli ten zapis odwołanym nie będzie!

Jeleński, próbując zrozumieć intencje Sterna, które w jego mniemaniu nie mogły być dobre, przytacza fragment jego testamentu i podkreśla, że był on kawalerem mającym bliskie relacje z katolickimi służącymi. Zapis, na który się powołuje, w istocie jest ciekawy, jednak z innego powodu – pokazuje trzeźwość oglądu, a zarazem wielkoduszność ofiarodawcy. Pisze Stern w testamencie:

> Wszystkie klucze bez wyjątku pozostawać mają w rękach Wielmożnej (notabene niepiśmiennej) Maryanny Iwanickiej. Po śmierci mojej zapieczętowaną być może tylko kasa żelazna. Gdyby zaś w mojej kasie żelaznej nie znalazły się żadne pieniądze w gotowiźnie ani żadne papiery publiczne procentowe i bezprocentowe, to i w takim razie wolą moją ostatnią jest, aby z tego powodu nikt nie rościł do Wielmożnej Maryanny Iwanickiej żadnych pretensyj.

Redaktor „Roli" dedukuje, że Stern chciał zagrać na nosie klerowi katolickiemu: wy zabraniacie dziewczynom służyć u Żydów, a ja wam pokażę, że za pieniądze można przekonać Warszawskie Towarzystwo Dobroczynności do nakłaniania dziewcząt do tej niemoralnej służby.

Jeleński w pewnym sensie ma rację. Zgoda Radziwiłła na przyjęcie spadku Sterna, jak i opinia sufragana były całkowicie wbrew antysemickiej frakcji Kościoła, także temu, który w wydawanych przez siebie czasopismach i podręcznikach pracował nad moralnością dziewcząt służących.

Zytki i inne dziewczęta czujące się katoliczkami dostawały konkretny i jasny przekaz: nie wolno wam służyć w domach żydowskich; oni – Żydzi – są wrogami naszej religii i wyśmiewają się ze wszystkiego, co dla was święte, a was spotkać może w ich domach jedynie moralna krzywda.

Z doświadczeń służących wynikało, że służba u Żydów piętnowała je, rzadko kiedy chciano je potem zatrudnić w domach chrześcijańskich. Jedna z badanych w ankiecie Ministerstwa Pracy stwierdziła, że „zafszepuźni musiała być w domach żydowskich" i z rozpaczy, że każdy o niej mówił „niańka żydowska", chciała odebrać sobie życie, ale powstrzymała ją troską o starych rodziców.

Niemniej ponad jedna czwarta służących zatrudnionych w Krakowie i w Warszawie pracowała w domach żydowskich. A niektóre czuły się tam nie tylko dobrze, ale też wiązały się z obcą sobie również kulturowo i religijnie rodziną więzami przyjaźni i miłości. Józefa Witowska, jako służąca nazywana Marysią, ma zaledwie osiem lat, gdy trafia na służbę do żydowskiej ubogiej rodziny w Kole. Śpi na sienniku w kuchni pełnej karaluchów, bardzo tęskni za matką, ale zaprzyjaźnia się z żydowskimi dziećmi, co pomaga jej przetrwać trudne chwile. Gdy wychodzi na podwórko, aby się pobawić z polskimi dziećmi, ich matki wołają z okien: „Odegnać te Żydówkę!". Inni pytają ją: „Po co ty służysz u Żydów? Wstyd!".

Z ankiety Ministerstwa Pracy z 1920 roku wynika, że w Warszawie służących żydowskich było zaledwie sześć tysięcy i najczęściej pracowały w stołówkach albo w domach ortodoksów. Żydzi najchętniej zatrudniali służące chrześcijańskie, co stawiało żydowskie biedne dziewczęta w bardzo trudnym położeniu, ich szanse na wyrwanie się ze wsi były minimalne.

Żydowskie służące były „najbardziej poszkodowanymi i najbardziej prześladowanymi ze wszystkich poszkodowanych i prześladowanych" – powie Etla Bomsztyk, którą ukochany brat przywiózł na służbę do Warszawy.

> Życie dziesiątek tysięcy biednych żydowskich dziewcząt w dawnej Polsce przedstawiało sobą obraz nędzy i rozpaczy: wygnane przez panującą na wsi i w sztetlu biedę, wyruszały w świat za kawałkiem chleba. Zarobić na chleb jednak wcale nie było łatwo. Bez domu, bez najbliższych, przy dużym bezrobociu, które panowało we wszystkich grupach zawodowych, wiele z nich nie miało innego wyjścia, jak tylko nająć się jako służąca u bogatych państwa. A oznaczało to naprawdę życie niewolnicy. Harowało się przez cały tydzień, czasem tylko za sam wikt, od bladego świtu do późnego wieczora. Jedynie w szabas pozwalano wyjść na kilka godzin. Sytuacja tej, której zdarzyło się małe spóźnienie, przyszła odrobinę później, była nie do pozazdroszczenia. Dostawała od swojej *madame* nie lada burę. Nierzadko zdarzało się, że za taki „grzech" *madame* od razu wyrzucała z posady. O jakimkolwiek zasiłku socjalnym nie było mowy. Jej „pokój" stanowiła kuchnia.

W 1931 roku w Warszawie spośród 96 tysięcy robotnic wyznania katolickiego 52 procent było służącymi; żydowskich robotnic w Warszawie pracowało w tym czasie 18,5 tysiąca, z czego tylko 24 procent stanowiły służące. Od 30 do 60 procent służących w domach żydowskich było katoliczkami.

Im bardziej ortodoksyjna była rodzina, która zatrudniała katolickie służące, tym bardziej przestrzegała zasady, aby dopuszczać

16

Wykaz datków na Schronisko w Krakowie,
które wpłynęły w miesiącu grudniu 1903 r.

Urbanik Marya 1·—; Anna Częczek z Ramionki Strumiłowej 4·60; Plesnar Barbara 1·60; Salomea Jaworska 2·—; Sagan Katarzyna 1·—; Katarzyna Wola z Piotrkowic na Szlązku 2·—. **Razem 12 K. 20 h.**

Sklep Stowarzyszenia sług kat.
pod wezwaniem św. Zyty
Kraków, ul. Mikołajska l. 30, parter.

Poleca kochanym Przyjaciółkom:

Perkale białe i kolorowe
Płótna
Ręczniki
Prześcieradła
Koszule gotowe
Chusteczki do nosa
Majtki barchanowe
Majtki trykotowe
Koszulki wełniane
Kołdry
Bluzki
Fartuszki gotowe

Rękawiczki
Chustki duże
Chusteczki na głowę wełniane i jedwabne
Szaliki włóczkowe i jedwabne
Barchany
Flanelki
Wełniane mater. na suknie
Pończochy
Parasole i parasolki
Podszewki czarne i kolorowe.

Towary są dobre i gustowne, ceny nizkie.
Popierajcie swój sklep.
Zamiejscowe zamówienia się przyjmuje.

Redaktor odpowiedzialny i Wydawca **Ks. Adam Wesoliński.**
W drukarni A. Koziańskiego w Krakowie.

Ogłoszenie z czasopisma dla służących „Przyjaciel Sług" z 1904 roku.

je tylko do tych czynności, które nie wymagały religijnych rytuałów. Tam, gdzie przestrzegano koszerności, gotowały żydowskie kucharki, a chrześcijanki sprzątały i wyręczały rodzinę w działaniach, których ze względu na zakazy religijne, na przykład w szabat, podjąć nie mogła.

Inaczej w domach świeckich – tu katolicka służąca nie tylko sprzątała, ale i gotowała, co było sygnałem, że rodzina zerwała z żydowską tradycją. „Zatrudnienie chrześcijańskiej służącej wyznaczało symboliczną granicę między zasymilowanym a tradycyjnym domem żydowskim" – zauważa badaczka historii służących w katolickich domach, Blanka Górecka z Żydowskiego Instytutu Historycznego. Jeden z jej rozmówców, przedstawiciel młodego pokolenia Żydów, opowiadał, że gdy jego pobożny dziadek, zatrudniający żydowskiego kucharza, odwiedzał swoją córkę, nie pił u niej nawet herbaty, ponieważ przygotowywała ją chrześcijańska służąca. „Z kolei matka była głęboko sfrustrowana swoim ojcem za zatrudnienie Żydówki do sprzątania, bo wierzyła, że polska służba jest lepsza, czystsza i bardziej precyzyjna, i zatrudniając żydowskiego służącego, ojciec nie troszczył się dobrze o swój dom" – opowiadał. Według Góreckiej przekonanie kobiety o tym, że polska służba jest lepsza, bardziej niż z realiów wynikała z chęci pełnej asymilacji z Polakami i przejmowania od nich poglądów.

Chrześcijańskie służące – co z lękiem zauważał „Przyjaciel Sług" – rzeczywiście ulegają czasem wpływowom domów, w których służyły. Na przykład kupują dla swojej rodziny koszerne mięso, uznając, że jest zdrowsze. Same wnoszą do żydowskich domów swoje zwyczaje i obrzędy, a przede wszystkim język. Miriam Rozenblum, urodzona w 1927 roku w Łodzi, była bardzo związana z polską służącą Michaliną. Rodzice Miriam całymi dniami pracowali, matka prowadziła sklep z wędlinami. Ojciec, fabrykant Israel Hajmowicz, był Żydem pobożnym, co prawda nie nosił się z żydowska, ale chodził w kapeluszu i modlił się co sobotę w synagodze. W domu rozmawiano w jidysz. Rodzice nie znali polskiego, ale Miriam już tak, bo nauczyła ją Michalina Kowalska, z którą spędzała całe dnie. „Nie służąca, a raczej członek rodziny" – powie po latach Miriam. Po raz ostatni zobaczy Michalinę przez płot łódzkiego getta. Będzie stała tuż przy murze, próbując przemycić dla Miriam coś do jedzenia.

Agnieszka wiąże Niusi dużą kokardę, zakłada jej najpiękniejszą sukienkę. Jest niedziela. Gdy wchodzą do łódzkiego kościoła, trzyma wysoko podniesioną głowę. „Była w niej polska duma. Nawet gdy była bosa, zmęczona upływającymi latami i pracą, prosta, szlachetna kobieta, której nie sposób było zastraszyć, bo miała kręgosłup z żelaza" – napisze po wielu latach Dvora Schreibaum, zwana w dzieciństwie Niusią. Jej rodzice, Renia i Wolf Skurowie, nie mieli nic przeciwko temu, aby polska służąca zabierała ich córkę na msze do kościoła.

Niektóre służące prowadziły żydowskie dzieci do kościoła bez zgody ich rodziców, stanowiło to słodką tajemnicę katolickiej niani i żydowskiego dziecka. Tak było ze służącą Jańcią i jej podopieczną Rutą Wermut:

> Było to dla mnie pamiętne przeżycie. Bałam się okrutnie, że sprzeniewierzyłam się nie tylko swojemu Bogu, ale również Temu Drugiemu, i że za to, zaraz tutaj, w tym miejscu, spotka mnie jakaś straszliwa kara. [...] Po jakimś czasie, kiedy się przekonałam, że grom z jasnego nieba nie kwapi się, aby we mnie uderzyć, zaczęłam się dyskretnie rozglądać. Podobało mi się. Było nawet ładniej niż w wielkiej synagodze, gdzie zresztą również nie bywałam zbyt często.

W całkowicie laickim rodzinnym domu Jerzego Urbana, przyszłego dziennikarza i pracownika komunistycznej propagandy, unikano za wszelką cenę katolickich wpływów, dlatego przyjęto na służącą żonę komunisty odsiadującego wyrok. Jednak inna opiekunka próbowała wprowadzić swoje zwyczaje i ubrała choinkę na Boże Narodzenie. „Było to kwaśno przyjmowane przez rodziców" – wspomina Urban.

Rodzinny dom Dvory Schreibaum także był laicki, ale żydowska tradycja miała duże znaczenie, dlatego Agnieszka poza tym, że wniosła ze sobą polskie smaki rosołu i zup jarzynowych z perłową kaszą, umiała też wyplatać piękne chałki do podawanej w piątek *gefilte fisz*. Zanim trafiła do rodziny Skurów, służyła bogatym Polakom.

Codziennie wyglądała tak samo: na głowie chustka, aby włos nie wpadł do zupy, szeroka i długa suknia. „Kobieta duża, z twarzą pooraną zmarszczkami, kobieta bez wieku" – wspomina Dvora. „Jej dłonie, podobnie jak stopy, były duże i zniszczone pracą, ale mimo że były tak wielkie, umiały robić mnóstwo maleńkich, delikatnych przysmaków: kruche ciasteczka, miniaturowe bułeczki i pierożki z serem, a jednocześnie dźwigały bez trudu beczułki z kiszoną kapustą".

Agnieszka to dla matki Dvory więcej niż przyjaciółka. Jej twarde stąpanie po ziemi i niezmącony spokój wobec wyroków losu dają poczucie bezpieczeństwa młodej mężatce, której szczęście zależy od despotycznego szwagra męża, bogacza, który uzależnił ich od siebie całkowicie. „Agnieszka – powie po latach Renia Skura, matka Dvory, sekretarka Związku Przemysłowców – była moją drugą matką, bez niej bym nie przetrwała".

Dvora słyszy czasem, jak matka z Agnieszką szepczą. Rozmawiają o mężczyznach, o tyranizującym rodzinę Mojżeszu, czasem Agnieszka mówi: „Moje dziecko". Tak nazywa swoją nieślubną córkę. Jak większość służących nie może jej wychowywać, czasami jeździ do niej; a kiedy córka dorasta, sama odwiedza matkę, już razem ze swoim, także nieślubnym, dzieckiem. „Agnieszka uczyniła nasz dom żywym i oddychającym" – napisze po niemal pięćdziesięciu latach Dvora. Służąca miała poza domem pracodawców swój świat. W niedzielę po mszy piła wódkę w osiedlowej karczmie, a najchętniej odwiedzała swojego przyjaciela szewca, z którym pili i klęli siarczyście.

„Do dzisiaj – wspomina Dvora – odnajduję w nas, w sobie samej i w mojej siostrze, wpływy Agnieszki. Wpoiła w nas silny element ziemi, czegoś, po czym się stąpa i co daje poczucie

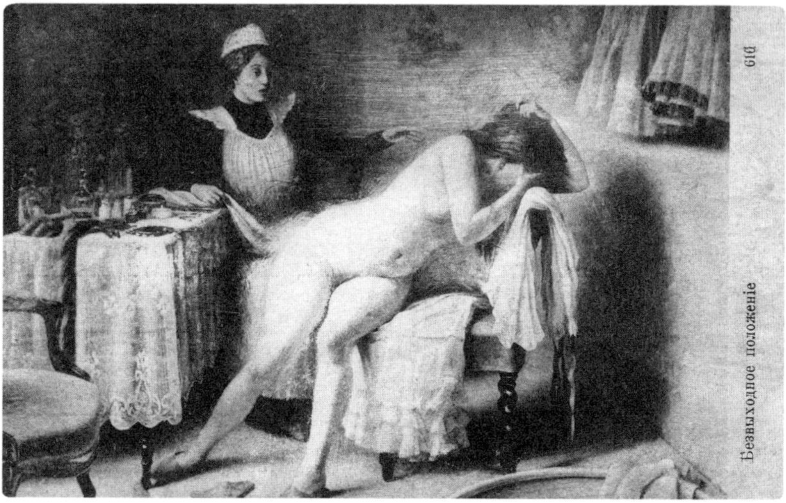

Pocztówka *Sytuacja bez wyjścia*, początek XX wieku.

bezpieczeństwa, jest twarde i brudzi, ale bez względu na to, czy chcemy, czy nie chcemy, musimy mieć z nim bezpośredni kontakt, i co ma w sobie siły, które ciągną z wielką mocą do życia. Nie przypadkiem Agnieszka nie nosiła butów, stąpała bezpośrednio po ziemi, a skóra jej stóp była gruba jak u wielbłąda. W ostatnich latach swego życia Agnieszka chorowała i bardzo osłabła, nogi już jej nie niosły i ręce nie były w stanie pracować".

Agnieszka zmarła w swoim łóżku, a wcześniej rodzina Skurów wezwała do niej katolickiego księdza z ostatnim sakramentem. Zostawiła po sobie zabawne powiedzonka, siarczyste przekleństwa i barwne opowieści. „Agnieszka przyniosła polszczyznę, a mama rozszerzyła ją językiem żydowskim" – pisze Dvora. Gdy w 1999 roku wydaje w Izraelu książkę *Na szczyt samotnej góry*, jest uznanym psychologiem klinicznym. Przez lata pracuje jako główny psycholog szpitala psychiatrycznego Szalwata. W książce napisanej po hebrajsku opisuje młodość swoich rodziców w Polce, z której udało im się w 1941 roku cudem uciec do Palestyny. Dvora miała wtedy dziesięć lat. „Trudnym dla Żydów krajem jest Polska. I może Żydzi są też trudni dla Polski. Uwalniam cię, kraju mego dzieciństwa, od swej obecności i czuję się uwolniona od twej obecności we mnie" – pisze w książce, w której składa także hołd polskiej służącej Agnieszce.

> Dziś nie ulega dla mnie najmniejszej wątpliwości, że nie ma nic lepszego niż polskie zupy, czarny chleb z masłem i gorąca mocna herbata z kostką cukru lub kruchym ciasteczkiem: kruchość pochłania wilgoć wsiąkającą w ciastko i czyniącą z niego coś z innego świata, coś rozpływającego się w ustach. I możecie mówić o Polakach, co chcecie, ale zimową porą w polskich przestronnych kuchniach z piecami pochłaniającymi czarny błyszczący węgiel przyszły na świat przysmaki, które nie mają sobie równych.

Apolinary Hartglas, poseł mniejszości żydowskiej, jeden z najbardziej znanych polityków żydowskich w II RP, działacz syjonistyczny i uczestnik wojny polsko-bolszewickiej, zaczął swoją karierę polityczną w Białej Podlaskiej. On działał politycznie, a jego żona w popularnej społecznej żydowskiej organizacji Kropla Mleka, wspierającej matki samotnie wychowujące dzieci. Od 1918 roku zatrudniają jako służącą Polkę, Helenę Wyrzykowską, pochodzącą ze wsi pod Siedlcami.

„Mój syn Teodor – wspominał Hartglas – urodził się przy niej, przy niej się wychował i kochała go ona do szaleństwa. Była to dziewczyna dobra, tylko dość niemądra, zaś jako służąca była wzorowa. Przez cały czas otrzymywała dobrą pensję. Ostatnia jej pensja wraz z dodatkowymi dochodami, jakie miała u mnie przy przyjmowaniu klientów, sięgała osiemdziesięciu–dziewięćdziesięciu złotych miesięcznie [w Warszawie średni zarobek służącej wynosił trzydzieści–pięćdziesiąt złotych – przyp. aut.]. Była bardzo rozrzutna, mimo to udało jej się odłożyć u mej żony trzysta złotych, ale tę sumę wyłudził od niej jeden z jej licznych narzeczonych. Była nam bardzo oddana".

Helena ma dwie siostry i obie korzystają z pomocy Hartglasów. Władzia najpierw jest nianką ich syna, a potem dzięki protekcji żony posła zostaje woźną w żłobku prowadzonym przez Kroplę Mleka. Z kolei Jadwiga najpierw pracuje u Hartglasów jako pokojówka, potem także dzięki ich pomocy trafia do fabryki mydła Bernsteina. Gdy wychodzi za mąż, prosi Apolinarego Hartglasa, aby został jej drużbą. Wcześniej pyta księdza, czy Żyd może pełnić funkcję drużby na katolickim ślubie. Ksiądz się zgadza i trzy lata przed II wojną światową poseł Hartglas drużbuje w kościele Świętego Krzyża w Warszawie na ślubie ubogiej Polki.

Jadwiga komunizuje trochę, ale nie wiąże się z żadną partią, czuje się jednak uświadomiona politycznie i bardzo zajmuje ją niesprawiedliwy podział dóbr na świecie oraz wyzysk robotników, chwali od czasu do czasu Rosję sowiecką.

Któregoś dnia Hela, służąca już u Hartglasów od dwudziestu lat, daje wzruszający dowód swojej wdzięczności. Jest maj 1939 roku. Wieczorem żona Hartglasa przygotowuje koperty na datki, które mają być zbierane podczas imprezy charytatywnej dla Kropli Mleka. Nagle staje przed nią Hela, całuje Hartglasową w rękę, wręcza jej pięć złotych i mówi: „Mam do pani wielką prośbę, niech pani przyjmie te pięć złotych dla Kropli Mleka". Chlebodawczyni się wzbrania. Mówi, że to za dużo i że działają także podobne polskie organizacje, więc może Hela tam te pieniądze przekaże. Ale Hela wie, czego chce: „Proszę pani, ja tyle zawdzięczam państwu, to znaczy Żydom, i moje siostry wszystko zawdzięczają Żydom i w ogóle ja widzę, o ile wszędzie Żydzi jako Państwo są lepsi dla pracujących niż nasi, więc ja się chcę odwdzięczyć Żydom". Wzruszona Hartglasowa przyjmuje datek i wypisuje dziewczynie pokwitowanie, a ta z dumą je wszystkim pokazuje.

„Tak przez dwadzieścia jeden i pół roku była Hela wierną służącą, przyjaciółką Żydów i jak gdyby członkiem rodziny u nas" – puentuje swoją opowieść Hartglas. Ale nadejdzie wrzesień 1939 roku i wszystko się zmieni.

Także Hela.

ANIELA CIEMNA KOŃCZY DZIEŁO

Miasto Sokołów Podlaski chwali się na swojej internetowej stronie: „Sokołowianka wymyśliła zakończenie *Ferdydurke*". To o służącej, Anieli Brzozowskiej, która urodziła się w Sokołowie w 1894 roku w rodzinie szewca, jako jedno z czternaściorga dzieci.

Gdy kończy piętnaście lat, wyrusza do Warszawy. Pracuje jako numerowa (szatniarka) w prywatnej lecznicy Omega. Może by tu została, ale zakochuje się w portierze, a ten wkrótce znajduje sobie inną numerową. Z ogłoszenia trafia do rodziny Gombrowiczów na Służewską 3, dostaje pokoik, choć bez okna. Ale to i tak lepiej niż w Omedze, gdzie kobiety spały w cztery w jednym pokoju.

Początkowo nie ma dużo pracy, poza nią u Gombrowiczów służą kucharka Maria, praczka Józefa i lokajczyk Pajda. To się zmienia po śmierci pana, czyli ojca Witolda Gombrowicza. Oszczędności zmuszają rodzinę do zwolnienia wszystkich poza Anielą. Teraz zajmuje się wszystkim, także gotowaniem. Zarabia nieźle. Pieniądze przesyła na kształcenie siostrzenicy. I składa sobie posag: maszynę do szycia, pierzynę, poduszki.

Jest równolatką starszego brata Witolda Gombrowicza, Janusza, ale przyszłego pisarza lubi najbardziej z całej czwórki dzieci „wielmożnego państwa" Gombrowiczów. „Dlaczego właściwie Witolda tak lubiła, nie wiadomo. Był przecież niewierzący. Nie chodził do spowiedzi i komunii. Było też wokół niego najwięcej roboty. Wnosił zamieszanie w ten spokojny dom" – pisze biografka Gombrowicza, Joanna Siedlecka.

Gombrowicz po latach mówić będzie o Anieli, że była najinteligentniejszą osobą w jego domu. Coś musi w tym być, Aniela świetnie rozumiała językową konwencję tego wielkiego prowokatora i nie obrażała się, gdy nazywał ją „ciemną sługą". Wiedziała, że to nie z niej drwi, lecz ze sfery, z której sam się wywodzi i którą kontestuje.

Czasem mówi do niej „Anielo więc", ponieważ wtrąca „więc" do każdego zdania. A gdy ona zwraca mu uwagę, krzyczy: „Sługo ciemna, winnaś szacunek swemu panu i chlebodawcy!". Czasem są tak rozbawieni, że rzucają w siebie poduszkami.

Gombrowicz strasznie brudzi, jego pokój jest pełen papierów i niedopałków. No i oczywiście na śniadania nie wstaje, bo zarywa noce, pisząc. Aniela ma wokół niego mnóstwo roboty. Przynosi mu śniadanie do pokoju na tacy, często o pierwszej po południu. Któregoś dnia na jej widok mówi tak: „Skończyłem książkę". I czyta jej fragment. Aniela słucha, a potem komentuje: „Koniec i bomba, kto czytał, ten trąba!". Gombrowicz jest zachwycony. Na to czekał. Od kilku dni zastanawiał się nad końcówką *Ferdydurke*, rozmyślał nad czymś lekkim i oto dostał na tacy razem ze śniadaniem. Wydana w 1938 roku powieść stanie się jednym z najważniejszych jego utworów.

Witold od września 1939 roku przebywa w Argentynie, Aniela służy u Gombrowiczów do 1944 roku. Wtedy razem z matką i siostrą Witolda, Reną, trafia po powstaniu warszawskim do obozu w Pruszkowie, a stamtąd na roboty do Niemiec. Po wojnie wraca do Sokołowa, a gdy ma pięćdziesiąt sześć lat, wychodzi za wdowca. Niezbyt jest z nim szczęśliwa, pasierbowie jej dokuczają, a mąż trzyma ich stronę.

W 1961 pisze list do Witolda do Argentyny, opisując swoje losy, a on jej odpowiada tak:

Jak tylko kopertę z Sokołowa zobaczyłem, zaraz pomyślałem, że to od Anieli list jest – i zaraz mi w pamięci stanęło, jak na Służewskiej z Anielą wojowałem i od Ciemnych i Sług wyzywałem z żartów naturalnie, bo bardziej Aniela przyjaciółką nam była. Dobre to były czasy, kiedy JW. Ja do góry brzuchem leżałem, albo łajdaczyłem się, albo z naszą Panią dyskutowałem, albo *Ferdydurke* pisałem, a Aniela zawsze mnie wszystko przyszykowała.

Niech tam Aniela napisze obszernie, jak i co, odkąd się pożegnaliśmy na Okocimskiej, i jak Anieli teraz się w Sokołowie powodzi, jakiego męża ma i tak dalej.

Nasza Pani zmarła 25 lipca 59 r. bez większych cierpień, bo zresztą już i w wieku bardzo podeszłym. Tak że teraz z nas wszystkich tylko JW. Panowie pozostali, bo JW. Panie już na tamtym świecie. A JW. Januszowi rękę częściowo sparaliżowało i niezbyt dobrze się miewa (w Warszawie mieszka). JW. Jerzy i JW. Ja jakoś trzymamy się. Ja, jak Aniela widzi z fotografii (niezbyt dobra, ale innej nie mam), trochę skapcaniałem, ale (jak z listu tego widać) niezbyt spoważniałem.

Teraz bardzo sławny jestem i z każdym rokiem coraz sławniejszy, bo moje książki we Francji, Niemczech, Anglii, Stanach Zjednoczonych, Włoszech i tu, i w innych krajach wydają, artykuły o mnie w największych gazetach świata się ukazują jako o największym polskim pisarzu i jednym z najważniejszych w świecie. Tylko w Polsce o mnie gazety bardzo mało piszą – łatwo zgadnąć dlaczego – i właś-

Reklama z poznańskiego czasopisma „Orędownik" z 17 stycznia 1901.

nie we własnym kraju najmniej jestem znany. Ale jak skonam, pewnie mnie w końcu na Wawelu pochowają, jak Słowackiego.

Argentyna przyjemny kraj, ciepły, bogaty, mieszkam w dużym pokoju, podnajętym, ładnie umeblowanym i tak samo prawie żyję jak w Warszawie, po południu piszę, czytam, wieczorem najczęściej do kawiarni idę. Moje książki dużo mi sławy przysparzają, ale mniej pieniędzy, bo tylko dla Jaśniejszych pisane, nie dla Ciemniejszych, więc sprzedaż wolno idzie. Ale coraz więcej mam pieniędzy i myślę do Paryża się przenieść za jakiś czas.

Mam nadzieję, że Aniela mnie fotografię przyśle i obszernie napisze. Ja mało mam czasu na pisanie listów, bo nieraz na 7, 8 dziennie muszę odpowiadać, ale zawsze Anielę czule wspominam i z wielką przyjaźnią. Nisko kłaniam się (niech Aniela nie myśli, że w niewyprasowanych spodniach chodzę, to taki garnitur ze specjalnego materiału, który zawsze wygląda jak psu z gardła wyciągnięty). Uszanowanie.

21 Maj 1961

Witold G.

Drugi list, który Aniela dostała od Gombrowicza, już z Vence we Francji, to prawdziwy dla niej prezent. Już nie z opowieści, nie z anegdot będziemy wiedzieli, że to Aniela zakończyła *Ferdydurke*. Teraz mamy czarno na białym:

> Aniela Ciemna: tak już Anielę do samej śmierci Anieli i mojej będę nazywał. Bardzo mi przyjemnie, że Aniela napisała, nie odpisałem zaraz, bo we Włoszech byłem, stąd bardzo blisko. Widzę, że Aniela jako tako jeszcze się trzyma, ja też, choć astma mnie przydusza, ale nie tak silnie jak Renę biedaczkę. Pan Janusz, czyli Janusz, już w grobie i to lepiej, bo ostatnie lata ledwo zipał, na szczęście śmierć dość lekką miał. Dobrze, że Aniela o sobie opowiedziała, przynajmniej wiem, jak to było.
>
> O mnie też pewnie Anieli w Warszawie i Radomiu coś niecoś opowiedzieli. Teraz tu mieszkam z jedną Kanadyjką, co na fotce, bardzo póki co o mnie dba, mieszkanie mamy, psa Psinę, tu bardzo ładnie, ciepło, morze, góry, do morza mamy 6 klm, a góry tuż za oknem, w dole palmy, róże, mimozy, w górze śnieg. Okolica bardzo bogata, z całego świata ludzie przyjeżdżają. Lepiej mi się powodzi, bo już moje książki we wszystkich językach się ukazują, nawet po japońsku, tylko jakoś w Polsce nie mam powodzenia, ale może i to przyjdzie. Ale dużo pieniędzy z tego nie ma, bo ja nie dla ciemniejszych, a tylko dla samych rozjaśnionych, więc mało kto kupuje. *Ferdydurke* bardzo sławna się stała i nieraz w wywiadach mówiłem, że „Koniec i bomba, a kto czytał, ten trąba!", jak na końcu stoi, to Aniela mnie powiedziała.

Wszystko byłoby nie tak źle, ale człowiek skapcaniał, wprawdzie ataków silnych astmy nie mam, ale powietrza brak i muszę lekarstwa brać. No, Aniela, z Panem Bogiem, kłaniam się i serdecznie pozdrawiam. W osobnej kopercie fotkę przesyłam, zobaczymy, czy dojdzie.

Witold Gombrowicz 15.02.68

To ostatni list pisarza do Anieli Ciemnej. Następnego roku, latem, Gombrowicz umiera. Kiedy Joanna Siedlecka odwiedzi Anielę Brzozowską w Sokołowie Podlaskim w 1981 roku, napisze potem, że jest „ona jeszcze w szyku" (według określenia mieszkańców Sokołowa). Mieszka sama, po śmierci męża popadła w konflikty z pasierbami i wyprowadziła się do wynajętego pokoju. W miejscowym kościele prowadzi kółko różańcowe.

„Myśli o Gombrowiczach bardzo często – pisze Siedlecka. – Przeżyła przecież z nimi tyle lat. Mimo to dopiero dziś wie, że nie znała właściwie Witolda. Nigdy nie mówiła o tym wielmożnej pani, nie chciała jej martwić. Lecz gdy wyjechał, nie wierzyła, że da sobie radę. Taki paniczyk, kawalarz? Zginie jak ruda mysz. Nie potrafił właściwie nic – podawało mu się wszystko, nawet herbatę, opierało od stóp do głów, był bardzo nieżyciowy, niezaradny".

Po niemal czterdziestu latach Aniela wciąż o swoich byłych chlebodawcach mówi „wielmożni państwo".

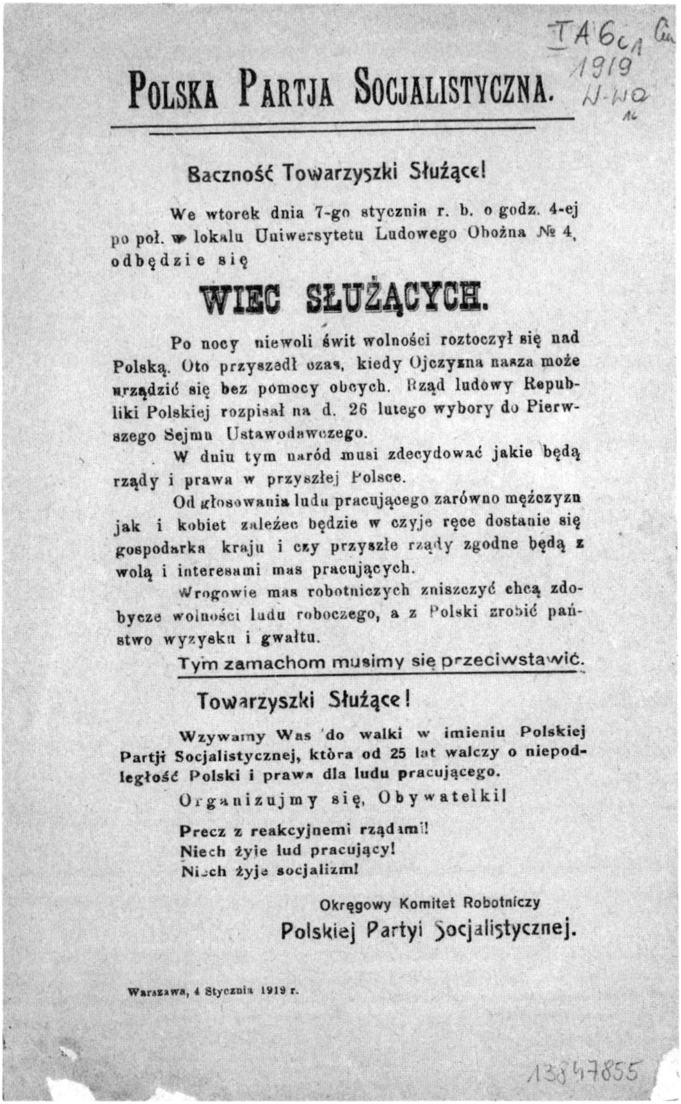
Polska Partja Socjalistyczna.

Baczność Towarzyszki Służące!

We wtorek dnia 7-go stycznia r. b. o godz. 4-ej po poł. w lokalu Uniwersytetu Ludowego Oboźna № 4, odbędzie się

WIEC SŁUŻĄCYCH.

Po nocy niewoli świt wolności roztoczył się nad Polską. Oto przyszedł czas, kiedy Ojczyzna nasza może urządzić się bez pomocy obcych. Rząd ludowy Republiki Polskiej rozpisał na d. 26 lutego wybory do Pierwszego Sejmu Ustawodawczego.

W dniu tym naród musi zdecydować jakie będą rządy i prawa w przyszłej Polsce.

Od głosowania ludu pracującego zarówno mężczyzn jak i kobiet zależeć będzie w czyje ręce dostanie się gospodarka kraju i czy przyszłe rządy zgodne będą z wolą i interesami mas pracujących.

Wrogowie mas robotniczych zniszczyć chcą zdobycze wolności ludu roboczego, a z Polski zrobić państwo wyzysku i gwałtu.

Tym zamachom musimy się przeciwstawić.

Towarzyszki Służące!

Wzywamy Was do walki w imieniu Polskiej Partji Socjalistycznej, która od 25 lat walczy o niepodległość Polski i prawa dla ludu pracującego.

Organizujmy się, Obywatelki!

Precz z reakcyjnemi rządami!
Niech żyje lud pracujący!
Niech żyje socjalizm!

Okręgowy Komitet Robotniczy
Polskiej Partyi Socjalistycznej.

Warszawa, 4 Stycznia 1919 r.

Odezwa Polskiej Partii Socjalistycznej do służących, Warszawa, 1919.

14

BACZNOŚĆ, TOWARZYSZKI SŁUŻĄCE!

Towarzysze! Służba domowa należy do rzędu najbardziej wyzyskiwanych, zahukanych i ciemiężonych. Lokaj, pokojówka, woźnica, stangret, stróż, oto wy, ludzie, którym się ręki nie podaje nawet „po ciemku", nawet na Wielkanoc. Oto wy, ludzie, którymi „państwo" gardzi i pomiata.

Z ODEZWY POLSKIEJ PARTII SOCJALISTYCZNEJ
DO SŁUŻBY DOMOWEJ, 1919

Pamiętam Polskę – tę sprzed września, bogatą w przepych i nędzę największą, kraj panów i sług. Codzienny trud robotnika wzbogacał panów, lecz by codziennie używać, rozkoszować się tym bogactwem, burżuazja zatrudniała innego rodzaju robotnika, który był bezpośrednim wykonawcą wszystkich jej kaprysów i zachcianek. Tym wykonawcą była niezliczona masa robotnic domowych – służba domowa. Nieopisanie ciężki był los tych dziewcząt, które nędza wygnała z domu, ze wsi i miasteczek. W mieście, nie mając dachu nad głową i pozbawione możności zarobienia na utrzymanie się, gdyż panowało bezrobocie, zmuszone były iść na ten niewolniczy kawałek chleba.

Jedną z nich byłam ja.

Te słowa zapisała Etla Bomsztyk, żydowska służąca. Od chwili, gdy jako młodziutka dziewczyna wyruszyła statkiem z Lipska do Warszawy, przebyła długą, pełną poniżeń drogę. W 1918 roku Bomsztyk i jej towarzysze zakładają związek zawodowy służących. Wydaje się, że lada moment ich byt się polepszy. Dyskusja o potrzebie poprawy losu służby domowej trwa od pierwszej chwili odzyskania niepodległości. Problem dotyczy niebagatelnej liczby osób: około dwustu pięćdziesięciu tysięcy, z czego blisko dziewięćdziesiąt sześć procent stanowią kobiety. To one głównie podlegają anachronicznemu, opresyjnemu prawu przyjętemu przez zaborców, które pozwala bić służbę za niesubordynację oraz karać ją więzieniem w przypadku porzucenia pracy.

I wojna światowa zmienia stosunki społeczne, kraje Zachodu cywilizują prawo, a ruch robotniczy coraz śmielej podnosi swoje żądania. Austria wprowadza prawo gwarantujące służącym dziewięciogodzinny sen i do tego dwie–trzy godziny wypoczynku dziennego, ponadto raz w tygodniu cztery godziny wolnego i co dwa tygodnie osiem godzin. Szwajcarskie służące mają zapewnione dziesięć godzin snu i dwie godziny przerwy w ciągu dnia, wychodne po południu – cztery godziny raz w tygodniu i osiem co dwa tygodnie.

W Polsce PPS walczy o głosy służących, choć dla dziewcząt pozostających pod wpływem katolickiego wychowania ta retoryka jest grzeszna i groźna. W odezwie do służby, rozlepianej na ulicach, czytają:

> W samej Warszawie liczba służących liczy z górą 60 000. To siła! To siła, co może żądać, nie prosić i żebrać. Wzywamy was, towarzysze i towarzyszki służby domowej, abyście byli, abyście czuli się obywatelami kraju i brali udział w jego życiu polityczno-

SEJM USTAWODAWCZY
RZECZYPOSPOLITEJ POLSKIEJ.

Druk Nr 1276.

WNIOSEK NAGŁY

posła Z. ŻUŁAWSKIEGO i tow. w sprawie zniesienia dotychczasowych przepisów o służbie domowej i zastąpienia ich załączoną ustawą o pomocnikach domowych.

W czasach, gdy nowoczesne ustawodawstwa coraz troskliwszą opieką otaczają pracę i siły człowieka, widząc w nich największe dobro narodu, w państwie naszem ogromny odłam ludzi pracy, znanych pod nazwą: służby domowej, nie doznaje nawet najprymitywniejszej ochrony prawnej, a co więcej, na mocy obowiązujących ustaw, pozbawiony jest nawet najprostszych praw obywatelskich.

Stosunki służbowe normują we wszystkich dzielnicach państwa ustawy, wydane w połowie, a nawet z początkiem zeszłego stulecia, a więc w czasach bezwzględnego panowania absolutyzmu i wszechwładzy policji, kiedy nie było jeszcze zrozumienia dla konieczności ochrony pracy, a w regulowaniu stosunków pracy miano na na oku prawie wyłącznie interes „pana" i roztoczenie jaknajwiększej kontroli policji nad tymi, którzy musieli pracować.

Robotnicy przemysłowi w długoletniej walce zdołali choć częściowo zmienić te stosunki i wyzwalając się z pod opieki policji i swych pracodawców, skierować całe ustawodawstwo w tej dziedzinie na drogę ochrony swej siły roboczej. Niestety, służba domowa, skrępowana zakazami stowarzyszania się i koalicji, walki tej przeprowadzić nie mogła — i dziś, podobnie jak sto lat temu, wydana jest na zupełną samowolę policji i swych pracodawców. Prawo cielesnego karania, przymus wykonywania każdej najcięższej nawet pracy, brak ograniczenia długości dnia roboczego, brak ustawowego odpoczynku niedzielnego, brak wszelkich ubezpieczeń społecznych, — a wzamian za to opieka policji posunięta aż do roztaczania stałego nadzoru, a nawet do stosowania pracy przymusowej — to przepisy obowiązujących do dnia dzisiejszego ustaw o służbie domowej, które muszą wywoływać u niej zupełnie zrozumiałe poczucie głębokiej krzywdy społecznej.

W interesie więc zarówno ochrony pracy i sił tych, których dotąd nazywano hańbiącem i niewolniczem mianem „służby domowej", jak niemniej w interesie samego państwa, które nie może dziś żadnej pracy uważać za hańbiącą i pozbawiającą praw obywateslkich tego, kto ją wykonuje i nie może dzielić swych obywateli na wolnych i niewolników, potrzebujących wiecznej kontroli nad sobą — leży, by stosunki te coprędzej zostały zmienione.

-społecznym. Bądźcie samodzielni! Na cały głos wołajcie o swoje prawa. Rwijcie na sobie powrozy zależności.

Przekonanie o tym, że służba powinna stać się podmiotem dyskusji w pierwszym polskim Sejmie, wzmacniana jest przeświadczeniem o rychłym końcu niesprawiedliwości społecznej i wyzysku, któremu służba domowa poddawana była przez wieki:

> U nas, w Polsce, za czasów pańszczyzny szlachcic polski, posiadacz dusz chudopacholskich, siekł rózgami, prał batem chłopa ornego tak, aż krew sikała do powały, w górę, przez otwarte niebo, w które „wierzyć" chamowi kazano. Pan lokaja walił w pysk tak inteligentnie, że musiał lokaj zęby na srebrną tacę zbierać, a potem chodzić „na dwu łapkach", by miejsca w pańskim domu nie stracić.
>
> Pani znowu tak tresowała służącą, kucharkę, pokojówkę, że robiła z niej czasem popychadło, automat, w którym zamordowano duszę i który na zawołanie musiał klepać pacierz, owe „całuję rączki" i „padam do nóżek".

Te nieco przejaskrawione opisy odsłaniają istotę problemu: że służba domowa w formule najemników pozbawionych praw pracowniczych to przeżytek. Toteż politycy rozmaitych opcji monitują w Sejmie, aby ustawą o służbie zająć się niezwłocznie, a zarówno Ministerstwo Pracy, jak i PPS pracują nad jej projektem.

Ministerstwo przeprowadza ankietę wśród służących, która pokazuje najpilniejsze potrzeby: prawo do urlopu i do wypoczyn-

Służąca wypadła z okna.

Ofiara „oszczędności" i lekceważenia przepisów.

Jesienią ubiegłego roku donosiliśmy o tragicznym wypadku, jaki wydarzył się w jednym z domów przy ul. Narutowicza. Służąca, podczas mycia okien, niezabezpieczona specjalnym pasem ochronnym, zawisła u ramy okiennej i nim przybyli sąsiedzi z dołu — runęła na kamienie podwórza.

Ten straszny wypadek snać nie był dostateczną nauką zarówno dla służących jak i ich chlebodawców, gdyż wczoraj w domu przy ul. Andrzeja 38 rozegrała się niemal identyczna tragedja.

W mieszkaniu na drugiem piętrze myła okna Natalja Rodoszewska. Służąca nie była zabezpieczona pasami.— W pewnym omencie **nieszczęśliwa niewiasta przechyliła się, straciła równowagę i runęła na bruk dziedzińca.**

Z pomocą pośpieszyli jej lokatorzy domu. Wezwano pogotowie, którego lekarz stwierdził **złamanie reki i żeber oraz wstrząs mózgu.** Radoszewska, ofiara lekceważenia przepisów, zabezpieczających w sposób prosty i połączony z nikłym wydatkiem tak strasznych wypadków — jest w stanie nie rokującym nadziei wyzdrowienia.

Władze wdrożyły dochodzenie. (gr)

„Ilustrowana Republika" z 3 czerwca 1934.

ku stają na czele. Większość służących pracuje od godziny szóstej lub siódmej rano do dwudziestej drugiej, a niektóre jeszcze dłużej, do dwudziestej trzeciej lub nawet do północy. Niektóre zaczynają o piątej rano. Wiele z nich przez trzydzieści lat pracy nigdy nie było na urlopie, zaledwie jedenaście procent badanych dostawało możliwość wyjazdu od swych chlebodawców.

Które panie najlepiej rozumiały sytuację służących? Te, które same pracowały zawodowo: nauczycielki, urzędniczki, kierowniczki zakładów i przedsiębiorstw. To one dawały swym pracownicom domowym płatne urlopy, niekiedy dorzucając zasiłek na żywność, choć prawo ich do tego nie zobowiązywało.

Warunki mieszkaniowe, ale także warunki pracy, to kolejne z dużych problemów służących. Co jakiś czas prasa alarmuje, że służąca, myjąc okno, wypadła na bruk i się zabiła. Było to związane z konstrukcją okien, które zwykle otwierały się na zewnątrz. A dziewczyny, myjąc je, nie miały żadnej asekuracji.

Podczas pracy nad ustawą powstaje pytanie: czy utrzymać nazwy „służba" i „służąca"? Przeciwni temu są socjaliści, według których jest to „miano hańbiące i niewolnicze". Ale jeśli nie „służąca", to kto? Zastanawiano się nad „pracownicą domową", „pomocą domową" i „domownicą", ale żadna z nich nie wydawała się adekwatna i precyzyjna, pozostano więc przy dotychczasowej. Monika Piotrowska-Marchewa, historyczka, badaczka służby domowej:

> Projekty ustaw w sejmie różniły się w zależności od tego, czy były autorstwa działaczy narodowo-chrześcijańskich czy socjalistycznych. Dla tych ostatnich służąca była lub powinna była stać się robotnicą – „pracownikiem domowym". Dla duchowieństwa katolickiego i prawicowych działaczy i działaczek związkowych – wyczulonych na specyficznie familiarny charakter tego zajęcia – służąca pozostawała przede wszystkim „domownikiem służbodawcy", „niezbędnym dopełnieniem ogniska domowego", ale i „białą niewolnicą", której należy zapewnić należne prawa, jednak bez naruszania spokoju rodziny, bez uciekania się do szkodliwej idei walki klas i do strajków.

Projekt ustawy, dosyć rewolucyjny w niektórych zapisach, jest gotowy w maju 1920 roku. Powstał przy współpracy Ministerstwa Pracy z rozmaitymi stowarzyszeniami (m.in. ze Stowarzyszeniem Sług Katolickich i bezpartyjnym Związkiem Służby Domowej). Prace nad tą ustawą prowadzą głównie kobiety, uwzględniając racje obu stron – pracowników i pracodawców.

„Ograniczenie czasu pracy służącej i ustalenie godzin, w których mogłaby żyć dla siebie, a zatem przerw w pracy, jest palącym postulatem, który domaga się jak najprędszego rozwiązania. Dotąd nie ma pory dnia ani nocy, w których ta biała niewolnica nie była obowiązana i zmuszana do pracy" – uzasadniało ministerstwo.

Ustalono, że czas pracy służącej nie może być dłuższy niż dwanaście godzin. Przyjęto też ramy czasowe: może pracować w godzinach od szóstej, siódmej lub ósmej rano do dziewiątej, dziesiątej lub jedenastej wieczorem. W tym czasie ma mieć zagwarantowaną trzygodzinną przerwę.

Rewolucja dotyczy też zakresu obowiązków: muszą być one spisane, ściśle określone i dołączone do pisemnej umowy. Po roku służby należy się służącej dwutygodniowy urlop. Pojawia się także termin „godziny nadliczbowe", dotąd nieznany – teraz służąca za dodatkowe prace miałaby być wynagradzana i nie można by ich zlecać częściej niż cztery razy w miesiącu. Gwarantowano także czas wolny na praktyki religijne, „w szczególności na wysłuchanie nabożeństwa w niedzielę i święto".

Przy konstruowaniu ustawy ministerstwo uznało, że nie będzie naśladowało Europy Zachodniej, bo na całym kontynencie służba domowa jest zaniedbana. Polska miała pójść własną drogą. Celem ustawy jest zapewnienie „minimum ludzkich warunków istnienia, których niestety ani obyczaj, ani humanitaryzm naszych warstw wyższych nie umie i nie chce uwzględnić".

Projekt ustawy jest naprawdę nowoczesny, odpowiada na najpilniejsze bolączki dotyczące służących: zajęto się fatalnymi warunkami mieszkaniowymi, a także higieną. Zobowiązuje pracodawców, aby zapewniali dostateczną ilość jedzenia i aby było ono zdrowe. Natomiast pomieszczenie służącej ma być „widne i suche, możliwie nie w kuchni, z uwzględnieniem osobnych mieszkań dla płci każdej". Zareagowano nawet na coraz powszechniejsze sygnały, że pokój dla służby bywa wynajmowany, a służąca śpi w kuchni. Stąd zapis: „Jeżeli w mieszkaniu znajduje się osobny pokój dla służby, winien tenże być użyty wyłącznie na mieszkanie służącego".

W ustawie był też bardzo postępowy przepis o tym, że „zakazuje się spania służących w pomieszczeniach nieogrzewanych. Przy mieszkaniach na piętrach, począwszy od trzeciego, zastrzega się dla służących używalność windy, gdy takowa działa". Po raz pierwszy uznano, że należy chronić służbę przed nadmiernym obciążeniem i że obowiązkiem służbodawcy jest dbanie o zdrowie służącego i dostosowanie pracy do jego sił. Zakazano także zlecania kobietom i młodocianym froterki nożnej, najbardziej uciążliwej formy sprzątania, od której często chorowały. Zabroniono też zmuszania kobiet służących do noszenia nadmiernych ciężarów.

Ustawę referował w Sejmie ksiądz Zygmunt Kaczyński, wywodzący się z chadecji, poseł Zjednoczenia Ludowo-Narodowego i działacz wyznaniowych związków zawodowych (w 1953 roku zostanie zamordowany przez Urząd Bezpieczeństwa). Referując zapis o tym, że służące będą miały prawo do odszkodowania, jeśli zachorują wskutek ciężkich warunków pracy, Kaczyński stwierdził:

> Jest to rzecz sprawiedliwa i konieczna, ażeby usunąć narzekania i nie wtykać robotnikom w ręce tej broni, jaką wyzyskać mogą później komuniści, ażeby zająć się tymi opuszczonymi pracownikami, tymi właśnie, którzy nieraz cierpią najstraszliwszą nędzę. I dlatego też, proszę Panów, nikt nie może powiedzieć, że ustawa niniejsza zawiera przepisy na niekorzyść służbodawców czy też całego społeczeństwa. Przeciwnie,

obrona praw służby domowej jest obowiązkiem całego społeczeństwa i gdyby ona na razie odbyła się kosztem lub nakładem finansowym służbodawców, to jednakże społeczeństwo musi iść dalej i przewidywać takie środki, które w imię dobra społecznego ochronią tę kategorię pracowników od całkowitego nieszczęścia i wykolejenia w życiu.

Wszystko to wyglądało bardzo dobrze i wydawało się, że nadchodzi kres wyzysku służby, ale komplikacje pojawiły się bardzo szybko: już podczas czytania projektu ustawy 6 grudnia 1921 roku okazało się, że posłowie nie są w stanie się porozumieć. Jako pierwsza głos w dyskusji zabrała czterdziestosiedmioletnia posłanka endecka Gabriela Balicka. Ubierała się na czarno i liliowo i była jedną z pierwszych kobiet w Polsce, które zrobiły doktorat. W Sejmie walczyła o równouprawnienie kobiet. Jej głos w sprawie służących zabrzmiał donośnie i rozsądnie. Mówiła nie tylko o konieczności zmiany prawa, lecz także o polskiej mentalności, która jest źródłem pogardy wobec klas niższych:

> Dużo nazbierało się niesprawiedliwości dziejowej w stosunku do służby domowej. Duża jest skala niedoli tej służby, a jednocześnie dużo lekkomyślności i nierozwagi tych, którzy mogliby wejrzeć w stosunki służby, w jej życie i nie zrobili tego. Prawa, a właściwie brak tych praw, uzależniały służbę domową i robiły z niej bardzo często niewolników. Trzeba zwrócić na to uwagę, że ten stosunek, do pewnego stopnia nienormalny, tak często niesprawiedliwy nawet ze strony tych ludzi, którzy są z natury dobrzy, ale

posuwają się nieraz aż prawie do okrucieństwa, zależy w bardzo dużej mierze nie tylko od wad tych ludzi, ale też od tego, jaki jest stopień ich kultury. U nas brak jest kultury od góry do dołu. Dlatego widzimy ten stosunek do służby domowej tak pełen usterek na wszystkich szczeblach drabiny społecznej. Stosunek do służby jest niezmiernie subtelnym, bo stosunkiem do domownika, który jest od nas zależny. Warunki pracy tego domownika są bardzo często opłakane, nie posiada on też fachowego przygotowania, bo nie mamy szkół fachowych, całą swoją naukę odbywa, przechodząc od domu uboższego do zamożniejszego i w ten sposób czerpie wiadomości, jakie dla nich są potrzebne, a w domu pracodawcy pozostaje poza jego życiem. Dom to nie cztery ściany i dach nad nim, ale atmosfera, cele współżycia, którego służba domowa jest pozbawiona. Pozostaje ona poza tym domem, pozostaje obca jego życiu, a musi się tylko stosować do przeróżnych charakterów ciągle innych – bo zmienia się tę służbę często – do zmiennych usposobień, a w najlepszym razie musi się stosować do nieopanowanych nerwów. Z drugiej strony pracodawcy nie liczą się ani z indywidualnością tego zależnego od nich domownika, ani nie wnikają w życie jego osobiste, ani w całą niedolę tego życia, która bywa wielka. Stopień kultury w Polsce jest niski. Stosunek człowieka do człowieka jest zły i dlatego nasz stosunek do służby nie stoi na poziomie tego, do czego obowiązani jesteśmy jako społeczeństwo, które chce uchodzić za kulturalne.

Zofia Moraczewska, socjalistka, która zabrała głos po Balickiej, skrytykowała zapis ustawy, który wciąż pozwalał, aby służba pracowała w nocy („w przypadku nagłej choroby, nieszczęśliwego wypadku lub podróży"). Mimo to uznała ustawę za wielki postęp, zwłaszcza zapis zakazujący zatrudniania dzieci poniżej piętnastego roku życia. Moraczewska także doceniła zniesienie książeczek służbowych, czyli „przepisów policyjnych i niewolnictwa", a za największy sukces uznała zapisy ustawy gwarantujące służbie godne mieszkanie. „Kto znał dotychczasowe stosunki, kto wie, że służba domowa spała byle gdzie, a często nawet i łóżka własnego nie miała, ten pojmie, że ustawa wymagająca widnych, suchych i osobnych dla każdej płci pomieszczeń służbowych jest ogromnym postępem".

Z krytyką ustawy wystąpił za to Ignacy Góralski, rolnik, poseł konserwatywnego Narodowego Zjednoczenia Ludowego. Nie podobało mu się, że ustawa dopuszcza, aby służąca mogła się zatrudnić bez zgody męża. I za niedorzeczność uznał, że ustawa zabrania zlecania służącym prac zagrażających życiu. „Mycie okien też jest zagrażające życiu, gdyż można spaść, krajanie chleba też jest zagrażające zdrowiu, gdyż można się skaleczyć. Więc do czego dojdziemy?". Góralski sprzeciwiał się również ograniczeniu czasu pracy służących: „Rozumiem to, gdyby pracodawca przeciążał pracą, ale jeżeli służąca nie ma co robić, to czy tej służącej będzie się odliczało te godziny?". Płatne urlopy służby zupełnie nie mieściły się w jego głowie, a już kompletnie nie rozumiał, dlaczego służąca ma nie dźwigać: „Więc wody nie przyniesie, trochę drzewa nie przyniesie, a może i butelki nafty nie przyniesie, bo to jest dźwiganie. Ja nie rozumiem. Do froterki nożnej też używać nie można, bo to niebezpieczna robota; bo może nogę złamać. Więc w ogóle do czego używać?".

Poseł Ludwik Gdyk z Chrześcijańsko-Narodowego Stronnictwa Pracy przystąpił do obrony ustawy i jednocześnie do ataku na ludowców:

> Służba domowa jest na takich warunkach: póki dobrze, to dobrze, jak nie, to fora ze dwora. Słyszałem przed chwilą takie głosy od niektórych kolegów. Jeżeli stać was na to, aby rozrzucać bogactwa niechęci i twardych zarzutów, które sypiecie jak z rogu obfitości, to niech społeczeństwo przyjrzy się temu i wyda sąd taki, jak należy. Proszę panów, wysuwa się szereg obaw, ponieważ ustawa mówi o dwunastogodzinnym dniu pracy, ale czy panowie wiecie, że służąca w tzw. porządnym domu pracuje nieraz 20 godzin na dobę i o tem się nie mówi.

Poseł Smoła, ludowiec, wykrzyknął: „Może 30 godzin?". Gdyk odpowiadał:

> Panie kolego Smoła, niech się pan nie rozgrzewa, bo się pan rozleje. Pamiętam jeszcze z lat dziecinnych, kiedy miasta nie były jeszcze skanalizowane, jak służące musiały nocami wyczekiwać, aby łapać wodę deszczową, aby potem wczesnym rankiem wstawać do prania. Nikt się nie litował i nikt tego nie rozumiał, ale tak było rzeczywiście i dlatego też bagatelizować tych rzeczy nie można.

Słychać było śmiechy, ale Gdyk mówił dalej:

Tak, panowie inaczej przystępowali do uchwalenia reformy rolnej. Wtedy panowie mówiliście, że tego ojczyzna wymaga, a teraz, kiedy chodzi o setki tysięcy pracowników, przychodzicie tutaj z szyderstwem i mówicie, że nie ma tego poczucia, ale ono jest, tylko daleko od was. Wolno zgodzić się lub nie zgodzić, ale nie wolno szykanować słuszności, która stoi za tym cichym pracownikiem, jakim jest służba domowa. [...]

Jasno i otwarcie panowie powiedzcie tu, z tego miejsca, że tego nie uznajecie. Wy chcecie w dalszym ciągu, żeby służba była bez opieki, żeby każdy jak dawniej dowolnie ją terroryzował i żeby służbodawca postawił na swoim, tak jak chce. Powiedzcie, panowie, odważnie, na co się tylko potraficie zdobyć. [...]

Zdajemy sobie sprawę, że na pewne przeszkody ta rzecz napotyka, gdyż nasze życie narodowe jest nowe i każda nowość i wszelkie wstrząśnienia nas przerażają. [...] Ze służącymi każdy postępował, jak sam chciał, a dziś trzeba inaczej postępować, z tem istotnie pogodzić się trudno, ale musimy zrealizować nasze postulaty, te piękne postulaty stronnictwa pisane na papierze. Musimy sprowadzać wreszcie życie na nowe tory, żeby nie było ciemiężców i ciemiężonych. To jest nasza zasada.

Poseł Józef Pietrzyk z Narodowego Związku Robotniczego nie zostawił suchej nitki na ludowcu Góralskim, który drwił, że służącej teraz nie będzie można kroić chleba:

Każdy przyzwyczaił się lekceważyć służące i może nawet nie zastanawiał się nad tem, ile większa część

> służby domowej przechodzi cierpień i udręczeń. I tylko podziwiać należy krytykę, z jaką do ustawy tej odniósł się przedstawiciel włościaństwa, poseł Góralski. Nie zdziwilibyśmy się, gdyby podobne uwagi wypowiedział burżuj jaki, ale że to poseł Góralski czyni, więc należy żałować, że taka ciasnota panuje jeszcze w tych sferach. Bo jeżeli zważymy, w jakich warunkach służba żyje, to nieraz na płacz się zbiera, kiedy w dusznej, zakopconej kuchni zmuszona jest i nocować, i jeść, i stale przebywać. Niektórzy określają czynności służby w ten sposób: Cóż to za praca! Ona sobie spaceruje, nie można tej pracy z inną porównać, ona może pracować i szesnaście godzin. Otóż sprawiedliwość wymaga, jeśli otaczamy opieką ustawodawczą wszystkie warstwy pracujące, żeby i służącą otoczyć taką samą opieką.

W tym miejscu dyskusji Pietrzyk nieoczekiwanie przedstawił propozycję swojego klubu, aby czas pracy ograniczyć nie do dwunastu godzin, jak chcą ustawodawcy, a do ośmiu.

Podniosła się wrzawa. Pietrzyk mówił:

> Nie rozumiem tu krzyków posłów włościańskich, tem bardziej że wy chyba takich służących, których by się to tyczyło, nie posiadacie, bo macie pracowników rolnych. Czemu tak gorąco zwalczacie tę rzecz? Boście się przyzwyczaili do pewnego wyzysku parobków i dziewcząt, które u siebie macie, a których używacie do robót w polu, a więc chcecie, aby ten sam wyzysk i w miastach nadal trwał. Jeśli prawa strona tej Izby

> tak zawzięcie tego nie zwalcza, to wy nie macie potrzeby tego czynić.

Poseł zaproponował jeszcze korzystniejsze rozwiązania: aby urlop należał się służącej nie po roku, a po pół roku pracy. A następnie zaatakował tych, którzy stawiali opór przyjęciu ustawy:

> Wy, zamiast człowieka, który może was w domu zastąpić, wychowujecie służbę, która tylko patrzy, ażeby coś ukraść, bo się obdziera. Wy zamiast dawać temu człowiekowi oświatę, zamiast dbać o to, żeby uczył się czegokolwiek, żeby ta służąca czy służący cośkolwiek umieli, w wolnych chwilach czegoś się nauczyli, od rana do nocy nimi pomiatacie i macie tylko urągowiska i wymysły dla nich i nic więcej. I dlatego ustawa musi zmienić te stosunki.

Poseł Stefan Sołtyk z Narodowego Zjednoczenia Ludowego zapytał: „A ile kolega swojej służącej płaci?". Pietrzyk odpowiadał:

> Może być kolega pewien, że o ile sam mało zarabiam, to służącej w tym stosunku grubo płacę. [...] Musimy zwrócić uwagę na to, że w niektórych domach może się zdarzyć nieco więcej pracy, sytuacja bywa taka, że wprost w domu poradzić sobie nie mogą, wtedy trudno, trzeba się zwrócić z prośbą do służącej, ażeby dłużej, ponad określone godziny pracowała. Ale wtedy, tak jak gdzie indziej, czy to na roli, jeśli robotnik dłużej pracuje, to ma więcej płacone, czy w fabryce, jeśli dłużej pracuje, ma dodatkowo płacone. Wtedy

dopiero, gdy unormują się warunki płacy i pracy, wytworzą się zdrowe i przyjazne warunki domowe, a na takich zależeć nam powinno.

Na trybunę sejmową wszedł Jan Potoczek z Polskiego Stronnictwa Katolicko-Ludowego i próbował wyjaśnić, dlaczego ludowcy sprzeciwiają się ustawie:

> Uwagi rolników o ustawie niniejszej – o służbie domowej – nie wypływają z jakiejś nienawiści do służby domowej. Proszę panów, służba domowa nie jest tak znowu bez opieki zupełnie, jakby się zdawało. W Małopolsce, w tak zwanej dawnej Galicji, istniała od roku 1866 ustawa, która ochraniała służbę domową dostatecznie [...]. Nie chodzi nam o to, żebyśmy ziali nienawiścią, lecz o rolnictwo, które obecnie jest wystawione na różne niedogodności. W kilku paragrafach tej ustawy jest naznaczony czas, jak długo ten służący musi robić: dwanaście, osiem i sześć godzin w święta. Tak może twierdzić tylko ten, który stosunków rolnych nie rozumie. Weźmy na przykład sześć godzin w niedziele i w święta. Weźmy pastucha albo parobka, który musi konie paść. Rano idzie do kościoła, wraca, musi konie paść. Dziewki muszą obsługiwać świnie, doić krowy, gotować itd. Na to wszystko potrzeba więcej niż sześć godzin.
>
> Jeżelibyśmy to wszystko uchwalili, jak jest proponowane, to narazilibyśmy rolnictwo na kryzys, na procesy i skargi między służbą a gospodarzami.

Czyli chłop boi się, że i jego pracownicy będą domagać się poprawy warunków pracy. Na to się zgodzić nie może.

Głos socjalisty Tadeusza Regera wybrzmiał najgłośniej i był oskarżeniem wobec chłopstwa:

> Widzimy, że bogaci chłopi za wszelką cenę każdą ustawę cenną dla robotników, albo choć to nie byli robotnicy, lecz służba domowa, każdą ustawę ochronną dla klasy pracującej chcą zepsuć i zwalić. Pan Potoczek razem z jemu podobnymi są najgorszymi wrogami klasy robotniczej ze wszystkich stronnictw, w których chłopi zasiadają, biegnie do walki przeciwko kasom chorych, przeciw ośmiogodzinnemu czasowi pracy, przeciw świętowaniu w niedzielę. Pana Potoczka boli to, że biedna służąca pójdzie do kościoła i że z kościoła wróciwszy, ta biedna służąca w niedzielę odpocznie. Ja panów ostrzegam, abyście tej sprawy za daleko nie posuwali.

Stenogram posiedzenia Sejmu odnotowuje w tym miejscu: „Wrzawa centrum". Reger kontynuował:

> Choć macie tutaj w Sejmie większość, to jednak ta wasza większość nie wystarczy, aby nam nasze ustawy ochronne dla robotników zepsuć, ale może wam ta większość popsuć te ustawy, które są dla was potrzebne.

Niestety, Reger się pomylił. Ustawa o służbie domowej głosem większości (za sto cztery, przeciwko siedemdziesiąt cztery) odesłana została do komisji i tam przepadła na wieki. Tak skończyły się próby ucywilizowania praw polskiej służby domowej. Bogate chłopstwo zupełnie bezinteresownie tę ustawę storpedowało. Nie było zainteresowane zmianą położenia służących, ich córki nie musiały dzielić losów biedoty. I to wpływ tej grupy w partiach ludowych zdecydował, że ustawa nie wróciła już nigdy pod obrady. Raz jeszcze podjęto taką próbę w Sejmie pierwszej kadencji i w 1924 roku zgłoszono kolejny projekt. Tym razem zrezygnowano w nim z dotychczasowego nazewnictwa i zmieniono „służącą" na „pracownicę domową". Zaproponowano też obowiązkowe siedem godzin wypoczynku w każdą niedzielę. Projekt jednak nie trafił w ogóle pod obrady, zabrakło tak zwanej woli politycznej.

Poza grupą społeczników: duszpasterzy służących, działaczek filantropijnych, które prowadziły rozmaite stowarzyszenia dla służby, a także feministek, nikomu na tej półniewolniczej grupie społecznej nie zależało. Zabrakło wyraźnej presji społecznej na poprawę ich losu. W interesie klasy średniej było utrzymanie status quo, a wizja służącej, która ma roszczenia, należała do najgorszych snów.

Służące zostały więc porzucone i zmarginalizowane. Nie objęły ich ustawy nadające prawa pracownicze robotnikom, między innymi wolne niedziele. I tak do końca II Rzeczpospolitej większość wynaturzeń, które w projekcie ustawy wypunktowano – włącznie z prawem do chłosty – przetrwało.

Sukcesem natomiast było włączenie służby domowej do grupy pracowników objętych ubezpieczeniem w kasie chorych. Oznaczało to prawo do emerytury w wieku lat siedemdziesięciu i do zasiłków chorobowych.

Służąca dostawała tak zwaną kartę kwitową, w której naklejała znaczki – każdy oznaczał tydzień służby. Rentę otrzymać mogła ta służąca, która wlepiła tysiąc dwieście znaczków. W 1933 roku na podstawie kodeksu zobowiązań służba domowa zyskała też prawo do dwutygodniowego urlopu po roku pracy i płatnego chorobowego. Jednak pracodawcy nie byli w żaden sposób nadzorowani: służąca musiałaby pójść do sądu, aby wyegzekwować swoje prawa, a rzadko która decydowała się na to. Część chlebodawców nie meldowała służących, więc nie istniały dowody zatrudnienia, w związku z czym żadne kodeksy nie obowiązywały.

Jednocześnie zwiększała się wrażliwość na warunki pracy służby. Pojawiły się rozporządzenia nakazujące używania pasów zabezpieczających przy myciu okien, a panie ze Związku Pań Domu postulowały, żeby w nowo powstających domach pokoje dla służących były widne, a okna otwierały się do środka.

Tymczasem służących wciąż przybywa. O ile w początkach II Rzeczpospolitej pracowało ich dwieście pięćdziesiąt tysięcy, to w 1938 roku służbą domową parało się około pięciuset tysięcy

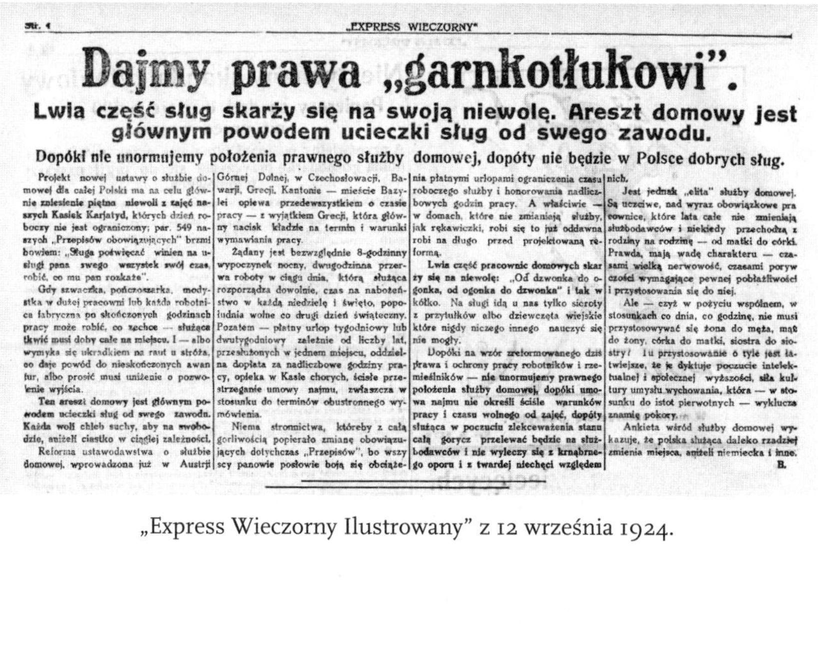

Str. 4 „EXPRESS WIECZORNY”

Dajmy prawa „garnkotłukowi”.

Lwia część sług skarży się na swoją niewolę. Areszt domowy jest głównym powodem ucieczki sług od swego zawodu.

Dopóki nie unormujemy położenia prawnego służby domowej, dopóty nie będzie w Polsce dobrych sług.

Projekt nowej ustawy o służbie domowej dla całej Polski ma na celu głównie **zniesienie piętna niewoli z zajęć naszych Kasiek Karjatyd**, których dzień roboczy nie jest ograniczony; par. 549 naszych „Przepisów obowiązujących” brzmi bowiem: „Sługa poświęcać winien na usługi pana swego wszystek swój czas, robić, co mu pan rozkaże”.

Gdy szwaczka, pończoszarka, modystka w dużej pracowni lub każda robotnica fabryczna po skończonych godzinach pracy może robić, co zechce — **służąca tkwić musi doby całe na miejscu.** I — albo wymyka się ukradkiem na raut u stróża, co daje powód do nieskończonych awantur, albo prosić musi uniżenie o pozwolenie wyjścia.

Ten areszt domowy jest głównym powodem ucieczki sług od swego zawodu. Każda woli chleb suchy, aby na swobodzie, aniżeli ciastko w ciągłej zależności.

Reforma ustawodawstwa o służbie domowej, wprowadzona już w Austrji Górnej Dolnej, w Czechosłowacji, Bawarji, Grecji, Kantonie — mieście Bazylei opiewa przedewszystkiem o czasie pracy — z wyjątkiem Grecji, która główny nacisk kładzie na termin i warunki wymawiania pracy.

Żądany jest bezwzględnie 8-godzinny wypoczynek nocny, dwugodzinna przerwa roboty w ciągu dnia, którą służąca rozporządza dowolnie, czas na nabożeństwo w każdą niedzielę i święto, popołudnia wolne co drugi dzień świąteczny. Pozatem — płatny urlop tygodniowy lub dwutygodniowy zależnie od liczby lat, przesłużonych w jednem miejscu, oddzielna dopłata za nadliczbowe godziny pracy, opieka w Kasie chorych, ścisłe przestrzeganie umowy najmu, zwłaszcza w stosunku do terminów obustronnego wymówienia.

Niema stronnictwa, któreby z całą gorliwością popierało zmianę obowiązujących dotychczas „Przepisów”, bo wszyscy panowie posłowie boją się obciążenia płatnymi urlopami ograniczenia czasu roboczego służby i honorowania nadliczbowych godzin pracy. A właściwie — w domach, które nie zmieniają służby, jak rękawiczki, robi się to już oddawna robi na długo przed projektowaną reformą.

Lwia część pracownic domowych skarży się na niewolę: „Od dzwonka do ogonka, od ogonka do dzwonka” i tak w kółko. Na sługi idą u nas tylko sieroty z przytułków albo dziewczęta wiejskie które nigdy niczego innego nauczyć się nie mogły.

Dopóki na wzór zreformowanego dziś prawa i ochrony pracy robotników i rzemieślników — **nie unormujemy prawnego położenia służby domowej, dopóki umowa najmu nie określi ściśle warunków pracy i czasu wolnego od zajęć, dopóty służąca w poczuciu zlekceważenia stanu całą gorycz przelewać będzie na służbodawców i nie wyleczy się z krnąbrnego oporu i z twardej niechęci względem nich.**

Jest jednak „elita” służby domowej. Są uczciwe, nad wyraz obowiązkowe pracownice, które lata całe nie zmieniają służbodawców i niekiedy przechodzą z rodziny na rodzinę — od matki do córki. Prawda, mają wadę charakteru — czasami wielką nerwowość, czasami poryw czołości wymagające pewnej pobłażliwości i przystosowania się do niej.

Ale — czyż w pożyciu wspólnem, w stosunkach co dnia, co godzinę, nie musi przystosowywać się żona do męża, mąż do żony, córka do matki, siostra do siostry? Tu przystosowanie o tyle jest łatwiejsze, że je dyktuje poczucie intelektualnej i społecznej wyższości, siła kultury umysłu wychowania, która — w stosunku do istot pierwotnych — wyklucza znamię pokory.

Ankieta wśród służby domowej wykazuje, że polska służąca daleko rzadziej zmienia miejsca, aniżeli niemiecka i inne.

B.

„Express Wieczorny Ilustrowany” z 12 września 1924.

osób. W tej liczbie zawierają się rozmaite kategorie pracowników: służące, pokojówki, praczki, prasowaczki, bony, niańki, lokaje, kamerdynerzy, woźnice, froterzy. W większości to kobiety.

Służba domowa nie jest w stanie zabiegać o swoje interesy. Nie ma środowiska, gdzie mogłaby się samoorganizować, jest słaba, rozproszona i sfeminizowana, to wszystko utrudnia powstanie poważnej siły sprzeciwu. Choć wydaje się, że liczba organizacji, do których należą, jest spora – spośród trzydziestu sześciu zrzeszeń zawodowych polskiej służby domowej w Polsce międzywojennej aż siedemnaście skupia wyłącznie służące – to te nie mają dużej liczby członkiń. Najwięcej pracownic służby domowej należy do chadeckiego Polskiego Związku Zawodowego Chrześcijańskiej Służby Domowej. W 1921 roku liczy on ponad czternaście tysięcy członkiń.

Socjaliści nie mieli takich sukcesów. „Wszak do niedawna pracownice domowe stanowiły trzon organizacji klerykalnych. Dzisiaj sytuacja znacznie się zmieniła. Wielka liczba pracownic domowych wyzwoliła się z więzów klerykalizmu i stanęła w szeregach proletariatu, walczącego pod czerwonym sztandarem" – twierdziła działaczka Związku Robotników, Dozorców Domowych, Służby Domowej i Pokrewnych Zawodów.

Monika Piotrowska-Marchewa uważa, że statystyka nie potwierdza tych optymistycznych – bo propagandowych w istocie – wniosków aktywu związku, liczącego niecałe pięćset osób. Zwraca też uwagę, że związki zawodowe zdominowane przez mężczyzn marginalizowały problemy dotyczące kobiecych zawodów.

Ulica Miła wcale nie jest miła.
Ulicą Miłą nie chodź, moja miła.
Domy, domy, domy surowe,

trzypiętrowe, czteropiętrowe,
idą, suną, ciągną się prosto,
napęczniałe bólem i troską.
W każdym domu cuchnie podwórko,
w każdym domu jazgot i turkot,
błoto, wilgoć, zaduch, gruźlica.
Miła ulica.
Miła ulica.
[...]
W suterenie pogrzeb.
Niedobrze.
Na parterze
płacze wdowa po fryzjerze.
Na pierwszym piętrze – plajta, komornik. A na drugiem
Służąca otruła się ługiem.
Na trzecim piętrze rewizja – mundurowi, tajniacy.
Na czwartym czytają „Kurier Warszawski" – „poszukiwanie
[pracy".
Na poddaszu dziewczyna dziecko dwudniowe zabiła.
Miła ulica.
Ulica Miła.
Władysław Broniewski, *Ulica Miła*

Gdy Etla Bomsztyk z Manią Cegiełką i Sarą Wajcman w 1918 roku zakładają związek zawodowy służących, biegają po piętrach kamienic i agitują koleżanki służące. Na pierwszych związkowych zebraniach wspiera ich szewc Beniamin Walker, kuternoga z talentem krasomówczym.

W 1921 roku do związku należy już trzysta służących Żydówek. Wybierają sekretarza związku. Mają własną siedzibę przy ulicy Długiej 61. Ale ponieważ związek kierowany jest przez działaczy nielegalnej Komunistycznej Partii Polski, dwa lata później ktoś donosi policji, że w lokalu odbyła się pierwsza krajowa konferencja młodzieży żydowskiej, i lokal jako siedziba spiskowców zostaje zamknięty. Teraz działają w konspiracji. Ustawiają stolik w sieni związku drobnych kupców przy ulicy Leszno i dalej prowadzą swoją rewolucyjną robotę. Bomsztyk relacjonowała:

> Udaje nam się wywalczyć polepszenie warunków pracy i płacy. W pierwszym rzędzie: legalizację związku wraz [z] zakazem zwalniania bez wiedzy związku. Dalej: trzy razy w tygodniu wolny wieczór, kasa chorych, urlop i ludzkie traktowanie [te sukcesy wydają się wątpliwe, chyba że były to ustalenia o charakterze lokalnym; globalnie regulował je kodeks cywilny przyjęty w 1933 roku – przyp. aut.]. Jak wiele związków, którym przewodzili komuniści, tak i nasz związek nie uniknął szykan ze strony policji. Co kilka miesięcy związek zamykano. Nie pomagała zmiana nazwy lub podpisy za każdym razem innych osób na podaniu o zalegalizowanie. W ten sposób byłyśmy zmuszone prowadzić naszą działalność na ulicy, nielegalnie, na tak zwanych giełdach. W najtrudniejszych warunkach, na mrozie i w śnieżycy. Przeganiane z jednego miejsca, przenosiłyśmy się na inne miejsce. Nie dopuściłyśmy do tego, by służba domowa była zdana na widzimisię rajfurek i różnych *madames*.

Bomsztyk była trzykrotnie aresztowana pod zarzutem spiskowania przeciw Polsce. W 1932 roku trafiła do więzienia po raz trzeci. Tym razem odsiadywała najdłuższy wyrok – prawie dwa lata, najpierw na Pawiaku, potem w Sieradzu. Gdy wyszła na wolność, schorowana, nie działała już aktywnie w partii, ale nigdy nie zerwała kontaktu ze swoimi towarzyszami. Przestała pracować jako służąca, wyszła za mąż i urodziła córkę. Po latach, gdy wspominać będzie szesnaście lat służby i zaangażowanie w poprawę warunków pracy, nazwie przedwojenne pomoce „najbardziej poszkodowanymi ze wszystkich poszkodowanych i prześladowanych".

Nieco lepiej mają się służące z Warszawskiej Spółdzielni Mieszkaniowej na Żoliborzu. Na tym eksperymentalnym osiedlu mieszkają socjaliści i komuniści, dlatego dziewczyny nie muszą się ukrywać ze swoją działalnością. Powstaje tu Związek Zawodowy Dozorców Domowych, Służby Domowej i Pokrewnych Zawodów w Polsce. Maria Olko, szefowa związku, dostała posadę u państwa Stanieckich przy Krasińskiego 18.

> Byli sympatykami naszej partii. Ludzie wysokiej kultury. Nie stawiali mi żadnych przeszkód w działalności tak partyjnej, jak i związkowej. Pozwolono mi nawet na urządzanie zebrań w ich mieszkaniu. Często urządzaliśmy zebrania wspólne z Komunistycznym Związkiem Młodzieży Polskiej. Państwo Staniecccy wychodzili wtedy na dłuższy spacer, zabierając ze sobą dwie córeczki, aby nam nie przeszkadzać w obradach.

Życiorys Marii Olko jest typowy. Urodziła się we wsi Wygnanów na Lubelszczyźnie w rodzinie chłopów bez ziemi i własnego domu. Ojciec trudnił się ciesielką i w ten sposób zarabiał na utrzymanie rodziny. Maria miała osiem lat, gdy oboje rodzice zmarli. Została na utrzymaniu starszego brata Stanisława, późniejszego działacza Komunistycznej Partii Polski.

„Kiedy miałam trzynasty rok życia – wspominała po latach – zabrał mnie do Warszawy mój młodszy brat Feliks. Już wówczas był on działaczem KPP. Niewiele mógł mi pomóc, ponieważ w niedługim czasie został aresztowany. Musiałam liczyć na własne siły. I tak w trzynastym roku życia zostałam przyjęta jako pomoc domowa. Pracowałam prawie dwa lata za samo życie. Pracowałam ciężko. Sprzątałam, gotowałam, musiałam robić duże pranie. Zmęczona, często w nocy płakałam. Nie było nikogo, kto by stanął w mojej obronie".

U wujka, szewca i sympatyka KPP, który prowadził warsztat na Szczęśliwej w Warszawie, poznaje inną służącą, działaczkę KPP, i to ona wciąga ją do komórki pracownic domowych. Związek zrzesza od stu do trzystu służących. Ściany głównej siedziby na ulicy Ustronie 2 mieszkania 3 (dziś Teodora Toeplitza) zdobi portret Karola Marksa, a także hasło: „Każda kucharka winna umieć rządzić państwem". Udaje się zorganizować bibliotekę, kurs nauki języka polskiego, a także kółko dramatyczne. Dwadzieścia służących uczy się pięknie deklamować wiersze Władysława Broniewskiego i Włodzimierza Majakowskiego pod okiem Aleksandra Minorskiego, lotnika i pisarza. „Mimo iż pochodził z rodziny inteligenckiej, rozumiał nas i chciał nam pomóc. Przez cały czas był z nami. Jemu należy zawdzięczać, że zahukana dziewczyna potrafiła nie tylko pięknie deklamować i śpiewać, ale uwierzyła we własne siły" – wspominała Olko.

Hitem kółka dramatycznego służących okazał się spektakl z trzema bohaterkami: złą panią, uświadomioną służącą i bezradną dziewczyną ze wsi. Był to element agitacji, ale pozwalał też na budowę wspólnoty wokół nadziei na poprawę losu.

Związek miał również swoją poetkę, Zielińską. Chora na gruźlicę praczka, która zarabiała na utrzymanie dwojga dzieci, znajdowała też czas na zajęcia w kole dramatycznym. Tu czytała swoje wiersze o niedoli kobiet. Była samoukiem.

„W 1936 roku – wspominała M. Bartosiewicz-Hebdowska, która w tym czasie była sekretarzem związku – towarzyszka Zielińska zmarła. Nasz Związek Zawodowy Pracownic Domowych pochował ją na swój koszt. Za trumną szły członkinie, niosąc wieniec z czerwonymi szarfami i napisami. Za nami szedł cały szereg pracownic domowych. Kiedy doszłyśmy do ulicy Wolskiej, uzbrojona policja zniszczyła szarfy i do samego cmentarza Wolskiego otaczała kondukt żałobny kordonem".

Ta wychowana w robotniczej rodzinie służąca angażowała się w działalność z całą mocą. Dwa lata wcześniej odsiedziała wyrok „za działalność wywrotową".

Żoliborski związek zawodowy także kierowany był przez członków KPP i z tego powodu inwigilowany. W połowie kwietnia 1935 roku na spotkanie z okazji święta pracy do sali wypełnionej po brzegi przez robotnice wpadła policja, aresztowała zarząd związku, a uczestniczki wiecu pobiła pałkami.

Od słabej samoorganizacji służących istotniejsze wydaje się mentalne nieprzygotowanie na społeczne zmiany mogące choćby w małym stopniu uszczuplić przywileje klasy średniej. Gdy w 1930 roku powraca sprawa ustawy o służbie domowej i zapewnienia jej dwunastu godzin bez pracy na dobę, panie kręcą nosami: to za dużo. Wprawdzie ustawa mówi o godzinach nadliczbowych, więc można by prosić o przedłużenie pracy, ale to się nie podoba. Co będzie, jeśli zaproponuje się służącej dwa złote za pracę wieczorem, a ona wtedy zażąda trzech? – martwią się panie.

Ekspertka od służby, Maria Ankiewiczowa, przekonuje w „Bluszczu":

— Jabym taką córkę oddała do służby.
— Kiedy dziewczyna próżniak, nic robić nie chce.
— Właśnie jak ulał na służącą warszawską. Nie będzie gorszą od innych.

Karykatura z czasopisma „Biesiada Literacka" z 1901 roku.

W rozkładzie zajęć powinna pani domu uwzględnić, że i służąca ma pończochy do pocerowania i chciałaby może sukienkę przerobić, coś potrzebnego kupić, trochę korespondencyj załatwić. Najczęściej robi to po nocach – lub, gdy jest zanadto zmęczona, chodzi w podartej odzieży, co znowu źle i rozstrajająco wpływa na jej psychikę. Jeżeli więc tylko można, a przy dobrej woli i rozumnie rozłożonej pracy można prawie zawsze, trzeba jej, jeśli nie codziennie, to choć kilka razy w tygodniu, wyznaczyć dwugodzinne „wolne", które się naprawdę respektuje i którego dla byle jakich przyczyn się nie przerywa. Poza tym wiemy przecież, ile dla nas samych znaczą rozrywki. Są one potrzebą psychiczną. Pies uwiązany długo – wprost szaleje z radości, gdy go spuszczają z łańcucha. [...] Nie można żałować słudze tej jednej rozrywki: wolnego popołudnia w niedzielę. A jeżeli dla bardzo ważnych przyczyn musimy ją wtedy zatrzymać, dajmy jako ekwiwalent wolne popołudnie w ciągu tygodnia.

Czytelniczka podpisana „Częstochowianka" nie przyjmuje tych argumentów:

Ktoś może powiedzieć, że nie ma obowiązku trzymania służby. Tak. I jeśli ustawa wyznaczy 12-to godzinny przymusowy wypoczynek (w święta 17 godz.), to któraż z pań będzie trzymała służącą? Zwiększy się popyt na „przychodnie", bo nikt nie będzie chciał patrzeć przez 12 godzin na „wypoczywającą" i nietykalną służącą. Służąca to nie urzędnik odsiadujący godziny, to pomocnica w wiecznie czynnej maszynie, jaką jest gospodarstwo domowe. Służąca musi mieć osiem godzin snu, musi mieć czas na koleżankę, kino, na zacerowanie pończoch. Ale na to samo chce mieć czas i pani domu. Chcemy pomocnic, nie urzędników.

Niektóre panie chciałyby mieć jeszcze więcej kontroli nad służącymi. „Za bardzo ważną sprawę uważam wpływanie na służące i młode dziewczęta, by nie marnowały ciężko zarobionego grosza na zbytkowne suknie, stroje i fatałaszki" – pisze w 1930 roku do redakcji „Bluszcza" pani podpisana „L.R., Poniec koło Leszna". Dzieli się ona spostrzeżeniem: służące bardzo często, gdy zauważą u swojej pani jakąś ładną rzecz, kupują sobie taką samą lub podobną: „Praca jej nie jest sumienna, gdy zaprzątnięta jest tylko strojem, strój zbytkowny i niepraktyczny prowadzi ją często do nieuczciwości, oszukaństwa (koszykowe) i innych nadużyć". Pani L.R. zastanawia się, co można zrobić, i przychodzą jej do głowy takie pomysły:

– Aby przy przyjmowaniu służącej zapowiedzieć kategorycznie, że zabrania jej zbytkownego ubierania się.

– Aby zwrócić się do Związku Sług, by związek zabronił służącym marnowania grosza na zbytkowne gałganki.

W tym samym roku w „Bluszczu" ukazuje się list „pani Elżbiety", która dowodzi, że życie służącej jest często łatwiejsze od życia jej państwa:

> Przeciętna urzędniczka ze średnim wykształceniem, umiejętnością pisania na maszynie, znajomością jednego lub dwóch języków zarobi 150 do 200 złotych miesięcznie. Z tego musi opłacić mieszkanie, utrzymanie, ubrać się przyzwoicie, no i zaspokoić minimum potrzeb kulturalnych, bodaj zaabonować książki w czytelni, jakąś chociaż jedną gazetę, pójść czasem na koncert lub do kina. Służąca do wszystkiego ma mieszkanie, opał, światło i opranie. Jada, jeśli nie lepiej, to więcej niż samo państwo. Tytułem Gwiazdki dostaje sporo ubrania. Do tego wszystkiego ma pensję wynoszącą zależnie od uzdolnień od 40 do 100 złotych i częste napiwki.

W tym demagogicznym tekście „pani Elżbieta" nie wspomina, że jedyną perspektywą służących jest przytułek; że wszystko, co mają, to kuferek; że tułają się po całej Polsce, nie zakładają rodzin, poświęcając cały swój czas na harówkę na rzecz państwa. Że są bezbrzeżnie samotne. Zmęczone. Pogardzane. I wyśmiewane.

I że odkładają na pochówek, bo nikt ich za darmo przecież nie pochowa.

21 czerwca 1927 roku z Berlina w świat poszła wiadomość: światowej sławy uczony Albert Einstein został okradziony przez polską służącą, którą zatrudnił, wprowadzony w błąd jej arystokratycznym nazwiskiem: Marta von Sulkowsky. To książęce nazwisko oczywiście było zmyślone. Złodziejkę, która ukradła słynnemu uczonemu pieniądze i wartościowe przedmioty, ujęto w Westfalii. „Express Wieczorny" tak zatytułował notatkę o tym zdarzeniu: *Fałszywa księżniczka polska służącą i złodziejką. Okradziony głośny uczony Einstein znalazł nowe potwierdzenie swej teorii względności.*

Panie bały się panicznie, że ich służące okażą się złodziejkami. Kroniki prasowe potwierdzały, że jest się czego bać, a sprawczynie działają bezczelnie. W 1900 roku „Przyjaciel Sług" informował o służącej Żyda Chaima w Krakowie, która ukradła mu dwa futra. Odnaleziono je w domu jej rodziców w Machowie na strychu.

Gazety ostrzegały więc panie, aby nadzorowały swoje pracownice domowe. „Służąca jako to służąca: «najuczciwsza» może być w gruncie rzeczy dobrze zamaskowanym szkodnikiem domowym. Bądź co bądź jest to w olbrzymiej większości wypadków istota wiecznie wędrująca, obca domowi, w którym się chwilowo znajduje, jest tu więc z wszech miar wskazany ciągły, byle niejaskrawo przesadny, dozór" – pisał „Bluszcz" w 1934 roku, namawiając do zamykania kredensów, szaf i biurek.

W zdumienie wprowadziła swoich pracodawców Fryma Topór, służąca u rodziny Waldmanów na ulicy Podrzecznej w Łodzi. W sierpniową niedzielę 1928 roku, gdy część domowników jeszcze spała, służąca włamała się do szafy, skąd wyjęła kasetkę z pieniędzmi, i uciekła. Córki Waldmana zaraz po obudzeniu zauważyły, że szafa jest wyłamana, powiadomiły telefonicznie ojca, a ten zgłosił natychmiast kradzież w komisariacie. Fryma Topór okazała się przebiegła i miała misternie przygotowany plan ucieczki. Udając żałobnicę, w kapeluszu i woalu, z miejsca kradzieży odjechała taksówką. Miała pecha, z tym samym taksówkarzem kilka dni później jechał okradziony Waldman, opowiedział, co mu się przydarzyło, a taksówkarza olśniło. Zwłaszcza że Topór wydała mu się podejrzana, bo zbyt hojna. Kierowca ujawnił adres w Pabianicach, pod który zawiózł złodziejkę. Tak wpadła Fryma Topór.

Choć skala złodziejstwa nie mogła być duża – służąca raz przyłapana, trafiała przed sąd, a gdy obowiązywały książeczki, otrzymywała negatywną opinię i zamykała sobie drogę do za-

Od nitki do kłębka.

W pościgu za złodziejką.

Jak p. W. wraz z policją natrafił na ślad służącej, która go okradła.

Dzielne zachowanie się łódzkiego szofera.

W dniu wczorajszem donosiliśmy o niezwykłem wykryciu kradzieży, popełnionej u niejakiego Waldmana przy ul. Podrzecznej 15. Dzięki wyjątkowemu zbiegowi okoliczności, sprawczyni kradzieży została ujęta wskutek rozpoznania jej przez szofera taksówki.

W sprawie tej dowiedujemy się dalszych sensacyjnych szczegółów.

W ubiegłą niedzielę, gdy p. Waldman, jak zwykle, wyszedł do miasta, wszyscy domownicy z wyjątkiem ciotki Waldmana pogrążeni byli we śnie. Wówczas to służąca poprosiła ciotkę Waldmana, by poszła do sklepu po mięso. Gdy ciotka wyszła, służąca udała się do III-go pokoju, wyłamała drzwi szafy, skąd wyjęła kasetkę stalową i zbiegła. Działo się to w pokoju, gdzie spały dorosłe córki Waldmana. W chwilę po ucieczce służącej, obudziła się starsza córka i wówczas zauważyła, że drzwi szafy są wyłamane, zaś w samej szafie brak kasetki. Obudziła natychmiast brata, który telefonicznie skomunikował się z ojcem. P. Waldman udał się do komisarjatu III-go P. P., gdzie zameldował o ucieczce służącej z pieniędzmi.

Mąż—niemowa.

W czasie, gdy p. Waldman znajdował się w III-im komisarjacie, komisarjat IV nadał telefonogram, że przy ulicy Cymera znaleziono złamaną kasetkę sta lową. Na skutek tego doniesienia, p. Waldman i funkcjonarjusze policji udali się na miejsce, gdzie w znalezionej kasetce Waldman rozpoznał swoją własność.

Wobec tego, iż służąca Fryma Topór miała męża głuchoniemego Fajwla, który zamieszkiwał u szewca Brajtbarda przy ul. Rybnej 10, jako sublokator, dokonano tam rewizji, przyczem Brajtbard wraz z żoną został aresztowany.

W chwili przybycia policji do mieszkania Brajtbarda, głuchoniemego nie było, wobec czego dokonano rewizji i aresztowano małżonków Brajtbardów oraz pozostawiono w mieszkaniu policjanta, który oczekiwał powrotu męża złodziejki. Głuchoniemy Fajwel Kryszman (nazwisko jego brzmiało odmienie niż nazwisko żony, gdyż nie posiadali aktów ślubnych) wrócił do domu dopiero w nocy i wówczas został aresztowany i doprowadzony do urzędu śledczego.

Przesłuchanie głuchoniemego nastręczało poważne trudności. Jednakże w poniedziałek rano, Fryszman gestami dał do zrozumienia, że należy jechać. Usłuchano go i wraz z nim p. Izrael Waldman i wywiadowcy udali się na ulicę Piotrkowską, gdzie wsiedli w tramwaj linji Nr. 1, idący w kierunku Placu Reymonta. Po przybyciu na Plac Reymonta, głuchoniemy wskazał, że należy wsiąść w tramwaj pabjanicki.

Żywy trup.

Chcąc sprawę załatwić jaknajrychlej, p. Waldman zatrzymał przejeżdżającą taksówkę, która według wskazówek głuchoniemego dowiozła ich do Szczercowa. Tu Fryszman zaprowadził ich do swego brata, lecz Frymy Topór nie znaleziono. Wówczas brat głuchoniemego poradził przybyłym, aby udali się do Osjakowa, gdzie mieszkają jej dwaj bracia. Lecz i tu nie znaleziono złodziejki. Wobec tego postanowiono wrócić do Łodzi.

Gdy wracając, dojechano do Szczercowa, głuchoniemy poprosił o trochę wody, ponieważ odczuwa pragnienie. Po wypiciu wody głuchoniemy naraz zesztywniał, z niezwykłem mistrzostwem udając trupa. Zrozumiano jednak, że jest to symulacja i ulokowano „trupa" w samochodzie. W drodze „ożył" i zachowywał się zupełnie spokojnie. Umieszczono go znowu w urzędzie śledczym, zaś p. Waldman zmęczony udał się do domu.

Po upływie pół godziny obudzono go, ponieważ przybył jakiś szofer i żąda natychmiastowej rozmowy z p. Wald manem. W szoferze tym p. Waldman poznał tego, z którym udał się na poszukiwania złodziejki. Zdumionemu szofer opowiedział następującą historję:

Szofer—detektyw.

Gdy po powrocie z poszukiwań przystanął na Placu Wolności, podszedł do niego jakiś młodzieniec i polecił jechać na ulicę Rybną 5, gdzie czeka pasażer. Pasażerem tym okazała się szczelnie zawoalowana kobieta w żałobie, która poleciła zawieźć się do Pabjanic. Na zapytanie szofera, czemu nie jedzie tram wajem, wyjaśniła, iż jedzie na pogrzeb i obawia się spóźnienia. W Pabjanicach kazała szoferowi stanąć przed domem Nr. 10 przy ul. Poprzecznej, zapłaciła mu za kurs, ile zażądał i poprosiła, by przyjechał po nią nazajutrz o godz. 6-ej rano, gdyż zamierza wyjechać w dalszą podróż.

Szoferowi, znajdującemu się jeszcze pod wrażeniem prowadzonych wespół z p. Waldmanem i policją poszukiwań, niezwykła hojność owej kobiety, jak i ona sama, wydały się bardzo podejrzane. Rzekomo w celu upewnienia się raz jeszcze, o której godzinie ma przyjechać nazajutrz, udał się do mieszkania na IV-em piętrze, do którego weszła, gdzie zastał ją już bez płaszcza i woalki. Stwierdził wówczas, iż jest to przystojna brunetka ze szramą na lewym policzku.

Gdy podał rysopis ten Waldmanowi, ten zawołał: „To jest ona, złodziejka Fryma Topór".

Ubrał się pospiesznie i udał się z szoferem do Pabjanic na ulicę Poprzeczną Nr. 10. Niespodziewającą się niczego, złodziejkę zastano śpiącą w łóżku.

Znaleziono przy niej 7.600 zł. i 211 dolarów.

Na zapytanie, gdzie jest reszta skradzionych pieniędzy, wskazała na niejaką Blochową, zamieszkałą przy ul. Rybnej 5, gdzie nocowała w niedzielę, oraz młodzieńca, zamieszkałego przy ul. Lutomierskiej 16, który sprowadził jej auto.

W mieszkaniu Blochowej podczas rewizji znaleziono 1.300 zł. i 3 dolary. Zapytana, skąd ma te pieniądze, Blochowa oświadczyła, że otrzymała je od Frymy Topór za to, że udzieliła jej noclegu i wypożyczyła garderobę żałobną, składającą się z płaszcza i kapelusza. Blochową aresztowano i następnie udano się na ulicę Lutomierską 16.

W chwili, gdy młodzieńca, wskazanego przez Frymę Topór, aresztowano, wyrzucił on przez okno pugilares, w którym, jak się później okazało, znajdowało się 205 zł.

Tak więc w związku z kradzieżą u Waldmana aresztowano małżonków Brajtbardów, Frymę Topór, męża jej Fajwla Fryszmana, Blochową i osobnika z ulicy Lutomierskiej 16. Policja przypuszcza, że w aferę wmieszany jest jeszcze cały szereg innych osób, gdyż znalezione dotychczas pieniądze nie stanowią całej kwoty, która zniknęła z kasetki Waldmana.

Dalsze dochodzenie w toku. (p).

DR. MED.
SZARLOTTA
EIGEROWA
powróciła.

„Ilustrowana Republika" z 31 sierpnia 1928.

trudnienia – panie były nieufne i bez skrępowania przeszukiwały kuferki służących. Magdalena Samozwaniec z rodziny Kossaków wspominała:

> Nawet tak święta niewiasta jak nasza Mama miała pod tym względem dużo na sumieniu. Tak wierną i do końca życia oddaną służącą, jak garbata Marysia, też umiała posądzić o rzekomą kradzież. Gdy ta

> nagle zmarła, cicho i bezgłośnie, Mama przeglądając jej skromny dobytek, znalazła trzy mydełka w formie bebusiów, które kiedyś w domu zginęły. Owa do głębi uczciwa istota raz tylko w życiu załamała się i przywłaszczyła sobie te całkiem bezwartościowe przedmioty. Co nią kierowało – nie wiemy. Jakaś dziecinna potrzeba czegoś kolorowego, gładkiego i pachnącego? Nie miała dzieci ani rodziny, więc tylko dla siebie, dla swoich oczu zmęczonych cerowaniem skarpetek i prześcieradeł. Było w tym coś tak rozdzierającego, że Mamidło posmutniało i spuściło oczy, a ja się rozpłakałam.

Latem 1938 roku Trzecia Rzesza wzywa niemieckie służące emigrantki do powrotu do kraju. Wiele się ociąga, ale część wraca. Zresztą Brytyjczycy mają ich dosyć, bo nieraz okazywały się szpiegami, choć jako służące są oczywiście bez zarzutu, skrupulatne, czyste, pracowite, znają języki. Ale skoro ojczyzna wzywa, to *bye, bye*.

Może to szansa dla naszych Maryś? – zastanawiają się urzędnicy polskiego Ministerstwa Spraw Zagranicznych. I postanawiają zorganizować polskim służącym wyjazdy zarobkowe za granicę.

> Konsulat Generalny pragnie zauważyć, że na terenie tutejszym poziom służby angielskiej jest na ogół bardzo wysoki, wątpliwym więc jest, czy służące polskie na stanowiskach pokojowych mogłyby wchodzić w grę; należałoby raczej liczyć się z możliwością emigracji kucharek, względnie tak zwanych służących do wszystkiego. Jeżeli idzie o pokojowe, to szanse miały-

> by jedynie pracownice bardzo dobrze przygotowane pod względem fachowym i ze znajomością języka

– ostrzega Konsulat Rzeczypospolitej Polskiej w Londynie w sierpniu 1938 roku w liście do MSZ.

Może zatem w Holandii? I tam zrobiło się luźniej. Ale trzeba znać przynajmniej niemiecki, a poza dobrym gotowaniem kandydatka powinna umieć szyć i prać. I potrafić obchodzić się z dziećmi, które w Holandii często pozostają pod opieką służącej.

> Do tego zawsze dochodzi tak zwana czarna robota, to znaczy nie tylko mycie schodów i części wewnętrznej okien, ale również wejścia zewnętrznego do mieszkania i kawałka chodnika przed domem (mieszkania w Holandii mają często wyjście na ulicę). Konieczna umiejętność pisania i czytania. Gdyż sama załatwia zakupy i składa sprawozdanie pani. Najważniejszym jest poczucie wrodzonej czystości i ładu

– informuje polski konsulat w Holandii. I zaleca polskiej służącej planującej emigrację do Holandii zabranie białego fartucha z rękawami i czepkiem, bielizny, ręczników, ubrania, czepka na głowę i pantofli domowych oraz ciepłej pierzyny.

Ale czy nasze służące się tam nadają? Dziennikarka Rita Rey – w artykule *Ryzykowne eksporty*, opublikowanym w „Ilustrowanym Kurierze Codziennym" – nie ma wątpliwości, że nie:

> Wprawdzie bardzo bym się cieszyła, gdyby Kasie i Marysie zwiedziły kawał świata, nauczyły się fabrykować cocktaile i uciułały sobie przyzwoite posagi,

> ale obawiam się, że te dobre rezultaty owych wyjazdów byłyby bardzo niepewne, za to pewną jest wielka kompromitacja, jaka by z tego wynikła. Bo o ile nasza dziewoja ze wsi jest całkiem na miejscu na francuskiej fermie, gdzie nikt jej nie dorówna w harowaniu od rana do nocy, dźwiganiu snopów i dojeniu krów, o tyle dziewoja z miasta zwana prywatnie „kocmołuchem", a oficjalnie „pomocą domową" byłaby w angielskim homie zjawiskiem zbyt egzotycznym.

Rey naśmiewa się też, że służące wolą być nazywane „pomocnicą domową": „Jeśli moja służąca myje garnki, froteruje posadzki i trzepie dywany, to w czemże jest ona moją pomocnicą? Przecież ja tych rzeczy nie robię. A nazwa ta wytworzyła w niej pojęcie, że bycie służącą jest czymś degradującym". I przekonuje, że niechęć do nazywania się „służącą" to wynik fałszywego poczucia godności osobistej: „Kelner nie wstydzi się nazywać kelnerem, woźny woźnym, portjer portjerem, lokaj lokajem – a Kasia, która rok temu uganiała się na bosaka i pasała gęsi, obraża się, gdy ją ktoś nazwie służącą, bo ona jest «pomocznicą» starającą się o «poszadę»". Dlatego, według Rey, dziewczęta powinny sobie wybić z głowy emigrację, ponieważ tam wymagano by od nich kwalifikacji i ucywilizowania.

Dziennikarka opowiada też o swojej służącej – Basi, która wprawdzie jest dobrą dziewczyną, ale jej „sztuka kulinarna polega na chronicznie zwęglonych kotletach i skamieniałych befsztykach, która stale buntuje się przeciw temu, że ma być porządnie uczesana i przyzwoicie ubrana, która chorobliwie tłucze porcelanę, oblewa gości sosem przy stole, drze przy praniu wszystkie koronki i upiera się, aby «stare bronzy czyścić sidolem na glanc», zamierza teraz zrobić karierę za granicą i przy lada okazji grozi mi tą Anglją".

W kuchni dziennikarki odbywają się narady, na których omawia się podbój Wielkiej Brytanii i oblicza dochody, „koniecznie do kupowania najcieńszych, jedwabnych rajstop i najmodniejszych czupiradeł na głowę". W zakończeniu felietonu Rey pokazuje, jaka jest dowcipna i szczera: „Powiedziałam Basi, że może zarobkować w Anglii jedynie w ten sposób, że będą ją pokazywać za pieniądze razem z jej rozczochraną głową i sidolem do bronzów". Basia – kpi dalej Rey – „mimo to jest przekonana, że w Anglii na nią czekają i to nie tylko w najlepszych domach, ale też w Luna Parku, gdzie można sobie wybrać kawalera, jak się patrzy, co to nie pije, nie bije, na lakierowane paznokcie pozwala i nieczesaną głowę zachwala. No i naturalnie na pieniądzach siedzi".

Na puentę dziennikarka zostawia najlepsze: pisze, że ostatnio rozpędziła naradę służących, która odbywała się w jej kuchni, w związku z czym zyskała reputację jędzy, i spodziewa się teraz, że Basia w swoim zdenerwowaniu będzie jeszcze gwałtowniej niż dotychczas niszczyć i masakrować jej ruchomości.

Atak zblazowanej dziennikarki wytrącił z równowagi poetkę Kazimierę Iłłakowiczównę. Pracowała wówczas jako urzędniczka w Ministerstwie Spraw Zagranicznych i poczuła się wezwana do odpowiedzi, bo to ministerstwo organizowało wyjazdy do pracy naszych służących. Odpowiedziała z impetem, choć elegancko. Po pierwsze, zarzuciła dziennikarce, że wymierza broń wobec klasy, która się obronić nie może. Po drugie, rzeczywiście czasem dziewczyny ze wsi nie potrafią zbyt wiele, ale to dlatego, że panie nie potrafią niczego ich nauczyć, bo same nic nie potrafią, nawet dobrze zaplanować pracy gosposi. Nie mówiąc już o stworzeniu godziwych warunków:

> Czy wolno małej myć się w łazience? Nie wolno. Ma się myć pod zlewem w kuchni. Pokoju dla służącej nie ma. Pokój przy kuchni jest wynajęty. Czy pani uczy małą, jak się myć? Nie uczy, nawet jeśli sama umie. Czy daje jej mydło? Miednicę? Czas na kąpiel i pozwolenie na nią? Czy zdaje sobie sprawę, że mała ma tylko dwie koszule i że powinna jedną co dwa dni uprać? „Żeby mi twoje łachy w kuchni nie wisiały obok ścierek! Też coś". To jest cała dyrektywa.

Iłłakowiczówna spotkała, wspomina nieraz, takie służące – zaniedbane, niedomyte, o rozbrajającej dobroci i gotowości do ofiar, a jednocześnie wyzyskiwane ze strony chaotycznych, niegospodarnych pań.

Poetka nie rozumie też, dlaczego Rita Rey protestuje przeciwko określeniu „pomoc domowa". Służąca powinna być właśnie pomocą, „niejako drugą moją parą rąk, nóg, oczu, uszu, sięgnąć tam, gdzie ja przy najlepszej woli sięgnąć nie miałabym czasu, skoczyć tam, gdzie chętnie poszłabym, ale nie zdążę". I tak właśnie jest w Anglii – tłumaczy autorka, która jako urzędniczka sporo podróżowała po Europie – tam służąca wykonuje swój fach jako zadanie, a nie jako realizację interesu państwa:

> A więc jedzenie podaje się o określonej porze, o innej się nie ma obowiązku. Buciki czyści służba po swoim śniadaniu, jeśli pani wyjeżdża przed śniadaniem w podróż – tym gorzej dla niej, nikt jej bucików nie wyczyści. Goście, którzy przyjadą po wieczornym posiłku, niech idą do restauracji, drugiego posiłku kucharka nie ugotuje. Ani choroba, ani żałoba nie zmienią tych zwyczajów.

Portret zbiorowy. Pierwsza z prawej Marianna Czarska (później Kuffel), Berlin, koniec XIX wieku.

Iłłakowiczówna, wychowana w ziemiańskim domu hrabiny Plater-Zyberk, nauczona była szacunku dla służby. Kończy swoją polemikę ze złośliwą Ritą Rey, przypominając, jakie znaczenie mają te pogardzane przez nią Marysie i Andzie.

> Ich szczupłe plecy stanowiły nieraz jedyne oparcie rozlatującego się domu, jawnie mówiąc o tym, że na ich oszczędnościach budowali swój kredyt sklepikarz

i zdun. Ileż dziecięcych łez otarły ich wszechobecne, niezmordowane fartuchy, ile oczu zamknęły grube palce o połamanych paznokciach – bo tych, których to było prawem i obowiązkiem, nie stało... Albo byli nieobecni, albo zapomnieli, albo nie dbali... Ale Pelasia, Marysia, Józia – jakże by mogły nie być, nie zadbać, nie zdążyć. „Toż to się, proszę pani, należy". „A toż to, proszę pani, byłby wstyd dla domu". I jakże to można, to przecież byłby grzech".

PRZYBORY

W każdem mieszkaniu powinna znajdować się szafka, półka lub wreszcie kącik z wieszadłem na przybory do sprzątania. Służąca zabiera stamtąd wszystko, co potrzebne, a więc: szczotkę na długim kiju, szczotkę ręczną, śmietniczkę, szczotkę lub miotełkę do dywanów, szczotkę lekką na kiju do ram i obrazów, pędzelek do rzeźb, parę ściereczek do kurzu oraz sukna do podłogi.

MICHALINA ULANICKA,

PORADNIK SŁUŻBY DOMOWEJ

Kochana Pani!

Bardzo się cieszę, że Pani żyje, ja też mimo ciągłego bombardowania żyję i jestem zdrowa. Do naszego mieszkania przez sufit wpadł granat, wybił ścianę, rozbił piec. Szafę z ubraniem odsunął na środek pokoju. Całe mieszkanie jest poobijane od pocisku. W oknach nie ma wcale szyb. Ściana i piec już postawione, wszystkie rzeczy uratowane. Złodzieje nie zdążyli ukraść. Ja siedzę w mieszkaniu od rana do wieczora i pilnuję. Codziennie rano i wieczorem modlę się też, żeby Bóg dał, żeby Pani szczęśliwie wróciła. P.K.O. chwilowo wypłaca po 50 zł tygodniowo. Jak długo będzie wypłacać, nie wiadomo. List ten wysyłam przez Czerwony Krzyż, ale nie wiem, czy dojdzie, dlatego drugi wysyłam do Kobypola, do hr. Mycielskich, może stamtąd łatwiej będzie wysłać.

List służącej Józefy Grabowskiej pisany we wrześniu 1939 roku dotarł do poetki Kazimiery Iłłakowiczówny, która od kilku tygodni przebywa w Cluj w Rumunii. Trafiła tam razem z ewakuowanymi urzędnikami Ministerstwa Spraw Zagranicznych, gdzie była zatrudniona od 1918 roku.

Iłłakowiczówna mieszkała przed wojną we własnym mieszkaniu przy ulicy Lipowej 4a. Tam została Grabowska, aby pilnować

„naszego mieszkania". Jest analfabetką, musi kogoś poprosić, aby napisał za nią list do pani. Iłłakowiczówna nazywa ją „Grabosia", dbała o nią jak o bliską krewną. Zabiera ją czasem do teatru i zdarzało się, że Grabosia mówiła nagle: „Chodźmy, proszę pani, do domu, bo już widać, że to się dobrze nie skończy". Pojawia się we wspomnieniach poetki podczas zamachu majowego 1926 roku: chce przynieść mleka swojej pani na Bracką, gdzie Iłłakowiczówna wynajmuje wtedy pokój, ale na ulicach trwają zamieszki i nie da się przejść do centrum miasta. Grabosia jest zdeterminowana. „Nie chcieli mnie puścić, ale ja im mówię: to moja pani ma być bez mleka? To się pośmiali, ale puścili. Pan Marszałek zwycięża, ale niech no pani nie wychodzi na ulicę, bo niepokój" – relacjonowała, gdy dotarła z mlekiem. We wspomnieniach o licznej służbie domowej, która otaczała Iłłakowiczównę całe życie, o Grabosi napisze: „Najdroższa w całym moim życiu".

Gdy pod koniec lat dwudziestych Iłłakowiczówna przeprowadza się na Lipową, Grabosia początkowo mieszka na ulicy Radnej w Domu Marii. „Często tam nocowała, tam miała większość swoich rzeczy, u mnie tylko sypiała jak z łaski. Swoją drogą dzień cały spędzała sumiennie na Lipowej i dbała o wszystko, co dotyczyło mieszkania nadzwyczajnie" – wspominała Iłłakowiczówna. Poetka, jak większość inteligentek, nie umie gotować, pracuje od rana do wieczora jako urzędniczka. Wychowana w ziemiańskim domu, wśród licznej służby, nie wyobraża sobie, że musiałaby wokół siebie wszystko robić sama.

Ale gdy opuszcza Warszawę, to się musi zmienić. Nie jest już zamożną urzędniczką państwową. „Jestem bez pieniędzy, bez dachu, proszę o pracę" – pisze depeszę do znajomych w trzech rumuńskich miastach. Nadchodzą oferty, wybiera pracę nauczycielki języków w siedmiogrodzkim Cluj. Jest kimś w rodzaju guwernantki, oczko wyżej od służącej. Wielka zdeklasowana elegantka pracuje za grosze. Uczy się gotować i sprzątać. W listopadzie 1939 roku Grabosia pisze do niej:

> Nie wiem, co się z Panią dzieje, strasznie się martwię, bardzo proszę, żeby Pani, jak tylko dostanie mój list, zaraz mi odpisała. U nas w Warszawie szaleje tyfus, już miałam dwa zastrzyki zapobiegawcze. Czuję się dobrze. Mieszkanie nasze powoli doprowadzam do normalnego stanu. W tym tygodniu mają nam wprawić szyby.

To od Grabosi Iłłakowiczówna dowiadywać się będzie, jakie spustoszenie w Warszawie czyni wojna i że kościoły na Powiślu, o które pyta w liście, na razie ocalały.

> 31 maja 1940
>
> Moja najukochańsza Pani!
>
> Jeśli chodzi o moje sprawy, to strasznie ubolewam i tęsknię za Panią. Obecnie moje życie nie jest lekkie.

I jeszcze: „Często mi się pani śni". Oraz: „Nie ma dnia, żebym się o panią nie modliła, a czasem dwa razy dziennie". Kiedy mieszkanie siostry Iłłakowiczówny, Barbary, się spaliło, ta wprowadziła się razem z córkami, Krysią i Janką, do mieszkania poetki na Lipową. Jest tam cały czas Grabosia.

„Warowała wiernie w moim mieszkaniu – relacjonowała Iłłakowiczówna swojej przyjaciółce Julii Pugetowej – które ocalało, ale dom mojej siostry się spalił i musiałam oddać i mieszkanie, i rzeczy jej i jej córkom w posiadanie. Podarowałam im wszystko, oprócz małego spisu rzeczy (trochę ubrań i umeblowanie pierwszego pokoju), one zaś nie zżyły się z Grabosią i wyprawiły ją do Schroniska. Bardzo to jest dla mnie bolesne i cały ten proces ogromnie mnie tutaj przygnębiał, a wreszcie oddalił zupełnie od siostry, której zresztą tak jak i dziewczynek wcale nie chcę sądzić, ale nie mogę o nich bez przykrości myśleć".

Grabosia trafia do Przytułku Maryi Panny na Przyrynku w Warszawie, skąd w 1944 roku wysyła do Iłłakowiczówny ostatnią kartkę. Gdy kończy się wojna, Iłłakowiczówna liczy ocalałych przyjaciół. Po Grabosi ani śladu. Prosi przyjaciół, aby pomogli ją odszukać w warszawskich przytułkach. W 1946 roku nawiązuje listownie kontakt z Tuwimem i prosi go, aby pomógł jej opublikować w polskiej prasie wiersz-ogłoszenie *Do mojej Grabosi*:

Szedł rok po roku prędko, niestrudzenie,
i ot już ósme idzie Boże Narodzenie,
bez Grabosi już ósme święta... Aż strach chwyta...
Patrzę po listach: ostatnia odkrytka
od starej była z czerwca, rok czterdziesty czwarty.
Potem już nic. Aż znowu kilka słów zatartych.
Pisze ktoś (luty, rok czterdziesty szósty):
„Szukać starej Grabowskiej to zabiegi puste,
bo starcy po schroniskach, proszę drogiej Pani,
przez Niemców byli w pewien dzień wymordowani".
Napisał raz i – zamilkł. Nikt więcej nie pisze
i kraj jest jak fortepian o niemych klawiszach.

A ja nie wierzę. Moja stara – żywa.
Nie wie, gdzie jestem, więc się nie odzywa.
Dlatego proszę wszystkie w Polsce pisma,
niech wydrukują to, co teraz wyślę,
tak żeby wszędzie w kraju jasno doszło,

że jestem w mieście Kluż (dawniej Kolozsvár)
i że niech pisze moja dobra stara
pod numer piąty ulicy Ciparu.
[...]

A teraz poczta niechaj list przynosi
Do mnie tęskniącej od mojej Grabosi.

Czytelnicy odnajdują Grabosię i Iłłakowiczówna pisze wkrótce do niej:

> Najdroższa moja Grabosieńko
>
> Ciągle wybieram się do Polski jak czajka za morze, ale dotąd nie widzę dla siebie ani zajechania gdziekolwiek, ani prawdopodobieństwa dostania pracy. Jestem dość obdarta, buty mam zużyte, brak futra i kaloszy, pieniądze moje 4000 w P.K.O. zupełnie się zdewaluowały, nie miałabym zupełnie z czego żyć na początku. [...] Ludzie są tutaj bardzo dobrzy, zwłaszcza Rumuni. Łagodny to i uprzejmy naród, a młodzież niezwykle zdolna; prawdziwa to przyjemność uczyć ich. Serca mają tak dobre, że aż za dobre. I Węgrzy, i Rumuni są daleko od nas weselsi, łatwiej się cieszą i ogromnie lubią się bawić. Co smutne – tego nie lubią.
>
> [...] Myślę, Grabosiu moja, dużo bardzo o śmierci, do której ostatecznie wszyscy zdążamy i która będzie bardzo wielkim wypoczynkiem. Proszę ciągle Boga o śmierć radosną.

Iłłakowiczówna wraca do kraju w grudniu 1947 roku. Odnajduje Grabosię w przytułku, sama instaluje się w sublokatorskim pokoju w Poznaniu, gdzie Grabosia będzie ją odwiedzać. Do końca życia Grabosi przesyła jej pieniądze i paczki. W 1955 roku w paczce do przytułku znajdują się: dwa kilo mąki, dwa kilo cukru, kilo boczku, pół kilo masła, pół kilo miodu, mydło dla dzieci, kawa, kakao, rodzynki, cynamon.

Gdy Iłłakowiczówna koresponduje z Cluj ze stęsknioną Grabosią, inna pisarka, Zofia Nałkowska, zatrudnia w Warszawie służącą, którą polecili jej sąsiedzi. Nałkowska mieszka z matką i siostrą przy Podchorążych 101, a utrzymuje się ze sklepu tytoniowego, który prowadzi w tej samej kamienicy. Kilka dni po tym, jak zjawia się Genia, Nałkowska zapisuje w *Dzienniku*: „Ta niezwykła Genia".

Genowefa Goryszewska ma trzydzieści lat. „Chorowita, mizernej postury, nieurodna i niekształcona" – pisze o niej biografka Nałkowskiej, Hanna Kirchner. Dotąd pracowała na Parkowej u aptekarza. Ma życiorys typowy dla służącej: urodziła się we wsi Leśniewo pod Ciechanowem w rodzinie robotnika folwarcznego, z dwanaściorga jej rodzeństwa przeżyła piątka. Ma dziesięć lat, gdy umiera ojciec. Zostaje oddana do majątku Klary do pasania krów. Kończy cztery klasy szkoły powszechnej. Potem służy w rozmaitych dworach, a od 1935 roku w rodzinie lekarza Grabowskiego w Przasnyszu. Gdy lekarz przenosi się do Warszawy, zabiera Genię ze sobą.

Tu splatają się losy uznanej pisarki z prostą służącą, tworząc arcydziwną konstelację. „Z miejsca poraziła ją miłość do chlebodawczyni, ślepy kult, żywiący się z pewnością głodem uczuć, jakiego musiała dotkliwie zaznać w życiu" – pisze Hanna Kirchner.

W czerwcu 1942 roku Nałkowska zapisuje w *Dzienniku*: „Obecność Geni, jej ciągłe słowa, jej uparta adoracja – rozprasza i męczy”. Trzy tygodnie później: „Jestem sama tylko z Genią, której adoracja męczy mię, jak dokazywanie szczeniaka”.

Nałkowska z Genią bardzo szybko znajdują się na uczuciowej huśtawce, jak w toksycznym miłosnym związku, choć nic nie wskazuje na to, aby relacja pisarki ze służącą miała taki charakter. Z pewnością zainfekowana była wzajemnymi pretensjami, niespełnieniem i zazdrością Geni, a z drugiej strony bezsilnością Nałkowskiej. Uczucie Geni rośnie z każdym dniem, Nałkowska świetnie to dostrzega i w sposób chłodny obserwuje: „Groźna miłość Geni jest wielomówna, dzikie uwielbienie, despotyzm, pewność swej racji” – pisze 19 marca 1943 roku. I trzy dni później: „Przeze mnie cierpi i jest szczęśliwa – jednym i drugim mię dręcząc. W najwyższym stopniu zdolna do miłości i nienawiści, gotowa oddać życie, nieulękła i wniebowzięta. Nie można od tego się uchylić przez pamięć na jej wielkie zalety charakteru, na dobroć dla mamy, na całkowite oddanie”.

Nałkowska pozwala się zdominować Geni, tak jak wcześniej mężczyznom: Janowi Gorzechowskiemu, drugiemu mężowi, i Bogusławowi Kuczyńskiemu, młodszemu od siebie o dwadzieścia dwa lata kochankowi. Czy Genia pojawia się w miejsce zajmowane dotychczas przez mężczyzn? „Ta prosta dziewczyna staje się trzecim z kolei w życiu Nałkowskiej tyranem” – ocenia biografka pisarki. Czy Genia to fenomen? Demon, „diablica”? Tak się podpisuje w swoich listach. Albo też „dziewczyna”, bo Nałkowska w chwilach irytacji krzyczy: „Bój się Boga, dziewczyno!”.

Jest luty 1944 roku, Nałkowska wyjeżdża na dwa miesiące z Warszawy do Adamowizny, gdzie jej przyjaciele mają dom. Genia zostaje w mieszkaniu, skąd pisze:

Warszawa, 4.03.1944

Najdroższe Jedyne Miłe Słoneczko!

Bardzo się niepokoję o zdróweczko i o uderzoną główeczkie, czy boli jeszcze, czy był guz, bo nie miałam czasu tym się zająć w ten dzień mojego wyjazdu bardzo się smuciłam, że Słoneczko, po ataku wątroby i po uderzeniu główeczką, pozostało samo na gospodarce, całą drogie przedstawiałam sobie widok, jak Drogie Słoneczko biega i pracuje chciałam pomódz, a niestety tak daleko się oddaliłam. [...]

Najdroższe Jedyne Słoneczko, bardzo przepraszam za moje szaleństwa i za moje błędy umysłowe, ale cóż ja mogie począć biedne stworzenie, błagam o wybaczenie. Posyłam Pani Najdroższej chleb co dziś wieczorem upiekłam nie wiem czy będzie smakował. [...]

Najdroższe Jedyne Miłe Słoneczko, bardzo mi przykro że już muszę Kończyć te moje mazgranie, a tak bym chciała porozmawiać jeszcze, ale się boję Słoneczka, więc tylko pozwalam sobie przesłać serdeczne ucałowania Drogich rączek i Stąporków Najdroższych Jedynych.

[...] Dziewczyna

Ta relacja jest całkiem inna od ciepłej, łączącej Grabosię z Iłłakowiczówną, opartej na przywiązaniu, kiedy obie trzymają się swoich ról społecznych. Iłłakowiczówna jako odpowiedzialna inteligentka poczuwa się do obowiązku roztaczania opieki nad słabszą społecznie służącą. Jej stosunek do Grabosi jest pełen tkliwości, jak do dziecka. Grabosia z kolei jest zależna, ale pełna wdzięczności i szacunku. Tu inaczej, Genia łamie nie tylko dystans emocjonalny, ale i klasowy, a Nałkowska jej na to pozwala. „Słoneczko"! – pisze Genia do swojej „pani". Czuje się wywyższona przez wielkość, z którą obcuje. I świadoma, że bezwzględna adoracja ofiarowana pisarce jest skuteczną metodą na jej zawłaszczenie.

Poświęcenie Geni dla Nałkowskiej jest bezgraniczne. Tuż przed powstaniem warszawskim ratuje maszynę do pisania pisarki, jej dzienniki i archiwum, które wywozi z Warszawy do Adamowizny, gdzie przemieszkuje Nałkowska. Tuż po zakończeniu wojny przenoszą się z Zofią Nałkowską i jej siostrą Hanną do Łodzi, do Domu Literatów. Tu charakter pracy Geni – czy właściwie opieki nad pisarką – zmienia się. Nałkowska wtajemnicza ją w swoją literacką pracę, Genia staje się teraz bardziej sekretarką. Hanny, siostry Zofii, nie znosi. „Grozi wyskoczeniem przez okno, męczy mnie i siebie też naturalnie. Siła jej woli znacznie przerasta moją" – notuje w czerwcu 1946 roku Nałkowska. Tego samego roku kupuje Geni motor.

W życiu Geni pojawia się adorator Janek, a potem kolejny, Władzio, ale arcydziwne uczucie Geni do Nałkowskiej nie słabnie. Pisze karteczki, które podrzuca pisarce:

> Słoneczko Moje
>
> Bardzo pięknie Wyglądałaś przy gościach, martwię się czy nie Jesteś zmęczona, przepraszam że Ciebie Najdroższa poprosiłam od stołu, ale Sama wiesz, że mi trudno było tego potwora wsadzić na półmisek.
>
> Całuje najdroższe Rączki i każdy paluszek u Nóżki Twej
>
> Genia Dziewczyna
>
> Masz na pokrzepienie papierosy

Pisarz Jerzy Kornacki zapisuje w swoim dzienniku w październiku 1948 roku:

> Po południu jest u nas Zofia Nałkowska z Genią, która mówi do niej „Zocha" i karci ją raz po raz „tylko nie gadaj, ja jej mówię, bądź cicho, bo ona ciągle mówi" itp. Rozmowa w tych warunkach wcale się nie klei.

W 1953 roku Nałkowska z Genią jadą do Mądralina, do Domu Pracy Twórczej Polskiej Akademii Nauk. Tam odbywa się kłótnia. „Genia robi mi scenę, że za mało napisałam" – zapisze potem Nałkowska. Genia się wścieka, ucieka przez okno, nie chce jechać samochodem, który zorganizowała jej Nałkowska, chowa się za drzewo. „Genia błaznuje, jest niemądra, popisuje się poufałością ze mną. Źle. Ostatecznie jedzie tym autem, ale skandal jest".

Tego samego roku Nałkowska zaprasza na kolację gości. Genia wypala, że pisarka zaprosiła ich tylko dlatego, że ma do nich sprawę i że „nigdy nikogo nie zaprosiła na obiad czy kolację bez interesu". Nałkowska wpada w szał. Czy uderzyła Genię?

> Droga Pani!
>
> Gdy zechce Pani to niech mi te moje fanaberie przebaczy, nie to nie, językiem nic takiego złego nie zrobiłam, nerwy językowe każdy ma, ale tego w moim życiu od obcej osoby nigdy nie doznałam oprócz Pani można postąpić według Pani dyscypliny, ale bić nie wolno, bo mnie nie na to rodzice wychowali, żeby inteligencja ręce otrząsała, bo mi bardzo plamą pozostanie na dalsze moje życie.

Jednak Nałkowska jest do niej bardzo przywiązana. Martwi się i chyba nie wyobraża sobie, że mogłaby bez niej żyć. „To zupełnie jedyny, najbliższy mi człowiek, całkowicie związany z mym losem" – zapisuje pod datą 8 sierpnia 1952.

Genia doskonale wyczuwa swoją pozycję. Rozciąga swój nadzór i opiekę nad twórczością Nałkowskiej. Gdy pisarka jej zdaniem zbyt dużo rozmawia ze znajomymi, zostawia jej karteczki:

> Słoneczko nie bajtluj, tylko się przyszykuj na posiedzenie, żebyś się nie zacinała, jak mówisz.

Albo:

> Słoneczko, ale Sama zrozum, z czego ja będę żyć, jak nie będziesz pisać. Genia.

Jej kontrola wydaje się totalna.

7 lutego 1954 roku Nałkowska notuje w *Dzienniku*: „Trudne sprawy z Genowefą".

Genia dopisuje: „Ciężkie życie z Zofią".

Jest przy niej do samego końca.

20 grudnia 1954 roku Maria Dąbrowska pisze w *Dziennikach*:

> Wczoraj pojechałam do trumny Nałkowskiej. W mieszkaniu zastałam tylko jej legendarną służącą Genię, bardzo zmienioną i markotną. Pani Zofia leżała w salonie, w jakimś zaniedbaniu, trumna na dwu stołkach między którymi postawiona miska z lodem. Żadnych kwiatów i dobrze się stało, że tę trochę przyniosłam. Ubrana w granatowy kostium

> wyglądała bardzo pięknie i młodo. Nigdy, zwłaszcza w ostatnich latach, nie była taka za życia. Jakby odeszły z tej twarzy wszystkie zniekształcające ją ambicje światowe, miny kokieteryjne, wystąpiła sama, bezpretensjonalna, surowa piękność rysów.
>
> [...] Na biednych zwłokach Nałkowskiej, jak zauważyłam, Genia zrobiła mały maquillage. Dbała o wygląd swej ukochanej pani, uróżowiła trupa. Pani Zofia umiałaby to docenić.

Zaprzyjaźnieni z Nałkowską pisarze załatwili Geni posadę kierowniczki kancelarii Zarządu Głównego Związku Literatów Polskich, dostała też skromne mieszkanko na Woli. Zmarła 9 marca 1980 roku, została pochowana w rodzinnym Przasnyszu.

„Pigmalion nie przerobił jej na damę, tylko pozwolił być kwiaciarką autentyczną i niezwykłą. Genia osiągnęła swoistą wielkość" – podsumowuje Hanna Kirchner, która uznaje tę relację za jedną z najistotniejszych w dojrzałym życiu pisarki.

15

HEROICZNE LUB WROGIE

Dużo serca i miłości bez granic okazały służące po aryjskiej stronie już na nowych posadach u chrześcijan. Służące te stały się łącznikami między stroną aryjską a gettem.

EMANUEL RINGELBLUM, *STOSUNKI POLSKO-ŻYDOWSKIE W CZASIE DRUGIEJ WOJNY ŚWIATOWEJ*

W maju 1941 roku u Ireny Krzywickiej, pisarki i publicystki, zjawiają się Niemcy, żądając, aby opuściła swój dom w Podkowie Leśnej i przeniosła się do getta. Tej samej nocy Krzywicka pakuje się i ucieka z całą rodziną: synem Andrzejem, matką i służącą Marynią. Kiedy przyjeżdżają do Warszawy, znajomi Ludwika Krzywickiego, słynnego socjologa i teścia Ireny, szukają dla nich bezpiecznego domu do wynajęcia. Jasne jest, że Irena nie może go wynająć na swoje nazwisko. Dom przy Bzowej na Mokotowie wynajmuje więc Marynia Plechcińska. „Matka podawała się za uciekinierkę ze Wschodu, ale dla otoczenia było jasne, że przyjechało państwo ze służącą" – zapamiętał syn Ireny Krzywickiej, Andrzej.

Marynia Plechcińska pojawiła się w domu Krzywickiej jeszcze przed narodzeniem Andrzeja. Dobiegała czterdziestki. Wcześniej pracowała u chirurga, w którym się kochała i u którego pozostała do jego śmierci. Pozostawił jej bardzo dobre referencje. Krzywiccy przyjęli ją bez obaw. „Podkreślała swoje szlacheckie pochodzenie, choć miała wygląd chłopki z kartoflowatym noskiem.

Weronika Jankowiak z koleżanką, poznańskie gosposie
w stroju żałobnym. Lata trzydzieste XX wieku.

Pamiętam jej ładny uśmiech. Lubiła dzieci, ogród i zwierzęta, co zjednało jej matkę natychmiast. Szybko stała się członkiem rodziny. Tak zresztą traktowano służące w domach mojej babki i matki przed wojną" – wspomina Krzywicki.

Gdy zamieszkują na Bzowej, Irena Krzywicka podaje się za Piotrowską, ale stara się rzadko chodzić po mieście, zbyt dużo ludzi ją zna, a ona nie ma „dobrego wyglądu". Teraz Marynia załatwia większość jej spraw. Zachował się list Krzywickiej do Jarosława Iwaszkiewicza, który pomagał pisarce w czasie okupacji, a gdy musiała opuścić dom, przysłał dwie furmanki, aby wywieźć z willi w Podkowie Leśnej książki. „Urządziłam się prymitywnie – pisze Krzywicka do Iwaszkiewicza – ale miejsca mam sporo. Jeżeli u was się znajduje encyklopedia Piotra [zmarłego syna Krzywickiej – przyp. aut.] *Świat i życie*, dwa grube tomy w płóciennej oprawie, z czerwonymi nagłówkami, to prosiłabym o danie ich Maryni".

Krzywickim udało się przetrwać na Bzowej do końca okupacji. Kiedy po wojnie Irena poszła zobaczyć to miejsce, wyszedł ze swojego domu sąsiad stolarz.

– Ach, to pani żyje – ucieszył się.

– Żyję – odpowiedziała – ale ja się nie nazywam Piotrowska.

– Ja wiem, myśmy wszyscy wiedzieli – odpowiedział jej.

„Wszyscy wiedzieli, że się ukrywam, i nikt mnie nie wydał, nikt nie pisnął słowa nawet. Nikt się nie zdradził, że wie, kim jestem" – pisała po latach.

Zapamiętała Maryni jej poświęcenie i miłość do rodziny. Przez ostatnie lata życia byłej służącej utrzymywała ją. Marynia została w Podkowie Leśnej w przedwojennym domu Krzywickich. Tam się starzała, wolna od obowiązków. Nie chciała się przeprowadzić do mieszkania pisarki w Warszawie przy ulicy Langiewicza. Kiedy Krzywicka z synem Andrzejem odwiedzała Marynię, ta piekła na ich przyjazd ciasta i robiła leguminy, które chłopak bardzo lubił. Przed śmiercią powiedziała Krzywickiej: „Jaka pani dobra, jak ja pani dziękuję, mogłam te ostatnie pięć lat żyć jak dama. Całe życie marzyłam, żeby nic nie robić, i nareszcie mogłam nic nie robić. Umieram jak prawdziwa pani". Krzywicka wspominała: „Jej szczęście, spokój ostatnich jej lat były dla mnie wielką nagrodą za wszystko, co zrobiła dla nas. Tylko tak mogłam się jej odwdzięczyć za poświęcenie w czasie wojny, za miłość do moich dzieci, za dobroć i serce. Umierała szczęśliwa".

Helena Szereszewska, z zamożnej rodziny żydowskiej, „odziedziczyła" swoją służącą Genię po kuzynie, który na początku okupacji uciekł na Wschód. Genia była wesołą dziewczyną, którą rodzina Heleny polubiła bardzo. „Nieraz dziwiliśmy się, że Genia chce pracować u Żydów. W dodatku w tak licznej rodzinie, gdzie tak dużo pracy. Tłumaczyliśmy to tym, że znała nas jeszcze z czasów, kiedy chodziliśmy ulicami pewni siebie, nie czuliśmy na plecach niemieckiej pięści i nie nosiliśmy na rękawach poniżającego znaku" – pisała Szereszewska we wspomnieniach opublikowanych po wojnie.

Pewnego dnia, gdy już krążą informacje o powstającym getcie, Genia wraca do domu i mówi:

> – Wie pani co, spotkałam na Narbutta Antosię [służącą inżyniera Marka Lichtenbauma, u którego pracowała dwadzieścia lat – przyp. aut.].
> – No to co?
> – Rozmawiałam z nią. Powiedziała, że gdyby miało być getto, ona idzie razem z państwem. Tak postanowiła.
> – No i co Genia na to?
> – Powiedziałam, że ja tak samo. Zmówiłam się z nią i obie tak postanowiłyśmy. Jak przyjdzie co do czego, idziemy obie do getta.

Kilka miesięcy później, latem 1940 roku, rodzina Szereszewskich opuściła swoje piękne mieszkanie na Narbutta. Helena, jej mąż, dwie córki z rodzinami i babcią zamieszkali w getcie na Waliców. Razem z nimi Genia. W te smutne dni jedyną pociechą było słuchanie płyt na gramofonie, który zabrali ze sobą. Ulubiona to *Żydowskie wesele*. Genia zachwycała się tą muzyką i żydowskimi pieśniami. Stawała w drzwiach i klaskała w rytm razem z całą rodziną.

Gdy na murach getta pojawiło się obwieszczenie, że służące Polki i wszyscy Polacy muszą opuścić getto, Genia oświadczyła, że nie zamierza wyjść, i znów powołała się na Antosię. „Za żadne skarby nie odejdę, tak mi dzisiaj powiedziała, bo ja ją spotkałam na Prostej" – oświadczyła Genia. Ale gdy nadeszła wiadomość, że getto zostanie zamknięte, rodzina Szereszewskich, doceniając poświęcenie Geni, postanowiła ułatwić jej decyzję. „Dotychczas płaciliśmy Geni regularnie sześćdziesiąt złotych miesięcznie. Ale nie wiemy, nie jesteśmy pewni, czy będziemy mogli w przyszłości płacić tak samo" – powiedzieli jej. Genia spakowała swoje rzeczy w tobołek i odeszła, odprowadzona przez córkę Heleny.

Następna służąca, trochę przygłucha Regina, podawała do stołu w szlafroku przepasanym w pasie biustonoszem. „Taki miała zwyczaj, czasy były ciężkie, getto było już zamknięte, w porównaniu z tym, co się przeżywało, biustonosz zamiast paska był drobnostką. Nie zwracaliśmy na to uwagi. Niekiedy śmieliśmy się za jej plecami" – wspominała Szereszewska.

Regina w kółko przyrządzała zupę fasolową albo kotlety z koniny. Dla rodziny pozostała nieprzeniknioną. „Duszą Regina była od nas daleko, nigdy nie wiedzieliśmy, co sobie myśli. Ona sobie i my sobie. Nie żyła z nami, żyła obok nas". Kiedy więc do domu wtargnęła szajka polskich bandytów, Helena zapamiętała, że Regina przez cały czas spała, a złodzieje nie zajrzeli nawet do jej pokoju. Być może to przypadek.

Zaufanie do służącej, zawsze istotne, teraz stało się bezcenne, zwłaszcza dla rodzin, które konspirowały lub pomagały ukrywać Żydów. Słynne małżeństwo Żabińskich – dyrektor warszawskiego zoo i jego żona Antonina – w swojej służbowej modernistycznej willi na terenie ogrodu zoologicznego przechowywało znajomych żydowskiego pochodzenia, między innymi adwokata Maurycego Pawła Fraenkla, uciekiniera z getta.

Gdy adwokat trafia do ich domu, Antonina Żabińska od kilku miesięcy leży w łóżku, chora na zapalenie stawów. Fraenkel w dzień przesiaduje w sypialni Antoniny i czas upływa im na rozmowach, ale gdy słychać, że ktoś nadchodzi, mężczyzna wchodzi do szafy. Któregoś dnia drzwi otwierają się bezszelestnie. W progu stoi służąca, nazywana przez domowników Pietrasią. Na widok mężczyzny w pokoju zamiera i stoi jak wryta. „W dalszym ciągu będzie pani brała salicyl – mówi całkiem spokojnie Fraenkel do Żabińskiej. – A teraz zbadamy tętno…". „Pietrasia, widząc spokój na naszych twarzach, skłonna była przypuszczać, że uległa zamroczeniu wzroku lub umysłu. Otrzymała ode mnie wskazówki kulinarne, potarła czoło i kiwając głową, zeszła do kuchni" – wspominała Żabińska. Grali tę komedię do końca. Antonina wezwała swojego kilkuletniego syna Rysia, aby „podał panu doktorowi płaszcz i kapelusz" i wyprowadził go do ogródka.

Żabińscy postanowili nie wtajemniczać Pietrasi w podwójne życie rodziny. Wkrótce, jesienią 1943 roku w ich willi zjawiła się Regina Kenigswein z rodziną, córka właściciela warzywniaka, w którym Żabińscy zaopatrywali się przed okupacją. Teraz stali bezradni w ich drzwiach. Regina Kenigswein była w ciąży, miała ze sobą dwoje dzieci, trzecie zostawiła u zakonnic. Przyszedł z nimi także jej mąż, znany przed wojną bokser. Antoninie trudno było znieść wzrok zrozpaczonej kobiety. „Kto zajrzał w oczy skazanej na śmierć młodej matce, ten wie, że nie da się opisać ani zapomnieć takich oczu do końca życia" – zapisze potem. Teraz decyduje błyskawicznie: trzeba ich przyjąć, ale najpierw zapewnić wszystkim bezpieczeństwo. Postanawia zwolnić służącą. Kontaktuje się z rodziną na wsi, aby przysłano kogoś zaufanego. Na razie – do końca służby Pietrasi – Kenigsweinowie śpią w podziemnym korytarzu koło lwiarni. „Nie była złą kobietą, ale w gruncie rzeczy niewiele o niej wiedzieliśmy" – wspominała Żabińska.

Emanuel Ringelblum, historyk, twórca najcenniejszego na świecie archiwum Holocaustu, ukrywając się w schronie przy Grójeckiej w 1943 roku, na gorąco spisywał swoje refleksje dotyczące relacji polsko-żydowskich. Polskie „aryjskie" służące umieścił w grupie idealistów, których heroiczna pomoc Żydom robiła na nim ogromne wrażenie:

> Służące te, traktowane w ciągu długich lat przez swych chlebodawców na równi z członkami rodziny, okazały dużo serca swym żydowskim gospodarzom. Ofiarność i poświęcenie tych prostych ludzi sięgały wysokich wyżyn etycznych, przerastały normalne, ludzkie przywiązanie. Najpiękniejsze powieści będzie można napisać o bohaterstwie Polaków, o najszlachetniejszych idealistach, którzy nie ulękli się gróźb wroga.

Ringelblum do idealistów zalicza między innymi panią B., która wynajęła po aryjskiej stronie mieszkanie dla swoich niegdysiejszych pracodawców: „Pani B. kryje to mieszkanie, załatwia dla swych byłych gospodarzy wszystkie sprawy, wobec wyczerpania się ich funduszów pomaga chlebodawcom, wyprzedając się ze swoich rzeczy. Pomaga i znajomym w poszukiwaniu mieszkań «po drugiej stronie». Gdy mój znajomy powiedział jej, że nie ma pieniędzy, pani B. odpowiedziała: «Gdyby pan miał pieniądze, nie pomagałabym panu»".

Historyk wspomina też służącą adwokata M., która z narażeniem życia przychodziła do getta, przynosząc swojemu dawnemu gospodarzowi rzeczy u niej ulokowane, i inkasowała pieniądze od jego dłużników. „Byłem świadkiem jej wielkiego oburzenia, gdy adwokat chciał ją czymś wynagrodzić" – pisze Ringelblum. Zaznacza, że takich historii o ofiarności służących słyszał bardzo dużo. Jednak świadectw nie znajdziemy zbyt wiele, są to strzępy wiadomości w pamiętnikach i książkach wspomnieniowych lub relacjach.

Wiele służących decydowało się na pójście ze swoimi chlebodawcami do getta, tak jak Genia. To zmieniało ich życie: niektóre uciekły w ostatniej chwili, ale inne zginęły w Treblince. Esesmanów nie interesowało, że są Aryjkami, nikt nie słuchał ich wyjaśnień.

„Znamy jednak inne wypadki – notował Ringelblum – służące aryjki mogły wyrwać się ze szponów sztabu przesiedleńczego. Mogły nie jechać do Treblinki, mogły pokazać swoje aryjskie papiery, a nie uczyniły tego z pełną świadomością. Wypływało to z przywiązania do rodziny, z którą współżyły i cierpiały w ciągu dziesiątków lat". Wśród tych, które poszły na śmierć, wymienia służącą Barucha Rozentala, radcy gminy żydowskiej, wierną rodzinie od dwudziestu lat, a którą wraz z jej panią zabrano z ulicy warszawskiego getta.

W tym samym czasie na Wschodzie Sowieci zsyłają na Syberię polskie rodziny. Do jednego z transportów zgłasza się ksiądz Tadeusz Fedorowicz. Chce być przy swoich wiernych. Na zesłaniu napisze:

Niektórzy ludzie dziwią się, że wyjechałem dobrowolnie do Związku Radzieckiego. A przecież takich wypadków było więcej. Wraz ze mną na przykład, tym samym transportem, wyjechały dobrowolnie dwie dorosłe dziewczyny, służące u jakichś wywożonych rodzin. Nie chciały swoich państwa opuścić w takiej biedzie.

Obok nadludzko odważnych służących Ringelblum pisze także o tych, których pierwszym odruchem, gdy tylko zaczęła się okupacja, było wykorzystanie tragicznego położenia swoich pracodawców. „Przeważająca większość służących pożegnała się ze swoimi chlebodawcami nie bardzo przyjaźnie. Wykorzystały sytuację, że Żyd nie ma żadnych praw i nie ma racji w sporach z aryjczykami i przed opuszczeniem pracy wysunęły szereg wygórowanych żądań. Typowym było żądanie wynagrodzenia za pół roku i więcej, żądanie części garderoby chlebodawców, części prowiantów, opału i tak dalej". Żydzi, słysząc te żądania, rozumieli, że muszą je spełnić, w przeciwnym wypadku zaraz zjawi się po nich gestapo.

Wśród służących były i takie, które współpracowały z gestapowcami i donosicielami, przekazując informacje o ukrytym żydowskim majątku. Ta prymitywna, wroga wobec Żydów postawa wynikała z atmosfery, w jakiej żyły przez długie lata. Większość z nich, nawet jeśli służyła u Żydów, wywodziła się ze środowisk narodowo-katolickich, w których antysemicka pogarda stanowiła naturalny odruch.

„Pewnego dnia – relacjonował syn właścicieli łódzkiego sklepu, którego świadectwo znalazło się w archiwum Ringelbluma – przyszła do nas nasza dawna służąca. Z początku najzwyklej w świecie rozmawiała z mamą, potem powiedziała, że należy jej się dziesięć złotych, co było nieprawdą. Rodzice oczywiście nie chcieli jej dać. Wtedy poszła i po kilku minutach wróciła z dwoma żołnierzami niemieckimi. Ci powiedzieli, że jeśli nie damy tych pieniędzy, będziemy aresztowani. Byliśmy tak przerażeni, że teraz, nie chcąc z nimi zadzierać, daliśmy te dziesięć złotych".

Inny świadek opowiadał o tym, jak po wygnaniu Żydów z mieszkań służące w nich zostawały, teraz usługując Niemcom, ale zmuszając Żydów do płacenia, „bo przecież będą pilnowały ich majątku". Rodzina fabrykanta łódzkiego P. (w archiwum Ringelbluma ze względów bezpieczeństwa nie używano nazwisk) miała ze swoją byłą służącą bardzo złe doświadczenia.

> Okupantom tego mieszkania pozostawiono bardzo fertyczną służącą, która stała się tu literalnie *Mädchenfüralles* (dziewczyną do wszystkiego). Pewnego dnia dziewczyna ta zjawiła się z oficerem i jakimś Niemcem w cywilu z żądaniem zapłaty rzekomo zaległej pensji, wydania biżuterii i wyprawy. Państwo P. wszystko wydali, lecz córka ich prosiła jedynie, by pozostawiono jej pierścionek zaręczynowy, jako pamiątkę po mężu, o którym nie ma wieści. Ku niezadowoleniu fertycznej „służącej" Niemcy prośbę tę gotowi byli uwzględnić. Podczas rozmowy oficer przyglądał się z zaciekawieniem pięknemu zagranicznemu neccessaire'owi. Córka państwa P. zauważyła to i oświadczyła, że jest gotowa przedmiot ten oficerowi oddać, na co tenże chętnie się zgodził. Co do fertycznej Polki, to chciwość jej nie miała granic. Uzyskawszy już niemal cały majątek, zażądała ona, by córka P. zdjęła z siebie i oddała jej piękny jedwabny szlafrok. Zniecierpliwiło to oficera, który w odpowiedzi na tę bezczelność odebrał dziewczynie

wszystkie zarekwirowane przez nią rzeczy, pozostawiając je właścicielce.

Aniela Nowak należy do heroicznych służących, o których pisał Ringelblum. Zamożna rodzina Glassów przed wojną mieszkała na Marszałkowskiej. Jurek (Yehuda) Glass ma dziesięć lat, gdy rodzina musi przenieść się do getta. Trafiają na Grzybowską 9, ale nie głodują. Pomaga im między innymi służąca kuzyna Salomona Graffa, przemysłowca, do okupacji właściciela kilku kamienic w stolicy. Teraz Aniela służy u Niemców, którzy zajęli dom Salomona.

W sierpniu 1942 roku cztery osoby z rodziny Jurka Glassa uciekają z getta. Jest to możliwe dzięki Anieli. To ona zleciła swojej rodzinie pod Warszawą zrobienie nadbudówki domu, aby tam móc ich przechować. Akcja jest doskonale zorganizowana. Najpierw Gustawa, Roma, Paweł i Jurek zostają przez Anielę sprowadzeni do piwnicy domu przy alei Róż 7.

„Nelka – wspominał Glass – miała u siebie jedyny klucz do tego pomieszczenia w piwnicy, gdzie cały czas byliśmy zamknięci. Utkwiło mi w pamięci kilka rzeczy: miejsce było czyste i malowane kremową farbą. Były tam łóżka dla Romy, Gustawy, Pawła i dla mnie. Wokół ścian było bardzo wiele rur, co mogło oznaczać, że była to kotłownia. Ukrywaliśmy się tam od ostatniego tygodnia sierpnia do mniej więcej połowy września".

Ryzyko było tym większe, że w domu mieszkali funkcjonariusze gestapo, a dwoje z ukrywanych chorowało: Gustawa na gruźlicę, Paweł na epilepsję. Aniela Nowak przez trzy tygodnie schodziła codziennie, aby przynieść im jedzenie i gazety. „To było więcej niż szaloną odwagą, bo w tym wypadku, jeżeliby nas znaleźli, to nie było żadnej różnicy między nami a Nelką" – relacjonował Jurek Glass Aleksandrze Domańskiej, autorce książki *Grzybowska 6/10*.

Wkrótce pojawia się kolejne zagrożenie: w czasie sowieckich nalotów na miasto Niemcy zbiegają do piwnicy, aby się ukryć, ale drzwi są zamknięte. Aniela niedługo potem wyprowadza Glassów i przewozi do krewnych we wsi Szczaki-Złotokłos. „Mieszkamy teraz na wsi i Nelka jest stale z nami. Od czasu do czasu jedzie do Warszawy, aby mnie wyręczyć i załatwić różne niezbędne sprawy" – pisze Roma do męża.

Aniela pisze również list do swojego byłego pracodawcy: „Pani prosi się trzymać i wierzyć, że zrobiła dla Rysia [syna Romy – przyp. aut.] wszystko, co było w jej mocy. Pan jest teraz jedynym jej opiekunem, którego kiedyś będzie bardzo potrzebowała, więc musi pan być silny i wytrzymać do końca. Serdeczne pozdrowienia dla wszystkich, Nelka".

Ryzyko denuncjacji prawdopodobnie rośnie, więc po trzech miesiącach kryjówkę w Szczakach opuszczają Jurek i chory Paweł. Na miejscu pozostaje Roma z matką, która jest w stanie bardzo ciężkim. Wiosna 1943 roku, po zimowym głodzie, przynosi ulgę – Roma z Nelką sieją i sadzą rośliny, dla siebie i gospodarza. „Przed domem będziemy mieli własne grządki: marchew, pomidory, fasolę, groch i kartofle" – pisze Roma do Olka. We wrześniu w kryjówce w Szczakach umiera Gustawa Graff, matka Romy. Ona sama pozostaje tam do końca okupacji. Jurek walczy w powstaniu warszawskim. Paweł, chory na epilepsję, podczas powstania ginie.

Roma i jej mąż po wojnie wyjechali do Szwecji, a stamtąd do Kanady. Jurek wyemigrował do Izraela. Aniela Nowak po wojnie mieszkała w Warszawie, niewiele wiadomo o jej losie.

Irena Birnbaum, która jako nastolatka trafiła z rodzicami do warszawskiego getta, w swojej wzruszającej książce *Non omnis moriar* wspomina Zochę – służącą, która wcześniej pracowała u jej babci. Poszła z Birnbaumami do getta i wszyscy im jej zazdrościli.

„W rzeczywistości nie była ona żadną służącą, ale prawie członkiem rodziny" – wspominała po latach Birnbaum. Jak bardzo zżyła się z rodziną, przekonali się któregoś dnia, gdy Zocha zaproponowała, że sprzeda swoją złotą obrączkę, aby rodzina miała na zimę kartofle.

Sama Irena Birnbaum zostanie służącą, gdy uda jej się uciec z getta i trafi do Otwocka. Będzie usługiwać dwóm paniom inteligentkom, które aby rozwiać ryzyko donosu, opowiadały, że jest ona Polką, której ojciec trafił do Oświęcimia. Birnbaum, żeby się uwiarygodnić, pojawiała się w otwockim kościele i tak udało się jej przetrwać do końca wojny.

Była jedną z wielu żydowskich kobiet, które ukrywały się po aryjskiej stronie na posadzie służącej. Jeśli udało im się nie wzbudzić podejrzeń, ta praca wydawała się w ich sytuacji najlepszą z możliwych – zapewniała nie tylko schronienie, ale też zarobek.

Kiedy Wanda i Jerzy Zalewscy dali w październiku 1942 roku ogłoszenie w „Kurierze Warszawskim", że szukają służących, zgłosiła się szesnastoletnia Helena Majewska. Zalewscy szybko zorientowali się, że jest ona Żydówką. Mimo zagrożenia pozostawili ją. „Co ja miałam robić? Żal nam było dziewczyny. Już ją polubiliśmy i co mieliśmy robić?" – mówiła Wanda Zalewska w wywiadzie dla Muzeum Historii Żydów Polskich POLIN. Dziewczyna nazywała się Helena Tal i była córką cukiernika z Zawichostu. Matka i siostry zostały wywiezione, a ona sama uciekła do Warszawy, po drodze udało jej się skraść w pociągu przypadkowej dziewczynie metrykę urodzenia. W mieszkaniu Zalewskich, mieszczącym się w dużej warszawskiej kamienicy, czuła się bezpiecznie, ale gdy rodzina wyjechała do domu letniskowego w Skolimowie, prawdopodobnie ktoś nasłał Niemców. Po rewizji Zalewscy zdecydowali się odwieźć Helenę do Warszawy i umieścić u matki Jerzego przy ulicy Twardej, wkrótce też znalazła nową pracę. Tak przetrwała do końca okupacji, a po jej zakończeniu wyjechała do Izraela. Odnalazła rodzinę Zalewskich w 1989 roku i wystąpiła dla niej o medal Sprawiedliwy wśród Narodów Świata, który rok później został im przyznany.

Halina Aszkenazy miała całkiem odmienne doświadczenia. Nastoletnia córka nauczycielki najpierw ukrywała się w sierocińcu sióstr szarytek, gdzie pracowała jako służąca. Każda z sióstr miała swoją służącą. Halina nie znała dotąd realiów życia zakonnego, więc była zaskoczona, że w klasztorze obowiązują dwa stoły: dla zakonnic i personelu oraz drugi, dla dzieci i służby. Zarządzała tym wszystkim siostra Maria, bezwzględna i zimna. „Jedzenie dla dzieci i służby było okropne pod każdym względem" – pisała po latach Aszkenazy. Ale najgorsza okazała się harówka i mycie w zimnej wodzie w zmywalni, w której brakowało okna. „Marzłam w swojej wytartej sukience, a słabe wyżywienie nie dodawało mi sił. Oczywiście, siostra Maria, realizująca swoje dziwne przekonania, nie omieszkała mi oświadczyć, jak zdrowo jest marznąć i jak to dobrze wpływa na stan duszy" – wspominała Aszkenazy.

Dzięki pomocy księdza Michała Kubackiego Halina trafiła do domu rodziny Grabowskich – niewidomego eksoficera i jego żony. Małżeństwo nie wiedziało, że przyjmuje Żydówkę. Halina była zachwycona, po klasztornym chłodzie – w sensie dosłownym i przenośnym – trafiła do ciepłego domu ludzi inteligentnych i wykształconych. Mieli dwoje małych dzieci, a trzeciego się właśnie spodziewali. Gdy Grabowski domyślił się, że Halina jest Żydówką, ostrzegł ją, że jego żona nienawidzi Żydów. A potem sam opowiedział jej o pochodzeniu Haliny. „Od tej pory rozpoczął się dla mnie moralny i psychiczny obóz koncentracyjny. W przeciągu jednego dnia zniknęły wszystkie moje zalety – stałam się parszywą, śmierdzącą Żydówką. Praca dla tych kulturalnych, inteligentnych Polaków stała się dla mniej gehenną". Grabowski zaproponował jej, żeby została jego utrzymanką, a on jej wynajmie bezpieczne mieszkanie. Odmówiła. Odeszła sama i znalazła nową pracę. Tym razem trafiła bardzo dobrze. „Mieli dzieci młodsze ode mnie, do których należało się zwracać: panienko i paniczu, ale to absolutnie mi nie przeszkadzało" – wspomni potem.

Aby przetrwać na posadzie służącej, trzeba było znać się na prowadzeniu domu, a wiele inteligentek się nie znało. A jeśli nawet potrafiły gotować, często były to typowo żydowskie dania. Krystyna Modrzewska, córka lekarza z Lublina, która po wojnie wyemigrowała do Szwecji, wspominała:

> Pamiętam kuzynkę mojej matki, artystka malarka, nauczycielka rysunków w Łodzi, zgłosiła się do pani doktor dentystki w Zielonce, jako gosposia. I kiedyś pani doktor zamówiła kotlety. A ona zastanawiała się, jak je zrobić, by tamta nie powiedziała, że to jest żydowskie jedzenie. Czy dać czosnku czy nie. Ale jakoś zrobiła, bardzo smakowały, ale przyszła potem ta pani doktor i mówi: „Dobre kotlety, ale czy panna Emilcia u Żydów służyła, że one z czosnkiem?".

Po stronie aryjskiej ukrywała się też Stefania Szochur, której znajomi pomogli załatwić lewe papiery na nazwisko Zofia Bartoszewska, a następnie posadę służącej u Marii Parnowskiej na warszawskim Boernerowie. Po wielu miesiącach koszmaru Stefania trafiła do pięknego domu, pełnego książek i mebli w stylu góralskim. Wkoło rozciągał się bujny ogród z pigwowcem. „Proszę, panno Zosiu, może pani tu pracować. Trzeba sprzątać, prać, gotować, zajmować się Ewunią i ogrodem. Zakupy robię sama – zameldujemy panią w Warszawie. Będzie pani tu miała mieszkanie i utrzymanie, niestety nie mogę dać pani żadnej pensji, sama mało zarabiam" – powiedziała jej Maria Parnowska. Miała tylko jedną prośbę: „Proszę mi nigdy nie mówić o swojej przeszłości. Jest pani osobą z ogłoszenia i koniec!".

„Siadamy do skromnego obiadu, później zmywam naczynia i łzy szczęścia płyną mi z ocz na talerze. Po dwóch miesiącach koszmaru jestem wreszcie w prawdziwym, spokojnym domu" – zapisze potem Stefania. Po wojnie będzie nosić nazwisko Staszewska i zostanie aktorką Teatru Żydowskiego w Warszawie.

Helena Wyrzykowska, służąca posła Hartglasa, ta sama, która ze wzruszeniem wpłaciła datek na żydowską Kroplę Mleka, w sierpniu 1939 roku jest na dwutygodniowym płatnym urlopie. Gdy rozpoczyna się wojna, dzwoni do Hartglasów i oświadcza, że zostanie u siostry, Jadzi. Zjawia się u swoich pracodawców zaraz po kapitulacji Warszawy. Najpierw po płaszcz. Następnym razem po pieniądze. Hartglasowa tłumaczy jej, że są rozliczeni, a wtedy Hela mówi: „Pani myśli, że ja nie wiem, jakie artykuły pan pisał na Hitlera?". Hartglas wspominał:

> To oburzyło żonę i wyrzuciła ją. Dla mnie jest jasne, że ta aluzja do moich artykułów nie narodziła się w umyśle Heli. Na to była ona za głupia; była kompletną analfabetką i nic o moich artykułach wiedzieć nie mogła. Natomiast „komunistka" Jadzia była „inteligentką" i widocznie dobrze wiedziała o moich artykułach w krakowskim „Naszym Dzienniku" [prawidłowy tytuł to „Nowy Dziennik" – przyp. aut.], w których istotnie nie oszczędzałem Hitlera, i teraz świetnie się orientowała w sytuacji.

Po kilku tygodniach w domu Hartglasów zjawia się Olesia, koleżanka Heli, która też kiedyś u nich pracowała. Teraz postanowiła ich ostrzec, że Hela z Jadzią zamierzają iść na gestapo i donieść na nich, bo mają nadzieję, że w ten sposób wydobędą od Hartglasów pieniądze.

W grudniu, kiedy Hartglas z żoną są już w Trieście, dostają wiadomość od znajomych, którzy zajęli po nich mieszkanie, że przyszły Hela z Jadzią, a gdy dowiedziały się, że adwokat uciekł, nasłały gestapo. Rewizja skończyła się zrywaniem podłóg i tapet. Hela i Jadzia postanawiają następnie obrabować siostrę Hartglasa. Zjawiają się u niej w sam Nowy Rok 1940 roku, strasząc gestapo i żądając pieniędzy. Udało się je uspokoić za pomocą sześciu tysięcy złotych, które zostawił brat.

Apolinary Hartglas w Izraelu został wysokim urzędnikiem Ministerstwa Spraw Wewnętrznych. Swoje wspomnienia *Na pograniczu dwóch światów* pisał na początku lat pięćdziesiątych (w Polsce ukazały się dopiero w 1996 roku). Wówczas, jak ustalił, Helena Wyrzykowska mieszkała w Siedlcach, ale prawdopodobnie nigdy nie próbował wyrównywać swoich krzywd. Podsumowując swoje gorzkie doświadczenia z polską służącą i jej siostrą, pisał: „Tak to komunistyczne i prożydowskie przekonania szybko zmieniły się na szczery nazizm z jego «etyką». Przypuszczam, że w obecnej Polsce «ludowej» Jadzia jest dobrodusznym i poważanym członkiem rządzącej partii PPR (komuniści)" – pisał.

Historia służących Hartglasa prawdopodobnie bardziej niż z antysemityzmem związana jest z chciwością i rewanżem za poczucie krzywdy wynikającej z nierównych sytuacji życiowych. Z czego bowiem wynikał ich stosunek do państwa, zanim zyskały możliwość powzięcia odwetu? Czy – tak jak chciał Hartglas – chodziło wyłącznie o wdzięczność? Czy może była ona zaledwie narzędziem, dzięki któremu mogły uzyskać więcej: pensji, urlopu, wychodnego?

Czy ciągła bieda, która była ich udziałem, zderzona z bogactwem rodziny, u której służyły, nie skutkowała chroniczną frustracją? Czy wielkoduszność państwa, którzy potrafili na przykład załatwić pracę w fabryce, nie rodziła poczucia, że oto zjada się nikomu niepotrzebne resztki z pańskiego stołu? Czy ten odwet nie był płomieniem, który powstał z tlącego się cały czas żaru nienawiści?

W przypadku sióstr Wyrzykowskich podłożem ich podłego stosunku do osłabionych Żydów nie jest tradycja narodowo-katolicka, jak to się zdarzało, a raczej komunizm, który zaszczepił w nich gorący bunt przeciw burżujom. Jednak krzywda ekonomiczna, której doświadczały służące do wszystkiego, nie może się okazać jedynym wyjaśnieniem mściwości i oschłości serca. Najlepiej świadczy o tym heroiczna postawa innych służących, które również doświadczały trudnej sytuacji. Odruch moralny rządzi się przecież innymi prawami niż ekonomia.

Aniela Hebda, córka chłopów z Porąbki Uszewskiej pod Tarnowem, przeżyła miłosny zawód. Jej ukochany, przed czym ją zresztą ostrzegano, porzucił ją dla innej. Aniela nie miała żadnego posagu, więc musiało się tak skończyć. Postanowiła wyjechać, a ponieważ koleżanka wspomniała jej, że pewna żydowska rodzina z małym dzieckiem szuka służącej, Anieli ta propozycja wydała się bardzo kusząca. Pech chciał, że gdy już się zgodziła, ksiądz na mszy niedzielnej w kazaniu ostrzegał dziewczęta, aby nie szły na służbę do Żydów, bo będą grzeszyć. Bogobojna Aniela spłakała się, ale jednak postanowiła jechać na służbę do Grossbardów do Nowego Sącza.

Jest rok 1936. Regina i Emil mają sześcioletnią córeczkę Sulamit, zwaną Zulą (potem zmieni imię na Zuzanna). Emil pracuje w cegielni swojego teścia Simona Kleinmanna w Biegonicach (dziś części Nowego Sącza), rodzina mieszka w dużym domu przy cegielni okolonej pięknym sadem. Aniela dobiega czterdziestki, jest typową służącą do wszystkiego, zajmuje się też Sulamit, choć matka dziewczynki nie pracuje.

Aniela szybko staje się dla rodziny kimś bardzo bliskim i godnym zaufania. Tuż przed okupacją rodzina Grossbardów ucieka do Pińska i dalej do Jaremcza, w końcu rozdziela się. Matka zostaje w Turce nad Stryjem. Aniela pilnuje ich domu. „Została z naszymi rzeczami i z naszym psem Dzikiem, który był dla nas jak członek rodziny" – opowiada Zuzanna Wartenberg.

Kiedy Niemcy przejmują cegielnię, jej zarządca, Alexander, garbaty samotny Niemiec z córką i dwojgiem wnucząt, zatrudnia Anielę jako służącą u siebie w domu w Nowym Sączu. Wielbiący Hitlera Alexander nabiera sympatii do Anieli, która dostaje u niego na strychu pokoik.

Zula z krewnymi jest w getcie w Nowym Sączu, ale nie została wpisana w ewidencję. Jest sierpień 1942 roku, Niemcy przystępują do likwidacji getta, zaczynają się wywózki.

– Pamiętam, jak ludzie się pakują i zastanawiają, dokąd nas przenoszą. Jedna pani pakowała kostium kąpielowy, bo miała nadzieję, że tam będzie woda – wspomina Zuzanna Wartenberg.

Tu wkracza służąca Aniela, która postanawia małą Zulę zabrać z getta, a z pomocą przychodzi jej Alexander, który obiecuje, że dziewczynka będzie mogła ukrywać się u jego kuzyna w podkrakowskiej wsi. Ustalono, że dziecko poczeka w pokoiku Anieli, aż przyjedzie po nich kuzyn Alexandra. On sam zaproponował grupie około dziesięciu Żydów z getta, że zatrudni ich w cegielni. Zuzanna Wartenberg:

Wojna nie wojna, majątek jest zawsze ważny, więc Żydzi załadowali furę swoimi rzeczami i przywieźli ją do Alexandra i zrzucili w szopie, co oczywiście wszyscy widzieli, więc zaraz przyszło gestapo. Ja byłam w tym czasie na strychu. Alexander wrócił z gestapo po trzech dniach, Żydów oczywiście nie uratował, a majątek Żydów został rozdrapany przez mieszkańców. Alexander po powrocie z gestapo był załamany i milczący. Jedyne, co powiedział Anieli, to że ma mnie szybko usunąć ze strychu. Bezradna Aniela zapakowała mnie i postanowiła wysłać do matki do Turki nad Stryjem.

Regina ukrywa się w Turce nad Stryjem w okropnych warunkach i jest przerażona, obawia się, że razem z córką nie uda im się przeżyć. Ojciec Zuli już nie żyje, rozstrzelany w getcie. Podczas gdy matka zastanawia się, gdzie umieścić dziecko, żeby miało szansę na przeżycie, Zula sama postanawia, że jej ulży: „Mamo – oświadcza – ty się nie martw, bo Aniela mi mówiła, że jakby tu było ciężko, to ja mogę wrócić do niej, do Nowego Sącza". Tak zrobiła. Nigdy już nie zobaczyła swojej matki, której ostatni ślad prowadzi do getta we Lwowie.

Zula ma dwanaście lat i jest świadoma zagrożenia. W pociągach z nikim nie rozmawia. Przemierza prawie trzysta kilometrów. Gdy dociera do domu Alexandra w Nowym Sączu, ukrywa się za krzakami i czeka, aż Aniela wyjdzie z domu.

– Jak Aniela mnie zobaczyła, powiedziała: „Czekaj tu na mnie, a ja wieczorem po ciebie przyjdę". I przyszła. Wzięła mnie do swojego pokoiku na stryszku. Alexander był uczciwym człowiekiem, ale ona wiedziała, że nie może mu powiedzieć, że ma żydowską dziewczynkę na strychu. Każdego wieczora zabierała ze sobą kolację na górę, ale niczego się nie domyślił.

Tak Zula spędziła dwa i pół roku.

– Był moment grozy – opowiada Zuzanna Wartenberg – gdy sąsiad Polak musiał się ukryć i Alexander się zgodził. Aniela zaprowadziła go do piwnicy i tam siedział całymi dniami i nocami, aż Alexander powiedział Anieli, żeby na dzień wpuszczała go do swojego pokoju, by nie musiał siedzieć w piwnicy. Aniela postawiła się, powiedziała, że za żadne skarby go nie wpuści do swojego pokoju, i nawet zagroziła, że odejdzie. Alexander powiedział jej wtedy, że jest bez serca.

Jeszcze trudniejszym dla Anieli momentem była wiadomość, że jej matka jest umierająca i rodzina wzywa ją, aby przyjechała się nią opiekować. Odmówiła. Krewni nie rozumieli, dlaczego nie może zostawić Niemca i przyjechać do chorej matki. Nie mogła im powiedzieć prawdy.

– Myślała: wioska, zaczną gadać, uznała, że nie może niczego powiedzieć – wspomina Wartenberg. – Wyrwała się już tylko na pogrzeb, a kiedy płakała, wszyscy mówili: Tak, teraz to płacze, a przyjechać nie chciała. O mnie wiedział tylko jeden brat, podoficer, działał w konspiracji i ostrzegł Anielę, żeby pozostałej dwójce rodzeństwa nie mówiła.

Przez te dwa lata Zuzanna nie zaznała głodu.

– Aniela nie brała za służbę pieniędzy, Niemcy mówili jej, że jak to się wszystko skończy, to jej wynagrodzą. A ona się nie upominała, bo sumienie jej nie pozwalało, przecież żywiła mnie dzięki nim.

Śpią w jednym łóżku. Gdy Aniela schodzi do kuchni, zamyka kilkumetrowy pokoik, w którym zostaje Zula. Potem przychodzi do niej w ciągu dnia, a wieczorem z obfitą kolacją. Po niej modlą się. Te modlitwy zostaną z Zuzanną na zawsze.

Aniela Hebda z uratowaną przez siebie Zulą.

Na początku 1945 roku rodzina Alexandra zastanawia się, czy uciekać przed nadchodzącymi Rosjanami. Aniela mówi im wtedy:

– Może to was uratuje, że Zula wciąż tu jest.

Są zdumieni, ale odtąd Zula może razem ze wszystkimi schodzić do piwnic podczas bombardowań.

Krótko po wojnie okazuje się, że przy życiu pozostali: babcia Zuzanny od strony matki, Debora, ciotka Nina i wuj Edmund. Babcia z wujem, Zuzanną i Anielą zamieszkają w jednym mieszkaniu w Nowym Sączu.

– Aniela dalej była traktowana przez moją rodzinę jak służąca. Znów musiała prać, babcia wołała ją, że ma przynieść herbatę. Tak jak przed wojną. Nie mogłam się z tym pogodzić. Aniela była dla mnie królową. Była przecież teraz moją mamą. A dla babci była zwykłą służącą, do której musiała mówić jak wcześniej „pani".

Zula ma piętnaście lat. Przechodzi na katolicyzm, ma doskonałe przygotowanie: przez dwa lata okupacji w zamknięciu czytała „Rycerza Niepokalanej", a Aniela zamiast bajek opowiadała jej o Chrystusie.

– Skończyła tylko cztery klasy szkoły powszechnej, ale była mądrzejsza od wszystkich ludzi, których w życiu spotkałam. Dla mnie jest ona święta. Gdy każą się modlić do świętych, ja wtedy mówię: „Przepraszam, ja mam swoją świętą" – wspomina Wartenberg. I dodaje: – Była odważna, ale i pogodna, i spokojna, ale jak się zdenerwowała, to potrafiła napyszczyć i klapsa nieraz od niej dostałam. Ale miałam do niej bezgraniczne zaufanie.

Zuzanna z rodziną przenoszą się do Jeleniej Góry. Aniela nie chce dłużej być służącą, zatrudnia się w prywatnej firmie, u winiarza, dostaje służbowe mieszkanie.

Zula zmienia nazwisko na Czarkowska.

– Wymyśliłam sobie to nazwisko, jakoś może, żeby było blisko Stasia Tarkowskiego, bohatera *W pustyni i w puszczy*, bo bardzo lubiłam czytać – wyjaśnia.

Rodzina przerzuca sobie Zulę bez pytania jej o zdanie. Wujek uznaje, że ma za dużo osób na utrzymaniu, i wysyła dziewczynkę do Katowic do ciotki. Dostaje się na studia medyczne we Wrocławiu, a wkrótce spotyka swojego przyszłego męża, za którego wychodzi, mając dwadzieścia trzy lata.

– Miałam przez te wszystkie lata ścisły kontakt z Anielą. Wszystkie wakacje spędzałam u niej w Sączu, potrzebowałyśmy się. Aniela wychowywała w Nowym Sączu dzieci swojej siostrzenicy, pracując w spółdzielni jako prasowaczka.

W 1956 roku Wartenbergowie przeprowadzili się do Olesna na Opolszczyźnie. Zuzanna, po mężu Włodzimierzu Wartenberg, jest pulmonologiem. Urodziła trzech synów. Aniela przyjeżdżała do nich czasem na kilka dni, czasem na dwa tygodnie, więc Zuzanna nie zdziwiła się, gdy któregoś dnia zjawiła się z niedużą walizeczką. „Na jak długo przyjechałaś?" – zapytała. „Na stałe" – odpowiedziała Aniela. Była już na emeryturze.

– Zdumiałam się, ale też bardzo ucieszyłam. Chociaż się bałam, że jej się znudzi. Okazało się, że tam w rodzinie były jakieś animozje. Po roku napisała do siostrzenicy, żeby przysłała jej pierzynę, którą tam zostawiła, a gdy ta jej przysłała, to chodziła po domu i płakała, że zamiast ją poprosić, by wróciła, wysłała jej tę pierzynę.

Do końca żyła na wysokich obrotach.

– Starałam się – opowiada Wartenberg – żeby odpoczywała. Chciałam, żeby się czuła jak domownik, a nie służąca. Mąż miał ojczyma, który też postanowił, że będzie u nas na stare lata. Więc w pokojach na górze w jednym była Aniela, a w drugim on. Nie lubili się specjalnie, bo dziadek był antyfeministą, a ona mu czasem pyskowała. Rywalizowali między sobą i jak byłam miła dla Anieli, to dziadek się denerwował. Ale potem, gdy zachorował, nosiła mu jedzenie i opiekowała się nim.

Aniela codziennie chodziła do kościoła.

– Mój syn – mówi Wartenberg – był ministrantem i gdy w niedzielę szedł raz do kościoła, zdziwił się, że drzwi są zamknięte, bo Aniela zawsze wychodziła wcześniej i dom zostawiała otwarty. Syn do mnie od razu przyleciał i mówi: „Mamo, ciocia dzisiaj nie poszła do kościoła". Poszłam do niej do pokoju. Siedziała w fotelu, ubrana do wyjścia, z różańcem w ręku. Odeszła tak, jak ja bym chciała".

Był 2 listopada 1975 roku. Aniela miała siedemdziesiąt dziewięć lat. Została pochowana na cmentarzu w Oleśnie. Tak jak wszyscy bliscy Zuzanny Wartenberg.

Relacja Karoliny Sapety, przechowywana w Żydowskim Instytucie Historycznym, łamie serce. Służąca rodziny krakowskich Żydów, Hochhauserów, zaczyna ją tak:

> Rodzina nasza składała się z trojga dzieci i rodziców. Ja dzieci wychowałam. W pierwszym roku wojny ojca rozstrzelano. Gdy wszystkich Żydów skoncentrowano w getcie, rozstaliśmy się. Codziennie chodziłam przez getto i nosiłam, co tylko mogłam, gdyż za dziećmi było mi bardzo łaskno. Uważałam je jakby za swoje.

Karolina Sapeta pochodzi z podkrakowskiej wsi Witanowice. Tam jej brat wychowuje jej nieślubne dziecko, Edwarda. Choć mało brakowało, a doszłoby do ślubu: Józef Ira, syn dziedzica sąsiedniej Ligoty, chciał się żenić, ale ojciec mu na to nie pozwolił. Karolina oddaje swoje dziecko na wychowanie rodzinie, a sama wyrusza na służbę. Od 1934 roku służy u Hochhauserów, właścicieli kamienicy przy ulicy Szerokiej.

Gdy w marcu 1943 roku rozpoczyna się akcja likwidacji getta, Karolinie udaje się przemycić dziesięcioletniego Samuela Hochhausera do swojego domu. Dwoje pozostałych dzieci, Sara z Izim, pozostaje z matką w getcie. Sapeta, wiedząc, że to ostatnia chwila, kiedy może ich jeszcze zobaczyć, idzie pod bramę getta. Ze wszystkich stron jest ono otoczone Ukraińcami i esesmanami.

> Ludzie gonili jak szaleńcy, matki z dziećmi tłoczyły się bezradnie w stronę bramki. Nagle zauważyłam matkę z Sarą i Iziem. Matka i mnie zauważyła i powiedziała dziewczynce na uszko: „Idź do Karolci". Salcia, nie namyślając się długo, prześlizgnęła się jak mysz poprzez ciężkie cholewy Ukraińców, którzy jakimś cudem nie zauważyli jej. Z rączkami błagalnie wyciągniętymi przybiegła do mnie. Ja cała odrętwiała poszłam w kierunku mojej wsi Witanowice koło Wadowic. Matka z Iziem poszła na wysiedlenie i słuch o niej zaginął. Ciężkie było to życie, trzeba wierzyć, że tylko cud te dzieci uratował.
>
> Z początku dzieci wychodziły poza chałupę, ale gdy stosunki coraz bardziej się zaostrzyły, musiałam je ukrywać w domu. A i to nie pomogło. Ludność nasza wiedziała, że trzymam dzieci, i rozpoczęły się szykany i groźby ze wszystkich stron, żeby dzieci wydać Gestapo, bo przecież to grozi spaleniem

całej wsi, wymordowaniem etc. Sołtys wsi był do mnie przychylnie usposobiony i to mnie często uspokajało. Bardziej natarczywych uspokajałam ja: jakimś upominkiem, względnie przekupywałam. Ale i to długo nie trwało. Znowu zaczęły się awantury, aż pewnego dnia mieszkańcy oświadczyli, że musimy dzieci usunąć ze świata i ułożyli plan, by dzieci zaprowadzić do stodoły i tam we śnie główki siekierą odrąbać. Chodziłam jak opętana, ojciec mój staruszek zmartwiał zupełnie. Co tu robić? Co robić? Biedne, nieszczęśliwe dzieci wiedziały o wszystkim i przed udaniem się do snu mówiły do nas: „Karolciu, jeszcze nas dzisiaj nie zabijajcie! Jeszcze nie dziś!". Wpadła mi zbawienna myśl. Wsadziłam dzieci na wóz i powiedziałam wszystkim, że wywożę je za wieś, by je utopić. Przejechałam całą wieś i wszyscy widzieli i uwierzyli.

Gdy zapadła noc, Sapeta wróciła z dziećmi do wsi. Umówiła się z sąsiadką, że ta za pieniądze przechowa dzieci na strychu. Był upalny lipiec. Dzieci całymi dniami leżały na półmetrowej warstwie kurzu, zaczęły chorować, ich ciała pokryte były strupami, a paznokcie odchodziły od palców. „Czułam, że serce mi się kraje, że tego nie wytrzymam. Ale walczyłam, musiałam zarabiać, by chociaż jedzenia dzieciom nie brakło, i opłacać to marne schronienie na strychu" – relacjonowała.

Po trzech miesiącach Karolinie skończyły się pieniądze i musiała dzieci zabrać od sąsiadki. Umieściła je w swojej stajni, przekonana, że to już koniec, że nie uda się ich uratować. Tu jednak, na legowiskach ze słomy, dzieci doczekały nadejścia Armii Czerwonej. „Dzieci szczęśliwe, ja jeszcze bardziej i już się nigdy z nimi nie rozłączę i choćby miały pojechać na drugi koniec świata, to za nimi pojadę. To są jakby dzieci moje, które kocham ponad wszystko na świecie, dla nich jestem zdolna do wszystkiego" – zakończyła swoją opowieść w 1945 roku.

W 2001 roku jej przybrana córka, teraz pod zmienionym imieniem Barbara, powie Małgorzacie Iskrze, dziennikarce „Gazety Krakowskiej": „Lepszej matki nie mogłam mieć".

Barbara pamiętała nastrój zagrożenia i wrogość mieszkańców wsi, zwłaszcza jednej sąsiadki. Dzieci były ukrywane w gospodarstwie ojca Karoliny: raz w chlewie, innym razem w stajni lub w piwnicy. Siedmioletnia Barbara usłyszała, jak sąsiadka pyta dziadka: „Jak się chowają wasze świnie, bo ja to swoje w każdej chwili mogę zabić". Bolało ją to cały czas. „Wiedzieliśmy, co się szykuje, to się działo na naszych oczach". Barbara pamięta nazwiska rodzin, które pozwoliły ich ukryć u siebie: Sabudzinowie i Pasternakowie.

Po wojnie Karolina ochrzciła dzieci i wyprawiła im komunię. Teraz Sala i Samuel nazywali się Basia i Staszek. Na pamiątkowej fotografii stoją w strojach komunijnych wśród dzieci z Witanowic.

Karolina Sapetowa razem z dziećmi – przybranymi i biologicznym Edwardem – zamieszkali w Nowej Hucie. Basia została fryzjerką, Stanisław skończył handlówkę, Edward był szewcem. Barbara wyszła za mąż i wyemigrowała z rodziną do Danii. W 1972 roku ściągnęła Karolinę do siebie, ta wychowała troje jej dzieci. „Była osobą wesołą, o dobrym sercu, martwiła się o wszystkich, tylko nie o siebie" – mówiła Barbara.

Karolina zmarła w Kopenhadze 4 kwietnia 1996 roku w wieku dziewięćdziesięciu dziewięciu lat i trzech miesięcy.

Sytuacja Marianny Cybulskiej (w dokumentach Żydowskiego Instytutu Historycznego omyłkowo Cebulskiej) jest inna. Służy u rodziny Ajzenbergów długi czas przed wojną i razem z nią przenosi się do warszawskiego getta na Smoczą 7. Tu zajmuje się urodzoną w sierpniu 1940 roku córeczką Ajzenbergów, Teresą. W sierpniu 1942 roku pojawia się w ich mieszkaniu policjant i chce zabrać Mariannę na Umschlagplatz, Ajzenbergowi udaje się ją ochronić. „Powiedzieliśmy sobie dość, trzeba wyjść z tego nieszczęśliwego getta" – relacjonowała Marianna w Żydowskim Instytucie Historycznym w 1948 roku.

Ajzenberg daje jej piętnaście tysięcy złotych i decyduje, że ma ona opuścić getto razem z Tereską. Tego samego dnia przedostają się na drugą stronę, ale gdy po dwóch dniach Marianna przychodzi na umówione miejsce, w którym Ajzenberg ma jej dać kolejną kwotę, dowiaduje się, że oboje z żoną zostali zabrani na Umschlagplatz.

„Co miałam robić? – relacjonowała Cybulska. – Dziecko miało już wówczas dwa lata, miało ciemne oczki i na każdym kroku wmawiali mi ludzie w mieście i na wsi, że chowam żydowskie dziecko. Tak już było, że musiałam ciągle zmieniać mieszkanie. Z jednej strony utrzymywałam, że to jest moja wnuczka, której matka (niby moja córka) zginęła w jakimś wypadku – mała trzymała się bardzo, bardzo dobrze. Ani razu nie zdradziła swego pochodzenia i wciąż mawiała, że jest Polką. Pacierz i wszystkie modlitwy, które ja znałam, nauczyłam i tą małą".

Początkowo mieszkają u chłopa w Józefowie pod Warszawą, ale ten „bał się o swoją skórę, nic złego nam nie chciał zrobić, ale nas trzymać też nie chciał" – wspominała. I dodawała: „Najgorzej to się bałam, że ktoś nas wsypie. O to nie było trudno w tych czasach, byle łobuz mógł nas skrzywdzić. Dziecka nie zostawiałam samego. Chciałam ją ciągle mieć pod swoją opieką".

Ta niepiśmienna kobieta spod Płońska ma już pięćdziesiąt trzy lata. Świadoma zagrożenia, wciąż ucieka, zmieniając mieszkania, podejmując się rozmaitych dorywczych prac. „No bo bałam się o swoją małą" – opowiadała.

Marianna jest matką nieślubnego dziecka. Zostawiła je przed laty na wychowanie u swojej rodziny, a sama poszła na służbę, żeby zarobić na jego utrzymanie. Podczas gdy ona tuła się po Polsce z żydowskim dzieckiem, zmieniając co chwilę kryjówkę, jej córka rodzi swoje dziecko. Marianna rzeczywiście jest babcią, ale innego dziecka. Pieniądze od Ajzenberga kończą się po roku, więc wyprzedaje swoje ubrania i najmuje się do pracy jako praczka na trzy długie lata, które wymagają od niej niezwykłego hartu ducha, sprytu. I nadziei.

Gdy kończy się wojna, Cybulska ma coraz większe problemy ze zdrowiem, spuchnięte ręce i nogi. Wie, że już żadnej rodziny Teresy nie odnajdzie. Musi zdecydować. „Chciałam przecież, aby wszystkie ofiary, które poniosłam dla dziecka, nie skończyły się źle. To nie sztuka, gdy się człowiek uprze jak kozioł i powie, co będzie ze mną, to będzie z dzieckiem. Tak nie wolno myśleć. Jeżeli dziecku może być dobrze" – relacjonowała.

W czerwcu 1945 roku prowadzi Tereskę do Centralnego Komitetu Żydowskiego na Targową 44 i prosi, aby ją umieścić w żydowskim sierocińcu: „Do katolickiego zakładu nie chciałam oddać dlatego, że to było dziecko żydowskie. O pomoc się nie zwracałam i jej też nie otrzymałam". Następnie wraca do swojej rodzinnej wsi Srebrna i pracuje jako niania.

Chciałoby się wiedzieć, jak Marianna przeżywała rozłąkę z dzieckiem, dla którego przez trzy lata gotowa była poświęcić swoje życie. „No bo bałam się o swoją małą" – mówiła. Jak się uporała z tą miłością do dziewczynki o czarnych oczkach? Czy próbowała ją odszukać?

Nie dowiemy się tego. Marianna nie lubiła wspominać. Ucinała pytania rodziny, która chciała wiedzieć: Dlaczego poszła do getta? Dlaczego krążyła z żydowską dziewczynką po całej Polsce, zamiast przyjechać do swojej wsi, do rodziny? Odpowiedzi możemy się jedynie domyślać.

Marianna Cybulska zmarła w 1979 roku. Los Teresy Ajzenberg jest nieznany.

16

W NOWYM ŚWIECIE

Dotąd nie może w sobie zapomnieć, że kiedyś państwo jadali masło, a służba nie. W żaden sposób nie mogę jej wytłumaczyć, że nie ma żadnych „państwa", że jest między nami po prostu wymiana usług.

MARIA DĄBROWSKA, *DZIENNIKI*

Gdy pracodawca pani Józi, J. Jäger, bogaty przemysłowiec niemieckiego pochodzenia, ucieka pod koniec wojny z Warszawy, kończy się jej świat. Zostaje w swoim pokoiku służącej w kamienicy przy Grochowskiej 274/276 na warszawskiej Pradze, bezdomna i bezrobotna. Lokatorzy, którzy się wprowadzają do budynku – kilkanaście rodzin w miejsce jednej – przyzwyczają się do miłej staruszki z małego pokoiku. „Pani Józia ze stryszku" – mówią o niej.

„Była drobniutką staruszką z perkatym noskiem. Zawsze nosiła długie włosy, siwiuteńkie, zwinięte w koczek. Ubierała się w sukienki i małe rozpinane sweterki robione na drutach. Nikt jej nie odwiedzał, nie pamiętała nikogo z rodziny" – opowiada Urszula Grosser-Zaborowska, której rodzina zajęła mieszkanie urządzone z dawnej sypialni i gotowalni fabrykanta Jägera, producenta tasiemek i koronek. Mieszkania, jak i cały dom, były okazałe: z piecami o ozdobnych drzwiczkach, dębowymi parkietami, stiukami, plafonami i wielkimi weneckimi oknami, i oczywiście dwoma wejściami. Pańskim – z kaflami, malowidłami i kamiennymi schodami, i kuchennym – z drewnianymi schodami dla służby, którymi pani Józia szła do siebie na strych.

Pani Józia schodziła do babci Urszuli Grosser-Zaborowskiej na zupę, była bardzo uboga, nie było właściwie wiadomo, z czego się utrzymuje. „Wszystkie jej wspomnienia dotyczyły chlebodawców. Opowiadała prawie tylko o nich, na przykład jak układała swoją «panią» do snu".

Niewiele o niej wiadomo, bo jak większość służących nie miała własnego życia prywatnego – jej życie to życie państwa. W młodości była zakochana, ale narzeczony zginął podczas wojny polsko-bolszewickiej w 1920 roku i pozostała mu wierna do końca życia. Na służbę została oddana przez rodzinę jako młoda dziewczyna, tak dawno temu, że nie pamiętała, skąd pochodzi. Jak wiele służących nie miała kontaktu z rodziną, której z braku czasu i pieniędzy nie odwiedzała. Kogo teraz i gdzie mogłaby szukać? Została więc w pokoju na stryszku, pozbawiona chlebodawców, bez możliwości zarabiania.

Pod koniec życia, czując, że kres nadejdzie niebawem, ubierała się w strój, który przygotowała sobie do trumny, i kładła się do łóżka na wznak. Mówiła, że chce zaoszczędzić kłopotu tym, którzy będą ją chować. Wszystko doskonale przemyślała: babci pani Urszuli dała medalik, aby z góry podziękować za zajęcie się jej pogrzebem. Zmarła w latach siedemdziesiątych. Niedługo potem dom ze stryszkiem pani Józi został wyburzony. Dziś w jego miejscu stoi siedziba Urzędu Gminy Praga-Południe. Urszula Grosser-Zaborowska wciąż nosi medalik pani Józi.

Rok 1945 praktycznie zlikwidował w Polsce służbę domową. Mało kogo było stać na zatrudnianie pomocy do domu. Ponad czterysta tysięcy pracowników służby domowej w następnych latach stopnieje do trzydziestu pięciu tysięcy.

Służącą do wszystkiego zastąpiły gosposie lub pomoce albo pracownice domowe, najczęściej dochodzące. Prawo, które pozwalało służącą chłostać, przestało obowiązywać. Służąca nie musiała za każdym razem wstawać, gdy pani do niej mówiła. Nie szła już do „obowiązku" ani na „służbę", a najmowała się do pracy, czyli do pomocy w domu. Przestała służyć, teraz po prostu pracowała.

Na początku nie wiadomo jeszcze, jak głębokie będą zmiany społeczne. Maria Dąbrowska wraca do swojego warszawskiego mieszkania na Polnej w lipcu 1945 roku i niedługo potem zapisuje w *Dziennikach*:

> Zaraz po przyjeździe stał się cud. Dostaliśmy służącą, dobrą, miłą, dobrze się w tej roli czującą, osobę starej daty, analfabetka, wykopalisko, czysta, cicha, świetnie gotuje. Chciałabym, żeby była u mnie zawsze i żebym zabezpieczyła jej starość. Pomyśleć, że dopiero dzięki tej instytucji starego świata – służącej – mogę dla nowego świata pracować.

To o Frani, która karmić będzie Dąbrowską mięsem, choć ona wolała szpinak, i „mimo swój prymitywizm jest dobrym i na swój sposób interesującym człowiekiem". Frania jest wprawdzie teraz gosposią, a nie służącą, ale gosposia w niej wciąż chce służyć.

– Franiu, proszę sobie wziąć masła do śniadania, bo chcę schować garnek do lodówki – mówi do niej któregoś dnia Maria Dąbrowska.

– Nie będę jadła masła, nie potrzebuję – odpowiada Frania.

– Dlaczego Frania ma nie jeść? Masło jest jedynym tłuszczem, który nie szkodzi na wątrobę. I jest bardzo pożyteczne, bo ma witaminy. Może dlatego Frania narzeka na oczy, że nie chce jeść nic surowego, żadnych witamin.

– Zjem suchą bułkę i już.

– Kiedy Frania, chwała Bogu, nie potrzebuje jeść suchej bułki.

Dąbrowska komentuje tę swoją rozmowę z Franią 19 kwietnia 1949 roku:

> I tak w kółko. Dotąd nie może w sobie zapomnieć, że kiedyś państwo jadali masło, a służba nie. W żaden sposób nie mogę jej wytłumaczyć, że nie ma żadnych „państwa", że jest między nami po prostu wymiana usług. Tak samo, kiedy powiem: „Franiu, może dziś zrobić Frani kąpiel". Godzi się, ale najpierw zaznacza: „Mogłabym się wykąpać po pani. U pani Naruszewicz (jej dawna chlebodawczyni) zawsze się kąpałam w tej wodzie po pani". „No, to u mnie tego nie wolno" – mówię surowo i po chwili udawanego naburmuszenia osiągam, że włazi do czystej wody.

W 1955 roku Frania na własne życzenie idzie do domu starców. Jest to dom luksusowy, nazywa się teraz Domem Rencistów. Frania trafia tam tylko dlatego, że Dąbrowska uruchomiła swoje znajomości w Ministerstwie Opieki Społecznej. Frania jest bardzo zadowolona. Ma tam duży ładny pokój (u Dąbrowskiej spała w kuchni), nowe garnki, a nawet radio. Kiedy Dąbrowska ją odwiedza, Frania, choć przez ostatni rok pracy była nieznośna, teraz płacze z rozczulenia.

> Byłam u niej właśnie we wtorek z darami świątecznymi, przyjęła mnie rozrzewniona, a trzy jej współto-

warzyszki z pokoju – wręcz owacyjnie. Jedna z nich (wszystkie były służące) powiedziała:

– Takiej pani to żadna z nas nie miała.

To mnie bardziej ucieszyło niż wszystkie pochwały mojej twórczości.

Gdy Frania odchodzi z Polnej, pojawia się tam w jej miejsce pani Bogucka. Już „pani", nawet nie gosposia. I od razu stawia twarde warunki: nie będzie spała na łóżku w kuchni, bo jej tam za twardo, i nie może chodzić kuchennymi schodami, bo jej tam za stromo. A w kuchni musi mieć firanki. Dąbrowska jest zszokowana tymi roszczeniami. Przed wojną służąca z pewnością nie powiedziałaby tego swojej pani. Napięcie rośnie z każdym dniem. Któregoś dnia Bogucka ogrzewa pastę do czyszczenia podłóg na gazie i nagle zapala się firanka. Jest dzień świętych Piotra i Pawła, więc Bogucka oskarża Dąbrowską, że to przez nią, bo każe jej w takie święto sprzątać, więc święty Piotr się zdenerwował.

Dąbrowska pisze w *Dziennikach* 1 lipca 1955 roku:

Ta wredna Bogucka ma oprócz szkód, które ciągle wyrządza, nieprzyjemną właściwość niepoczuwania się nigdy do własnej winy, wszystko, co złego robi, zawsze mnie przypisuje. A tu jeszcze i święty Piotr wystąpił, chociaż nie zauważyłam, żeby była pobożna i kiedykolwiek chodziła do kościoła.

Czasem terrorystka Bogucka uwalnia pisarkę od swojej osoby. Ale nie na długo. 23 lipca 1955 roku Dąbrowska notuje:

W domowych sprawach zamęt. Bogucka wyjechała na urlop. Cztery dnie i noce byłyśmy z Anną szczęś-

> liwe, wprost ubyło nam 20 lat życia! Bęc! Piątego dnia Bogucka wraca z wrzodem w uchu i kładzie się do łóżka. Bierze zagraniczną penicylinę, cały tydzień leży i wstaje tylko, by iść do doktora. Musimy nie tylko dom, ale i ją obsłużyć. W dodatku zawsze mocno głuchawa, teraz ogłuchła jak pień. Koszmar i katastrofa, nie „pomocnica domowa". Usilnie staramy się o kogoś innego, ale na razie nic z tego nie wychodzi.

W końcu udaje się zwolnić Bogucką, „jedną z trzech wiedźm, jakie mi się w życiu trafiły" – napisze potem Dąbrowska. Po Boguckiej nadchodzi nie cud, ale kolejna wiedźma. Jest to Emilia, o której pisarka zaraz po jej przybyciu pisze, że „pochodzi z krakowsko-kieleckich krótkogłowców" i że jej się podoba. Ale już niedługo potem – że jest obłąkana.

Zatargi z Emilią mają głównie Anna Kowalska, pisarka i partnerka Dąbrowskiej, oraz jej córka Tulcia. Któregoś dnia Kowalska oznajmia, że jeśli Emilia będzie niemiła dla Tulci, wyleci na zbity pysk. „Tulcia jest moim skarbem, a Emilja jest brudnym chamem od szorowania nocników" – oświadcza Dąbrowskiej, gdy ta próbuje uspokoić sytuację. Po jednym z konfliktów Emilia wypowiada pracę. Dąbrowska jest zgorszona zachowaniem Anny. 15 kwietnia 1959 roku zapisuje:

> Emilja nie jest sympatyczna i może denerwować. Ale od tego do powiedzenia komuś obcemu i należącemu do tzw. służby w ciągu pół godziny: „Niech Emilja nie robi z siebie idjotki" i „ta bezczelność Emilji" dla mnie – droga daleka.

Ale oto zjawia się trzecia wiedźma: Józefa Konarska, polecona przez dozorców jako „swój człowiek". Dąbrowska wkrótce pisze o niej w dzienniku: „potworna Konarska". „Ach, pozbyć się jak najprędzej i tak jakoś zorganizować życie bez wstrętnego świata służących" – marzy, bo uważa Konarską za „najgorszą z wszystkiego, z czym się w tej dziedzinie spotkałam". Aż w końcu, gdy ktoś mówi służącej, że „Dąbrowska może wszystko", Konarska zaczyna szantażować pisarkę: wyprowadzi się, jeśli ta załatwi jej mieszkanie. Rzadko kiedy Dąbrowska ujawnia w dziennikach tak silne negatywne emocje jak wobec tej gosposi. 8 września 1959 roku pisze:

> Konarska wróciła wczoraj dopiero wieczorem, a dziś od samego rana również wyszła, tak jak i wczoraj nie podawszy nam śniadania. Sabotuje po prostu dobrowolnie przecie przyjęte obowiązki. Zajęta jest... wychodzeniem za mąż i rajfurkami, które jej stręczą wdowca nazwiskiem Kołek. Ale żaden Kołek nie zatka już tej 67-letniej pindy, w dodatku odrażająco szpetnej jak siedem grzechów głównych.

Po pertraktacjach finansowych udaje się w końcu pisarce pozbyć „potwornej służącej". 12 września 1958 roku:

> O, szczęście, Konarska się jednak wyniosła. Przyszła w towarzystwie jakiejś młodej osoby. Potem przyszły jakieś draby, które zabrały jej olbrzymie kufry – walizy i toboły, bo rzeczy i strojów ma więcej niż każda z nas. Wyłudziła 500 złotych za nic – bo nie pracowała, a nas, przez uniemożliwienie nam pracy i działanie na nerwy, przyprawiła o nieobliczalne straty.

Czy Maria Dąbrowska miała pecha i dlatego po wojnie trafiała na służące wiedźmy? Dotychczas nie narzekała na nie, a niektóre stawały się jej szczególnie bliskie i trafiały do jej książek. Jak Julka Iwańska, służąca z rodzinnego domu w Russowie. „Wierna i serdeczna przyjaciółka naszej rodziny, a przede wszystkim osobowość, i to niepośledniej miary, a wielkiej zacności i wartości" – napisze o niej po latach, a wcześniej uwieczni ją w opowiadaniach *Najdalsza droga*, *Zdobycie serc* i w ostatnim tomie kultowych *Nocy i dni*.

Czy powojenne pomoce domowe brały odwet za lata poniewierki, gdy do głowy by im nie przyszło odmówić spania w kuchni lub zażądać firanek? Skargi Marii Dąbrowskiej pokazują, że sama tkwi wciąż w przedwojennym myśleniu i choć pozwala się służącej kąpać i jeść masło, jej stosunek do służących zabarwia pańska wyższość i chęć podporządkowania ich sobie. Oczekiwanie, że służąca będzie robiła w domu wszystko – z przygotowaniem śniadania, zakupami, gotowaniem, sprzątaniem, myciem okien włącznie – spać będzie w kuchni i pozostanie miła, zadowolona, potulna i oddana, jest schematem sprzed wojny, żadna demokratyzacja tego nie zmieniła. Pisarka jednak w końcu dochodzi do wniosku, że formuła „służenia" się wyczerpała:

> Funkcja „służby domowej" kończy się nieodwołalnie, a jak ten problem rozwiązać dla ludzi zajętych pracą twórczą, albo dla ludzi pracujących, a mających małe dzieci? Zwłaszcza, jak ten problem rozwiązać w naszym ustroju, tak bardzo do tej okoliczności nieprzygotowanym? Na zachodzie już za mojej młodości można było gospodarować bez służącej. Zawód służącej nie nadaje się zresztą dla człowieka w nowoczesnym społeczeństwie i wszystkie „gosposie"

dostają w końcu histerii, z wyjątkiem chyba jakichś anielskich istot, z natury już wyższych ponad swoją pozycję socjalną.

Kazimiera Iłłakowiczówna bardzo lubi spacery po podpoznańskich lasach. Na co dzień, poza pisaniem i tłumaczeniem, zajmuje się udzielaniem lekcji języków. Wynajmuje pokój w mieszkaniu, które dzieli między sobą kilkanaście osób. Ucieka więc, kiedy tylko może, w plener. Często zabiera ze sobą swoją szkocką przyjaciółkę, Margaret Nowak, która wyszła za mąż za Polaka.

Margaret po latach wspomina wycieczkę do Kobylegopola, do którego Iłłakowiczówna jeździła przed wojną z wizytami do swoich znajomych, arystokratycznej rodziny Mycielskich. Teraz jest początek lat pięćdziesiątych. Gdy idą przez wieś, wychodzą im naprzeciw jacyś ludzie, padają przed Iłłakowiczówną na kolana i całują ją po rękach. Następnie padają przed Szkotką. To służba z dworu, która rozpoznała poetkę. Margaret nie wie nic o przedwojennej Polsce i o jej półfeudalnym charakterze. Jest zszokowana. Iłła opowiada jej o swojej młodości: była kiedyś wielką damą, należała do elity socjalnej, do wybranych.

> Słuchałam jej opowiadania o tamtym, przeszłym świecie z ciekawością i niedowierzaniem. Polska, w której żyłam, była zupełnie inna. „Gdy chciałam być sama, kazałam przynieść mój leżak na odległy trawnik i mówiłam innym gościom, aby mi nie przeszkadzali". „Oczywiście nie przeszkadzali", wtrąciłam. „Oczywiście, *of course*, nikt by się nie odważył, ja byłam wtedy wielką damą". Wydawało mi się, że wchodzę za kulisy historii. Mało wówczas jeszcze

> o Polsce wiedziałam, ale jedno było dla mnie bardzo jasne: Polska przeszła nie tylko straszną wojnę, która ją zrujnowała. Polska przeszła także metamorfozę społeczną. Klasa kiedyś rządząca i posiadająca była dzisiaj niczym. Jeszcze jej cienie błądziły po tej nowej rzeczywistości, ale były to już tylko cienie, jak w Hadesie, po drugiej stronie Styksu.

Dla jednych świat stanął na głowie, dla innych w końcu na nogach. Okaże się, że nikt nie będzie miał racji. Katarzyna Męczyńska, konserwatorka sztuki: „W latach sześćdziesiątych moi rodzice zatrudniali gosposię dochodzącą. Gdy mój tato po powrocie z pracy rozsiadał się w wygodnym fotelu, ona miała w zwyczaju pukać go krzywym palcem w głowę, mówiąc: «Panie Sokolnicki, obiad na stole». W końcu jej powiedział, że sobie nie życzy".

Nasze dobre znajome, służące do wszystkiego, na ogół dobrze odnalazły się w PRL-u. Nie były już skazane na szorowanie komuś garnków. A przede wszystkim nie czuły się już wykluczone. Zobaczmy, jak potoczyły się losy niektórych z nich.

Służąca inżyniera Wernera, Anna Bogacz, została woźną w szkole. Mieszkała najpierw w jednym z niewyburzonych domów na dzisiejszym placu Defilad, a później wraz z siostrą dostała pokój w dzielonym z innymi rodzinami mieszkaniu na Okopowej.

– Bardzo ceniła sobie pracę woźnej, bo po odrobieniu ośmiu godzin była wolna. To właśnie ograniczone „wychodne", tylko jedno popołudnie, i to nie zawsze, w tygodniu było złym doświadczeniem z lat służby, którego nie chciała powtórzyć – opowiadała Krystyna Poklewska.

Inna służąca jej rodziny, Florcia, która pisała swoje imię „Florętyna", zamieszkała w Sobótce pod Wrocławiem, ale nie zapomniała o swoich pracodawcach.

– Przysłała stamtąd w latach pięćdziesiątych wspaniały, wzruszający prezent dla moich rodziców; w dużym pudełku na mokrym mchu ułożone były zebrane przez nią konwalie.

Bronisława Fijał, która po raz pierwszy w życiu zobaczyła pociąg, gdy jechała nim na służbę do Warszawy, w czasie wojny powróciła do swojej wioski Zastaw na Lubelszczyźnie. Poznała tu przesiedleńca z Wielkopolski, wyszła za mąż i urodziła dwoje dzieci. Po wojnie przenieśli się do Starego Tomyśla, dostali ośmiohektarowe poniemieckie gospodarstwo, na którym wspólnie pracowali.

„Babcia była bardzo pracowita – zapamiętała wnuczka Bronisławy Fijał, Małgorzata Bilska – zawsze miała zadbany ogród, sama chodziła po drzewo do lasu, wspaniale gotowała, potrafiła zrobić coś z niczego. Nigdy nic się u niej nie marnowało. Była też bardzo ciepłą, otwartą osobą. Nie bała się wyzwań i zaczynania wszystkiego od nowa. Jak wtedy, gdy pojechała na służbę, nie znając nikogo w Warszawie. Służba w Warszawie pozostała dla niej przygodą życia. Zawsze, gdy opowiadała o swoim życiu, najchętniej mówiła o dzieciństwie i o pracy w Warszawie. Była dumna z tej służby. Należała do niewielu osób z rodzinnej wsi, którym udało się stamtąd wyrwać".

Dla Heleny Odzimkowskiej, której matka znalazła posadę, sprzedając sery na targu w Radomiu, praca służącej okazała się tylko etapem w jej życiu. Była bardzo przywiązana do swoich chlebodawców, lubiła swoje zajęcie w myśl zasady: „Pani dobra, to i służba dobra". Jednak w połowie lat dwudziestych zdecydowała się wyjechać z rodziną na Kresy, tam wyszła za mąż i urodziła

Bronisława Fijał podczas służby w Warszawie.

dwoje dzieci. W 1940 roku cała rodzina została zesłana na Syberię, do okręgu wołogdzkiego. Gdy wróciła do Polski, osiedliła się na Dolnym Śląsku, pod Wołowem. Małgorzata Stelmaszczyk (Helena była siostrą jej babci): „Hela do końca swych dni wspominała pracę na służbie u państwa w Radomiu. Powtarzała: «To był najlepszy czas mojego życia»".

Andzia Cugier, służąca poznańskiego drogerzysty, po wojnie wychowywała dzieci swojej zmarłej siostry i pracowała w gospodarstwie. Pani Rogalina zameldowała ją w mieszkaniu i opłacała za nią składki emerytalne.

„A gdy nie było żniw, wykopków i innych poważnych prac w gospodarstwie w Krzywiniu – opowiadała Joanna Skworz – przyjeżdżała, aby pomóc babci we wszystkim, ale nie były to już takie zasady jak przed wojną i na pewno ten dystans przedwojenny – chociaż też nie był wielki – jeszcze się zmniejszył. Andzia na przykład nie robiła już wielkiego prania, robiły to różne praczki, a pani Andzia zajmowała się prasowaniem".

Gdy w 1966 roku Andzia Cugier pochowała męża, wróciła do swoich przedwojennych pracodawców. Zamieszkała w tej samej służbówce, zwanej przez cały ten czas pokojem Andzi.

Aniela Hebda, która uratowała dziecko swoich chlebodawców, Zuzannę Wartenberg, na jej wniosek została odznaczona w 1994 roku medalem Sprawiedliwy wśród Narodów Świata.

Etla Bomsztyk, działaczka komunistyczna i związkowa, razem z mężem Izraelem Rozmarynem i córką Różą przedostali się we wrześniu 1939 roku do Białegostoku. Ona pracowała w partyjnym internacie, mąż w fabryce tekstylnej. Po wkroczeniu Niemców uciekli do republiki uzbeckiej, gdzie Etla przez dwa lata pracowała w kamieniołomach w Samarkandzie. Jej mąż zginął w czasie wojny. Po powrocie do Polski Etla osiedliła się w Dzierżoniowie na Dolnym Śląsku. Schorowana (cierpiała między innymi na dusznicę bolesną) nie mogła pracować i pozostawała na utrzymaniu córki. Wstąpiła do Polskiej Zjednoczonej Partii Robotniczej. Odznaczona Krzyżem Kawalerskim Orderu Odrodzenia Polski, zmarła 23 września 1953 roku i jako zasłużona została pochowana na wojskowych Powązkach.

Karolina Sapeta z Witanowic, która uratowała dwoje żydowskich dzieci, a potem je zaadoptowała, otrzymała w 1995 roku medal Sprawiedliwy wśród Narodów Świata. Nie pojechała na uroczystość, była zbyt skromna.

W 2001 roku wspomniał o niej Jan Gross w swojej głośnej książce *Sąsiedzi*. Autor cytuje jej relację z Żydowskiego Instytutu Historycznego i podsumowuje ją własną refleksją: „Wszystko się dobrze kończy, dzieci przeżyły. Sapetowa mówi pełna czułości, że pojedzie z nimi na koniec świata, bo je kocha ponad wszystko, a nam w głowie pozostaje tylko ta ponura świadomość, że podwadowicka wieś uspokoiła się i odetchnęła z ulgą dopiero wtedy, gdy jedna z jej mieszkanek zamordowała dwoje małych żydowskich dzieci".

Dla mieszkańców podkrakowskich Witanowic to był moment, gdy musieli wrócić do przeszłości. Wciąż jeszcze żyją ci, którzy pamiętają tych dwoje żydowskich dzieci skazanych przez wspólnotę na śmierć. Dziś młodsze pokolenie Witanowic chlubi się postacią Karoliny Sapety. Na profilu „Witanowice Sercem i Duszą" na Facebooku znajdujemy notatkę o Sapecie zatytułowaną *Mamy też na naszej wsi piękne historie*. Ale przecież ta historia nie jest wyłącznie piękna, jest zawstydzająca. Jak sobie wieś radzi z pamięcią? Renata Skorczyńska, współautorka (razem z Edytą

Bliźnik) książki *Parafia Witanowice Sercem i Duszą*, zawierającej relacje mieszkańców urodzonych przed 1937 rokiem, mówi:

> W ich wspomnieniach często przewija się wątek Basi i Stasia. Wspólna nauka, zabawy. Dzieci ukrywane były tutaj „za zgodą" wsi. Dopiero po pacyfikacji pobliskiej Lgoty i zamordowaniu kilku osób przez Niemców mieszkańcy Witanowic wystraszyli się, że może ich spotkać podobny los. To wtedy Karola sprytnym fortelem oszukała część osób, a dzieci ukryła na strychu. Czy ta historia jest zawstydzająca? Nie wiem. Nie osądzajmy, nie wiemy, jak działa strach w takich sytuacjach. Ta historia jest piękna, bo pięknie się kończy.

Witanowice wydają się mieć spokojne sumienie.

„Z ulgą oddycham na myśl, że zginęły chyba bezpowrotnie czasy tej pańszczyzny i ludzie nie potrzebują doświadczać tego, czego ja doświadczyłam od dziecka" – pisze Józefa Witowska, służąca spod Kalisza, której wspomnienia pod tytułem *Ludzie i nieludzie* wydał w 1951 roku Państwowy Instytut Wydawniczy. Ten niezwykle cenny osobisty dokument ubogiej dziewczyny, służącej przez kilkadziesiąt lat, napisany jest tendencyjnie: Witowska najczęściej spotyka na swojej drodze „nieludzi", bezwzględne panie, oszustów, lubieżników, siostry zakonne, które ją głodzą. Jej relacja to oskarżenie przedwojennego kapitalizmu.

„Patrząc na nasze szeregi – pisze Witowska – mam przekonanie, że epoka panowania ludzi trwać będzie już bez przerwy – coraz szersza, coraz wspanialsza. A sprawi to socjalizm zabierający ludziom kość niezgody – sztaby złota i brylanty – stężałe nasze łzy, nasz pot, by obrócić to wszystko dla dobra ogółu i dla sprawy pokoju. Jakże się cieszę, choć już nie pociągnę długo, że dla ziemi zaczyna się wreszcie epoka ludzkości. Nawet śmierć nie jest straszna, gdy jaśnieje jak gwiazda pewność, że nie wrócą już czasy niewoli".

Pomyśleć można: ileż w tym przesady i propagandy, którą wydawnictwo postanowiło opakować w książkę i kolportować jako jeszcze jeden dowód kapitalistycznego wyzysku i nędzy mas. Jednak z pewnością takich wspomnień dałoby się wówczas znaleźć mnóstwo. Tak się nie stało, głosy tych dziewcząt nie zostały wysłuchane. Służące stały się unieważnioną grupą społeczną, nie doczekały się dokładnego opisu, archiwa i dokumentacja z nimi związana są bardzo skromne. Tak jak zawsze pozostały nieistotne.

Dlatego napisałam tę książkę, mając nadzieję, że choć w małym stopniu uda się przywrócić je naszej pamięci. Dedykuję ją nie tylko pamięci służących, lecz także tym, którzy wystrzegają się cynicznej wiary w to, że świata nie da się zmienić.

Optymizm jednak byłby przedwczesny, stosunki prawne i społeczne uległy wprawdzie głębokiej transformacji i dziś wiele sytuacji opisanych w książce nie mogłoby się zdarzyć, ale po stu latach nie jesteśmy ani o jotę lepsi, a chciwość i silnie zakorzenione pragnienie dominacji wciąż prowadzą do wyzysku i pogardy.

Zdjęcie komunijne dzieci z Witanowic z 1946 roku,
wśród nich dwójka żydowskich dzieci uratowanych przez
Karolinę Sapetę – pierwsza od lewej – Basia, chłopiec w białym
garniturze w dolnym rzędzie to Stasiu.

PODZIĘKOWANIA

Za pomoc przy pisaniu książki w szczególności serdecznie dziękuję tym, którzy wzbogacili ją rodzinnymi wspomnieniami: paniom Zuzannie Wartenberg, Teresie Skworz, Joannie Skworz, Magdalenie Bilskiej, Krystynie Poklewskiej, Małgorzacie Stelmaszczyk, Ewie Skrzypczak, Katarzynie Lewandowskiej, Urszuli Zaborowskiej oraz panu Januszowi Majewskiemu.

Za cenne informacje dziękuję Radce Franczak, Beacie Kost, paniom z Muzeum Etnograficznego w Krakowie, zwłaszcza Annie Sulich-Lidze, Barbarze Kożuch i Alicji Małecie; Ewelinie Krzeszowskiej z Muzeum Miasta Katowice, Krystynie Suchaneckiej z Muzeum Mazowieckiego w Płocku, Marii Piradoff-Link z Muzeum Bankowca w Gdyni, Łukaszowi Wojtczakowi z muzeum w Oblęgorku, Renacie Skorczyńskiej prowadzącej profil „Witanowice sercem i duszą".

Szczególne wdzięczna jestem Kasi Męczyńskiej za wszelką pomoc i inspirację, a także mojej rodzinie i przyjaciołom, przede wszystkim zaś mojemu mężowi Andrzejowi i przyjaciółkom – Beacie Gigiel i Magdzie Skawińskiej.

WYBRANA BIBLIOGRAFIA

1. DO WSZYSTKIEGO Z DOBRYM GOTOWANIEM POSZUKUJE SIĘ

M. Ankiewiczowa, *Służba domowa*, Warszawa 1930.

J. Badeni, *Obrazki z krakowskiej nędzy*, „Przegląd Powszechny", październik–listopad–grudzień 1896.

E. Bederska, *Dobra służąca, czyli co powinnam wiedzieć o służbie i na służbie*, Warszawa 1909.

E. Bomsztyk, *Ongiś tak było*, w: P. Laskowski, *Zaczęłam filozofować, rozmyślać, szukać odpowiedzi na dręczące mnie kwestie. Wspomnienia Edwardy (Etli) Bomsztyk. Biografia, emancypacja, polityka*, „Praktyka Teoretyczna" 2007, nr 1.

A. Coleman Schelling, *Alicja po drugiej stronie drzwi*, Warszawa 2013.

Giełda służby domowej, „Express Niedzielny Ilustrowany", 17.11.1927.

A. Gieysztor, *Moja Warszawa*, Warszawa 2010.

J. Hen, *Nowolipie. Najpiękniejsze lata*, Warszawa 2011.

F. Hoesick, *Powieść mojego życia*, t. 1, Wrocław 1959.

K. Męczyńska, *Romana Rzepecka, jej córki i gosposia*, w: „Kronika Miasta Poznania" 2011, nr 1.

R. Poniat, *Służba domowa w miastach na ziemiach polskich od połowy XVIII do końca XIX wieku*, Warszawa 2014.

Relacja Stefanii Kaszowskiej, Archiwum Muzeum Etnograficznego w Krakowie, 760, s. 1–67.

F. Stendigowa, *Zmiana gabinetu*, „Pani Domu" 1935, nr 13.

M. Ulanicka, *Poradnik służby domowej*, Warszawa 1930.

C. Walewska, *Warunki bytu i pracy służby domowej*, „Ekonomista" 1924, z. 1.

J. Witowska, *Ludzie i nieludzie*, Warszawa 1951.
Wspomnienia Bronisławy Fijał przekazane autorce przez Magdalenę Bilską.
A. Zarawska, *Krakowskie służące na przełomie XIX i XX wieku*, „Rocznik Krakowski", t. 59.

2. SŁUŻYŁA KU MEMU ZADOWOLENIU

E. Bomsztyk, *Ongiś tak było*, w: P. Laskowski, *Zaczęłam filozofować, rozmyślać, szukać odpowiedzi na dręczące mnie kwestie. Wspomnienia Edwardy (Etli) Bomsztyk. Biografia, emancypacja, polityka*, „Praktyka Teoretyczna" 2007 nr 1.
Dokumenty należące do Agnieszki Kokoszanki – służącej ze Stowarzyszenia Katolickiej Służby Żeńskiej pod wezwaniem św. Zyty (dar A. Tańskiej), sygn. II/1674, Muzeum Etnograficzne w Krakowie.
Relacja przekazana autorce przez Małgorzatę Stelmaszczyk.
Relacja Zofii Sulikowskiej-Zegan, Muzeum Etnograficzne w Krakowie, w opracowaniu.
J. Witowska, *Ludzie i nieludzie*, Warszawa 1951.
Wspomnienia Bronisławy Fijał przekazane autorce przez Magdalenę Bilską.

3. SZTUKA GOTOWANIA NA GAZIE

A. Coleman Schelling, *Alicja po drugiej stronie drzwi*, Warszawa 2013.
H. Dochówna, *Zagrzebana w pracy i w śniegu...*, „Pani Domu" 1935, nr 2.
Dom św. Zyty w Warszawie, „Dobra Gospodyni" 1904, nr 50.
Kronika, „Organizacja Gospodarstwa Domowego" 1930, nr 6.
T. Kulak, *Instytucjonalne organizowanie gospodarstwa domowego*, w: *Kobieta w gospodarstwie domowym. Ziemie polskie na tle porównawczym*, pod red. K. Sierakowskiej i G. Wyder, Zielona Góra 2012.

B. Kwilecka, *Fragment pamiętnika hrabiny Kwileckiej*, Poznań 1907.
W. Pogonowska, *Małe mateczki – małe gosposie*, „Organizacja Gospodarstwa Domowego" 1930, nr 5.
Relacja Zofii Sulikowskiej-Zegan, Muzeum Etnograficzne w Krakowie.
Szkoła Praktyczna Dobrojewie, „Przyjaciel Sług" 1901, nr 7.
T. i W. Tatarkiewiczowie, *Wspomnienia*, Warszawa 1979.
Śmierć w oparach gazu poniosła przez własne niedbalstwo służąca Braunsztajna, „Głos Poranny", 27.08.1934.
A. Zaprutko-Janicka, *Dwudziestolecie od kuchni*, Kraków 2017.
A. Żarnowska, *Służba domowa*, w: *Encyklopedia historii II Rzeczpospolitej*, Warszawa 1999.
N. Żmichowska, *Rzecz o służących*, „Bluszcz" 1867, nr 1.

4. SŁUŻĄCA ROZMAWIA Z PAŃSTWEM, STOJĄC

M. Ankiewiczowa, *Służba domowa*, Warszawa 1930.
E. Bederska, *Dobra służąca, czyli co powinnam wiedzieć o służbie i na służbie*, Warszawa 1909.
W. Gombrowicz, *Kuchenne schody*, w: *Bakakaj*, Kraków 1957.
P. Hulka-Laskowski, *Mój Żyrardów*, Warszawa 1934.
M. Jeziorska i U. Łęczycka-Jeziorska, *Bielizna, futra i Bracia Jabłkowscy*, Warszawa 2015.
M. Kuncewiczowa, *Dyliżans warszawski*, Warszawa 1958.
W. Miklaszewski, *Służąca jako zagadnienie społeczne*, Warszawa 1933.
W. Najdus, *Szkice z historii Galicji*, t. 1, Warszawa 1958.
R. Poniat, *Służba domowa w miastach na ziemiach polskich od połowy XVIII do końca XIX wieku*, Warszawa 2014.
Relacja Eleonory Drożdż, Muzeum Etnograficzne w Krakowie, 760; s. 1–67.
H. Sem, *Bez gwałtu*, „Kobieta w Świecie i w Domu" 1928, nr 3.
M. Sikorska-Kowalska, *W „nowoczesnej niewoli". Służba domowa na przełomie XIX i XX w.*, w: *Studia z historii społeczno-gospodarczej XIX i XX wieku*, t. II, pod red. W. Pusia, Łódź 2004.

A. Słonimski, *Listy z Ameryki*, „Wiadomości Literackie" 1935, nr 48.
Słówko w sprawie higieny służby domowej, „Zdrowie" 1904, t. 4, z. 11.
M. Ulanicka, *Poradnik służby domowej*, Warszawa 1930.
Warszawa ma 90 000 służących. Cała armia pomocniczek, „Echo", 10.08.1931.
J. Witowska, *Ludzie i nieludzie*, Warszawa 1951.
Wspomnienia Bronisławy Fijał przekazane autorce przez Magdalenę Bilską.
A. Zarańska, *Krakowska służąca na przełomie XIX i XX wieku*, „Rocznik Krakowski", t. 59.

5. MIĘDZY FROTERKĄ A LEGUMINĄ

M. Ankiewiczowa, *Dom jako szkoła dla służby*, „Organizacja Gospodarstwa Domowego" 1930, nr 2.
M. Ankiewiczowa, *Służba domowa*, Warszawa 1930.
A. Gieysztor, *Moja Warszawa*, Warszawa 2010.
Książeczka służbowa Bronisławy Koszerskiej, Biblioteka Cyfrowa Polona.
M. Kurzątkowski, relacja świadka historii, Biblioteka Multimedialna, Teatr NN.
List czytelniczki Jadwigi Sz. do czasopisma „Organizacja Gospodarstwa Domowego" 1929, nr 2.
R. Makarewiczowa, *Podręcznik potraw i legumin*, 1900.
Odkurzacze, „Organizacja Gospodarstwa Domowego" 1931, nr 2.
Relacja Zofii Sulikowskiej-Zegan, Muzeum Etnograficzne w Krakowie.
Rozkład zajęć służącej, List czytelniczki W.S. do czasopisma „Organizacja Gospodarstwa Domowego" 1929, nr 4.

6. KIEDY PANNA ANDZIA MA WYCHODNE?

E. Bederska, *Dobra służąca, czyli co powinnam wiedzieć o służbie i na służbie*, Warszawa 1909.

Informacje przekazane autorce przez Ewę Skrzypczak.
Informacje przekazane autorce przez Elżbietę Poklewską.
List służącej do „Expressu Wieczornego". Ogół służących nie może być odpowiedzialny za czyny jednostek, „Express Wieczorny Ilustrowany", 18.12.1928.
W. Miklaszewski, *Służąca jako zagadnienie społeczne*, Warszawa 1933.
Petronelo, ja cię kocham, „Express Wieczorny Ilustrowany", 16.08.1927.
Przeszłość zbiegłego mordercy z ulicy Foksal, „Echo", 4.12.1928,
Relacja Zofii Sulikowskiej-Zegan, Muzeum Etnograficzne w Krakowie.
K. Schleyen, *Lwowskie legendy*, Warszawa 2015.
Śmiertelny skok z 4-go piętra, „Express Wieczorny Ilustrowany", 19.02.1930.
M. Ulanicka, *Poradnik służby domowej*, Warszawa 1930.
C. Walewska, *Moje służby, czyli dziennik Marcysi*, Warszawa 1906.

7. KUCHENNYMI SCHODAMI

Dom św. Zyty w Warszawie, „Dobra Gospodyni" 1904, nr 50.
J. Ginett-Wojnarowiczowa, *Umiejętne użytkowanie przestrzeni w mieszkaniu*, „Organizacja Gospodarstwa Domowego" 1931, nr 8–9.
H. Grynberg, *Memorbuch*, Warszawa 2000.
Informacje przekazane autorce przez Ewelinę Krzeszowską z Muzeum Historii Katowic.
Informacje przekazane autorce przez Marię Piradoff-Link z Muzeum Bankowiec w Gdyni.
H. Korn-Żuławska, *Wakacje kończą się we wrześniu*, Warszawa 1983.
M. Leśniakowska, *Modernistyka w kuchni*, „Konteksty" 2004, t. 28, z. 1–2.
A. Łupienko, *Dyspozycja przestrzenna mieszkań warszawskich przed 1914 rokiem*, „Kronika Warszawy" 2013, nr 2.
Modernizmy. Architektura nowoczesności w II Rzeczypospolitej, pod red. A. Szczerskiego, Kraków 2013.
K. Schleyen, *Lwowskie legendy*, Warszawa 2015.

F. Springer, *13 pięter*, Wołowiec 2015.

I. Tuwim, *Łódzkie pory roku*, Kraków 1956.

M. Ulanicka, *Poradnik służby domowej*, Warszawa 1930.

J. Witowska, *Ludzie i nieludzie*, Warszawa 1951.

A. Zarawska, *Krakowskie służące na przełomie XIX i XX wieku*, „Rocznik Krakowski", t. 59.

8. KASIE I MARYSIE CAŁUJĄ RĄCZKI

L. Belmont, *Pan Rabski poucza*, „Ogniwo" 1904, nr 43.

Co tam słychać w świecie?, „Przyjaciel Sług" 1900, nr 2.

J. Dufrat, *Gospodarstwo domowe w świetle prywatnej korespondencji Zofii Moraczewskiej*, w: *Kobieta w gospodarstwie domowym*, pod red. K. Sierakowskiej i G. Wyder, Zielona Góra 2012.

H. Heryngerowa, *W sprawie służących*, odczyt wygłoszony w Warszawskim Towarzystwie Higienicznym, „Ogniwo" 1904, nr 3.

Książeczka Marianny Białek, Archiwum Państwowe w Warszawie, sygn. 1335.

Książka dla wszystkich. Przepisy dotyczące najmu sług miejskich i wiejskich, Warszawa 1878.

G. Levy, *O najmie służby domowej*, odczyt, „Ogniwo" 1904, nr 25, 26, 27.

M. Piotrowska-Marchewa, *Projekty modernizacji ustawodawstwa dotyczącego służby domowej w Polsce międzywojennej. Przyczynek do dziejów służby domowej*, w: *Od Napoleona do Stalina. Studia z dziejów XIX i XX wieku*, pod red. T. Kulak, Toruń 2007.

Relacja Eleonory Drożdż, Muzeum Etnograficzne w Krakowie, sygn. 760; s. 1–67.

A. Zarawska, *Krakowskie służące na przełomie XIX i XX wieku*, „Rocznik Krakowski", t. 59.

9. MATKI BEZ DZIECI

Akta Miasta Poznania, 14593, Archiwum Państwowe w Poznaniu.
Akta Sądu Grodzkiego w Jarocinie, sygn. 741, Archiwum Państwowe w Kaliszu.
Akta Sądu Grodzkiego w Poznaniu, sygn. 742, Archiwum Państwowe w Kaliszu.
Akta Sądu Grodzkiego w Jarocinie, sygn. 175, Archiwum Państwowe w Kaliszu.
Akta Sądu Grodzkiego w Jarocinie, sygn. 113, Archiwum Państwowe w Kaliszu.
Akta Sądu Grodzkiego w Jarocinie, sygn. 359, Archiwum Państwowe w Kaliszu.
Miałem 12 lat, gdy uwiodła mnie służąca, Wywiad z Witoldem Pyrkoszem; „Super Express", 1.07.2013.
Nieszczęsna matka rzuciła swe dziecko do dołu kloacznego, „Ilustrowana Republika", 19.08.1928.
M. Śliwińska, *Wyspiański. Dopóki starczy życia,* Warszawa 2017.
Zniewolenie pięcioletniego chłopca, „Express Wieczorny", 10.09.1926.
Zwyrodniała służąca zaraziła 9-letniego chłopca weneryczną chorobą, „Głos Poranny", 23.11.1923.

10. CZY KATOLICKA SŁUGA MOŻE BYĆ WESOŁĄ?

ks. K. Bisztyga, *Czy sługa katolicka może być wesołą?,* „Przyjaciel Sług", październik–grudzień 1930.
Co tam słychać w świecie? „Przyjaciel Sług" 1902, nr 3.
Henrykowa Dziewicka ze Stowarzyszenia św. Zyty w Krakowie, „Przyjaciel Sług" 1904, nr 1.
M. Macieszyna, *Pamiętnik płocczanki,* Płock 1996.
Ostatnia wola matki, „Przyjaciel Sług" 1898, nr 1.
M. Piotrowska-Marchewa, *Pod patronatem Kościoła i w ogniu walki klasowej. Związki zawodowe żeńskiej służby domowej w II Rzeczy-*

pospolitej, w: *Działaczki społeczne, feministki, obywatelki...*, t. II, *Samoorganizowanie się kobiet na ziemiach polskich po roku 1918 (na tle porównawczym)*, Warszawa 2010.

M. Piotrowska-Marchewa, *„Trzech masz wrogów, którzy czyhają na zabicie twej duszy...". Problem zagrożeń moralnych w życiu i pracy służących w polskich poradnikach i prasie dla służby domowej na przełomie XIX i XX wieku*, w: *Kobieta i rewolucja obyczajowa. Społeczno-kulturowe aspekty seksualności. Wiek XIX i XX. Zbiór studiów*, red. A. Żarnowska i A. Szwarc, Warszawa 2006.

Sprawozdanie Stowarzyszenia Katolickiej Służby Żeńskiej pod wezwaniem św. Zyty, Archiwum Narodowe w Krakowie, sygn. 96.

J. Stabińska, *Charyzmat służby*, Warszawa 1988.

Statut Stowarzyszenia Sług Katolickich, 1900, Biblioteka Cyfrowa KUL.

Z lwowskiego stowarzyszenia im. św. Zyty, „Przyjaciel Sług" 1905, nr 1.

11. JUŻ DO NIKOGO SIĘ TAK NIE PRZYWIĄŻĘ

K. Grodziska, współpraca A. Rudnik, *Krakowianki zapomniane. O niezwykłych paniach pochowanych na Cmentarzu Rakowickim 1803–1920*, Kraków 2011.

M. Komorowska, *Ignacy Jan Paderewski i Marcella Sembrich-Kochańska w przyjaźni muzycznej i w działaniach na rzecz odrodzenia Polski*, www.maestro.net.pl

Listy Maryni Zającówny. Z archiwum rodziny Rogalów.

Materiały filmowe dotyczące Marceli Sembrich udostępnione autorce przez Radkę Franczak.

Pamięci zasłużonych zmarłych. Ś.p. Katarzyna Habas, „Głos Dziewcząt Polskich" 1930, nr 2.

Relacja przekazana autorce przez Elżbietę Poklewską.

Relacje przekazane autorce przez Ewę Skrzypczak.

Rodzina przemysłowca łódzkiego popełniła samobójstwo, „Express Wieczorny Ilustrowany", 28.04.1934.

Rozmowa z Teresą i Joanną Skworz.
Służąca opiekunką i towarzyszką państwa, „Głos Dziewcząt Polskich" 1930, nr 3.
Tajemnica tragedii w rodzinie dr Damma, „Express Wieczorny Ilustrowany", 29.04.1934.
Testament Kazimiery Iłłakowiczówny, udostępniony autorce przez spadkobiercę Zbigniewa Wołka.

12. BRZYDŹ SIĘ GRZECHEM JAK WĘŻEM

A. Aleksandrowicz, *Stanisław Alexandrowicz*, „Cracovia Leopolis" 2015, nr 3.
Akta Antoniego C.,sygn. 63/208/0/4/8942, sygn. 8942, archiwum w Suwałkach.
Akta Jakuba G.,sygn. 8/300/0, Sąd Okręgowy w Częstochowie, archiwum w Częstochowie.
Akta Józefa M., sygn.63/208/0/4/7858, sygn. 7858, archiwum w Suwałkach.
Archiwum Narodowe w Krakowie, nr zespołu 8/300, jedn. 261.
W. Chodecki, *Co pcha służące w objęcia prostytucji*, „Zdrowie" t. 6.
F. Hoesick, *Powieść mojego życia*, Wrocław 1959, t. 1.
K. Janicki, *Epoka hipokryzji. Seks i erotyka w przedwojennej Polsce*, Kraków 2015.
T. Męczkowska, *Służąca a prostytucja*, Warszawa 1906.
I. Moszczeńska, *Czego nie wiemy o naszych synach*, Warszawa 1904.
Rady dla kucharek przez Walerego Wielogłowskiego, „Przyjaciel Sług" 1898, nr 1.
K. Riedl, *Pamiątka dla dziewcząt służących i pracujących osobliwie po miastach*, Warszawa 1910.
Służąca a prostytucja, „Świat Płciowy", 1905, z. 3.
Związał jej ręce i okręcił głowę prześcieradłem, „Dziennik Białostocki", 19.06.1923.

13. TYLKO NIE U ŻYDÓW

E. Bomsztyk, *Ongiś tak było*, w: P. Laskowski, *Zaczęłam filozofować, rozmyślać, szukać odpowiedzi na dręczące mnie kwestie. Wspomnienia Edwardy (Etli) Bomsztyk. Biografia, emancypacja, polityka*, „Praktyka Teoretyczna" 2007, nr 1.

B. Gorecka, *Christian Maidservants in Jewish Households in Early 20th Century Poland*, „Kwartalnik Historii Żydów" 2016, nr 3.

A. Hartglas, *Na pograniczu dwóch światów*, Warszawa 1996.

J. Jeleński, *O zapisie Żyda Sterna. W Sprawie służby katoliczek u Żydów*, Warszawa 1903.

A. Landau-Czajka, *Syn niech będzie Lech. Asymilacja Żydów w Polsce międzywojennej*, Warszawa 2006.

Polak-Katolik, *O żydowskim niebezpieczeństwie*, „Głos Dziewcząt Polskich" 1930, nr 1.

Relacja przekazana autorce przez Małgorzatę Stelmaszczyk.

M. Rozenblum, relacja świadka historii, Biblioteka Multimedialna, Teatr NN.

D. Schreibaum, *Na szczyt samotnej góry*, Warszawa 2001.

14. BACZNOŚĆ, TOWARZYSZKI SŁUŻĄCE!

Częstochowianka, *Nasza mównica. Ustawa o służbie domowej*, „Bluszcz" 1930, nr 8.

K. Iłłakowiczówna, *Rzecz o kocmołuchach i perle*, „Kronika Polski i Świata"1938, nr 23.

Ż. Kormanowa, *Z działalności związkowej pracownic domowych w Warszawie na Żoliborzu (1931–1939)*, „Kwartalnik Historii Ruchu Zawodowego" 1975, z. 4.

W. Mierzecki, *Praca zarobkowa kobiet w środowisku robotniczym w Polsce międzywojennej*, w: *Równe prawa i nierówne szanse. Kobiety w Polsce międzywojennej*, zbiór studiów pod red. A. Żarnowskiej i A. Szwarca, Warszawa 2000.

Odezwa PPS do służby domowej, Biblioteka Cyfrowa Polona.
Od popychadła do pomocnicy domowej z dyplomem, „Bluszcz" 1932, nr 6.
Pani Elżbieta, *Pani i służąca*, „Bluszcz" 1930, nr 6.
M. Piotrowska-Marchewa, *Pod patronatem Kościoła i w ogniu walki klasowej. Związki zawodowe żeńskiej służby domowej w II Rzeczypospolitej*, w: *Działaczki społeczne, feministki, obywatelki...*, t. II, *Samoorganizowanie się kobiet na ziemiach polskich po roku 1918 (na tle porównawczym)*, Warszawa 2010.
M. Piotrowska-Marchewa, *Projekty modernizacji ustawodawstwa dotyczącego służby domowej w Polsce międzywojennej. Przyczynek do dziejów służby domowej*, w: *Od Napoleona do Stalina. Studia z dziejów XIX i XX wieku*, pod red. T. Kulak, Toruń 2007.
Projekt ustawy o służbie domowej, Archiwum Sejmu; Sejm Ustawodawczy, druk 1834.
R. Rey, *Ryzykowne eksporty i mieszkaniowe smętki*, „Ilustrowany Kuryer Codzienny", 5.06.1938.
Stenogram z posiedzenia Sejmu Ustawodawczego z 6.12.1921, Archiwum Sejmu, sygn. IP 2809–2819.
M. Świeżyńska, *Nasza mównica. W sprawie służby domowej. W odpowiedzi Częstochowiance*, „Bluszcz" 1930, nr 12.
C. Walewska, *Warunki bytu i pracy służby domowej*, „Ekonomista" 1924, z. 1.
Warunki do spełniania przy rekrutacji służących Polek do Holandii; MSZ, Archiwum Akt Nowych, sygn. 9671.

15. HEROICZNE LUB WROGIE

Archiwum Ringelbluma, Żydowski Instytut Historyczny, dostęp internetowy.
H. Aszkenazy-Engelhard, *Pragnęłam żyć*, Warszawa 1991.
A. Domańska, *Grzybowska 6/10. Lament*, Warszawa 2016.
J. Gross, *Sąsiedzi. Historia zagłady żydowskiego miasteczka*, Sejny 2000.
A. Hartglas, *Na pograniczu dwóch światów*, Warszawa 1996.

Historia rodziny Zalewskich ze strony sprawiedliwi.org.
Informacje przekazane autorce przez Krzysztofa Jakubowskiego z „Gazety Mławskiej".
Informacje przekazane autorce przez Renatę Skorczyńską.
Informacje przekazane autorce przez Zuzannę Wartenberg.
M. Iskra, *Jak Karolcia żydowskie dzieci ratowała*, „Gazeta Krakowska", 2.03.2001.
Karolina Sapeta – informacje ze strony Yad Vashem.
I. Krzywicka, *Wyznania gorszycielki*, Kraków 2009.
A. Krzywicki, *Diabelski młyn*, Warszawa 2005.
Relacja Karoliny Sapety, Archiwum Żydowskiego Instytutu Historycznego, 301/579.
Relacja Marianny Cebulskiej, Żydowski Instytut Historyczny, 3014441.
E. Ringelblum, *Stosunki polsko-żydowskie podczas drugiej wojny światowej*, Warszawa 1988.
S. Staszewska, *Dni grozy*, Montreal 2006.
H. Szereszewska, *Krzyż i mezuza*, Warszawa 1993.
A. Żabińska, *Ludzie i zwierzęta*, Warszawa 2010.

16. W NOWYM ŚWIECIE

M. Dąbrowska, *Dzienniki 1914–1965*, Warszawa 2009.
Relacja przekazana autorce przez Elżbietę Poklewską.
Relacja przekazana autorce przez Joannę Skworz.
Relacja przekazana autorce przez Małgorzatę Stelmaszczyk.
Relacja przekazana autorce przez Urszulę Zaborowską.
J. Witowska, *Ludzie i nieludzie*, Warszawa 1951.
Wspomnienia Bronisławy Fijał przekazane autorce przez wnuczkę Magdalenę Bilską.

WYKAZ ŹRÓDEŁ ILUSTRACJI

s. 6, 10–11: Ze zbiorów Muzeum Narodowego w Poznaniu.
s. 14: Z archiwum prywatnego Katarzyny Męczyńskiej.
s. 16, 51, 60, 298: Ze zbiorów Polony / Biblioteki Narodowej.
s. 21, 39, 40, 43, 92, 144, 205, 208: Ze zbiorów Muzeum Etnograficznego im. Seweryna Udzieli w Krakowie.
s. 37, 392: Ze zbiorów Magdaleny Bilskiej.
s. 47: Z archiwum prywatnego Małgorzaty Stelmaszczyk.
s. 48, 214, 288: Ze zbiorów Muzeum Mazowieckiego w Płocku.
s. 54: Z archiwum prywatnego Elizabeth Wittlin-Lipton.
s. 69, 351: Z archiwum dr Z. Grodeckiej przechowywanego w Muzeum Narodowym w Poznaniu.
s. 87–88: Dzięki uprzejmości Domu Towarowego Bracia Jabłkowscy S.A.
s. 106: Jean Marc Cote, 1899.
s. 141, 142: Wnętrze Muzeum Historii Katowic. Ze zbiorów Muzeum Historii Katowic.
s. 155: Ze zbiorów Muzeum Historii Katowic, fot. Aleksandra Kuś.
s. 177: Ze zbiorów Muzeum Narodowego w Kielcach.
s. 197: Ze zbiorów Muzeum Historycznego Miasta Krakowa.
s. 225: Ze zbiorów Wielkopolskiej Biblioteki Cyfrowej.
s. 229: Ze zbiorów Biblioteki Kolekcji Prywatnych, www.bikop.eu, kolekcja Marii Wrembel.
s. 237, 240, 245: Z archiwum rodzinnego Teresy i Joanny Skworz.
s. 241: Z archiwum prywatnego rodziny Rogalów, własność Joanny Skworz.
s. 335: Ze zbiorów Biblioteki Kolekcji Prywatnych, www.bikop.eu, kolekcja biblioteki w Wąbrzeźnie.
s. 371: Z archiwum prywatnego Zuzanny Wartenberg.
s. 397: Z archiwum prywatnego Renaty Skorczyńskiej.

SPIS

TREŚCI

REDAKTOR PROWADZĄCY Adam Pluszka
REDAKCJA Maciej Jakubowiak
KONSULTACJA Monika Piotrowska-Marchewa
KOREKTA Małgorzata Kuśnierz, Jan Jaroszuk
PROJEKT OKŁADKI, OPRACOWANIE GRAFICZNE I TYPOGRAFICZNE Anna Pol
ŁAMANIE manufaktura | manufaktu-ar.com

ZDJĘCIE NA OKŁADCE © Herman John Schmidt,
Sir George Grey Special Collections, Auckland Libraries, 31-AD2-5

ISBN 978-83-65973-81-8 (TWARDA OPRAWA)
ISBN 978-83-66140-59-2 (MIĘKKA OPRAWA)

WYDAWNICTWO MARGINESY SP. Z O.O.
UL. MIEROSŁAWSKIEGO 11A, 01-527 WARSZAWA
TEL. 48 22 663 02 75
redakcja@marginesy.com.pl
www.marginesy.com.pl

WARSZAWA 2018
WYDANIE PIERWSZE

ZŁOŻONO KROJEM PISMA Scala

KSIĄŻKĘ WYDRUKOWANO NA PAPIERZE
Munken Print White 15 80 g/m²

Munken

DRUK I OPRAWA
Toruńskie Zakłady Graficzne Zapolex Sp. z o.o.